한국 평화학의 탐구

서보혁 저

박영사

목차

제Ⅱ부　한반도를 품은 평화 이론

04 │ 리영희의 반전반핵 평화사상

05 │ 요한 갈퉁의 평화·인권론

제Ⅲ부   지속가능한 한반도 평화

제 V 부 　적극적 평화와 보편주의 통일

13 | 통일문제의 평화학적 재구성

서문
연구 목적과 범위

1. 문제의식과 연구목적

　한반도가 분단된 지 몇 년이 된 것인가? 공식적으로 남북 분단이 이루어진 1948년을 기준으로 한다면 70년이 되었다. 박근혜 정부가 통일준비위원회를 만들어 이런저런 통일 담론을 운운할 때 분단의 기점을 1945년으로 잡자 필자는 강력하게 반대 의견을 피력해왔다. 해방된 때부터 분단이 시작되었다? 그것은 일제에 의한 국권상실기 통일독립국가를 염원해온 동포들의 피눈물을 우리 스스로 외면한 처사일 뿐만 아니라, 해방 이후 3년간 전개된 남북통일합작 시도를 폄훼하는 것으로서, 결국 지금까지 분단이 불가피했다는 일종의 운명론을 수용하는 것으로 보였기 때문이다. 그럼 정전체제는? 한국전쟁을 통일전쟁으로 추구했든, 공산화를 저지한 반공전쟁으로 규정하든지 간에 전쟁이 중단된 이후 민족해방과 체제경쟁과 같은 명분은 사라졌다. 그럼에도 대결과 불신을 근간으로 하는 정전체제가 65년여 동안 지속되어온 이유가 무엇인지 냉정하고 객관적인 자세로 성찰할 바이다. 이를 이 책에서는 '분단정전체제'의 지속이라 이름 붙이고 있는데, 그것은 평화학에서 말하는 장기분쟁(protracted conflict)의 한 형태이다.

장기분쟁의 한 형태로서 ① 분단정전체제가 이렇게 지속되는 이유가 무엇인가, ② 그것이 대중의 삶에 어떤 영향을 미치고 있는가, 그리고 ③ 그것을 어떤 시각과 접근으로 극복할 수 있는가? 지금까지 이 세 질문에 대한 국내의 응답은 국제정치학, 안보연구, 통일연구 등과 같은 기성 주류학문이 모색해왔다. 그러나 그 응답은 분단정전체제의 장기화에 비판을 가하거나 대안을 제시하기는커녕 그것을 방관해왔다고 해도 과언이 아닐 정도로 편파적이었다. 왜냐하면 위와 같은 기성 학문체계 내에서는 냉전이 지난 지 20년이 훌쩍 지났지만 냉전적 사고에 젖어있는 상태에서 북한을 대상화한 반면, 한국과 미국의 입장을 당연시한 경우가 비일비재하였다. 말하자면 분석의 균형성을 상실한 것이다. 그 저변에 국가안보 패러다임이 작용해왔으니 그것은 민주화의 진전에도 불구하고 한국민들의 안보의식을 형성해온 북한위협론을 자극하며 건재해왔던 것이다. 국가안보는 전가의 보도처럼 평화, 화해의 손짓을 죄악시하는 대신 반북·친미를 앞세운 그 어떠한 언행도 정당화해왔다. 이는 분단정전체제의 변경이 불가능하고 그 속에서 성장과 자유를 구가할 수밖에 없다는 일종의 식민주의적 사고에 의해 지지받아 왔다. 그러나 그 한계는 한국민들의 평화주의적 사고의 확대와 한반도 정세 변화로 노출되고 있으니, 2018년 들어 나타난 대화국면의 조성이 그것이다.

　　다른 한편, 진보적 시각에서 분단정전체제의 극복 방향으로 화해협력에 의한 남북통일론이 또 다른 주류시각을 형성해왔다. 이 시각은 분단문제에 있어서는 시민사회에서 오랫동안 주류시각을 유지해왔는데 2017년 정권교체에 의해 지난 10년간의 역경을 딛고 다시 제도정치권에서도 주류시각으로 재부상하였다. 이 시각은 외세에 의한 분단, 반공친미세력에 의한 분단정전체제의 정당화, 민족동질성과 기존 남북합의에 근거한 남북협력의 제도화 등 적지 않은 이유로 그 정당성을 형성하고 있다. 그리고 이 입장은 2017년 국내 정권교체 이후 북한과의 관계 발전의 이념적 동력으로 작용하고 있다. 필자도 이 시각에 기본적으로

동의하고 있다. 그러나 이 시각은 그 한계 또한 담지하고 있는데 세계화 시대에 그 영향력이 높아진 보편규범을 민족문제에 반영하지 못하고, 북한에 대한 이중적 시각(적과 동포의 이미지) 중 한편에 치중하고 있고, 한반도 미래를 민족통일로 국한해보는 시대적·이론적 한계를 안고 있다. 남북관계 혹은 북한문제를 통일을 지향하는 남북 간 특수성에 입각해서 파악하는 이 시각은 북한·통일문제를 민족문제로 환원함으로써 통일을 비롯한 한반도 문제의 성격을 종합적으로 파악하지 못한다. 나아가 민족통일론은 통일 과정과 그 이후 한반도의 미래를 보편주의적 시각과 연계해 접근하지 못하는 결정적인 문제를 안고 있다.

요컨대, 한반도 문제는 냉전적인 시각으로 비판받는 국가안보 패러다임이나 그와 다르지만 시대적 한계를 노출하고 있는 민족통일 패러다임으로는 설명할 수 없을 뿐더러, 이 둘은 한반도 미래상을 제시하지 못하는 공통점도 갖고 있다. 입장이 다른 두 시각은 한반도 미래의 한 주체인 북한을 적대시·우호시 하는 편파적인 태도를 취하면서 북한의 입장과 동태를 객관적이고 균형적으로 파악하지 못한다. 또 한반도 미래를 보편주의적 정향에 입각해 그 민족적, 국제적 자원을 두루 결집할 방안을 제시하지도 못하고 있다. 이 책은 묵직하지만 시대착오적인 두 시각을 극복하고 민족과 세계, 통일과 평화를 호환시켜 기성 시각을 극복하고자 한다. 그리고 그 대안적 시각을 '평화주의(pacifism)'로 제시하며 이를 위한 한국 평화학을 제안하는 것이다. 한반도 문제를 그 명분, 이론, 정책 등 다차원에서 타당성과 가능성을 동시에 고려하며 그 대안을 평화주의 시각에서 접근하고 있는 것이다. 냉전 이후 중동지역과 함께 평화가 가장 절실한 한반도에 평화주의 시각, 평화학이 왜 지금까지 학계에서 일어나지 못했는가, 격세지감이다.

이상과 같은 문제의식에서 이 책은 분단정전체제의 장기화로 요약되는 한반도 문제의 현실과 미래를 평화주의 시각에서 진단하고 그 대안을 모색하는 데 목적이 있다. 그 과정에서 평화가 절실한 한반도에서 대단히 유용할 것 같은데 유폐되어온 평화학을 제안하는 것이다.

분단정전체제가 장기화되면서 그 폐해는 개인에서 민족, 정치군사는 물론 사회문화, 물질적 측면에서 정신적 측면 등 광범위하고 다차원적이다. 그것을 '분단폭력'이라 이름 붙일 수 있는데 물리적 폭력, 구조적 폭력, 문화적 폭력을 망라한다. 분단정전체제가 낳은 각양의 폭력은 그로부터 이익을 취하는 소위 분단기득권세력에게는 자연스럽고 유용할지 모르지만, 대다수 한반도 대중들에게는 부자연스럽고 인간다운 삶을 방해하는 거대한 구조악이다. 그렇다면 그것을 극복할 대안은 무엇인가? 분단정전체제의 대립어는 통일평화체제이다. 여기서 표적으로 삼고 있는 국가안보 패러다임은 냉전적 사고의 연장선상으로서 분단정전체제의 극복에 소극적이었고, 민족통일 패러다임은 통일평화의 시각과 동력을 온전하게 형성하는 데 한계를 노정해왔다. 그렇다면 분단정전체제를 통일평화체제로 전환시킬 대안은 무엇인가?

이 책은 분단정전체제를 통일평화체제로 전환시킬 대안을 정책적으로 제시하면서도 그 학술적 패러다임으로 평화학을 제시하고 있다는 점을 강조하고자 한다. 분단정전체제의 통일평화체제로의 전환은 이 두 주제를 파악하는 시각과 접근방법, 즉 대안적 학문체계를 필요로 하기 때문이다. 한반도 (비)평화를 묘사·설명하고 예측하는 신 패러다임을 제시해야 할 때가 무르익었다. 두 차례 세계대전을 경험하고 제3세계 지역에서 착취와 수탈을 일삼아온 서구에서 근대 평화학이 일어난 것은 다행스러운 일이지만, 그것을 제국주의의 희생물이 된 제3세계에 그대로 적용하는 것은 세련된 오리엔탈리즘(orientalism)일 수도 있다. 그렇기에 평화학은 평화가 절실한 곳의 역사와 맥락, 필요와 동태를 적극 반영해 평화를 새로운 모양으로 재생산하여야 한다. '한반도발 평화학'은 그래서 나온 문제의식이다.

그렇다면 한국 평화학의 범위는 어디서부터 어디까지인가? 평화학 일반의 논의 범위가 전쟁 없는 평화, 인권, 지속가능한 발전, 화해라고 한다면 분단정전체제의 극복을 추구하는 한국 평화학도 맥락과 배경의 특수성에도 불구하고 그 범위는 별반 차이가 없다. 분단정전체제를 극복하고 그 과정에서 불거진 북핵문제 해결을 포함해 지속가능한 평화구축을 위해 어떤 과제를 어떻게 극복할 수 있을까? 다른 한편, 한반도가 분단되어 있지만 인권은 남북한 정권의 성격에 따라서 다르게 나타났다. 권위주의 통치기 남북의 인권은 둘 다 열악했다. 그러나 남한에서 민주화 이후 남북의 인권상황은 큰 차이를 보였다. 또 그런 격차에도 불구하고 남북한의 인권은 분단정전체제의 제약으로부터 자유롭지 못하다. 특히 평화권이 그러하다. 한국 평화학에서 인권문제가 갖는 특수성과 보편성을 균형적으로 파악하는 것은 한국 평화학의 깊이와 그것이 세계 평화학에 기여할 잠재력을 잘 보여줄 것이다.

평화주의 시각에서 분단정전체제를 분석할 때 그 대안은 무엇인가? 통일은 민족주의의 틀에 갇혀버려진 비원(悲願)에 불과한 것인가, 아니면 통일이 되면 평화는 자연스럽게 이루어지는가? 시대 변천에도 불구하고, 그리고 진보·보수를 불문하고 그동안 통일 담론이 민족주의와 국가주의의 틀에서 운위되어 온 것이 사실이다. 그럼 통일문제는 운명적으로 세계와 호흡하지 못하고 그 정당성은 과거를 호명하는 데서만 찾을 수 있는가? 세계시민주의와 같은 담론은 통일과 소통하지 못하는가? 다시 말해 평화학의 시각에서 한반도 통일문제를 어떻게 재구성할 수 있는지도 주요 연구목적이다.

이상과 같은 연구 목적은 최종적으로 한국이 앞으로 나아갈 길은 무엇인가로 모아져야 할 것이다. 평화주의 시각에서 폭력의 대명사인 국가에게 지속가능한 평화, 혹은 평화적 수단에 의한 평화를 추구하는 것이 타당한가? 그렇다면 평화주의 시각에서 한국의 통일·외교·안보 정책 대안은 있는가, 아니 그 이전에 그것이 가능한가? 이상과 같은 질문은 이 책의 문제의식인 한반도 문제에 관한 기존의 강력한 두 시각에 대한 도전임은 물론, 이 책의 목적인 한국 평화학의 정립 가능성에 대한 답을 찾아가는 채찍이기도 하다.

2. 연구 범위와 방법

이상의 문제의식과 연구목적을 반영하여 이 책의 본문은 제1부에서 제5부까지 다섯 부분으로 구성되어 있다. 한국 평화학의 필요성과 가능성을 탐색하고, 한반도발 평화학을 제시할 이론적 근거를 수립하고, 이어 한국 평화학의 3축으로 평화, 인권, 통일 영역에서 구체적인 논의를 전개하고 있다.

제1부는 한국 평화학을 정립할 필요성과 가능성을 다루고 있다. 우선, 한국 평화학이 정립되어 있지 않은 상태와 한국 평화학을 정립하려 할 때 그 보편성을 닦을 필요를 감안해 평화학 일반을 개론적으로 소개하고 있다. 이어 한국 평화학을 정립할 필요성을 학술적 측면과 현실적 측면에서 다루고 있다. 그리고 한국 평화학의 가능성을 지금까지 진행되어온 평화연구의 경향에서 살펴보고 있는데, 특히 2000년대 이후 평화연구 현황 및 평화운동 현장에서의 문제의식을 소개하며 이를 한국 평화학 정립의 토대로 삼고자 한다.

제2부는 평화학에서 다루어온 이론이나 연구 시각을 적용해 한반도 문제를 연구한 사례를 소개함으로써 한국 평화학의 가능성을 이론적 측면에서 증명하고자 하였다. 여기에는 리영희 선생의 반전반핵 평화론과 같이 한반도 상황을 직접 반영한 연구는 물론, 평화학에서 높이 평가해온 이론을 적용한 한반도 사례연구도 포함하고 있다. 갈퉁(Johan Galtung)의 소극적–적극적 평화론, 필요에 기반한 인권론과 콕스(Robert Cox)의 '역사 구조', 다스굽타(Sugata Dasgupta)의 '비평화' 개념이 호명되었다. 이들 이론과 개념을 적용한 결과 한반도 문제가 평화학의 보편성을 풍부하게 함은 물론 한국 평화학이 보편–특수성을 담지하고 있음을 발견할 것이다.

제3~5부는 한국 평화학의 범위와 그 내용을 제시하고 있다. 제3부는 이론적으로 소극적 평화와 관련 있다. 이 세 부에서는 구체적으로 한반도 비핵화－평화체제－남북관계의 선순환이 어떻게 가능한지를 평화주의 시각에서 다루고 있다. 한반도 평화체제는 비핵화를 포함한 광의의 개념으로 정의하거나, 북핵문제를 별도로 다루고 정전체제의 전환으로 축소해 정의하는 경우로 나눠진다. 제7장은 전자의 정의를 채택하고 관련국들의 입장을 균형적으로 파악해 평화구축을 포괄적으로 접근할 필요성을 '이익균형(balance of interest)' 개념으로 제안하고 있다. 이어 남북관계를 전통적 안보론의 한계를 넘어 인간안보론으로 접근함으로써 새로운 남북관계 발전 구상을 그리고 있다. 그리고 한반도 평화를 평화주의 시각에서 접근할 때 반전평화와 연대평화의 가능성을 시민사회의 이라크 파병반대운동을 사례로 제시하고 있다.

제4부는 인권문제를 다루는데 분단정전체제 하에서 북한인권문제에 관한 접근 방향과 민주화가 진전된 한국사회에서 지역 차원의 인권 신장 방안을 다루고 있다. 북한인권문제는 국제적 차원에서는 보편가치의 구현 문제로만 보일 수 있지만, 분단된 남북관계 차원에서는 보편성과 통일 달성을 감안한 특수성이 중첩된 복합이슈이다. 그런 점에서 한국의 입장에서 북한인권문제는 이 두 측면을 균형적으로 고려해 실질적 개선을 선도할 입장에 놓여 있다. 남한이 북한인권문제를 보편성과 특수성을 조화시켜 접근함은 이를 인권들 간의 상호의존성, 인권과 타 보편가치들 간의 상호연관성 하에 인식하고, 나아가 남북협력과 국제협력의 균형 하에 추구해야 함을 의미한다. 그와 병행해 국내 인권은 민주화 진전을 위해 국가 차원에서 지방 차원으로 인권을 제도화 함은 물론 생활문화로 내면화 시키는 과제를 안고 있는바, 그 과정에서도 분단정전체제를 고려하는 인권정책이 필요함을 다루고 있다.

제5부는 한국 평화학의 운명적 문제이자 그 특수성을 반영한 주제인 통일문제를 다루고 있다. 제5부는 기존 연구에 반복해서 다루어왔지

만 평화학의 시각과 접목하지 못한 주제라는 점에서 주목받을 만하다. 우선 통일문제를 평화학의 눈으로 볼 때 어떻게 이해할 수 있을지가 궁금하고, 그렇게 할 경우 어떤 실천적인 함의가 있을지도 관심거리이다. 만약 통일문제를 평화학의 틀에서 인식하고 접근할 경우 민족주의를 넘어 다른 가능성을 남북관계의 틀에서 어떻게 재구성할 수 있을지도 궁금하다. 가령, 통일을 민족 동질성 회복에 머물지 않고 보편가치의 실현 차원에서 접근가능한지, 그렇다면 어떤 남북관계를 그릴 수 있을까?

이 책의 결론은 15장에 실천적으로 담겨 있다. 한반도 문제를 기존의 국가안보 패러다임이나 민족통일 패러다임을 넘어 평화주의 시각에서 그릴 때 한반도 문제를 구성하는 3축으로서 평화, 인권, 통일문제를 부각시켜 논의할 수 있을 것이다. 관건은 그런 비전을 국가와 시민사회를 망라해 한국이 어떤 시각과 전략으로 추진하느냐의 문제이다. 여기서 한국을 '중견국가(middle power)'로 설정하고 평화주의 대외노선으로 통일·안보·외교 등 세 영역에서 정책 대안을 제시하고 있다. 이상의 논의는 결국 아래와 같은 분석틀에 따라 전개될 것이다.

이상과 같은 연구는 크게 문헌연구 방법에 의존하고 있다. 각 연구주제에 관한 관련국 정부 및 정책결정자들이 관련된 1차 문헌을 비롯해 연구자들의 2차 문헌에 대한 분석이 주된 연구방법이다. 이 연구가 정책보고서가 아니라 학술연구의 성격을 띠고 있으므로 이 연구주제에 관한 이론적 논의는 평화학 관련 학자들의 연구 성과에 의존하고 있고,

그것을 한반도 맥락에서 재구성하려고 노력했음을 밝혀두고 싶다. 문헌 연구를 보완하기 위해 정책결정자들과의 인터뷰, 설문조사, 그리고 비교연구도 보조적으로 수행하였다.

제 I 부
한국 평화학의 필요성과 가능성

01
평화학 개론

1. 평화란 무엇인가?

평화란 무엇인가? 나의 평화와 세상의 평화는 같은가 다른가. 같다면 세계평화는 왜 이루어지지 않는가. 평화의 본질이란 존재하지 않고 각기 다른 뜻을 지칭한다면 평화는 그저 빈 그릇에 불과한 것인가. 평화는 분명 동서고금을 초월하는 보편가치이지만 시대정신을 담고 있다. 말하는 사람마다 그 정의를 달리할 수 있다. 여러 문화권과 종교에서 말하는 평화의 정의를 살펴보면서 위 질문을 생각해보자.

먼저 기독교의 샬롬(shalom)을 생각해보자. 개신교, 가톨릭을 막론하고 기독교인들이 예배나 인사에서 "주님의 평화를 빕니다."고 말할 때 그 평화가 샬롬이다. 히브리 성서에서 온 샬롬은 튼튼하다, 안전하다는 뜻인데 건강, 안녕, 부유함을 지칭한다. 희랍어 성서에서 평화를 뜻하는 말은 에이레네(eirene)인데, 이 단어는 전쟁의 중간에 나타나는 평화로운 때를 말한다. 경우에 따라서는 독점적인 무장력을 거느린 국가권력에 의한 합법적인 안전보장을 말하기도 한다. 샬롬에서는 사회적 측면이, 에이레네에서는 정치적 측면이 부각되지만 둘 다 평화가 어떤 구체적이고 외면적인 성질을 띠고 있음을 말해준다. 많은 기독교인들이 평화를 내면적, 초월적으로 이해하는 것과 기독교의 원래 평화관은 차이가 있는 것 같다. 평화가 한 가지 뜻으로 이해하기 어렵다는 말일 것이다.

평화가 여러 가지 뜻으로 쓰이는 경우는 오래 전부터 여러 문화권에서 발견할 수 있다. 불교에서 평화는 온갖 집착을 없앤 평온한 상태로 이해된다. 그렇지만 불교에서 평화는 크게 개인적 차원과 사회적 차원으로 구분해 생각해볼 수 있다. 원효대사가 말한 '일심'(一心)과 '화쟁' (和爭)이 그것이다. 힌두문화권에서 평화는 물질과 정신의 분리가 없는 내적 상태(shanti−)나 해롭게 하지 않는다(ahimsa−)는 의미를 띠면서 비폭력 평화운동의 기초를 제공해주고 있다. 한자문화권에서 평화(平和) 혹은 화평(和平)은 내면적, 사회경제적 측면을 부각시켜준다. 특히, 和가 입 안에 들어가는 음식으로 풀이되는데, 평화가 생존 조건의 평등, 나아가 경제적 평등을 담고 있음을 알 수 있다.

성서에서도 평화는 다의적으로 쓰인다. 신약성서에서 사용되는 '에이레네'는 종말론적 구원을 의미한다. "땅에서는 사람들 사이에 평화" (눅 2:14)를 지칭하는 예수의 탄생은 참된 평화를 의미하는데, 그것은 인간이 하느님과 세계와 자기 자신과의 관계를 온전하게 회복함을 말한다. 이와 달리 "나는 평화를 주려고 오지 않았다"(마 10:34, 눅 12:51)는 예수의 말은 칼 혹은 분열로 이해되고 있다. 예수의 이 말은 복음을 받아들이는 자와 거부하는 자로 분열시킬 것이라는 의미인데, 그때 평화는 그런 분열 이전의 거짓 평화를 말한다. 이는 다종다양한 평화를 암시할 뿐만 아니라 평화에 대한 비판적 인식과 평화보다 더 높은 가치가 있음을 말해주는지도 모른다. 그러나 "평화를 위하여 일하는 사람은 행복하다"(마 5:9)에서 평화는 위와 정반대 뜻이다.

한편, 평화와 폭력이 이웃 사이라는 점도 여러 곳에서 발견된다. 살생을 금하는 불교에서도 평화는 전쟁과 공존할 수 있다. 원광법사나 원효대사 등 여러 고승들은 전쟁은 바람직한 것은 아니지만 침략전쟁에 대해서는 방어를 위해 불가피하게 가담할 수 있다고 보았다. 우리 역사에서 외침이 있을 때마다 승려들이 국난극복에 무장으로 참여한 것도 종교적 근거를 갖고 있는 것이다. 평화는 심지어 폭력을 말하거나 폭력과 거의 구분되지 않으면서 정의되는 경우도 있다. 폭력을 의미하는 히브리어 어근, 하마스(hamas)는 왕이 가난한 자를 보호해 주지 않고 스스로 폭력에 가담하는 경우를 말한다. 이때 평화는 폭력과 동전의 양면을 이룬다. 성서에서 "폭력으로 남의 것을 빼앗지 말라"(눅 3:14)고 할 때 폭력은 분명 평화 반대편에 서 있다. 그러나 예수가 부정하고 탐욕에 넘친 성전을 정화한 사건(막 11:15~19, 마 21:12~13, 눅 19:45~48, 요 2:13~17)은 당시 유대사회의 종교권력, 나아가 지배계급을 신랄하게 비판한 일종의 정치적 행위였다. 20세기 국제정치학자였던 라이트(Q. Wright)는 "전쟁은 평화와 뚜렷하게 구분되지 않는다."고 말할 정도였으니 평화는 폭력의 이웃이라 말할 수도 있을 것이다.

이상 살펴본 평화에 대한 이해를 앞에서 던진 질문과 연관 지어 보면 어떤 답을 할 수 있을까? 평화는 분명 폭력이 없고 모든 것이 충분히 만족스러워 평온한 상태라 할 수 있지만, 그 형태와 차원을 단순하게 말하기는 어렵다. 물질적·정신적 형태와 개인적·집단적 차원이 있을 것이다. 심지어 평화는 경우에 따라 폭력과 인접하거나 폭력의 위장일 수도 있다. 평화를 폭넓게 이해할 지성과 거짓 평화를 가려낼 지혜가 필요하다.

2. 평화학의 정의

평화학(peace studies)은 평화를 달성하는 문제를 전문적으로 다루는 학문이다. 그렇다면 '평화학'이라고 이름 붙이지 않더라도 평화를 다루는 학문이 그 이전에는 없었는가? 아니다. 사실 사회과학으로 분류되는 많은 학문들이 평화를 논했고, 인문학 역시 평화를 상상해왔다. 그중 외교안보문제를 다루는 국제정치학은 평화를 전문적으로 다뤄온 분과학문이다. 그렇다면 평화학은 국제정치학과 무엇이 다르다고 평화학이란 이름을 붙였는가?

평화학에 대한 정의는 학자들마다 천차만별이다. 그렇지만 평화학이 폭력의 발생 및 재생산을 규명하고 갈등의 평화적 전환을 추구하는 학문이라는 데에는 이견이 없다. 그래서 평화학을 '평화갈등연구'(peace and conflict studies)라고 부르기도 한다. 이런 정의는 평화학이 폭력을 포함해 비평화적 현실의 복잡성을 분석하는 바탕 위에서 평화 달성 방법을 다룬다는 점을 말해준다. 그럼에도 불구하고 평화학은 전쟁연구, 전략연구, 안보연구를 포함한 기성 국제정치학과 명백히 다른 패러다임 (paradigm)을 갖고 있다. 국제정치학은 주로 합법적 폭력기관으로서의 국가에 의한 질서 형성 및 유지, 그리고 국가 간 세력 관계를 중심으로 평화를 논해왔기 때문에 평화의 의미도 주로 전쟁 억지 차원에서 제한적으로 파악했다. 그에 비해 평화학은 분과학문의 경계를 갖지 않고 다양한 행위자들의 관여에 개방적인 태도를 취하며 '평화적 수단에 의한 평화'를 궁구(窮究)한다. 물론 국제정치학, 가령 안보연구에서도 협력안보, 공동안보 등과 같이 평화학의 문제의식을 반영하는 연구가 일어나고 있다. 그렇지만 이들 연구는 전통 국제정치학에서 벗어나지 않으면서 연구를 추구한다는 점에서 제한적이다.

많은 사상가, 정치가, 외교관, 문학자, 그리고 사회운동가들이 평화를 갈구하고 그 방안을 구상해왔다. 그렇지만 체계적인 학문으로서 평화학이 자리 잡는 데는 갈퉁(J. Galtung)과 쟁하스(D. Jenghaas)와 같은 선구적이고 실천적인 학자들의 공이 크다. 갈퉁과 쟁하스의 평화론은 냉전 시대 세계적 차원의 군비경쟁과 빈부격차(소위 '남북문제'), 제3세계에서의 내전, 환경오염, 군사주의 등과 같은 문제들에 관심을 갖고 그것을 평화학의 자양분으로 삼았다.

갈퉁은 전쟁부재로서의 (소극적) 평화, 그것을 뒷받침하는 군사력에 의한 안전보장은 평화 논의를 제한한다고 보았다. 갈퉁의 두 개의 평화론은 다음과 같이 이루어져 있다. 첫째, 소극적 평화는 직접적 폭력의 부재를 말하는데, 이는 세력균형, 평화조성 활동으로 만들어낼 수 있다. 둘째, 적극적 평화는 소극적 평화에 기초하되 구조적 폭력과 문화적 폭력의 부재를 말하는데, 정치적 억압, 경제적 착취, 사회적 차별 등이 없는 사회에서 가능하다. 그는 평화를 "모든 종류의 폭력이 없거나 폭력이 감소하는 것", "갈등을 비폭력적이고 창조적인 방식으로 전환하는 것"으로 정의한다. 갈퉁의 평화론을 수용한 바라시와 베벨(D. Barash & C. Webel)은 경제적 착취와 정치적 억압과 같은 사회 불의는 구조적 폭력은 물론 직접적 폭력, 곧 전쟁을 유발하는 요인이라고 말했다. 적극적 평화는 사회 전반에 억압과 착취가 일어나는데도 직접적 폭력이 일어나지 않는다고 그것을 평화라 말할 수는 없다고 없다는 시각이다. 이런 문제의식은 다스굽타(S. Dasgupta)의 '비평화' 개념과 상통한다.

인도의 평화학자 다스굽타가 1967년 국제평화학회(IPRA)에서 "비평화와 나쁜 발전"(Peacelessness and Maldevelopment)이라는 논문을 발표했다. 그는 제3세계 국가들의 저발전, 사회 갈등에 주목하며 전쟁이 없는데도 평화가 존재하지 않는 점에 착안하여 그것을 비평화(peacelessness)라 보았다. 다스굽타는 빈곤, 기아, 영양실조, 질병, 오염 등과 같은 비평화 요소들을 제거하고 충분한 의식주, 의료, 위생적 생활환경을 창출하는 것이야말로 평화 실현의 길이자 제3세계와 발전도상국에서 평화학의 과제라고 주장했다. 다스굽타는 비평화 개념을 통해 폭력과 평화의 안목을 확장시킨 동시에 그런 문제를 한 사회를 넘어 세계 문제로 파악했다. 가령, 아프리카는 제2차 세계대전 이후 식민지로부터 독립했지만 오늘날까지 분쟁과 기아로 고통을 받고 있는데, 그 이유를 아프리카 사람들의 교육 수준이나 관습으로 돌릴 수 있는가. 다스굽타의 논지를 적용하면 그 일차 원인은 제국주의 시대에서 시작해 오늘날까지 석유, 금은동이 있는 아프리카 각지를 무분별하게 수탈하는 서구 발전자본의 횡포에 있다. 그 과정에서 제국주의 세력은 국경선을 원주민의 생활권과 무관하게 획정하고, 발전자본가들은 자원을 둘러싸고 지역 주민의 갈등을 조장해 지역사회를 붕괴시키고 결국 주민들은 가난과 무력갈등 상황에 빠진다. 유엔 식량권특별보고관을 지낸 지글러(J. Ziegler) 교수가 쓴 책, 『왜 세계의 절반은 굶주리는가』가 스테디셀러(steady seller)가 되는 이유는 제3세계의 이런 비평화 구조, 곧 구조적 폭력에 대해 날카로우면서도 따뜻한 시선을 보내기 때문이다.

다음으로 젱하스가 제시하는 평화는 사회적 문명화의 관점에서 정의된다. 그에게 평화는 정치적 협약을 통해서 공동체 내부 및 공동체들 간에 사람들의 공동생활을 '문명화'(civilization) 하는 것을 말한다. 그렇기에 젱하스의 사유에서 문명화의 성공과 평화란 사실상 동일한 현상이다. 이런 그의 평화론은 먼저 근대사회 내부에서 평화가 달성되는 과정에 집중한다. 젱하스에게 평화는 다음 여섯 가지 요소들에 의해 만들어지는데 첫째, 시민의 무장 해제와 국가의 폭력 독점, 둘째, 폭력의 공적 독점이 오용되는 것을 막는 법치국가, 셋째, 사회구성원들 사이의 상호의존과 갈등 통제, 넷째, 정치적 결정 과정에의 민주적 참여, 다섯째, 모든 시민의 기본권 보호, 특히 사회적 권리까지 보장하는 사회정의, 여섯째, 타협과 관용에 기초한 건설적인 갈등 해결. 젱하스는 이런 방법으로 사회적 차원의 문명화를 평화구축(peacebuilding)으로 보았지만, 이를 확대해 세계적 차원의 평화도 구상하였다.

레이츨러(L. Reychler)가 제시한 지속가능한 평화(sustainable peace)도 갈퉁과 젱하스의 평화관과 유사하다. 그는 지속가능한 평화의 요소로 무장 폭력이 중단되고, 다른 형태의 폭력(구조적, 심리적, 문화적 폭력)이 거의 사라지고, 갈등이 건설적인 방식으로 다뤄지고, 정부가 대외적으로 높은 합법성을 가진다는 점을 제시하고 있다. 그리고 지속가능한 평화의 조건도 제시하고 있는데 그것은 △ 효과적인 시스템, 커뮤니케이션, 협의, 협상, △ 평화를 증진시키는 정치적, 경제적, 안보적 구조, △ 평화 리더십(leadership)과 비판적 대중, △ 다자적 협력지원 시스템, △

통합적 분위기 등을 꼽는다.

갈퉁, 젱하스, 레이츨러의 평화관이 보여주는 공통점은 첫째, 전쟁 부재의 제한적 평화관을 비판하고, 둘째, (일국적, 지역적, 세계적 차원의) 사회 전반에 걸쳐 사고하도록 평화의 지평을 확장시켰고, 셋째, 그 결과 평화가 안보는 물론 정의, 민주주의, 인권, 발전 등과 상호작용하며 만들어지는 역동적 개념이자 가치임을 보여준 점 등을 꼽을 수 있다.

3. 평화학의 영역

이상과 같이 평화학을 정의해보았는데 여기서는 평화학의 범위와 영역을 살펴보자. 평화학의 범위를 설정하려면 그 종류 혹은 유형을 살펴보는 것이 유용하다. 지금까지 등장한 평화연구는 크게 전통적인 국제정치학 외에도 비판적 안보연구, 생태 평화학, 비폭력운동, 평화영성 등 다양한 영역에서 전개되어 오고 있다. 이런 흐름을 둘로 좁히면 오늘날 평화학은 사회 차원에서의 평화학과 국제관계 차원에서의 평화학으로 말할 수 있다. 평화학의 범위는 논자에 따라 다양하지만, 크게 보면 폭력의 양상과 그 원인, 그리고 평화의 조건 및 형성 방안 등 네 가지로 설정해볼 수 있다. 거기에 정신적, 물질적 측면, 그리고 개인, 사회, 국가, 지역, 세계 등과 같은 수준을 대입해 논의를 전개할 수 있다.

평화학의 영역으로 가장 널리 언급되는 논의는 갈퉁의 소극적 폭력, 적극적 폭력, 소극적 평화, 적극적 평화이다. 갈퉁은 그의 대표 저서인 『평화적 수단에 의한 평화 *Peace by Peaceful Means*』에서 폭력과 평화를 각각 직접적, 구조적, 문화적 세 차원으로 나누어 여섯 개 영역으로 설정하고 각 영역에 시간, 문화, 세계, 사회, 자연, 사람 등 6개 측면을 적용해 논의를 풍부하게 전개하고 있다.(표 1-1) 갈퉁의 평화학 영역 분류는 폭력을 포섭하여 존재하는 폭력 및 평화를 적절하게 분류하고 포괄하는 장점이 있으나, 같은 이유로 인간의 모든 관심사 혹은 가

[표 1-1] 갈퉁의 평화학 영역 분류

직접적 폭력	직접적 평화
N(자연): 적자 생존	N: 상호 원조와 협력
P(사람): 자신에 대한 폭력, 자살	P: 내부·내외간 인원 증가
S(사회): 잘못된 선을 넘는 폭력	S: 비폭력적 자유
W(세계): 전쟁 지형-대량 학살	W: 평화운동-대안적 방비
C(문화): 문화의 말살	C: 문화의 자유
T(시간): 폭력의 역사와 미래, 전쟁	T: 평화의 역사와 미래

구조적 폭력	구조적 평화
N: 환경 파괴	N: 다중심적 생태 평화
P: 정신 병리학	P: 내부·내외 구성원 간 평화
S: 가부장제, 인종주의, 계급	S: 발전, 형평, 평등
W: 제국주의, 무역	W: 평화 지역들-통치, UN
C: 문화적 제국주의	C: 문화적 공존
T: 착취와 탄압의 역사와 미래	T: 상기 요소들의 지속성

문화적 폭력	문화적 평화
종교: 전능함	종교: 내재적
법: 민주주의, 인권	법: 민주주의, 인권
사상: 보편주의자, 단일주의자	사상: 특정주의자, 다원주의자
언어: 남녀 차별주의자, 인종주의자	언어: 인본주의자/종(種)의 비차별주의자
예술: 국수주의적, 가부장주의적	예술: 인문주의자/종(種)의 비차별주의자
과학 I: 서구적 논리?	과학 I: 도교인? 불교인?
과학 II: 생활을 파괴함	과학 II: 생활을 향상시키는 것
우주 철학: 동양 I? 중국적? 일본적?	우주 철학: 동양 II? 인도? 불교?
학교: 군국주의화	학교: 평화 교육
대학: 군국주의화	대학: 평화 연구와 조사
언론: 전쟁-폭력의 저널리즘	언론: 평화 저널리즘

치를 평화라는 말로 담아내려 했다는 비판을 받기도 한다.

젱하스는 『문명 내의 충돌 *Zivilisierung wider Willen*』에서 평화형
성을 하나의 문명기획이라고 보았다. 이 책에서 그는 평화형성에 필요
한 조건을 여섯 가지로 보았다는 점에서 앞에서 언급했다. 그것은 젱하
스의 '육각형 문명화' 모델로 불리는데, 그의 평화형성의 조건에서 보듯

이 평화는 민주주의 확립과 깊은 연관이 있다. 젱하스가 제시한 영역은 갈퉁에 비해 제한적이어서 학문으로서의 평화학의 한정성을 보여주고 있다.

이 밖에도 국제정치학에서는 전쟁을 그 원인, 확대, 종결의 측면에서 다루는 전문적인 논의도 있고, 현실주의, 자유주의, 구성주의, 비판이론 등 패러다임으로 나누어 전쟁과 평화문제를 거시적으로 논의하는 방식도 있다. 그러나 평화운동을 바탕으로 한 아래로부터의 시각에서 보면 전쟁의 원인과 양상에 대한 이해는 기성 국제정치학에서의 논의와 달리 생각할 수 있다. 나아가 애슈포드(M−W Ashford)와 도운시(G. Dauncey)가『평화만들기 101 *Enough Blood Shed: 101 Solutions to Violence, Terror and War*』에서 보여준 것처럼 평화의 영역은 국가 간 관계에 국한되지 않고 심성과 생활세계로 확대될 수 있다. 그렇다면 평화학의 영역도 더 넓고 더 깊어질 수 있을 것이다. 평화학을 이렇게 본다면 그것은 평화운동, 평화교육과 손잡고 나아가야 할 연대와 치유의 학문으로서, 현장을 반영한 동시에 평화를 갈구하는 현장에 지침을 제공할 수 있다.

4. 평화학의 특징

지금까지 얘기한 바를 생각하면 평화학이 어떤 학문인지, 그 특징을 상상할 수 있을 것이다.

첫째, 평화학은 학제간(interdisciplinary) 혹은 초학제적(transdisciplinary) 학문이다. 근대사회의 등장 이래 과학기술과 문화예술의 발전을 반영해 근대학문도 문학, 철학, 정치학, 경제학과 같이 분과학문으로 세분화 되어 왔다. 이제 학문이란 인접 학문이 무엇을 하는지도 모른 채 자기 분야만 파고들어가는 식의 분과학문으로 환원되는 결과를 초래했다. 그러나 2차 세계대전 이후 본격화된 성장지상주의와 그 결과 초래된 불평등과 환경 파괴 등 소위 지구적 문제(global issues)의 등장으로 분과학문의 유용성은 도전받기 시작했다. 이런 시대 변화를 배경으로 최근에는 기후변화로 인한 환경, 식량, 보건 등에 걸쳐 인간안보에 대한 위협이 높아지고 있다. 평화학은 처음부터 이런 문제들에 깊은 관심을 가져왔다. 뿐만 아니라 평화학은 이미 1, 2차 세계대전을 겪으며, 또 그에 앞서 세계 각지에서 발생한 각종 인권 침해와 차별을 직시하며 평화, 인권, 평등에 기여하는 각 분야의 연구자, 정치가, 운동가들이 손을 잡으며 만들어간 학문이다. 그러므로 평화학은 폭력이나 평화 관련 분과학문들의 참여와 협조 속에서 만들어가는 학제간 학문이다. 그러나 평화학은 학제간 학문으로 그 정체성을 한정할 수는 없다. 학제간 연구는 분과학문의 협력으로 파급효과를 만들어낼 수 있지만 분과학문의 틀을 전제하고 있다. 평화학이 평화에 관심 있는 분과학문 종사자들이 협력하는 것을 부정할 수 없지만, 위에서 말한 것처럼 평화학 자체는 그 속성상 분과학문의 경계를 초월하는 정체성을 띠고 있다. 평화학은 문제 진단, 해결 목표와 방법을 아우르는 초학제적 학문의 성격을 갖는다. 평화학이 초학제성을 띤다는 말은 연구대상인 폭력이나 평화에 관한 문제를 하나의 통합된 단위로 보고 관련 이슈와 차원을 연구에 균형적으로 포함시킨다는 의미이다.

둘째, 평화학은 다차원적인 학문이다. 평화학은 평화가 개인의 심성과 삶, 마을, 공동체 등과 같은 지역사회, 국가, 국가간(international) 관계, 자연, 우주 등 여러 차원에서 논의 가능하다. 이것이 전쟁과 평화문제에 관심 있는 여타의 분과학문들과 평화학의 차이점 중의 하나이다. 평화학은 또 정신과 물질, 유형과 무형, 개인과 집단, 혹은 심성, 행동, 제도 등과 같은 차원에서도 접근 가능하다.

셋째, 평화학은 간(間)문화적이다. 평화학은 역사 속에서 형성 변화해온 구체적인 특정 문화권의 토양 위에서 발달할 수 있다. 그렇지만 평화학은 특정 문화권의 영향에 갇히지 않고 모든 문화권에서 이루어지는 간문화적 성격을 갖고 있다. 평화학의 다문화성은 평화학이 문화적 상대주의에 기반한다는 뜻이 아니라, 보편가치를 다양한 문화적, 역사적 토양 위에서 풍부하게 추구해나감을 의미한다. 평화가 각 문화권의 맥락에서 그 뜻과 초점이 다른 면이 있지만 동시에 공통적인 의미와 속성을 갖고 있다는 점에서 평화학은 문화적 다양성 속에서도 보편성을 획득할 수 있다. 굳이 말하자면 평화학은 맥락적 보편주의를 추구한다고 말할 수 있다.

넷째, 평화학은 그 정향(orientation)에서 비판적이고 포괄적이다. 평화학은 평화 실현을 추구하면서도 다양한 형태와 측면의 비평화를 비판적으로 고찰하고 그 극복 방안과 대안적인 평화상을 추구하는 종합적인 연구 체계이다. 평화학은 결코 진공 상태에서 혹은 구름 위에서 평화를 상상하는 지적 유희가 아니다. 폭력이 일어나고 그것을 정당화 하고 폭력이 지속되는 역사와 현실 속에서 그 원인과 메커니즘을 규명하는 비판적 학문이자 '평화적인 수단에 의한 평화'로운 세계를 만들어가는 포괄적인 학문이다.

다섯째, 평화학은 여느 학문처럼 이론의 형성 및 발전을 추구하되 폭력에 시달리고 평화를 갈구하는 풀뿌리의 목소리에 적극적으로 반응하는 실천적인 학문이다. 평화학은 이론화 작업을 추구하면서도 그에 못지 않게 현장, 실천과 깊이 연대한다. 폭력의 진흙탕에서 움트는 평화의 기운, 전쟁의 폐허 위에서 일어나는 살림의 울림과 같이 현장의 이야기를 평화학은 이론화 작업의 원천으로 삼는다. 심지어 평화학은 『전쟁은 여자의 얼굴을 하지 않았다』(스베틀라나 알렉시예비치), 『이념과 학살』(이나미)과 같은 책처럼, 전쟁의 가담자들 혹은 희생자들이 숨겨놓았던 폭력의 이야기를 들어주는 것 자체일 수도 있다.

여섯째, 평화학은 여느 학문들보다 높은 윤리성을 갖고 있다. 평화학도 하나의 학문이니만큼 객관성과 논리성을 바탕으로 하고 있지만, 추구하는 바를 생각할 때 순수학문으로 남아 있을 수 없다. 평화학은 이 세상에 온전한 평화를 가져오고 사람들이 평화롭게 사는데 이바지하는 학문이다. '평화윤리'는 평화학의 주요 연구주제의 하나이다. 평화학의 윤리성은 연구자의 연구 시각과 태도, 연구주제 선정에도 영향을 미친다. 요즘은 분과학문을 막론하고 사회가 연구자들에게 연구윤리를 요구하지만, 평화학은 그 속성상 처음부터, 자발적으로 연구윤리는 물론 연구주제와 연구 정향에 윤리성을 강조하고 있다. 이를 배제한 평화학이란 있을 수 없지만, 실제 그런 경우는 평화학의 정체성을 배척한 직업 활동으로서의 평화연구에 불과할 것이다.

일곱째, 평화학은 연대의 학문이다. 평화학이 다루는 연구주제는 물리적 차원의 폭력과 평화만이 아니기에 인간사회의 거의 모든 문제, 나아가 자연, 우주까지 다룬다. 평화구축의 길, 거기에 이론적, 실천적으로 기여하는 평화학은 눈에 띄는 폭력/평화문제로 연구범위를 한정할 수 없다. 이론적으로 평화구축의 길을 찾기 위해서는 평화의 이웃인 인권, 민주주의, 지속가능한 발전, 인도주의 등 인접 보편가치들에 관한 연구를 함께 수행해야 할 것이다. 실천적으로도 평화학은 평화와 인접한 주제들을 연구하는 학문 혹은 실천 단위들과 긴밀히 소통할 때 풍부한 연구는 물론 평화학의 정체성을 구체화할 수 있을 것이다.

5. 평화학의 방법

평화를 연구하는 방법은 크게 두 가지로 생각해볼 수 있다. 그 하나는 귀납적인 방식이다. 평화학의 대상이 되는 폭력과 평화가 어떻게 발생하고 어떤 영향을 주는지를 구체적인 경험연구로 밝혀내는 작업이다. 사례, 통계, 문헌, 인터뷰 등을 활용한 경험연구를 통해 폭력과 평화의 발생과 영향에 대한 인과관계를 밝혀내고 교훈과 시사점을 찾아내는 일이다. 다른 하나의 방법은 연역적인 방식이다. 평화학에서 통용되는 특정 이론을 적용해 구체적인 폭력 혹은 평화 사례를 설명하고 예측하는 방식이다. 가령, '장기분쟁' 이론을 통해 한반도 분단의 장기화 양상과 그 원인, 영향 등을 분석할 수 있다. 또는 '분쟁후 평화구축' 이론을 적용해 르완다 사태나 동티모르 사태를 설명할 수도 있다. 연역적인 방식은 연구 사례에 적용하는 이론이 타당한지를 검증하는 절차를 밟는데, 그 이론이 타당하다고 입증되면 이론의 일반성은 더 커지고 그 이론이 반증(反證, falsification)되면 그 이론은 수정하거나 기각할 여지가 크다. 귀납적인 방식은 사례에 대한 풍부한 서술로 있는 사례의 전모를 이해하고 그로부터 어떤 실천적, 이론적 함의를 이끌어내는데 유용하다. 그에 비해 연역적인 방식은 특정 이론이 새로운 사례를 설명하는데 유용한지를 테스트(test) 해 그 이론의 가치를 판정하고, 평화구축에 필요한 새로운 요소들에 대한 관심을 증대시킨다.

사실 이런 기본적인 분류는 평화학만이 아니라 사회과학의 모든 분과학문에서도 통용된다. 그렇다면 평화학에서 이용하는 구체적인 연구방법은 어떤 것들이 있는지 간략히 살펴보자. 우선, 폭력과 평화에 관한 기존 이론들을 비판적으로 독해하는 작업이 필요하다. 어디에서나, 어떤 사례에도 적용할 수 있을 정도로 무한 보편성을 지닌 이론은 존재하지 않는다. 이론은 그 이론이 만들어진 시대적 배경과 연구자의 시각이 반영되어 있기 때문에 매력적으로 보이는 이론도 '오늘 여기서' 일어난 문제를 설명하는데 그 이론을 그대로 적용하기 힘들다. 그래서 비판적 독해가 필요하다. 비판적 독해를 통해 이론 중 적용할 수 있는 부분과 수정 혹은 응용할 부분을 파악할 수 있다. 둘째, 연구주제에 직접 관련된 원자료를 수집해 이를 연구목적이나 관련 기준에 의거해 분류하고 분석하는 일이다. 원자료 혹은 1차자료 분석은 과거사의 경우, 혹은 분쟁지역과 같이 연구자가 직접 방문하기 어려운 경우에 매우 유용한 방법이다.

그렇지만 평화학은 그 속성상 가능하면 현장조사, 참여관찰, 인터뷰와 같은 방법을 통해 관련 사건이 일어난 현장의 목소리, 그곳의 역사적·사회경제적 배경, 피해자들을 포함해 사건 관련 당사자들의 입장 등을 있는 그대로, 온전하게 파악하는 노력이 필요하다. 그런 작업 없이 여과된 언론보도나 특정 시각의 자료만 활용할 경우 현장성은 차치하고 객관적이고 포괄적인 분석이 불가능하다. 평화학의 속성상 '행동연구'도 하나의 연구방법이 될 수 있다. 행동연구란 가령 고압송전탑건설 반대 운동이나 세월호침몰 진상규명운동을 전개하는 단체의 활동에 직접 참여해 그 사건을 연구하는 방법이다. 일종의 내재적 접근이다. 혹은 인권 증진이나 분쟁후 평화구축과 관련한 연구에서는 해당 정부의 특정 정책이나 시민단체의 관련 활동에 초점을 두는 '프로그램 평가' 방법도 유용하다. 동물의 집단생활에서 평화적 함의를 도출하려는 경우는 진화동물학, 산업화 된 다민족국가에서 소수집단으로서 원주민의 문화적 권리에 관한 연구는 민족지학의 이론이 활용될 수도 있다. 이처럼 평화학은 연구목적과 관심사에 따라 다양한 연구방법을 취할 수 있다.

평화학의 방법은 평화학의 목적에 이바지할 때 그 의의가 있다. 평화학은 정확한 분석과 풍부한 상상력을 동시에 요청한다. 이를 통해 평화학이 추구하는 진실 규명과 평화구축의 길을 보다 뚜렷하게 찾을 수 있을 것이다. 그렇기 때문에 평화학은 특정 문제나 사건에 대한 요인 분석을 하지만 그것을 통해 곧바로 어떤 결론이나 처방을 내리기보다는 다른 가능한 요인이나 유사 사례와의 비교와 창조적인 해석에 열려있다. 말하자면 평화학은 그 방법에 있어서도 이해와 소통을 중시한다. 개방적이고 포괄적인 평화학의 특성은 주관과 객관, 묘사와 설명, 상상과 분석, 거시와 미시, 위와 아래 등 여러 측면과 차원을 통합하려는 연구방법에서도 잘 나타난다.

02
한국 평화학의 필요성

1. 한국 평화학의 정의와 성격

한국에서 평화학이 필요한 바를 생각해보기에 앞서 한국 평화학이란 무엇인지 개념을 세워볼 필요가 있다. '한국 평화학'이란 한국을 포함해 한반도를 둘러싼 평화·폭력문제를 전문적으로 다루는 학문체계로 정의할 수 있다. 여기서 한국은 한국 사람보다는 한반도 문제를 지칭한다. 한반도의 평화·폭력문제를 다룬다면 그걸 다루는 연구자가 한국인이 아니어도 상관없다는 말이다. 이는 한국 평화학이 국수적이 아니라 보편적인 평화학의 연장선상에 있음을 의미한다. 이상과 같이 한국 평화학을 정의한다면 한국 평화학을 '한반도 평화학'으로 바꿔 불러도 좋을 것이다.

한국 평화학을 쿤(T. Kuhn)의 화법을 빌려 말한다면 그것을 하나의 패러다임(paradigm)이라 말할 수도 있다. 패러다임은 특정 문제에 관한 견해를 생산하는 일련의 구성 요소들이라고 정의할 수 있는데,[1] 이때 일련의 구성 요소들이 패러다임의 추상성을 해소해준다. 학문체계로서

---

1) Thomas S. Kuhn, *The Structure of Scientific Revolutions* (University of Chicago Press, 1962).

패러다임을 말할 때 그 구성 요소들에는 연구 시각, 연구 범위, 관련 이론, 연구 방법, 학문공동체, 그리고 학문공동체를 둘러싼 환경 등을 포함한다. 쿤의 패러다임 논의에서 이론의 주류화 과정은 기존 주류 이론을 결정적으로 반증할 수 있는(critically falsify) 사례의 발견이 아니라, 신흥 이론이 관련 학문공동체에서 얼마나 많은 지지를 획득하느냐에 달려 있다. 평화학이 기성 주류 패러다임에 도전하는 방법이 증명에 중점을 두는지, 합의에 주력하는지는 불명확하다. 한국 평화학은 그 필요성을 말한다는 점에서 알 수 있듯이 하나의 주류 패러다임, 즉 확립된 학문체계라기보다는 신흥 패러다임으로 윤곽을 드러내고 있는 정도이다. 그런 점에서 여기서 언급하는 한국 평화학에 관한 정의는 부상하기 시작한 일단의 연구 경향이 어떤 시각과 요소들을 갖고 있는지를 제시하는 것으로 이해하면 좋을 것이다. 한국 평화학은 제1장에서 살펴본 평화학 일반의 특징과 방법을 공유한다는 점을 전제할 필요가 있다. 다만, 하나의 패러다임 혹은 학문체계로서 한국 평화학도 위에서 말한 구성요소들로 이루어져 있다.

첫째, 한국 평화학의 시각은 평화학의 특징을 반영해 평화주의(pacifism) 시각을 견지한다. 다시 말해 한국 평화학은 '평화적 수단에 의한 평화'라는 입장에 서서 한반도를 둘러싼 제반 평화·폭력문제를 다룬다. 또 한국 평화학은 평화학 일반이 갖는 초학제성, 다차원성, 간(間)문화성, 포괄성, 현장성, 윤리성 등을 반영해 특정 연구 시각—특히 주류 연구 시각—을 배격하고 평화·폭력문제를 온전하게 파악하는데 개방적인 태도를 취한다. 평화학이 그 시각으로 평화주의를 뚜렷하게 제시함으로써 평화학이 학문으로서의 객관성을 약화시킬 위험이 있다는 비판이 있을 수 있다. 그렇지만 평화학이 연구 범위와 방법 등에서 특정 입장을 고수하지 않고 열려 있다는 점에서 그런 우려는 기우에 지나지 않는다. 오히려 특정 연구 시각과 방법에 치우쳐온 기성 연구 패러다임이 객관성의 문제를 초래할 개연성이 높다. 특히, 냉전의식과 분단체제 하에서 진행된 한국에서의 안보 및 통일 연구, 그것을 뒷받침해준 '현실주의 패러다임'은 객관성을 스스로 상실한 시각이라는 비판을 듣기에 충분하다. 한국 평화학은 그동안 한반도 평화·폭력문제를 편파적으로 접근해온 기성 연구 시각의 한계와 문제점에 주목하고, 평화학의 특징과 방법을 적용해 연구 대상에 대한 온전한(holistic) 접근을 추구한다는 점에서 비판적·대안적 시각이라고 하겠다.

둘째, 한국 평화학은 그 범위에서 한반도 평화·폭력문제를 다룬다는 점에서 그 특수성이 있지만 그 이론과 방법에서는 평화학 일반의 그것과 특별하게 다른 것이 없다. 그럼 한국 평화학이 다루는 연구 범위 혹은 영역은 무엇인가? 한국 평화학이 한반도 안팎에서 일어나는 모든 평화·폭력문제를 다루는가? 물론 그렇지는 않다. 그렇다면 한국 평화학의 연구 범위는 어디서 어디까지인가? 예를 들어 바다낚시를 나갔던 시민이 태풍으로 실종된 사건은 한국 평화학의 범위 밖에 있지만, 고기잡이 중 북한 해역으로 들어가 억류당한 어부의 경우는 한국 평화학의 범위 안에 있다. 단순 사건사고, 자연재해 관련 사고는 한국 평화학의 범위에 해당하지 않지만, 분단체제의 영향을 받거나 혹은 그와 관련된 사례는 그것이 비록 남북한 당국간 문제가 아니더라도 한국 평화학이 다루는 연구 대상이 될 수 있다.

한국 평화학의 범위와 관련해 필자가 강조해온 개념이 '분단정전체제'이다. 필자는 2016년 출간한 책에서 분단정전체제를 조심스럽게 개념화 하면서 그 다양한 측면과 차원을 다룬 적이 있는데,[2] 바로 그것이 한국 평화학의 범위라 할 수 있다. 그동안 우리는 분단체제, 정전체제, 이렇게 나누어 말해왔다. 분단체제는 민족이 남북으로 서로 달리 살아오며 적대하고 증오해온 세월이 굳어진 결과와 그런 상태를 말한다. 정전체제는 3년여 동안의 동족상잔의 전쟁을 (종식한 것이 아니라) 중단한

---

2) 이하 서보혁·나핵집, 『지속가능한 한반도 평화를 향하여』 (서울: 동연, 2016), pp. 34-42.

후 155마일 군사분계선을 경계로 불안한 평화를 유지해오고 있는 물리적 대치 상태를 말한다. 그러나 이 둘은 별개로 존재하는 것이 아니라 동전의 양면과 같다. 한반도가 동전이라면 그 양면이 분단체제와 정전체제이다. 그 둘이 별개가 아니라는 것은 분단체제와 정전체제가 서로를 강화하는 관계(mutually reinforcing relationship)에 있기 때문이다. 분단체제는 전쟁을 통해 굳어졌고 정전체제는 분단으로 지탱되고 있다. 이런 현실을 넘어서는 미래 전망에 있어서도 분단과 정전은 한 몸으로 움직이니 분단정전체제를 극복한 바람직한 미래는 통일평화체제이다. 여기서 분단정전체제만이 아니라 그 극복 방향으로서의 통일평화체제도 한국 평화학의 범위임을 알 수 있다.

분단정전체제는 물질적, 정신적 두 측면을 띠고 있다. 물질적 측면은 군사력, 경제력과 같이 만질 수 있고 관찰 가능한 요소들로서 나의 생존과 번영이 타인, 특히 적에 대한 공격 혹은 적대세력의 소멸을 통해 달성할 수 있는 능력을 말한다. 외부의 위협을 강조하며 끊임없이 군사비를 증대시키는 현상이 좋은 예이다. 군비증강은 잠재적이든 현재적이든 적대세력의 공격으로부터 안보를 위한 조치인데, 다른 나라도 같은 이유로 군비증강을 하는 악순환을 만들어낸다. 이른바 안보딜레마(security dilemma)다. 경제력도 한 사회 구성원들의 번영은 물론 체제경쟁의 수단으로 쓰이고, 그래서 경제정책은 군사력 증강과 연관 지어 추진되기도 한다. 이런 물질적 측면은 정신적 측면과 한 쌍을 이룬다. 정신적 측면의 예로는 내가 옳고 타인이 틀렸다는 이분법적 사고, 잘못됐다고 단정한 타인을 공격하는 것이 옳고 심지어는 그런 타인을 동정하는 주변 사람도 비난하는 군사주의 문화 등이 있다. 한국사회에서 반공반북 이데올로기나 종북(從北) 담론, 북한에서 반미 반제국주의 이데올로기가 전형적인 예이다. 물질적·정신적 측면은 서로를 강화시킨다. 군비증강은 군사문화를 촉진하고 군사문화는 군비증강을 정당화한다.

셋째, 분단정전체제는 세 차원으로 이루어져 있다. 먼저, 남북관계 차원이다. 한반도형 비평화 구조로서 분단정전체제의 중심에 남북관계가 있는 것은 당연해 보인다. 남북관계는 적대와 불신을 본질로 하지만 경우에 따라서는 대화와 교류가 일어나는 공간이자 남북이 상호작용하는 채널이기도 하다. 그러나 분단정전체제가 남북관계로만 이루어져 있다고 보는 것은 현상의 일부를 본질로 오해하는 꼴이다.

분단정전체제는 동아시아 차원에서도 볼 수 있다. 미국이 고고도미사일방어체계(일명 THAAD)를 한국에 배치하는 문제는 북한의 미사일 요격을 명분으로 하고 있지만, 사실은 동아시아태평양 지역에서의 강대국 간 세력관계, 구체적으로 미중 경쟁관계 차원에서 한국의 자율성을 제약하는 사례로 볼 수 있다. 나아가 한반도 통일문제는 미국과 중국을 비롯해 한반도 주변 강대국들의 국가이익과 그것들이 엮어내는 역내 국제정치와 긴밀히 연관되어 있다. 이런 점에서 한반도 평화·통일문제를 남북관계 차원으로 한정해보는 것은 짧은 생각이다.

물론 한반도형 비평화 구조는 남·북한 사회의 대내적 차원에서도 생각해볼 수 있다. 분단정전체제는 남·북한 정치경제, 사회문화 등에 대개 부정적인 영향을 미친다. 국가보안법이 건재하고 많은 비판에서 불구하고 테러방지법이 제정된 것에서도 알 수 있듯이 자유로운 사고와 행동은 국가안보, 국민통합의 명분 아래 억제 당한다. 국가재정의 편성에서도 안보·정보 분야는 투명성 없이 성역으로 간주되고 있다. 이렇게 다측면, 다차원의 현실은 분단정전체제 극복의 길이 단선적이지 않음을 말해주고 있다. 이는 한국 평화학의 다른 한 영역인 통일평화의 길도 복합적인 경로임을 암시하고 있다.

분단정전체제 하의 한반도 현실을 감안할 때 한국 평화학은 기존 안보연구, 북한연구, 통일연구의 범위와 겹칠 수밖에 없다. 그럼에도 평화학은 기존 관련 연구들에서 다루지 않거나 소홀히 다룬 영역에 주목한다. 가령, 안보연구에서 시민의 참여나 정책 투명성은 안보정책에서 민주주의 문제, 북한연구에서 소수자 집단에 대한 관심, 또 통일학에서 접경지역 생태·평화·역사연구 등과 같이 평화학은 기존 관련 연구와 다른 영역도 갖고 있다. 한국 평화학이 안보·북한·통일연구 등 기존 관련 연구와 같은 영역과 다른 영역을 함께 보이고 있는데, 그런 현상은 평화학의 시각과 특성에서 연유한다. 평화주의 시각과 다차원·비판적·윤리적 성격으로 인해 평화학은 기존 관련 연구들과 유사한 영역에 대해서도 다른 시각과 접근을 하고, 같은 이유로 기존 연구들이 놓치거나 배제해온 문제들에 관심을 갖는 것이다.

위와 같이 이론적 차원에서의 다각적인 논의가 가능하지만, 한국 평화학이 얼마나 뚜렷한 실체를 갖고 있느냐 묻는다면 아직은 자신 있게 말하기 힘들다. 적어도 학회와 같은 가시적인 학문공동체로 집단화 되지 않고 소수의 연구자들로 분산되어 있다. 패러다임으로서의 평화학이 시각, 이론·영역·방법, 그리고 학문공동체 등 셋으로 정립(鼎立)한다면, 한국 평화학은 시각에서 비교적 분명해보이지만 학술적 구성 요건과 수행 주체, 양 측면에서 아직 초보적인 수준을 벗어나지 못하고 있다. 그럼에도 시대의 요구와 평화학 일반의 국내 도입, 그리고 평화학 연구자군의 부상 등으로 인해 한국 평화학의 길은 전도유망하다.

2. 분단폭력 극복과 통일평화 대비

한국 평화학이 필요한 가장 큰 이유는 장기화 되고 있는 한반도의 분단폭력을 극복하고 통일평화를 달성하는데 기여하기 위해서이다. 분단폭력? 생경하게 들릴 수도 있겠으나, 분단폭력은 분단으로 인한 또는 분단을 명분으로 한 각양의 폭력을 말한다.3)

한국 평화학은 분단폭력 극복에 기여하지 못한다면 존재할 필요가 없다. 만약 한국 평화학이 평화학의 보편성을 이유로 한반도 문제를 여

---

3) 상세한 논의는 김병로·서보혁 편, 『분단폭력: 한반도 군사화에 관한 평화학적 성찰』 (서울: 아카넷, 2016).

러 연구사례의 하나로 간주해 아무런 목적의식 없이 이러저러한 방법으로 논의하는 것이라면 그것은 일종의 지적 유희에 불과하다. 물론 한반도 문제를 반드시 한국사람만이 연구할 바는 아니지만, 한반도 문제는 한국사람이 가장 잘 알고 있다. 더욱이 분단폭력 극복과 통일평화를 목표로 한 연구는 한국 평화학의 숙명적인 책무이다. 평화학이 공상의 학문이 아니라 현실에서 피터지고 눈물 나는 폭력의 문제를 붙잡고 그것을 극복하고 평화를 상상하고 구현하는 실천적 학문이라고 강조한 이유가 여기에 있다. 한국 평화학은 연구자의 국적과 무관하게 한반도의 폭력과 평화문제를 다루는 것을 사명이자 일차적 연구범위로 삼고 있는 것이다.

그렇다면 한국 평화학이 부여잡을 분단폭력을 좀 더 살펴보자. 위에서 밝혔듯이 분단폭력은 분단이 초래한 폭력과 분단을 명분으로 한 폭력으로 구성된다. 분단이 초래한 폭력은 예를 들면, 분단되어 한반도 전역을 자유롭게 여행하지 못하고 가족과 친지와 헤어지고 이념 대립으로 자유로운 사고를 억제당해 결국 인간으로서의 존엄한 삶을 제약하는 행태와 그런 구조를 말한다. 잘 알다시피 한반도 분단은 전쟁을 겪으며 굳어졌기 때문에 수백만 명의 인명을 살상하고 자연을 파괴하였다는 사실 자체도 분단이 초래한 폭력이고 그런 폭력이 사라지지 않고 있다는 데에 문제의 심각성이 있다. 이렇게 분단이 초래한 폭력은 국토와 민족의 분단과 함께 한반도에 거주하는 모든 생명의 삶을 힘들게 하고 심각하게 왜곡하고 있다.

한편, 분단을 명분으로 한 폭력도 분단폭력의 한 축을 이룬다. 분단이 초래한 폭력이 객관적이라고 한다면, 그에 비해 분단을 명분으로 한 폭력은 주관적 측면이 강하다. 분단을 명분으로 한 폭력은 자기 이익을 추구하는 방편으로 분단을 구실로 경쟁세력 혹은 상대방을 억압, 차별, 배제시키는 행위와 그런 행위를 정당화하는 주의주장을 일컫는다. 분단을 명분으로 한 폭력은 분단이 초래한 폭력과 같이 비인간적이지만, 자기 욕망을 달성하기 위해 상대방이나 이웃을 적대시하고 공격한다는 점에서 반인간적이다. 분단을 명분으로 한 폭력을 예로 들면 남북한 정권이 상대방을 반통일세력이라고 비난하고 대화도 하지 않고 물리적·언술적인 공격을 가하거나, 한국사회의 경우 정치권 안팎에서 자기와 생각이 다를 경우 그 사람을 좌경용공, 친북, 종북 등으로 낙인찍어 억압하는 경우를 들 수 있다. 한국이 1987년 이후 민주화되었다고 하지만 분단이 지속되는 한 이런 식의 폭력은 지속될 것이다. 말하자면 분단폭력은 전쟁을 치르고 그 상처를 치유하지 않은 채 전쟁 상태가 지속되는 가운데 작동하는 비평화적(peaceless)이고 반인권적인 체제인 셈이다.

분단폭력을 평화학 일반의 폭력 유형으로 볼 때 어디에 해당하는가? 분단폭력은 첫째, 전쟁을 동반한 분단을 지속하면서 군사적 대치와 군비경쟁, 분단을 명분으로 한 정치적 억압을 행한다는 점에서 물리적 폭력이고, 둘째, 그런 상태를 주적 개념, 국가보안법, 군사훈련, 안보교육 등 법제도적으로 합법화하고 재생산한다는 점에서 구조적 폭력이고, 셋째, 미디어, 교육, 문화 등의 채널을 통해 이분법적 사고, 적대의식, 증오, 분리, 군사문화 등을 자연스러운 행동기제와 의식으로 지속시킨다는 점에서 문화적 폭력의 측면도 있다. 이런 점에서도 분단폭력은 평화학의 주요 연구주제가 될 수있고, 한국 평화학이 부여잡고 있는 일차 관심사인 것이다.

여기서 분단폭력의 특징을 간단하게나마 짚고 가지 않을 수 없다. 먼저, 분단폭력은 한반도 내에서만이 아니라 한반도에 걸쳐서 그 안팎에서 일어난다.[4] 분단폭력이 발생하는 곳은 분단폭력을 분석하는 수준과 일치한다. 그것은 바로 남북한 사회 내, 남북관계, 그리고 한반도 주변 국제관계이다. 분단폭력이 남북한 사회에서 일어나는 것은 쉽게 이해할 수 있을 것이다. 두 사회 내에서 자기와 정치적 견해가 다르다고 빨갱이 혹은 반동분자 낙인을 찍어 억압하고 배제하는 것이 전형적인 예이다. 남

---

4) 홍석률, 『분단의 히스테리: 공개문서로 보는 미중관계와 한반도』(파주: 창비, 2012).

북관계 차원에서는 한쪽이 다른 쪽의 행동을 반통일적인 작태라고 비난하고 적대와 대결 자세를 정당화하는 것이다. 한반도 주변에서 일어나는 분단폭력이란 주변 강대국이 분단체제와 그 일방을 거론하며 군사동맹이나 군비증강을 추구하는 행태가 대표적이다. 분단폭력이 이렇게 다층적이고 다양한 것은 분단체제가 장기화되고 그 속에서 분단으로 기득권을 형성 유지하는 세력이 두터워졌다는 것을 말하는 것이기도 하다.

두 번째, 분단폭력의 가해자와 피해자가 있지만 경우에 따라 뚜렷하지 않을 수도 있다. 전쟁으로 분단이 굳어지는 과정에서 이념 대결로 인해 가족이, 마을이 결국 민족이 나눠지고 서로 총부리를 겨누었다. 전쟁 기간 전세에 따라 같은 마을 사람과 친지, 친구를 서로 죽이는 일이 벌어졌다. 그때 발생한 원한으로 아직도 관련 집안 사이에 결혼은커녕 내왕도 하지 않는 사례가 있다. 미국이 주도한 국제연합군[5]은 공산화 통일을 추진한 북한에 맞서 싸웠지만 그 과정에서 무차별 폭력과 군사작전을 명분으로 한 민간인 살상이 있었다.[6] 전쟁과 분단, 그리고 그 상처를 다루는 수많은 문학작품과 영화는 오늘날까지 분단폭력이 가해자가 분명히 있지만, 적지 않은 경우 가해자와 피해자가 섞여 있으면서 진실규명과 사과, 화해, 그리고 통합이 대단히 어려운 일임을 상기시켜주고 있다. 노무현 정부때 진실화해위원회가 출범해 운영되다가 이명박 정부 들어 중단된 사례가 그 점을 잘 보여주고 있다.

이런 특징으로 인해 분단폭력을 극복한다는 말은 규범적으로는 타당해보이지만 현실에서는 대단히 도발적이다. 분단폭력의 다차원성과 다측면을 감안한다면 그에 상응해 분단폭력 극복도 복합적일 수밖에 없다. 분단폭력을 극복한다는 것은 한반도 차원에서는 남북이 적대와 대결에서 평화번영의 길로 협력하고, 남북한 사회 내에서도 화해와 포용의 덕성이 생활세계에까지 확산되고, 한 개인 차원에서도 공감과 배려

---

5) 국제연합군(혹은 유엔통합군) 사령부의 형성 및 활동 전개에 관한 탁월한 연구는 이시우, 『UNC 유엔군사령부』 (서울: 들녘, 2014) 참조.
6) 김태우, 『폭격: 미공군의 공중폭격 기록으로 읽는 한국전쟁』 (파주: 창비, 2013).

가 내면화 되어 반도 전체에 민주주의와 인권이 꽃피어 가는 상태이다. 현실정치에서는 북한과 미국, 일본의 적대관계가 정상화되고 북핵문제가 평화적으로 해결의 길로 들어서고, 그 과정에서 북한체제가 개혁개방의 길로 들어서 변화의 도상에 올라서야 분단폭력의 극복을 전망할수 있을 것이다. 이렇게 본다면 분단폭력 극복의 길은 한반도에서 전개되는 영구평화혁명의 과정이라 말할 수도 있을 것이다.

한국 평화학은 이렇게 복잡하고 지난하고 장기간의 노력이 필요한 분단폭력 극복의 길을 닦는 것을 목적으로 한다. 그동안 북한·통일연구, 안보연구, 전략연구 등 관련 연구들이 없지 않았지만 분단폭력을 지양하고 통일평화의 전망을 다차원, 다측면에서 진행하지 못하였다. 북한·통일연구는 대북통일정책 차원에서 연구해왔지만 이때 통일은 정치적 차원의 통일에 치중하였고 평화주의 시각에서 통일 이후 한반도 미래상을 그리지 못했다. 안보연구는 주로 북한의 군사위협 대응 방안, 전략연구는 그 연장선상에서 한국의 효과적인 대북정책 방안을 주로 논의해 평화주의 시각은 물론 관심사와도 큰 거리가 있었다.

분단폭력을 극복한다고 할 때 그 현실적 대안이 통일평화인가 하는 의문이 들 수 있다. 이에 대해 필자는 앞선 다른 기회에 분단폭력이 극복되는 과정을 세 가지 경우의 수로 밝힌 바 있다.[7] 분단폭력 너머에 무엇이 있는지를 형식논리를 이용해 세 가지 경우의 수를 상정해 전망을 해보고자 한다. 분단폭력을 분단과 폭력으로 나눈 후 그 두 단어의 대립어를 이용해 경우의 수를 만들어보면 세 가지가 나온다. 분단평화, 통일폭력, 통일평화이 그것이다.

첫째, 분단평화다. 분단평화는 통일이 불가능하거나 적어도 단기적으로 불가능하기 때문에 분단 상황 하에서 평화공존, 나아가 평화번영하자는 발상이다. 사실 남북한 당국 간에도 분단평화에 관해 공감대를 형성한 바가 몇 차례 있었다. 1991년 12월 13일 남북한 총리가 서명한

---

7) 서보혁, "분단폭력의 본질과 그 너머," 김병로·서보혁 편, 『분단폭력』, pp. 287–291.

'남북기본합의서' 제5조는 "남과 북은 현 정전상태를 남북 사이의 공고한 평화상태로 전환시키기 위하여 공동으로 노력하며 이러한 평화상태가 이룩될 때까지 현 군사정전협정을 준수한다."고 밝히고 있다. 또 최근 여론조사를 보면 국민들은 통일을 무리하고 급속하게 추진하기보다는 점진적 통일을 더 지지하고, 나아가 통일보다는 평화를 더 선호하는 현상도 나타나고 있다.[8] 통일비용에 대한 걱정과 북한에 대한 혐오감이 반영된 것으로 보이는 이같은 여론은 분단 상태에서 남북이 평롭게 지내자는 실용주의적 견해로 볼 수 있다.

분단평화는 서로 다른 두 가지 의미를 갖고 있다. 하나는 위 남북한 합의에서 보듯이 통일을 추구하되 그에 앞서 신뢰조성, 긴장완화를 통해 우선 평화를 정착시켜야 한다는 의미다. 다른 하나는 통일은 결국 분단 하에 있는 남북한 두 체제 중 하나가 다른 하나에 흡수되는 현실정치의 문제이고, 그렇기 때문에 통일은 불가능하거나 재앙이므로 현 분단상태를 상호 체체존중, 신뢰조성, 호혜적 관계로 발전시키는 것이 바람직하다는 의미다. 첫 번째 의미는 남북한 당국의 공식 입장이고 남한사회에서도 폭넓은 지지를 받고 있다. 그렇지만 2015년 '분단 70년'을 보내면서도 두 분단정권이 통일을 고창(高唱)하지만 대결과 불신을 전환시키지 않은 점을 두고 볼 때 두 번째 의미의 분단평화가 설득력을 높여갈 수도 있을 것이다. 그러나 상호 적대를 기본으로 하는 분단체제 하에서 분단평화론이 지속가능하고 안정적인 평화를 가져올 수 있는지도 의문이다. 지금까지 두 분단권력이 통일을 빌미로 인권침해와 반평화적 작태를 자행해온 공통의 전력(前歷)은 통일이 되는 날까지 계속될 것 아닌가. 이런 질문은 분단평화의 한계를 말해주고 있다.

둘째, 통일폭력은 통일이 되지만 그것이 곧 항구적인 한반도 평화를 보장하지 않을 수 있다는 전망이다. 통일코리아가 되면 주변국들은 더 경계하는 마음이 커질 수 있고 대내적으로는 또다른 형태의 폭력이 발

---

8) 정근식 외, 『통일의식조사 2017』 (서울대학교 통일평화연구원, 2017) 참조.

생할 수도 있다. 만약 통일이 전쟁 혹은 다른 급변사태의 방식으로 이루어진다면 통일 자체가 폭력일 수 있다. 그렇지 않더라도 통일이 일방적으로 이루어진다면 통일을 당한 쪽 사람들ー가령 남한으로 흡수통일이 일어났다고 할 경우에 북한출신 사람들ー은 차별, 배제와 같은 구조적 폭력과 심지어는 물리적 폭력을 당할 수도 있다. 동시에 통일폭력은 배외주의, 민족팽창주의 등 대외적으로 공격적인 형태를 띨 수도 있다. 이 경우 통일코리아는 지역 안정과 평화를 해치고, 심지어는 사회 폭력을 정당화하는 결과를 초래할 수도 있다. 물론 통일폭력론이 남북통일을 반대하는 논리로 이용될 수도 있다. 그러나 통일을 추구해야 하는 입장에서 통일폭력론은 통일이 평화적이어야 함은 물론 통일코리아가 평화주의를 추구해야 함을 역설적으로 말해주고 있다.

셋째, 통일평화는 분단폭력이 지양된 최선의 전망이다. 한반도의 항구적인 평화는 통일을 반드시 통과해야 하지만 통일 후에도 평화공동체 수립을 향해 지속적인 노력이 요청된다. 통일평화는 기존의 평화통일과 다른 의미다. 평화통일은 평화를 수단으로, 통일을 궁극적인 목표로 간주한다. 그에 비해 통일평화는 평화를 궁극적인 목표로, 통일은 평화로 가는 길에 달성해야 할 중간 목표로 본다. 통일평화는 분단평화론을 비판한다. 분단평화론이 통일을 권력정치로 파악하는데 공감하지만, 분단은 통일보다 더 심각한 권력정치의 자장(磁場)에 빠져있기 때문이다. 물론 분단평화론이 체제공존, 상생호혜를 추구하지만 그것이 얼마나 지속 가능한지는 의문이다. 통일평화론은 권력정치의 회로에 빠져있는 통일이 결국 언젠가는 달성될 것이라는 역사적 필연성과 통일 없이는 한반도 평화는 오지 않는다는 현실적 당위 위에 서 있다. 어쩌면 통일평화로 가는 긴 여정의 일정 지점에 분단평화가 위치하고 있는지도 모른다. 분단평화는 2국가2체제, 통일평화는 1국가1체제를 이상적으로 본다면 그 사이 2국가1체제 혹은 1국가2체제도 가능할 것이다.

그러나 통일평화는 통일보다는 평화에 더 관심이 있다. 그래서 기성 통일 논의보다는 통일국가의 권력 구성 문제에 집착하지는 않는다. 통일이 남북간 적대관계를 해소하고 그 전에(혹은 그 과정에서) 정전체제의 평화체제로의 전환을 수반하는데 관심이 크다. 그렇다고 통일이 곧 한반도에 궁극적인 평화를 가져다준다고 말하기는 어려울 것이다. 통일국가 내에서 계층간 차별, 새로운 지역주의, 배타적 민족주의, 북한지역에 대한 난개발, 그리고 통일코리아와 주변국들의 갈등, 동아시아 차원의 패권경쟁 등 한반도 안팎에서 비평화적인 요소들이 도사리고 있을 것이다. 냉전시대 서유럽국가들이 이념적 동질성을 바탕으로 '안보공동체'9)를 지향한 바 있다. 통일코리아는 통일을 바탕으로 한반도 전역이 평화, 인권, 화해, 지속가능한 발전을 조화롭게 전개하는 '평화공동체'를 꿈꾼다. 그 과정에서 한반도는 동아시아 평화의 발신지이자 촉진자 역할을 수행할 것이다.

한국 평화학은 이처럼 분단극복의 과제에서 출발해 그 길이 새로운 폭력을 초래하지 않고 통일평화의 길로 발전할 수 있도록 지혜를 모으고 현실타당한 대안을 제시하는 한반도발 평화학이다.

3. 학문 · 사상의 자유 실천

다른 한편, 한국 평화학은 학문·사상의 자유를 실천하는데도 기여한다. 민주주의 국가에서 학문·사상의 자유를 실천한다는 말이 생뚱맞아 보이기도 할 것이다. 현행 대한민국 헌법 제22조 1항에서 "모든 국민은 학문과 예술의 자유를 가진다."고 밝히고 있고, 관련해 제19조에서는 "모든 국민은 양심의 자유를 가진다."고 언급하고 있다. 다만, 사상의 자유를 직접 언급하고 있지는 않다. 그럼 지금까지 학문활동, 적어도 분단, 평화, 통일과 관련한 학문활동의 자유가 제한되었다는 말인가? 그렇다.

---

9) Karl W. Deutsch et al. *Political Community and the North Atlantic Area: International Organization in the Light of Historical Experience*. Princeton: Princeton University Press, 1957.

헌법이 위와 같이 학문과 예술의 자유를 보장하고 있지만 그것은 법리와 현실, 양 측면에서 제한을 받을 수 있다. 헌법 제37조 2항[10])에 의해 헌법이 보장하는 각종 자유는 제한받을 수 있다. 이때 2항 말미에 단서를 달고 있는 "자유와 권리의 본질적인 내용을 침해할 수 없다."는 말은 유명무실화 될 수 있다. 헌법이 여러 가지 자유를 보장한다고 하면서도 사상의 자유가 배제된 것은 헌법이 분단 현실 하에서 제정 운용되고 있음을 말해준다. 북한과 대치하고 있고 체제경쟁을 계속하고 있는 상황에서 모든 사상을 허용하기는 어렵다는 것으로 볼 수 있다. 이제는 세계적인 관심사가 된 국가보안법이 학문·사상의 자유를 강력하게 억제하고 있다. 국가보안법은 오랫동안 수많은 인권단체와 언론인, 민주 정치가들로부터 한국 인권침해의 대명사로 지적받으면서 개정 혹은 폐지 권고를 받아왔다. 그동안 북한, 통일, 평화연구를 보다 폭넓게 수행하던 연구자들 중에는 국가보안법으로 구속, 입건된 경우가 적지 않았다. 민주화 이후 그런 사례는 크게 줄어들었지만 학문·사상의 자유는 계속해서 억제되고 있다.

권위주의 시대 학문·사상의 자유가 주로 연구공동체 외부, 곧 권력으로부터 제한되었다고 한다면, 민주화 이후에는 연구공동체 내의 요인으로 제한되는 경우가 커지는 양상이다. 민주화 이후에도 북한, 통일, 안보(평화)연구는 구조적·문화적 폭력으로 인해 완전한 자유를 영위하지 못하고 있다. 연구공동체 밖의 환경으로는 지속되고 있는 분단 현실, 연구공동체 안으로는 정부기관이 제공하는 연구비와 주류 연구시각의 주도 등으로 연구주제와 시각이 제한되어 있다. 그런 구조 하에서 연구자들이 자기검열과 주류 연구시각에 대한 무의식적인 편승을 통해 학문·사상의 자유는 계속 제약받아 왔다.

한국 평화학이 앞에서 밝힌 연구 정향을 바탕으로 한반도의 지속가

---

10) "국민의 모든 자유와 권리는 국가안전보장·질서유지 또는 공공복리를 위하여 필요한 경우에 한하여 법률로써 제한할 수 있으며, 제한하는 경우에도 자유와 권리의 본질적인 내용을 침해할 수 없다."

능한 평화구축을 탐구하는 과정에서 학문·사상의 자유를 억제하는 요소들에 직면할 것이다. 가령, 정부용역 연구과제를 수행하면서 북한의 제도와 정책 중 긍정적인 측면, 그 반대로 한국과 미국의 제도와 정책 중 부정적인 측면은 다루지 않도록 압력을 받을 수 있다. 또 소수이지만 그런 연구에 집념을 가진 연구자들은 정부 과제를 수행하는데 부적격자로 간주받을 수도 있다. 그동안 위와 같은 연구공동체 안팎의 요소들이 결합되어 국내에서 평화학이 자리잡지 못하고 평화학의 시각에서 한반도 문제를 연구한 성과가 턱없이 미흡하다. 관련 연구에서 국가안보 패러다임이 주도해오면서 국가, 정치가 아닌 시각, 행위자, 영역에 관한 논의는 천대받아온 것이 사실이다.

연구공동체 내에서도 그런 주류 시각에 오리엔테이션 된 미국 유학 출신의 연구자들이 학계와 정부용역과제, 관련 여론을 주도해왔다.[11] 그런 상태에서는 대북 적대정책을 근간으로 하는 동맹관계에서 발생한 폐단, 가령 동맹 자체가 목적시 되어 온 경향, 대북 적대정책과 군비경쟁, 친미 연구자집단과 안보정책의 주류화, 동맹과 무기거래 비리, 안보담론과 민주주의 등과 같은 연구를 수행할 여지는 극히 협소하다. 주류 안보연구에서는 연구대상이 되는 관련 행위자들에 대한 차별적인 가정은 별 문제가 되지 않는다. 가령, 한국과 미국은 합리적인 행위자로 가정되는데 반해, 북한은 미쳤거나 나쁜 비합리적인 존재로 간주된다.[12] 물론 이런 현상들의 일부는 기성 연구공동체 내에서 다양한 연구시각과 접근을 보장하면서 해결될 수도 있다.

한국 평화학이 학문·사상의 자유에 기여한다는 점은 연구과정에서 발생하는 기술적인 문제가 아니라, 연구 시각 및 주제의 제한성, 그런 현상에 문제의식 없는 주류 연구집단의 침묵의 카르텔에 도전하는 것을

---

11) 김종영, 『지배받는 지배자: 미국 유학과 한국 엘리트의 탄생』 (서울: 돌베개, 2015) 참조.

12) Hazel Smith, "Bad, Mad, Sad or Rational Actor? Why the 'Securitization' Paradigm Makes for Poor Policy," *International Affairs*, 76:1 (January 2000), pp. 111–132.

의미한다. 주류 연구시각은 연구비 제공집단(대부분은 권력집단)과 우호 관계(!)를 유지하거나 거기로부터 연구 방향을 지정받기 때문에 분단폭력을 극복하는데 적극 나설 필요를 느끼지 않을 수도 있다. 분단폭력의 희생자, 그 희생이 발생한 메커니즘, 아래로부터의 시각에서 사유하기 등은 현행 법질서와 기성 연구시각의 제약으로부터 자유로워야 한다. 무엇보다 분단폭력에 주목하고 그 극복을 평화주의 시각에서 접근할 때 권력이 자행한 분단폭력의 전모(全貌)를 발견하고 그것이 지속된 요인을 분석하는 일이 가능하다. 그럴 때만이 분단폭력이 지양된 대안을 상상하고 제시하는 일이 가능할 것이다. 이 작업은 분단폭력의 전제 하에서 관련 집단과 공존해오며 이런저런 연구를 해온 기성 주류 연구가 할 수 없는 일이다.

한국 평화학이 학문·사상의 자유 실현에 기여한다는 것은 그동안 연구공동체 안팎에서 연구시각과 주제에 가해진 각종 제한을 초월해서 분단폭력을 조장 유지해온 요인들을 총체적으로 다루기 때문이다. 평화학이 폭력·평화연구라고 부르는 이유는 추구하는 평화달성의 길을 찾기 위해서는 존재해온 폭력 현실에 대한 성역 없는 분석 평가작업이 튼튼해야 하기 때문이다. 북한, 안보, 통일 관련 기성 연구 패러다임은 분단체제, 분단권력, 분단의식을 전제로 하고 있기 때문에 분단폭력의 실태와 그 요인, 극복 방향 및 방법에 대해 자유롭고 총체적인 접근을 하는데 한계를 노정해왔다. 분단체제와 권력이 제한하는 학문·사상의 자유에 대한 문제의식이 있을 리 없다. 한국 평화학은 기본적으로 분단체제와 권력이 분단폭력을 초래하고 지속해왔다는 무거운 현실 인식 하에서 그 실태와 원인 분석에 성역을 두지 않는다. 그럴 때 분단폭력을 다차원, 다측면에서 다루면서 통일평화의 상을 총체적으로 전망할 수 있을 것이다. 그 과정에서 법제도와 연구공동체 내의 관행과 의식과 부딪힐 수도 있고, 경우에 따라서는 논쟁을 초래할 수도 있다. 그때 논쟁은 학문·사상의 자유를 신장시킬 계기로 작용할 것이다.

03
한국 평화학의 현황과 과제

1. 한국 평화학의 현황

한국 평화학이란 개념이 타당한가 하는 질문과 함께 한국에 평화학이 있는가 회의도 일어날 수 있다. 첫 번째 질문은 이 책을 관통하는 문제의식으로서 결론에서 답을 구해보고자 한다. 두 번째 질문도 그렇지만 여기서 짧게나마 생각해보고자 한다.

분단정전체제에서 벗어나지 못하는 한반도 현실에도 불구하고(또는 그런 현실로 인해) 한국에서 평화학은 유아기 수준을 벗어나지 못하고 있다. 제1장에서 다룬 평화학의 정의와 범주로 볼 때 그렇고, 하나의 학문체계 및 학문공동체의 형성 정도를 보아도 그렇다. 그럼에도 1987년 민주화를 거치면서 비록 제한적인 범위에서 일부 연구자들이 평화연구를 수행해오면서 30년 가까운 시간이 흘러갔다. 물론 민주화 이전에도 소수의 선각자들이 평화문제를 논의하거나 민족, 통일문제를 평화의 시각에서 다룬 경우가 있다. 동학의 개벽사상, 원불교의 대동사상, 함석헌과 유영모의 씨알사상 등이 그 예인데, 이들의 평화논의는 종교적, 사상적 차원에서 이루어졌고 이후 사회운동의 동력이 되기도 했다.[13] 그러나 분단

---

13) 서보혁·이찬수 편, 『한국인의 평화사상 Ⅰ·Ⅱ』 (서울: 인간사랑, 2018) 참조.

과 권위주의 통치라는 시대적 제약과 제도권 학계의 무관심으로 평화학이 학계의 관심을 끌기 시작한 것은 민주화, 곧 1980년대 말 이후다.

1980년대 중반까지 한국에 평화학이 있었는가 하는 회의가 들 정도로 한국의 평화학은 안보연구로 등치되거나 북한·통일연구가 주류를 차지했다. 이런 경향은 지금까지 계속되고 있지만, 민주화 이후 열린 공간 속에서 평화학이 일어나기 시작했다. 예를 들어 한국국제정치학회는 1988년 연례학술회의 주제를 '외교정책의 재조명: 민주화와 한국외교정책'으로 하였다. 거기에는 외교정책결정 일반, 안보정책, 대외경제정책, 한일관계 등 분야별 외교정책에 있어 민주화 요인을 다루고 있다. 1990년대 상반기 들어서도 민주화 요소는 외교정책과 대외경제정책 연구에 주요 변수로 다뤄졌다. 또 민주화 이후 국가안보 중심의 전통적인 안보연구의 연성화 현상도 일어났으니 소위 비전통적 안보 문제에 대한 관심의 대두가 그것이다. 생태주의, 환경문제, 평화유지활동(PKO)에 대한 연구결과가 나오기 시작하였고, 그 연장선상에서 남북문제도 비전통적 안보의 눈으로 접근하는 논의도 일어났다. 이어 비판적 국제관계이론도 국내에 도입되기 시작하였는데, 탈근대주의(post-modernism), 여성주의(feminism), 생태주의, 후기식민주의(post-colonialism), 비판이론, 구성주의, 세계시민주의 등과 같은 이론들이 소개되었다. 민주화와 더불어 냉전 해체가 한반도에 미치는 영향에 주목하는 논의도 봇물을 이루었다. 거기에는 당연히 냉전시대 남북한 적대관계가 국제질서 변화에 따라 어떻게 협력관계로 나아갈 수 있는지에 대한 관심이 포함되었다.

이와 같이 학계는 대내외 정세 변화가 평화학에 어떤 영향을 주는지 탐색하는데 그치지 않고, 한국 혹은 한반도에 알맞은 평화이론을 모색하는 노력을 펴기도 했다. 특히 불교학계에 원효, 원광, 한용운 등의 평화사상을 탐색하였고, 유교, 도교, 대종교 등에서도 한국인의 평화사상을 찾는 노력을 벌였다. 특히, 국제정치학계에서는 그동안 서양이론 중심의 학계 풍토를 성찰하고 '한국적 국제정치학'의 정립 필요성을 제기하였다. 이호재 교수는 1988년 "한국국제정치학의 발전을 위한 방향제시"라는 논문을 통해 국제정치이론과 한국의 국가이익, 사건, 요인을 규명할 것을 제안하였다. 한국적 국제정치학의 정립을 학회 차원에서 본격적으로 논의한 것은 1990년 "1990년대 한국국제정치학의 과제: 이론과 실제"라는 주제로 열린 연례학술회의였다. 이때 발표된 9편의 논문은 이듬해『국제정치논총』제30집 2호에 게재되었다. 이들 논문이 공통적으로 갖고 있는 문제의식은 서양의 안보, 국제정치, 평화 이론을 어떻게 한국의 토양과 관심사에 접맥할 수 있느냐였다. 이런 연구 경향은 기성 국제정치학계가 국내외 정치 질서 변화에 즈음하여 평화문제에 관심을 두고 수행한 새로운 실험이라는데 의의가 있지만, 본격적인 한국 평화학의 창을 연 것이라 말하기는 어렵다.

2000년대 들어서면서 국내에서도 평화학에 대한 관심이 보다 높아졌다. 탈이념, 보편가치, 세계적 시각을 가진 신세대 연구자들의 학계 진출과 기성 평화학의 국내 소개 및 적용 시도가 일어나기 시작한 것이다. 함석헌, 소태산 등 한국인의 평화사상에 대한 탐구 성과가 발간되기 시작하였고, 갈퉁과 젱하스의 주저(主著)가 번역 출간되면서 '적극적 평화', '문명화로서의 평화' 개념을 소개하거나 적용한 논문들이 나오기 시작했다. 해외의 평화 이론을 소개하고 한반도 현실에 알맞은 평화론을 탐색하는 시도도 일어났는데『21세기 평화학』(하영선 편, 2002), 『평화학』(박신배, 2011), 『환경학과 평화학』(토다 키요시, 최원식 옮김, 2003), 『평화학 입문』(손주철, 2012) 등이 그 예이다. 나아가 한반도 현실을 반영하거나 한반도에 알맞은 평화이론을 탐색하는 연구도 일어났는데, 구갑우의 『비판적 평화학과 한반도』(2007), 서울대 평화인문학연구단 편『평화인문학은 무엇인가』(2013), 서보혁 편『인간안보와 남북한 협력』(2013), 그리고 김병로 등 다섯 연구자들이 펴낸『분단폭력』(2016)이 그런 시도들이다. 2000년대 들어서면서 6.15 남북정상회담이 계기가 되어 남북관계가 발전하고 민주화의 진전에 힘입어 평화교육,

민주시민교육도 일어났다. 통일교육을 평화교육과 접합하려는 시도도 일어나기 시작하였는데 정현백·김엘리·김정수의 『통일교육과 평화교육의 만남』(2002), 조정아 등의 『통일교육 컨텐츠 발전Ⅳ』(2014)가 그 예이다. 분단의 맥락에서 갈등을 비교연구하거나 북한학에 평화학의 적용가능성을 탐색한 참신한 연구도 나왔다. 김동진 교수의 「북한 연구에 대한 평화학적 접근」(2005)과 박정진의 박사학위 논문 「'분단갈등' 연구: 독일, 북아일랜드, 한반도 갈등관리 유형 비교」(2012)가 그 예이다. 가장 눈에 띄는 연구는 한반도 맥락에서 인권과 평화를 이론적으로 관계 지을 뿐만 아니라 실천적인 의미를 부여한 연구들이다. 이경주의 『평화권의 이해』(2014), 서보혁의 『코리아 인권』(2011), 이대훈의 「전쟁, 기억, 평화」(2005)가 대표적이다. 시민사회에서는 평화교육프로젝트 '모모'가 선도하면서 평화교육이 곳곳에서 일어나기 시작했다. 그러나 국내에서 평화학이 활발하게 전개되는 곳은 페미니즘 진영이다. 거기서는 군사화, 군사기지, 성차별, 탈북자 등을 연구하며 평화교육, 평화운동과 연대를 꾀하고 있는데 김안정애, 김엘리, 김정수, 권인숙, 정현백, 황영주, 정추영 등이 활발한 실천적 연구를 하고 있다. 페미니즘을 제외하면 전체적으로 학계보다는 사회운동 현장, 특히 생태·풀뿌리운동과 종교권 그리고 통일운동 등에서 평화학의 싹을 키워왔다. 이들의 소위 아래로부터의 평화 논의는 제도권 학계보다 세계 평화담론을 수용하기에 더 자유롭고 국제적 소통도 활발하다.

이와 같이 제도권 안팎의 다양한 평화 논의는 한국 평화학에 두 가지 굵직한 과제를 안겨주었다. 하나는 밖에서 안으로의 문제다. 새로운 시대적 상황에서 한국의 연구집단이 세계 평화학과 소통하며 평화학 연구 동향을 도입, 소화, 적용하는 과제가 그것이다. 다른 하나의 과제는 안에서 밖으로의 길이다. 즉 한반도 문제를 그 역사적·구조적 맥락을 고려하되 평화학 일반의 틀에서 이론화하고 그 성과로 세계 평화학의 발전에 기여하는 일이다. 물론 한국에서 평화학란 한반도 문제를 무시한 독자적 입론(立論)은 불가능하다. 관건은 한국의 학계가 한반도 문제를 다루느냐의 여부가 아니라, 그것을 (안보학이나 통일학 차원이 아니라) 평화학의 틀에서 어떻게 다룰 것인지의 문제이다. 그 준비를 위해서는 한반도 문제를 한반도의 틀에 가두어 놓는 국가주의와 민족주의에 대한 비판적 탐구가 선행되어야 한다. 임지현의 『민족주의는 반역이다』 (1999), 권혁범의 『국민으로부터의 탈퇴』(2004), 그리고 박노자의 『당신들의 대한민국』 시리즈는 이 분야의 뚜렷한 성과이다. 그로부터 '개방적 민족주의', '진보적 민족주의', '국가주의의 성찰'이라는 용어들이 등장하였다. 전반적으로 한국의 평화학은 소개, 탐색, 실험 등을 전개하며 평화학으로 발돋음 할 준비를 해왔다. 2000년대 들어 평화학에 관한 관심과 시도가 많아지고 있다. 평화학이 부상하면서 전통 주류 안보연구도 자극받고 있다. 국가 중심의 안보연구에 국제기구, 전문가집단, 비정부기구의 역할을 수용하기에 이르렀고, 힘에 의한 안보증진 방법의 보완(대체가 아니라)으로 협력안보, 공동안보가 논의되기 시작했고, 국가안보와 함께 대중의 삶의 질과 관련된 인간안보에 대한 논의도 일어나기 시작했다.

한반도 현실을 감안해 세계 평화학 동향을 소개하는 차원을 넘어 한반도의 평화학이 일어나고 있다.[14] 평화운동, 평화교육과의 연계도 나타나고 있다. 이들 현상은 한국의 평화학이 보편−특수성을 갖고 있음을 말해준다. 그러나 한반도의 혹은 한반도발 평화학 정립은 한국 평화학의 영역과 과제를 분명히 하고 연구체계를 확립한 뒤에 가능할 것이다.

2. 한국 평화학의 영역

한국의 평화학을 나누는 기준과 영역에 관한 논의는 그 자체로 하나

---

14) 서보혁·이찬수 편, 『한국인의 평화사상 Ⅰ·Ⅱ』 (서울: 인간사랑, 2018); 김병로·서보혁 편, 『분단폭력: 한반도 군사화에 관한 평화학적 성찰』(서울: 아카넷, 2016); 서울대학교 평화인문학연구단 편, 『평화인문학이란 무엇인가』 (서울: 진인진, 2013).

의 연구주제가 될 만하다. 연구 영역을 나눌 기준으로 삼을 만한 것으로는 연구 주제, 시각, 분석 수준, 방법 등 다양할 수 있다. 그러나 특정 연구 영역을 설정하는 일은 연구목적과 연구자의 선호에 의존할 것이다. 다만, '한국'의 평화학 영역을 설정함에 있어서는 한국의 특수한 환경에서 연유하는 관심사가 평화학의 일반적인 연구주제와 맞닿는 것이 적합할 것이다.

아래에서 제시할 생태평화, 민주평화, 연대평화, 통일평화 등 네 연구 영역은 이런 문제의식을 갖고 설정해본 잠정적인 제안이다. 이들 중 생태평화, 민주평화, 연대평화는 앞에서 말한 바에 따르면 밖에서 안으로의 접근과 관련된다. 이들 세 영역은 평화학 일반의 연구주제로서 한반도의 특수한 현실을 맥락으로 삼고 있다. 그에 비해 통일평화는 안에서 밖으로, 즉 한반도의 특수한 여건과 관심사에서 시작해 평화학 일반의 성격을 풍부하게 해나갈 영역이다. 하나씩 살펴보자.

우선, 생태평화는 생명의 원리, 살림의 철학으로 평화를 사유하고 실천한다는 의미다. 현실적으로 생태평화는 인간집단 간, 인간과 자연 간의 공존, 상생, 지속가능성에 관심을 갖는다. 이윤 극대화를 추구하는 자본주의는 인류를 무한경쟁으로 내몰고 자연을 무분별하게 착취해 결국 인류의 삶과 자체를 위협하기에 이른다. 나 자신에서부터 우주까지 생명을 소중히 여기는 삶의 전환이 절실한 때가 되었다. 이는 윤리이기에 앞서 생존의 문제로 다가오고 있다. 공존과 공생, 배려와 섬김이라는 공동체적 가치를 중심으로 근대성 너머를 상상하는 일은 그 자체가 새로운 평화론의 내용을 이룬다. 21세기 평화형성을 위한 사유는 약육강식과 적자생존이라는 근대적 성장/안보 패러다임을 벗어나지 않으면 좀처럼 성취를 이루기 어렵다. 한반도에서도 평화를 위협하는 것은 남북 간 군사적 대치만이 아니라 무한경쟁에 의한 승자독식, 이익 극대화를 위해 사람과 자연을 무한 착취하는 생명경시, 생명도구화의 폭력 문화이다. 오늘날 한국사회가 국가, 지도층 인사, 사회집단 등 곳곳에서 일어나는 부정비리, 인권침해, 생명경시, 권위주의, 소통 단절, 각종 유무형의 차별과 배제 등은 그동안 한국사회가 추구해온 성장주의, 업적주의가 만들어낸 긴 그림자이다.

이런 성찰을 전제로 생태평화는 전통적인 평화학 영역인 전쟁을 넘어 인간의 소외와 물신화를 초래하는 인간 자신과 자연에 대한 각양의 착취, 파괴에 주목하고 그 극복을 탐구하는 영역이다. 생태평화는 분석 수준에도 영향을 미치는데 국제관계 수준의 논의도 배제하지 않지만 전통적 평화학에 비해 개인, 집단과 사회, 우주 수준에서의 논의로 나아간다. 물론 생태평화론이 전통적인 평화학과 통일평화론과 연계해 전개할 필요도 높다. 전쟁과 준전시체제에서 생태 파괴가 극심하고, 분단정전체제 하에서 유지되는 군비경쟁, 군사기지와 군사연습 등이 한반도 자연을 훼손하고 인간의 심성을 황폐화시켜왔기 때문이다.

둘째, 민주평화이다. 민주평화라고 하면 민주적 평화(democratic peace), 민주주의 정치체제에 의한 평화를 생각하게 된다. 정치학에서 널리 알려져 있는 민주평화론은 민주국가들 간에는 전쟁을 하지 않고 민주국가와 비민주국가 사이에 전쟁이 일어난다고 본다. 민주국가들로 세계가 이루어진다면 평화가 도래한다는 시각이다. 그러나 여기서 민주평화는 그런 정치적 의미로 한정하지 않는다. 만약 그런 시각에서 이해한 민주평화를 한반도 맥락에 적용한다면 곧 북한민주화론이 도출되는데 이 경우 민주화 프로젝트는 평화가 아니라 폭력을 초래할 수 있다. 또 민주평화를 정치적 의미로 한정할 경우, 논의는 남북한 체제에 대한 상대적 평가로 나타나 나와 적이라는 이분법적 사고방식에 기반한 흡수와 배제, 우열의식과 같은 비평화적 담론을 정당화할 수도 있다.

여기서 민주평화는 지속가능하고 안정적인 평화공동체 건설을 위해 필요한 가치, 문화, 제도, 정책을 평화주의(pacifism)에 입각해 재구성한다는 의미다. 오늘날 세계는 세계화, 정보화로 상품과 기술은 물론 사람, 정보, 사상 등 거의 모든 것들이 흘러가고 흘러들어온다. 물론 국가별 격차, 문화적 차이, 역사적 불신 등으로 인해 국가나 종족 간에 서로 경계 짓고 한정하고 배제하는 반동적 흐름이 공존하고, 세계화, 정보화를 사적 이익을 위해 활용하는 경향도 존재한다. 그런 모순적인 경향 속에서 민주평화는 우선 차이를 차별로 악화시키기 않고 상호 이해하고 배려하는 덕성을 전제로 한다. 한국사회에서는 대내적으로 여성, 장애인, 아동, (비정규직) 노동자는 물론 다문화사회를 구성하는 조선족, 탈북민, (주로 유색인종이고 한국보다 경제수준이 낮은 나라 출신인) 외국인노동자들에 대한 차별과 멸시를 쉽게 볼 수 있다. 이런 비민주적, 반인권적 태도를 갖고 남북통일을 이루어낼 수 있을지 의문이다. 이런 현상이 민주국가로 불리는 대한민국 자화상의 일부이다. 다시 말하면 민주평화는 시민들 사이에 인권의식이 높고 사회 전반적으로 인권이 제도화 되어 모든 사람의 인권을 보편적으로 보장하는 상태를 말한다. 이렇게 되려면 사회적 약자와 소외된 사람들에 대한 각별한 보호와 이들의 능력 배양(empowerment)이 요청된다. 그런 맥락에서 민주평화는 다른 한편으로 사회정의를 충분조건으로 하고 있다. 이렇게 민주평화를 가치, 문화로 이해하는 것을 시작으로 제도화, 내면화로 넓혀간다면 두 분단 사회 내의 자기 성찰과 상호 공존상생을 추진해갈 수 있을 것이다.

셋째, 연대평화이다. 일반적으로 연대는 공통의 목적을 추구하는 과정에서 뜻을 함께 하는 사람들 사이의 협력과 우애로 정의할 수 있다. 역사적으로는 산업화 이전부터 존재했던 마을이나 공동체 구성원들 사이의 상호부조를 의미한다. 산업화 이후에 연대는 일국적·세계적 차원에서의 불평등 관계를 폭로하고 혁명과 해방을 추구하는 세력 내의 전투적 단결을 의미하기도 했다. 이를 배경으로 여기서 연대평화는 존재론과 방법론, 이렇게 두 가지 의미로 정의할 수 있을 것이다. 존재론적 정의는 평화라는 가치, 혹은 그와 관련된 규범, 또 평화를 실현하는 일과 관련한 지혜의 상호연관과 상호의존을 말한다. 이런 인식은 실천적으로 당연히 손잡기, 입맞춤으로 나타날 수밖에 없다. 즉 방법론적 연대

평화는 평화를 추구하는 사람들 사이의 협력, 우애, 네트워킹을 의미한다. 물론 연대는 시간적으로 과거와 미래의 연결, 공간적으로는 안에서 밖으로 혹은 공동체의식(Weness)의 확장으로 이해할 수도 있다. 2차 세계대전 직후 독일 '고백교회'가 나치와 더 힘차게 투쟁하지 못한 점을 회개하고 이후 세계, 특히 분쟁지역과 제3세계 국가의 민주주의, 인권, 발전을 물심양면으로 지원한 것이 그런 의미의 연대에 어울리는 사례다. 2000년대 들어 한국의 인권, 민주주의 단체들도 다른 인권침해 지역이나 권위주의 국가들의 민중의 현실에 관심을 갖고 지원하고, 국제인권평화단체들과 협력하는 사례가 늘어나고 있다.

오늘날 한반도는 민족주의와 세계주의가 격렬하게 부딪치는 현장이다. 또 오늘날 우리가 피부로 느끼듯이 한반도 긴장은 동아시아 불안정과 깊이 연관되어 있다. 한반도 평화와 동아시아 평화, 세계평화의 연대성을 발견하는 것이다. 한반도의 민주화, 산업화가 동아시아의 미래에 주는 의미가 적지 않고, 동시에 한반도의 분단정전체제가 동아시아 대분단체제의 극복 과정에서 차지하는 위상 또한 작지 않다. 한반도 군사적 긴장이 세계평화에 역행하고, 그 반대로 평창올림픽이 불러일으킨 평화를 고대하는 상상은 세계평화 여론을 만들어내기도 했다. 연대평화는 또 한반도 안과 밖의 여러 행위자들 간의 소통과 협력으로 갈등을 평화적으로 해결하고 협력을 극대화 하는 전략적 의미도 담고 있다. 연대평화는 한반도 평화와 불가분의 관계에 있는 지역, 세계의 평화에 대한 관심은 물론 참여를 장려하는데 유용한 영역이기도 하다.

넷째, 통일평화는 한반도형 평화구축의 특수성과 보편성이 결합되어 있는 영역이다. 사실 위 생태평화, 민주평화, 연대평화가 상호보완적이고 총체적으로 한반도에 실현된다면 그것을 '거의' 통일평화라 할 수 있을 것이다. 그럼에도 통일평화를 별도의 영역으로 설정한 것은 분단 극복이라는 특수한 과제가 존재하기 때문이다. 분단은 분명 약소민족의 자결권 침해, 근대국민국가의 미완성, 냉전의 희생 등과 같이 제국주의와 냉전 시대의 산물이다. 궁극적으로는 개인과 집단 양 차원에서 한반도에 거주하는 인간의 자유와 행복을 제한하는 것이 근본적인 문제이다. 분단이 반드시 한반도 역사의 특수성으로만 구성되어 있지 않다는 점이다. 그 대안으로서 통일평화는 더 말할 나위가 없다.

통일평화는 한반도에서 진정한 평화는 통일 없이 불가능하다는 사유에서 출발한다. 물론 한반도에서 진정한 평화 수립을 위해서는 통일을 거쳐야 하지만, 통일 그 자체가 평화를 완전히 보장하지 않는다는 인식이 중요하다. 통일평화는 한반도에서 적극적 평화는 통일을 통과할 때 전망할 수 있지만 통일 과정과 그 이후를 평화주의 시각에서 만들어갈 때 달성 가능하다. 여기서 평화통일이 아니라 '통일평화'로 표현한 것은 수사적 기교가 아니라 통일, 그리고 평화와 통일의 관계에 관한 시각의 전환을 내포하고 있다. 여기서 통일은 두 분단국가의 평화적 통합을 의미하는데, 곧 소극적 평화의 확립이다. 분단 극복은 소극적 평화를 정착시키고 적극적 평화를 추구하는 밑바탕으로 작용할 것이다. 통일평화에서 평화는 문화적·구조적 평화를 본격 추구하는 적극적 평화의 의미가 강하다.

3. 한국 평화학의 과제

아래에서는 현 한국 평화학이 다루어 할 다섯 과제를 토론하고 있다. 이들 문제에 대한 해법이나 일정한 입장 정립을 갖출 때 한국 평화학이 온전한 의미에서 평화학을 확립하고 한반도 평화구축에 기여할 수 있을 것이다.

1) 한국 평화학의 정체성 확립

제1장에서 평화학의 특징 – 융합성, 비판성, 윤리성, 실천성, 현장성 등 – 을 언급했다. 평화학은 존재하는 폭력의 종식과 잠재적인 폭력의

예방, 그리고 지속가능한 평화 구축을 그 목표이자 정향으로 삼고 있다. 그렇기 때문에 폭력 예방 및 평화 구축과 관련된 다차원의 문제들—사건과 구조, 역사와 현실 등—에 대한 객관적 분석을 통해 문제해결을 지향한다. 그러나 평화학의 정향과 윤리성은 문제해결식 접근만으로 보장되지 않는다. 문제에 대한 인식은 물론 문제해결의 방향에까지 비판적이고 윤리적인 사고를 적용할 때 평화학의 정체성이 보장된다. 또 평화학은 폭력이 일어나고 거기서 희생당하고 저항하고 증거하는 현장과 관련 대중의 목소리와 긴밀한 연계를 갖는다. 결국 평화학이 진단, 예측, 처방의 3대 기능을 감당하려면 이와 같이 평화학의 다층적인 정체성을 이해하고 실제 연구과정에 적용하는 노력이 있어야 한다.

한국의 평화학이 아직 걸음마 단계이고, 북한, 통일, 안보 중심의 기존 연구 패러다임으로부터 자유롭지 못한 것이 사실이다. 그래서 위와 같은 평화학의 정체성 확립을 요구하는 것이 무리인 것처럼 보일 수도 있다. 그러나 통일문제를 통일방안이나 대북정책의 문제로 환원시켜 접근하는 한, 그런 논의 중에 평화가 포함됐다고 해도 그것을 평화학이라 할 수 없다. 거기서 남북은 피아(彼我)로 구별되어 있고 그런 접근은 권력, 위로부터의 시각이어서 다양한 분야와 관련된 모든 사람들, 특히 분단의 피해자들의 입장은 소외될 우려가 크다. 또 한반도 평화구축을 북핵문제, 평화체제, 한미동맹과 같은 기성 국제정치학이 다뤄온 안보, 국가, 국제정치 차원의 논의로 전개한다면 그것도 평화학이라 할 수 없다. 한반도 평화 관련 기성 학계의 논의는 위에서 살펴본 평화학의 정체성과 별다른 관련이 없는 채 평화＝안보＝국익이란 고정관념에 사로잡혀 평화문제를 다루어왔을 뿐이다.

최근 일부 연구자들이 평화학을 말하고 평화학을 하고 있어 반가운 감이 있지만, 위와 같은 시각과 수준에서의 논의를 평화학과 동일시 하기는 어렵다. 무엇보다 융합성, 비판성, 현장성에서 한계가 있다. 이와 달리 비록 소수지만 가장 관심을 끄는 현상은 페미니즘 진영과 일부 연구자들이 평화학 담론과 이론적 실천을 선보이고 있다는 사실이다. 이들은 평화학을 평화운동, 평화교육과 관련지어 수행하고 있다. 또 이들은 각기 구체적인 연구주제—가령 성차별, 군대문화, 양심적 병역거부, 군비감축, 평화체제, 북한인권문제의 평화주의적 접근 등—를 다루어가고 있다. 이들 연구에서는 사건과 구조, 미시와 거시, 아래와 위를 결합시키고 이를 이론과 실천으로 연결지으려는 정향이 발견된다. 이런 일단의 흐름은 한국에서도 평화학이 전개되고 있음을 보여주는 것으로 한국 평화학의 발전과 정체성 확립의 기반이 조성되고 있음을 보여주고 있다.

2) 폭력연구와 평화연구의 결합

둘째, 평화학은 평화를 이상적으로 구상하는 학문이 아니라 현실적으로 평화로운 세계의 건설에 기여하는 실천적인 학문이다. 그렇다면 평화학의 연구 범위는 크게 폭력과 평화로 구성된다고 할 수 있다. 폭력연구 없는 평화연구는 공허하고 평화연구 없는 폭력연구는 우울하기 때문이다. 그런데 여기서 폭력연구와 평화연구가 어떤 것인지, 그 둘의 결합은 어떻게 가능한지를 생각해볼 필요가 있다. 이 질문은 평화학의 정체성은 물론 그 연구 범위 및 방법과도 관련된 문제이다.

폭력에 대한 현상적 연구는 평화학의 일부라 할 수 있으나 본질적인 폭력연구는 더 깊은 연구를 기다리고 있다. 가장 쉽게 접하는 사회 폭력을 예로 들어보자. 한 사회 내에서 연간 폭력이 유형별로 몇 건, 도합 몇 건, 신형 폭력이 무엇, 이에 대한 대책이 무엇…. 이런 식의 논의는 현상적 수준에서 벗어나지 못하고 그 대응도 대증요법(對症療法)을 넘어서지 못할 수 있다. 사실 이런 연구는 평화연구라기보다는 형사학에 가깝다. 폭력 유형을 피해자 입장에서 파악하고 그 원인을 사회구조적 차원까지 다루어야 그 극복 방향을 평화주의 시각에서, 인권 증진의 방향에서 다룰 때 평화학적 접근이라 할 수 있다. 현상적 차원의 폭력 연구를 구조적 차원으로 발전시키지 못한다면 평화학은 사회구조적 지지가 없는 윤리적 호소나 처벌 위주의 접근에 그칠 수 있다.

물론 평화학이 윤리성을 담고 있는 것은 사실이다. 평화학에서 윤리성은 연구 정향을 분명하게 해줄 뿐만 아니라 그 자체가 연구의 일부분이기도 하다. 그러나 평화학이 윤리학은 아니다. 평화에 관한 연구를 윤리의 문제로 환원하면 평화학이 다루는 폭력·평화문제를 둘러싼 현실의 다양한 요소들과 그 역사적·사회적 배경을 무시하는 우를 낳게 된다. 앞에서 언급했듯이 폭력과 평화는 정신과 물질, 개인/사회/국가/지역/세계/우주, 정치/이념/경제/군사/사회/문화 등 다양한 차원과 측면이 존재한다. 이런 점들을 고려하며 평화학은 평화조성, 평화유지, 평화구축 방안을 탐색하고 그 실현가능성을 다룬다. 물론 그런 과정이 폭력의 재발이 아니라 평화 형성 과정으로 나아가도록 하기 위해서는 관련 당사자들의 평화윤리가 중요한 요소로 작용할 것이다. 그렇지만 그들의 이해관계를 합리적 기준과 방식으로 조정하고, 평화를 정의와 결합시켜 지속가능한 평화 제도 및 규범을 만드는 일도 중요하다. 이렇게 평화학이 윤리성에 기반하되 그 현실성을 갖도록 하는데 있어서 기존의 관련 분과학문에서의 방법론과 사례연구의 성과를 흡수하는 작업이 필요하다.

이렇게 평화학에서 폭력연구와 평화연구는 중요한 두 구성 요소이되 별개로 전개되지 않고 상호 보완적으로 이루어진다. 두 연구가 (갈퉁의 어법을 빌려 말하면) '적극적' 차원에서 결합될 때 평화학의 본질을 반영하고 평화학의 발전에 기여할 것이다. 여기서 문화의 중요성을 언급해두고자 한다. 적극적 폭력, 적극적 평화에 문화적 폭력과 문화적 평화가 중요한 위치를 차지한다. 폭력연구와 평화연구를 결합하는데 있어서도 문화의 역할이 크다. 문화를 사고와 행동을 자연스럽게 하는 일련의 과정과 그 현상이라고 정의한다면 폭력연구와 평화연구의 결합, 특히 폭력에서 평화로의 전환과 지속가능한 평화 구축에 문화의 역할은 지대하다. 평화학에서 문화는 특정 문화가 평화와 잘 어울리느냐 혹은 평화

형성을 위해 특정 문화를 어떻게 활용할 것인가와 같은 도구적·실용적 태도를 넘어선다. 모든 문화에는 폭력과 평화의 요소가 공존한다. 평화는 문화상대주의적인 시각에서 그 가치가 축소되지 않고, 그 반대로 절대주의적 시각에서 문화를 무시하지도 않는다. 평화는 모든 문화를 관통해 추구할 보편가치이지만, 특정 문화에 있는 폭력과 평화의 요소들과 관계하며 다양한 색깔의 평화를 그린다.

한국에서 평화연구와 폭력연구가 별개로 이루어지고 있는 것도 한국 평화학의 현주소와 극복 과제를 말해준다. 두 종류의 연구 중 폭력연구가 더 많다. 이런 현상은 초보수준의 평화학계의 문제이지만 그것은 한국사회의 현실을 반영하고 있다. 다만, 이런 현상을 긍정적으로 보면 평화연구와 폭력연구를 결합시켜 한국 평화학의 밑바탕을 다지는 의의가 있다.

3) 인본주의와 생태주의의 만남

세 번째 과제는 평화를 인간들 사이의 문제만이 아니라 우주, 자연과 연결 짓는 작업이다. 평화를 소극적으로 정의하든 적극적으로 정의하든, 평화학이 다루는 일차 영역은 거의가 사람과 사람들과의 관계에서 비롯되는 문제들이다. 전쟁 중단, 갈등예방, 민주주의, 인권, 법치, 평등, 다문화주의 등등. 이 모두가 사람들 사이의 문제이다. 일반적으로 평화는 전쟁 방지, 그리고 적극적 평화는 위에서 열거한 나머지 관심사들을 다룬다. 어느 경우에도 사람들과 그들 사이의 관계가 주 관심사이다. 이들 '전통적' 평화학의 시각을 인간중심주의(ethnocentralism)라고 부른다면 과도한 호칭일까. 이들 사람 중심의 평화학에 문제는 없는가. 가령, 전쟁을 예방하고 적극적 평화를 형성하는데 자연이 일부 훼손되거나 권력정치와 타협을 해도 그것을 평화라는 대의 아래 수용할 수 있는가? 소극적 평화마저 정착되지 않은 한반도 상황에서 이런 문제제기가 얼마나 적실성이 있을지도 현실적인 문제의식이다.

박정희를 비롯한 냉전시기 반공·개발독재정권은 경제성장을 위해 분배와 복지를 유보할 수밖에 없다며 인권과 민주주의를 억압하였다. 그렇다면 인간들 사이의 평화를 먼저 달성해놓고 나서 인간과 자연, 우주와의 평화를 수립하자는 이야기는 어떤가?

평화학이 인간중심주의를 극복해야 할 필요성은 크게 두 가지 측면에서 말할 수 있다. 현대 자본주의 문명은 전쟁과 함께 환경파괴를 포함한 생태 불균형을 초래하였다. 세계 자본주의는 군사주의와 성장주의에 의해 전개되어 왔고 이제 그 한계와 문제점이 명백하게 드러나고 있다. 한편으로 대량살상무기의 개발과 확산, 종족간 혹은 국가간 대결은 인류의 생존을 위협하고 있고, 다른 한편으로 세계화된 자본주의 체제의 무한 이윤추구와 인간의 무한 소비문화는 기후변화 등 다른 방식으로 인류의 생존을 위협하고 있다. 이런 이중의 인류생존 위기는 인간들에 의한 인간 및 환경 파괴에 그 공통점이 있다. 전쟁과 환경 파괴는 탐욕이 지배하는 인간중심주의에 근원을 두고 있기 때문에 평화학은 전쟁 방지와 함께 비평화적인 인간 삶의 주요 측면인 생태문제도 적극 다룰 필요가 있다. 군사기지 건설 혹은 이전, 핵발전소 및 고압송전탑 건설, 세계적인 체육행사장 건설 등지에서 일어나는 자연훼손과 공동체 파괴는 생태평화를 위협하는 전형적인 사례들이다. 그러나 이런 비평화 사례들에 대해 평화운동이 고군분투하는 대신 평화학 진영은 거의 외면하고 있는 것처럼 보인다.

둘째, 철학의 문제로 인간이 지구를 지배하고 있는 생물이지만 인간이 지구상 유일한 존재가 아니고, 이제는 인간 외의 생물과 공생하지 않으면 인간의 생존과 그 터전이 불안정하다는 깨달음이다. 그러므로 평화학이 전쟁 방지로 자신의 임무를 국한시키거나 무한성장을 명분으로 환경 파괴에 무관심하다면 평화학의 존재이유는 근본적인 도전에 직면할 것이다. 평화학은 소극적·적극적 평화를 탐구하지만 그것은 인간의 평온, 인간 집단 간 공존은 물론 인간과 자연의 공생을 포함한다. 생태 균형의 원리와 그 파괴에 대한 자연의 반응―'자연의 역습' 혹은 '자연의 저주'15)―에 관한 관찰은 평화학을 생태분야로 확장시키는데 기여하였다. 소위 생태평화론의 부상이다.

생태평화론은 지속가능한 발전(sustainable development)의 내용과 조건을 제시할 수 있다. 지속가능한 발전의 내용이란 자연과 발전의 관계를 말하고, 그 조건이란 발전문제에 대한 민주주의의 개입을 말한다. 갈퉁이 서구의 인권관을 인간중심주의라고 비판하고 인권에 생태문제를 연관시킨 것은 그의 생태평화론을 구성한다. 또 갈퉁은 불교의 순환론적 우주관을 적용해 발전을 성장이 아니라 '순환'으로 보고 있다.16) 한국의 평화학이 적극 수용할 필요가 있는 대목이다. 이미 장일순, 김지하, 박맹수 등과 같은 실천적 생태연구자들은 한국의 토착사상을 바탕으로 생태·생명론을 제시하고 있다. 나아가 생명농업, 생협운동과 같은 생태사회운동이 번지고 있는 작금의 현상은 한국 생태평화학의 전망을 밝게 하고 있다.

4) 통일평화론의 정립

넷째, 한반도발 평화학의 핵심 과제로 분단·통일문제에 대한 평화주의적 대안을 제시하는 일이다. 많은 학문이 그렇지만 근대화와 세계화의 파도에 직면하여 평화문제도 서구의 패러다임이 그대로 도입되어 평화학의 ABC를 구성해온 것이 사실이다. 분단정전체제 하에서 한반도에 알맞은 평화학, 한반도에서 발신하는 평화학이 필요한 이유도 여기에 있다. 한국 평화학은 한국사회 내 갈등문제는 물론 한반도 특수 상황을 아우르면서 보편가치를 추구할 숙명을 안고 있다. 분단과 정전을 어떻게 평화학 일반에 접합하여 하나의 체계를 만들어낼 수 있을까?

---

15) 레이첼 카슨 지음, 김은령 옮김, 『침묵의 봄』(서울: 에코리브르, 2011); 정철웅, 『자연의 저주: 명청시대 장강 중류 지역의 개발과 환경』(서울: 책세상, 2012).

16) Johan Galtung, *Human Rights in Another Key* (Cambridge, MA: Polity Press, 1994), ch. 4.

이름하여 '통일평화론'의 가능성이다. 먼저 우리사회에서 나타난 기존의 통일론과 평화론의 한계, 그리고 그 둘의 소통 부재는 새로운 현상이 아니지만 위 문제의식에서 다시 소개팅(!)을 주선할 필요가 있다.

기존 통일론은 남북간 혹은 정권마다 그 양상은 달라도 민족주의, 국가주의에 함몰되어 있었고 국가, 권력문제에 초점을 두고 전개되어 왔다. 물론 평화통일(peaceful unification)론도 많이 논의되었지만 체제 경쟁의 틀을 벗어나지 못했다. 국가주의와 민족주의에 갇힌 통일론은 한반도 비핵화 프로세스와 맞물려 있는 평화론과 결합하지 않을 경우 정치적 수사(rhetoric)로만 호명될 뿐이다. 베트남, 독일, 예멘 등 앞선 통일 사례를 살펴볼 때 통일평화론은 한반도 통일 과정에서 평화와 공존의 학습은 물론 통일이 사회정의와 화합까지 담아내는 개념이다. 다른 한편, 통일과 결합되지 않는 평화 논의는 분단체제의 현상유지를 정당화할 가능성, 소위 분단평화론의 위험을 안고 있다. 역시 한국 평화학에서 관건은 통일문제다. 어떻게 평화주의 시각에서 한반도 특수 과제를 융해시켜낼 것인가?

통일평화론에서 평화는 수단일 뿐만 아니라 목표이고 과정이다. 통일은 평화적으로 달성되어야 하는 동시에 한반도 전역에 평화가 구현되는 과정을 밟아나가 결국 평화공동체를 상상한다. 다시 갈퉁의 어법을 빌려 말하면, 통일평화론에서 통일은 적극적 통일론을 포함한다. 통일이 평화주의의 영향을 물씬 받은 결과다. 대개 통일을 분단체제의 극복으로 말해왔지만, 통일평화는 통일의 정향까지 포함하고 있다. 달리 보면 한반도에서 평화는 통일을 통과하되 통일에 그치지 않는 지속가능한 평화를 밟아간다. 이때 통일은 평화와 대립하거나 선후의 관계에 있지 않고 형식과 내용의 관계에 가깝다. 평화학이 폭력연구를 전제한다고 할 때 통일평화 구상은 분단폭력에 대한 평가를 전제로 한다.[17]

---

17) 김병로·서보혁 편, 『분단폭력』.

5) 평화국가론의 확립

평화국가? 마지막 연구과제는 모순적인 주제이다. 주류 사회학의 태두 베버(M. Weber)나 비주류 모든 사회과학의 태두 마르크스(K. Marx)는 근대사회에서 국가가 폭력기구라는데 같은 생각이었다. 독점적인 합법 폭력기구로 정의되는 국가에 평화를 기대한다니 말이 되는가? 계속되는 군비경쟁과 긴장 상태는 물론 반봉건, 권위주의, 냉전의식, 가부장의식, 그리고 군사주의 등 각양의 구조적·문화적 폭력의 영향 아래에 놓인 한반도에서 국가폭력의 힘은 세계 어느 지역보다 강력하다. 그런데 우리는 국가가 최대의 인권침해 기구라고 비판하면서도 국가에 인권 증진을 요구한다. 이런 이중성은 그런 생각을 한 대중에 있지 않다. 야누스 같은 국가의 모순성에 있다. 전쟁이 완전히 끝나지 않은 한반도에서 소극적 평화를 실현하려면 평화를 파괴한 국가가 움직여야 한다!

평화국가론은 일부 평화연구자 및 운동가들에 의해 제시되었다. 2000년 6·15 남북공동선언 이후 개선된 남북관계를 배경으로 남북 각각, 그리고 상호 정체성 변화를 바탕으로 항구적 평화를 추구하는 대안적 국가체제 구상의 일환으로 제기되었다. 6·15 공동선언 이후 남북관계는 상호 화해협력 프로그램의 전개로 상호 적대감이 줄어가는 듯 보였다. 그러나 서로를 향한 근본적인 불신은 크게 약화되지 않았다. 2000년대 후반부터 남북관계는 급속히 얼어붙었고 최근에는 전쟁위기마저 일어나고 있다. 남북한 체제의 차이가 국가의 폭력성에 상대적인 차이를 만들어낸다는 주장도 있지만 국가의 본질에 차이는 없다. 그러나 두 측면에서 평화국가론은 적지 않은 비판에 직면하였다. 제기된 지적들 중에는 ① 평화국가론에서 말하는 평화는 어떤 평화인가, 소극적 평화로 한정되는가 적극적 평화에 열려 있는가, ② 시민사회가 국가와 어떤 관계를 갖는가, ③ 안보국가를 문제시할 때 안보와 국가 중 어느 쪽을 더 문제시할 것인가, ④ 남북관계 개선과 북한 문제(대표적으로 인권문제)를 어떤 조건 하에서 다룰 것인가 등과 같은 의문들이 포함됐다. 이에 대해 평화국가론을 제창한 쪽은 평화와 국가, 평화와 통일, 평화와 복지 등의 측면에서 평화국가론을 구체화시킬 과제를 고민하고 있다.[18]

평화국가론은 오랜 기간 사실상의 두 국가를 지속해온 분단체제에 대한 인식과 그 극복에 관한 논의를 본격적으로 전개하지 않고 있다. 또 평화국가론은 한반도를 둘러싼 국제정치적 차원에서의 비전을 제시하지 못하고 있고, 북한 변화 및 그 대응에 관한 평화주의적 전망도 논의 과제로 안고 있다. 이런 점들에 답하지 못할 경우 평화국가론은 일시적인 담론에 그치고 말 것이다. 이와 관련해 최근 '평화복지국가'론이 논의되고 있다. 복지사회로의 사회 시스템 전환과 한반도 평화정착이 담론, 현실, 정책 등 여러 측면에서 불가분의 관계에 있다는 인식에 따른 것이다. 그러나 이 담론도 평화국가론과 마찬가지로 초보적인 수준에 머물러 있어 향후 본격적인 연구를 기다리고 있다.

근본적으로 평화국가론은 폭력을 독점하는 기구에 평화를 보장하라는 기획의 딜레마에 빠져있다. 또 평화국가론에서 제기한 평화의 컨텐츠가 남북관계의 평화적 전환에 초점을 두고 있어 남·북한 내부의 평화와 동아시아 평화에 대한 관심이 부족하다. 그리고 평화국가론에서 평화는 적극적 평화로 파악하기 어려운 한계를 보이고 있다. 이는 평화국가론이 한반도의 특수성을 반영하려는 노력이 담겨져 있지만, 담론 차원을 넘어 현실적인 기획으로서 접근할 때 그 동력을 어디에서 찾을 것인지에 대한 검토가 깊어야 함을 말해준다. 이렇게 답할 문제를 안고 있으면서도 평화국가론은 한국 평화학이 이론에 그치지 않고 평화가 절실한 대지 위에 어떤 정향을 갖고 역할을 할 수 있는지를 암시해주고 있다.

---

18) 이병천 외 엮음, 참여사회연구소 기획, 『안보개발국가를 넘어 평화복지국가로: 독일의 경험과 한국의 과제』(서울: 사회평론아카데미, 2016); 조흥식·장지연, 『평화와 복지 경계를 넘어: 평화복지국가의 정치적 조건과 주체를 찾아』(서울: 이매진, 2014); 윤홍식 엮음, 참여사회연구소 기획, 『평화복지국가: 분단과 전쟁을 넘어 새로운 복지국가를 상상하다』(서울: 이매진, 2013).

이상 다섯 가지가 한국 평화학을 확립하는 과정에서 답해야 할 우선 과제들이다. 이들 과제는 물론 하나하나 간단치 않고 묵직한 주제들이다. 이들 다섯 주제는 서로 연관되어 있어 각 주제를 순차적으로 탐구하는 방식으로 진행할 성질은 아니다. 또한 특정 분과학문이 책임지고 머리를 싸매면 해결될 것도 아니고, 평화운동과 소통 없이 책상머리에서 정리될 문제도 아니다. 평화학을 한다고 자신을 규정하는 연구자들이 위와 같은 주제로 서로 만나고 현장에서 실천하는 사람들과 소통을 넓혀갈 때 그 답을 찾아갈 수 있을 것이다. 이상의 과제를 씨름해나가면서 한국 평화학계가 튼튼해지고 연구 이론과 방법이 체계화되어 가고 연구 내용도 더욱 풍부해질 것이다.

제 II 부
한반도를 품은 평화 이론

04
리영희의 반전반핵 평화사상

1. 들어가는 말

고 리영희(1929.12.2 – 2010.12.5) 선생은 언론인, 국제정치학자, 사회운동가 등 다양한 면모를 띠며 한국 현대사를 증언해왔다. 그 과정에서 선생은 시대의 요구와 씨름하며 풍부한 지적 탐구를 전개하는 한편, 민족과 민중이 나아갈 길을 제시하였다. 이 글은 선생의 일생을 '평화주의'의 관점에서 반추하여 그의 평화사상을 발견하고 오늘에 주는 의미를 생각해보는데 목적이 있다.

리영희 선생이 '실천적 지성'으로서 남긴 유산이 방대하므로 그에 대한 평가를 단순화하기에는 무리가 따를 수밖에 없다. 그간 선생의 저작을 묶어 2006년 한길사가 '리영희 저작집' 시리즈로 출간해 오늘날까지 독자들의 사랑을 받고 있다. 또 일대기를 통해 교훈을 얻는 작업이 이루어져왔고,[19] 선생의 다양하고 풍부한 지적 자산을 여러 분야의 전문가들이 재해석하고 시사점을 찾으려는 공동작업도 이어지고 있다.[20]

---

19) 김삼웅, 『리영희 평전』(서울: 책보세, 2010); 강준만 편저, 『리영희: 한국 현대사의 길잡이』(서울: 개마고원, 2004).

20) 고병권·구갑우 외, 『리영희를 함께 읽다』(파주: 창비, 2017); 홍세화·고병권 외, 『리영희 프리즘』(파주: 사계절, 2010).

이런 다양한 해석과 재생에도 불구하고 선생의 사유와 실천을 하나로 묶는다면 언론의 자유와 한반도 평화라고 하는데 이견이 없을 것이다. 특히, 한반도에서 정전체제가 지속되는 가운데 남북한은 물론 북한과 미국 사이의 정치·군사적 대결이 지속되면서 평화의 가치가 높아지고 있어, 선생의 평화사상을 찾아보는 것은 절실한 시대적 과제와 맞닿아 있다. 물론 위에서 언급한 출간물에서 선생의 평화 관련 저작에 대한 해석이 있지만 미흡한 감을 지울 수 없다.

리영희 선생이 냉전기와 데탕트, 그리고 탈냉전기를 망라하며 한국과 한반도, 그리고 동아시아를 넘나들며 전쟁과 평화 관련 정세를 평론하고 대안을 궁구해온 것은 널리 알려진 사실이다. 그럼에도 그의 평화사상을 체계적으로 정리 평가한 시도는 찾아보기 어렵다. 이런 문제의식에서 본문에서는 선생의 평화사상을 먼저 시대적 배경이 준 영향을 더듬어 보고, 평화사상과 통일사상으로 나누어 살펴볼 것이다. 평화사상은 반핵 평화주의론, 동아시아 분단체제론, 한반도 평화체제론으로 소절을 만들어 살펴보고, 통일사상은 통일의 조건, 방안, 방향 등으로 나누어 검토할 것이다. 이를 통해 맺음말에서는 그의 평화사상이 오늘 한국인들에 주는 시사점을 생각해보고자 한다.

2. 시대적 배경

리영희 선생의 일생은 그의 생애 시간과 행적, 두 측면에서 한국현대사를 잘 드러내준다. 일제에 의한 국권 상실기, 해방과 전쟁, 산업화와 민주화, 그리고 냉전 해체와 세계화 등등. 여기서는 지면 제약상 선생의 사상에 영향을 준 시대적 배경을 간략히 살펴보고자 한다. 기성세대를 30대부터라고 할 수 있다. 한자문화권에서는 30대를 '이립(而立)'이라고 해서 마음이 확고해져 움직이지 않다고도 말한다. 그렇다면 30대에 들어선 1960년대 초까지 리영희의 경험은 이후 그의 다양한 사회

활동과 정치·역사의식에 큰 영향을 미쳤을 것이다.

국권 상실기에 태어난 리영희는 고향 평안북도 삭주에서 부모님 슬하에서 살다가 1942년 경성공립공업학교에 진학했다. 그의 뛰어난 재능이 집안의 경제 사정으로 제약을 받은 터였다. 당시 모든 학생들은 학도병이 아니면 근로동원을 나갔다. 리영희도 근로동원에 나섰는데 1945년 초, 선생은 학도근로단 통솔 반장인 경성전기 전기공 최○남으로부터 태평양전쟁에서 일본의 패전과 종전의 임박함을 들었다. 최 반장은 "조선이 해방되는 날이 머지않았어. 미국·영국·소련이 그렇게 공약했으니까." 하며 얄타선언과 포츠담선언을 알려주었다고 한다. 그런 소식을 들으며 리영희는 민족의식을 싹텄다고 회고하였다.[21]

해방의 기쁨은 겨레 모두에게 한가지였지만 민족 분단의 서막이 올랐다. 청년 리영희는 학업성적이 좋았지만 집안 사정으로 일반대학에 가지 못하고 목포에 있는 해양대학에 입학한다. 3학년이 된 1948년 3월 승선 실습이 시작되어 그해 가을 상해행 준비지시가 전달되었지만 중국 내전이 격화되어 취소되었다. 그 후 10월 말경 부산항에서 소금 1천 톤을 싣고 인천으로 갈 배를 타고 거제도를 지날 때 긴급 회항 무선지시를 받았다. 여수·순천 반란사건이 일어난 것이다. 리영희는 여수항을 입항하려던 천안호 "갑판 위에 반란군의 사격의 사각을 이루는 철제 돌출물들 뒤에 숨어 철모를 쓰고 구경을 했다." 그리고 진압군 지휘관의 명령대로 선장과 1등 항해사를 도우면서 선내와 갑판 위를 뛰어다니기도 했다. 선생은 이 사건을 "동족끼리의 총질"이라고 하면서 전투가 끝난 뒤 "인생 처음으로, 뜻하지 않은 와중에 내던져진 동족상잔의 의미를 생각하게 된 것"이라고 회고했다.[22]

분단이 짙어갈 무렵 민족지도자들의 죽임은 겨레의 미래를 더욱 어둡게 만들었다. 1949년 6월 26일, 김구 선생의 사망은 리영희에게 충격

---

21) 리영희, 『역정: 나의 청년시대』 (파주: 한길사, 2006), pp. 105–109.
22) 위의 책, pp. 139–147.

으로 다가갔다. 40년이 지나서도 당시 추도가 가사와 곡을 잊지 않고 부르는 것을 보면 백범에 대한 존경과 사랑이 컸다고 그 스스로 말한다. 이북에서 월남한 사람의 입장에서는 김구 선생의 민족애와 애국심 그리고 정의감이 그의 사상과 염원의 전부였다는 것이다. 한편, 해양대학 시절부터 그는 지역감정을 분열적인 것으로 싫어했다고 말한다. 선생은 그것을 김구 선생의 정신이었다고 생각하면서 그로 말미암은 사회생활에서의 손해를 자위하며 감수했다고 말한다.[23]

한국전쟁 발발 직전인 1950년 3월 리영희 선생은 해양대학을 졸업하고 안동중학교 영어교사로 근무했다. 전쟁이 나서는 육군 유엔군 연락장교단 후보생 교육을 받고 통역장교 일을 시작했다. 한국전쟁은 그의 인생에 가장 큰 영향을 미쳤다.

지리산 빨치산 토벌작전에 통역장교로 뛰어들어 농민들과 대화하며 모험심과 정의감에 불타기도 했지만 죽음 가까이 가보기도 했다. 그에 앞서 "6.25전쟁의 죄악사에서 으뜸가는 인간말살 행위"로 당신이 부른 '국민방위군' 사건을 직접 목도하면서 "단테의 연옥도 불교의 지옥도 그럴 수는 없었다."고 소름 끼쳐했다. 이런 경험을 통해 선생은 이념의 우상에 사로잡혀 이웃과 겨레를 죽이는 야만과 비이성을 멀리 하게 되었다. 그가 괴로워했던 것은 "국가, 지도자, 직업군인, 일제 강점기의 '지원병' 출신 국군장교, 화려한 '애국·반공' 구호와 그 뒤에서 이루어지는 부패와 부정, 전쟁 속에서 치부하고 영달하는 자들과 일장성이만골고 (一將成而萬骨枯: 한 장수가 공을 세우려면 수많은 병사의 희생을 초래한다는 뜻)로 죽어야 하는 많은 힘없는 백성들의 처지"였다.[24]

국민방위군 사건에 이어 1951년 2월 10~11일에 리영희가 소속된 연대의 3대대가 관여한 거창 양민학살사건이 일어났다. 처음 피해 규모가 축소되었고 학살 사유가 은폐·거짓 보고되었다. 리영희 자신은 1982년

---

23) 위의 책, pp. 151－153.
24) 위의 책, pp. 168－202.

까지 학살 규모(719명)를 187명로 알고 있었다고 부끄러워했고, '빨갱이'라는 이유로 젖먹이, 어린이, 노인 등 양민을 무차별 학살한 잔인성에 괴로워했다.25) 그의 부끄러움과 괴로움은 다음과 같은 성찰과 결단을 거쳐 평화주의로 승화해나간다.

> 이 나라에서는 인간 말살의 범죄가 '공비'나 '빨갱이'라는 한마디로 이처럼 정당화될 수 있는가 하는 의문이 그 후부터 머리를 떠나지 않게 되었다. 이것은 내가 이데올로기의 광신 사상과 휴머니즘에 대한 멸시를 깨쳐야겠다는 강렬한 사명감 같은 것을 느낀 계기가 되었다.26)

전화 속에서 리영희의 군대 생활은 7년 동안 흘러갔다. 선생은 대한민국 군대가 인간의 권리라는 것에 대해 '근원적으로' 아무런 인식이 없는 사회였다고 회고하면서 군사주의를 경계했다. 또 전쟁 기간의 군대 사회는 일본 군대식의 야만적인 폭력이 어디서나 일상생활처럼 되어 있었다고 하면서 전쟁이 빚어낸 군사주의 문화를 폭로하기도 했다.27) 전쟁이 끝났지만 부패와 우상화로 물든 이승만 정권 하에서 선생은 "이제는 거의 모든 것을 회의하고… 진실된 가치를 밝혀내어, 진실 이외의 그 무엇에 대해서도 충성을 거부하는 종교 같은 신념"을 만들어갔다.28)

한편, 리영희에게 미국은 양가적인 것처럼 보인다. 영어에 남다른 재능을 보였던 그가 통역장교를 하고 훗날 언론인으로서, 특히 외신 보도에 전념한 것에는 미국에 대한 관심도 작지 않게 작용했을 것이다. 처음 언론에 발을 들인 『연합통신』에서 외신을 담당하고, 기회가 생겨 미국 연수를 다녀오면서 미국의 국제적 영향력과 지위를 실감한 동시에 미국식 자본주의의 비인간성과 백인우월주의에는 실망했다. 선생은 또 5.16 쿠테타 등 한국정치 개입과 분단에 관한 미국의 책임을 언론활동

---

25) 위의 책, pp. 217 – 223.
26) 위의 책, p. 225.
27) 위의 책, p. 279.
28) 리영희, 『분단을 넘어서』 (서울: 한길사, 1984), p. 312; 강준만 편저, 『리영희』, p. 46에서 재인용.

과 연구를 하며 깨달아갔다.[29]

그런 가운데 리영희 선생은 3.15 부정선거, 4.19 혁명, 5.16 군사쿠
테타 등 격동의 한국 현대사를 민주주의와 인권의 시각에서 보도하면서
미국 대표 언론의 하나와 접속하면서 언론의 자유와 미국 시민사회의
역할을 깨닫게 된다. 특히, 5.16 쿠테타 직후 워싱턴에서 가진 박정희-
케네디 회담에 대한 특종기사는 박정희 쿠테타 세력의 정권안보 외교가
뜻대로 되지 않았음을 국제사회에 알린 쾌거인 동시에 '자유인' 리영희
의 험난한 앞길을 예고한 사건이기도 했다.[30]

쿠테타 직후 박정희 일당은 미국으로부터 지지와 지원을 도모하는
한편, 여론을 조작하고 반공이데올로기를 확산시켜 국민을 통제·동원
하고자 했다. 1964년 10월『조선일보』로 옮긴 리영희는 한일회담 반대
시위를 취재하며 '남북한 가입 제안 준비'(11.21)라는 제하의 기사로 반
공법 위반 혐의로 구속 기소된다. 그의 첫 필화사건이다. 아시아·아프
리카 외상회의에서 남북한 유엔 동시가입을 검토 중이라는 사실 기사였
는데, 이것이 미국이 유엔 총회에 남한만을 초청해 '코리안 문제 결의
안'을 통과시켜온 관행을 이용해 체제우월의식을 주입한 박정권의 통치
방식에 반한 것으로 간주됐다. 풀려난 리영희가 박정권의 베트남 파병
에 비판적인 기사를 쓰자 1966년 가을 중앙정보부는 리영희에게 후한
조건으로 정부 입장에 맞는 현지 취재기사를 요청했다. 야당 대표가 베
트남 파병에 찬사를 보내는 시절에 선생은 그 유혹을 물리쳤다.[31] 진실

---

29) 리영희, 대담 임헌영,『대화: 한 지식인의 삶과 사상』(파주: 한길사, 2005), pp. 260
   -263.

30) 리영희,『역정』, pp. 341-434. 기자 리영희가 케네디-박정희 회담을 기획·추진한
    국무성 고위관리를 만나 취재한 결과 케네디 대통령은 박정희 의장에 조속한 민정이양,
    그에 앞선 군의 정치관여 금지 및 원대복귀, 경제원조 집행 연기, 군사원조 잠정 동결
    등을 언급하며 박 의장의 지원 요청을 수용하지 않았다. 리영희 기자는 이를 워싱턴발
    1961년 11월 15일자 기사로 타전했다. 그 파장으로 리영희는 박의장 일행 인사들로부
    터 협박을 받고 본사로부터 긴급귀국 통지를 받았다. 리영희, 임헌영 대담,『대화』, pp.
    275-280; 리영희,『역정』, pp. 435-443.

31) 강준만,『리영희』, pp. 76-81.

과 자유를 향한 그의 투쟁이 본격화 된 것이다.

3. 평화사상

1) 반핵 평화주의론

1977년 11월 11일 새벽에 이리역 대폭발사건이 발생했다. 안전요원의 작동 실수로 발생한 이 사건으로 공업용 화약 60톤이 촛불에서 나는 감지할까말까 할 열기에 감응하는 순간 이리시의 70%가 하늘과 땅으로 사라져버렸다. 리영희 선생은 이 사건을 상기하면서 이리시의 괴멸적인 파괴를 위해서는 TNT 60톤이 필요했는데, 핵폭탄이었다면 3그램짜리면 충분했다고 말한다. 그러나 이리시의 TNT 폭발과 핵무기 폭발 사이에 인간적 과오, 실수라는 끔찍한 유사성이 있다고 선생은 갈파했다.[32]

이어 선생은 핵으로 인한 불행이 소련에서만 발생할 까닭이 없다고 하면서 미국에서 일어난 일련의 핵원료 누출사고를 언급한 뒤 한국에서 '사무삼과(四無三過)'에 빠진 국민의식을 질타하였다. 사무는 핵에 대해서 무지하고 무관심하고 무감각하고 무민족적이란 뜻이고, 삼과는 핵에 대해서 인간이성을 과신하고, 기계의 정밀성을 과신하고 또 군사력을 과신한다는 말이다.

선생은 그 중 무민족성과 관련해서 체르노빌 핵유출 사고를 다룬 서울의 유명 신문의 네컷 만화가 그 핵유출이 북한에 일어나도록 기원한 것을 예시하면서, 동포애도 없고 민족적 감정도 없다고 말한다. 그것을 광신적 반공주의 교육을 원인으로 리 선생은 우리에겐 미국만 있고 민족은 없다고 개탄한다. 또 미국의 이성과 호의에 대한 과신과 관련해서는 미국 하원 군사위원회의 아래와 같은 한 보고서 내용을 상기시켜 주었다. 그리고 선생은 "군사력 과신병이 반도의 남북간의 가능한 평화를

---

32) 리영희, "핵무기 신앙에서의 해방," 리영희 · 임재경 편, 『반핵: 핵위기의 구조와 한반도』 (서울: 창작과비평사, 1988), pp. 265 – 266.

얼마나 방해했고 또 지연시켜왔는가!"고 한탄한다.

　　"남한에 있는 미국군대의 각급 사령관들은 남한을 세계에서 제일 이상
적인 군사훈련장으로 확신하고 있다. … 마음대로 이용할 수 있는 땅, 마음
대로 설정할 수 있는 '무제한 사격지역', 휴전선 북쪽에 있는 사격목표로 가
장 이상적인 살아있는 인간표적. 그뿐이 아니다. 남한은 지구상에서 우리를
쫓아내려 하지도 않고, 심지어 땅을 쓰는 임대료조차 달라고 하지 않는 유
일한 국민이다."33)

리영희 선생은 핵에네지와 핵무기에 대한 "맹목적 신앙심"을 지적하
면서 그것은 핵에 관해 무지한 태도와 관련 있다고 지적한다. 선생은
한국인들이 핵에 무지하게 된 원인을 민족 내부문제의 군사적 해결정
책, 맹목적 반공이데올로기, 핵무기의 위험성과 핵전쟁의 종말성에 대
한 무지, 군대와 군사력 숭배사상이 지배하는 사회의 반평화성, 미국 국
익 위주의 선전 결과, 외국의 핵기지화의 위험성에 대한 인식 착오 등
5가지를 꼽았다.34)

이상과 같이 리영희 선생은 핵문제에 관한 기본 시각을 표명하고 냉
전시기 미국과 소련과 같은 핵강대국들에 의해 한반도가 핵전쟁의 표적
이 되고 있음을 고발한다. 선생은 1960~70년대는 미소간 '공포의 균형'
이 핵전쟁 발발을 억제해왔다면, 1980년대 들어서는 레이건 정부의 핵
우위전략, 동시다발전쟁론으로 한반도에 핵전쟁 가능성이 높아졌다는
점을 미 국방장관 와인버거의 '83년 국방보고서'와 한미 '팀스피리트83'
작전 등으로 지적하고, 그것이 미국의 자의적·독단적 핵무기 발사를 견
제하는 북대서양조약기구(NATO) 내 핵자문위원회나 서독의 입장과 크
게 다른 것이라고 평가한다. 이와 관련해 그로미코 소련 외상과 오르가
코프 소련 육군참모총장의 발언, 그리고 소련 관영『타스통신』보도 등

---

33) 위의 글, p. 272.
34) 리영희, "핵은 확실히 '죽음'을 보장한다,"『역설의 변증』(파주: 한길사, 2006), pp.
　　132－135.

을 예로 들면서 미소 대결이 아닌 제3의 경우, 곧 일본과 소련의 군사분쟁으로 한반도가 핵전장화 될 가능성까지 제기한다.[35] 또 미 군사평론가 잭 앤더슨은 레이건 대통령의 중성자탄 생산 명령이 있던 1981년에 미 국방성이 남한을 그 저장소로 지목했다고 말했다. 1983년 방한한 마이어 미 육군 참모총장은 "레이건 정부의 기본적 전략개념은 재래식 전쟁이 어느 정도 진행되면 전술핵무기를 사용하는 것이며 이 개념은 한국에도 적용된다."고 말했다. 이는 1987년 현재 남한에 4만 명의 미국군대와 약 200여기로 추정되는 핵탄두가 배치되어 있다는 9개의 미 고위관리 발언과 언론보도를 인용한 선생의 분석으로 뒷받침된다.[36]

실제 냉전 해체 상황에서도 유럽과 달리 한반도에서는 군사위기가 일어났는데 북한의 핵개발 계획, 미국의 위기의식 조성, 한국 군부 책임자의 선제기습공격 의사 표명 등으로 인해 절정에 달했다. 그 가운데 북한의 핵 개발 위험보다는 미국의 핵공격 위협이 더 컸다는 것이 리영희 선생의 판단이다. 선생은 1945년 미국의 일본 핵폭탄 투하 이후 35년 사이 미국 군부가 핵폭탄을 사용하기로 결정·구상·협박 또는 준비한 일이 26회 있었는데 그 중 한반도가 핵폭탄 사용 목표로 정해졌던 것이 5회나 된다고 고발했다.[37] 이어 선생은 1991년 4월 12일, 이종구 국방장관의 북한 핵시설에 대한 선제기습 공격구상 공개발언을 언급하면서 그것을 미 군부가 의회에 제출한 「1991년 종합 합동군사정세 평가」보고서, 체니 국방장관, 솔로몬 국무성 동아태 차관보, 리스카시 주한미군 사령관, 칼 포드 국방부 제1부차관보, 파월 합동참모부장 등의 발언을 소개 분석하면서 이 장관의 발언의 위험성을 지적한 바 있다.[38]

이런 핵전쟁 가능성에 대해 한국과 한겨레의 대응책으로 선생은 첫

35) 리영희, "한반도 주변정세의 질적 변화," 『80년대 국제정세와 한반도』 (파주: 2006, 한길사), pp. 286, 288 – 289, 290.
36) 리영희, "한반도의 전쟁 위협과 동북아의 평화," 『역설의 변증』, p. 116 – 117; 105.
37) 리영희, "한반도 핵 위험의 구조: 그 해부와 대안(1991)," 『새는 '좌·우'의 날개로 난다』 (파주: 한길사, 2006), pp. 26 – 27, 31.
38) 위의 글, pp. 28 – 30.

째, 새로운 정황에는 새로운 이념과 가치관, 즉 화해와 평화가 요구되고, 둘째, 분단민족을 뒷받침하는 일본 군사력의 한반도 지향성에 맞서 남·북 단위의 반(半)민족주의가 아니라 대민족주의가 요구되고, 셋째, 언론의 자유와 평화를 희구하는 민주주의를 신장시켜야 한다고 역설한다.39) 특히, 선생은 한반도에서 반전반핵평화를 실현하기 위해 지식인의 역할을 강조하면서 남북한의 핵개발 시도를 균형적으로 파악할 것을 주문한 후 "복안적 원근법 속에 미국의 정책과 전략을 넣고 보자."고 제안한다.40)

2) 동아시아 분단체제론

리영희 선생이 '동아시아 분단체제'를 직접 언급한 적은 없다. 이 용어는 세계적 냉전체제의 해체에도 불구하고 한반도 분단이 지속되는 현상에 대한 설명을 시도하면서, 한반도 분단체제가 냉전 이후에도 동아시아 냉전구조의 하위 구성 부분이라는 문제의식에서 나온 분석틀이다.41) 다시 말해 세계 안보질서와 달리 동아시아 안보질서와 한반도 안보질서는 긴밀한 연관을 맺으며 작동한다는 것이다. 이렇게 본다면 리영희 선생의 한반도 분단·정전체제와 동아시아 냉전구조는 동아시아/한반도 분단체제론과 다를 바 없고, 이후 명명된 동아시아 분단체제론의 지적 근거를 제공한 것이라 보아도 무방할 것이다.

리영희 선생은 서슬 퍼런 반공독재체제 하에서 한반도 분단·정전체제를 동아시아 비평화의 맥락, 즉 동아시아 분단체제 담론으로 체계

---

39) 리영희, "한반도 주변정세의 질적 변화," pp, 292－293.

40) 리영희, "한반도의 비핵화·군축 그리고 통일(1993)," 『새는 '좌·우'의 날개로 난다』, p. 90.

41) 이삼성, "동아시아: 대분단체제와 공동체 사이에서," 『민주주의와 인권』, 제6권 제2호 (2006), pp. 5－50; 이삼성, 『동아시아의 전쟁과 평화 1: 전통시대 동아시아 2천년과 한반도』 (파주: 한길사, 2009); 정영신, "동아시아 분단체제와 안보분업구조의 형성," 『사회와 역사』, 제94권 (2012), pp. 5－48; 백원담, 『'냉전' 아시아의 탄생: 신중국과 한국전쟁』 (서울: 문화과학사, 2013).

적으로 풀어낸 최초의 학자이다. 미국과 한국의 군사체계의 특이성은 남한 군대가 대한민국 국가원수의 직접 지휘권 하에 있는 독립적 국가 안보의 수단이 아니라는 점에 있다고 밝힌 지 오래다. 한미상호방위조약에 의해서 군 작전지휘권이 미국 대통령의 위임을 받은 주한미군사령관에게 그 권리가 이양된 지 오래다. 주한 미공군은 일본 요코다에 사령부를 둔 미 제5공군에 속한다. 제5공군은 오끼나와를 포함해서 일본 영토와 주변 공군을 통솔하고 있다. 제5공군이 주축이 된 동북아 공군 지휘체제는 일본군 공군과 한국 공군을 사실상 통합된 지휘계통에 편입하고 있다는 사실을 규명하였다.[42] 한국군과 미군이 연합군의 형태를 띠고 위계적인 지휘편제를 형성한 것을 공론화한 것도 리영희 선생이다.[43]

선생은 닉슨독트린이 미국의 베트남전 지속에 대한 부담, 한일 국교 정상화와 일본의 경제성장을 배경으로 한다고 말했다. 이어 그는 일본이 한반도 안보문제에 보다 적극적인 역할을 하고 그럼으로써 한미일 안보협력체제에 한국이 종속적으로 편입되도록 하는 조치임을 미국과 일본의 각종 외교문서와 관련 정치인들의 발언 등을 종합 검토해 분석한 바 있다. 그에 바탕을 두고 선생은 남북한 쌍방이 그 배후의 강대국들과 더불어 형성하는 군사 공동체제 때문에 남북한 민족이 스스로 긴장을 완화하지 않고 있어 한반도 정세는 70년대에도 "세계에서 가장 위험한 지점"이 될 것이라고 전망한다.[44] 이는 한미일 3각 군사협력체제의 형성과 남북한 긴장의 상관관계를 적확하게 드러낸 분석이다.

---

42) 리영희, "한반도의 전쟁 위협과 동북아의 평화," pp. 112-113.
43) 한국과 미국은 1972년 닉슨독트린의 발동으로 수도 북방 중서부전선에 배치된 한국군 12개 보병사단과 1개 기갑사단을 그 전역에 배치된 미국군과 합쳐서 제1군을 창설하였다. 그리고 1978년 카터 대통령 재임시 전체 한국 군사력을 주한미군 제8군사령관의 지휘권에 편입하는 형식으로 '한미연합사령부'를 개편·창설했다. 위의 글, pp. 113-114.
44) 리영희, "한미 안보체제의 역사와 전망(1971)," 『전환시대의 논리』 (파주: 한길사, 2006), pp. 504-545.

리영희 선생은 동아시아 분단체제, 곧 두 블록 간의 군사적 긴장구
조를 하나의 사례분석이나 특정 이론의 규명 차원이 아니라 일련의 사
건들의 흐름을 통시적으로 분석한 후 시사점을 도출해낸다. 한일국교정
상화의 정치외교적 의미를 분석한 후 1970년대 한미일 안보관계를
1960년대부터 확립되어 온 미국의 동아시아 정책의 맥락에서 분석한
것은 그 대표적인 연구사례이다.

1970년대 미국의 동아시아정책은 닉슨독트린에 따른 것이다. 리 선
생의 분석에 따르면, 닉슨의 아시아 정책은 ① 월남전쟁 종결을 위해
종래의 월남정책을 단계적으로 수정하고, ② 아시아 국가들의 자주국방
강화로 미국의 부담을 축소하고, ③ 아시아 우방국가들의 집단협력체제
강화에 일본의 공헌을 증대시키고, ④ 중공과의 접촉 범위를 점차 확대
함으로써 장기적으로 미중 관계정상화를 위해 노력한다 등으로 요약된
다. 그 중 두번째와 세번째 의미는 미국의 한국 안보 책임을 줄이고 그
공백을 일본이 메우는 것을 말하고, 이는 미일 안보협력체제의 발전과
거기에 한국이 편입됨을 의미한다. 선생은 1970년의 현상이라는 것은
전반적으로 한일 국교정상화의 군사적 의의를 강조한 1964년 길 패트
릭 미 국방차관의 구상대로 발전한 것이라고 평가한다.[45] 5년 후 닉슨
-사또 미일 공동성명(1969.11.17) 발표 직후 가진 사또 일본 수상의 내
셔널프레스 클럽 연설은 패트릭 구상이 구현된 것에 다름 아니다.

> "만일 한국에 대한 무력공격이 발생하여 이에 대처하기 위해 미국 군대
> 가 일본 국내의 시설·지역을 전쟁 작전행동의 발진기지로 이용해야 할 사
> 태가 생기면 일본정부는 (미국의) 사전협의에 긍정적이고도 재빠른 태도로
> 결정을 내릴 방침이다."[46]

---

45) 패트릭 구상은 한일국교정상화로 한반도 분쟁시 일본의 개입이 가능해져 미 지상군
   증강 없이 대응이 가능해진다는 발상이다. 패트릭의 발언은 『世界週報』, 1964년 5월
   7일자; 리영희, "미군 감축과 한·일 안보관계의 전망," 『전환시대의 논리(1974)』 (파
   주: 한길사, 2006), p. 249에서 재인용.
46) 리영희, "미군 감축과 한·일 안보관계의 전망(1970)," 『전환시대의 논리』, pp. 265.

1980년대 동아시아 분단체제는 무한 군비경쟁으로 그 위험성이 커졌다는 것이 리영희의 분석이다. 미국과 소련의 핵군비경쟁이 가속화되어 미소는 동맹국가들의 영토를 기지로 삼는 중거리핵미사일 경쟁을 전개하고, 특히 미 레이건 정부는 우주공간으로 핵군비경쟁을 확대시켜 소련을 경제적·군사적으로 약화시키려 하였다. 일본 군사대국화[47]와 일본 군사력의 한반도 지향성도 뚜렷해진다. 선생은 이러한 군비경쟁에 따라 미국과 소련은 자신의 동맹국가들에게 재래식 군사력 증강을 강력히 요구했다고 말한다. 아래 화살표로 이어진 서술은 리영희 선생이 만든, 두 핵강대국의 군비경쟁이 동맹국들의 군비증강으로 이어지는 연쇄고리들이다. 소련 군사력 우위(설) → 전쟁 분위기 고조 → 동맹국들의 군사력 증강 경쟁 → 소련의 무제한 군비강화 대응 → 전 세계적 규모의 군비경쟁 가열화 → 모든 국가 사회의 군대식 사고방식·가치관 지배 → 군부 지배적 국가이념화 → 평화·인권·민주주의 애호정신의 질식 → 무력·전쟁 숭상 기풍 → 재래식 군사력에 의한 무장·이해관계 해결 유혹 → 국지적 핵전쟁 → 전면 핵전쟁 → 인류 절멸![48]

1980년대 들어 한미일 3각 안보협력체제는 마무리 단계에 들어서는 것으로 보인다. 선생은 1983년 1월 22일 서울을 방문한 미 육군참모총장 에드워드 마이어 대장의 발언을 그 근거로 꼽는다. 마이어 대장은 "한미일 3국의 긴밀한 군사협력체제가 동북아시아의 방위능력 강화에 도움이 될 뿐 아니라, 3국 간의 협력은 미국과 일본의 방위 부담을 줄이며 군사적 효율을 높일 것"이라고 언명했다. 한미일 3각 안보협력체제의 아킬레스건이었던 한일관계는 50년대 백지상태에서 60년대의 정치관계, 70년대의 경제관계, 80년대의 군사관계를 거쳐 안정화 단계에 들어섰고, 90년대 입법화 단계, 즉 법적 동맹으로 나아가고 있다는

---

47) 일본은 자위대 창설 3년 후인 1957년부터 5개년 군비증강 계획 5차례 거듭하고, 1983년도 군사 예산을 국민총생산(GNP) 1% 이하 제한선을 깨고 1.19%로 증대한다. 리영희, "한반도 주변정세의 질적 변화," p. 275.
48) 위의 글, p. 273.

것이 리 선생의 진단이다.[49] 실제 1990년대 냉전 해체의 순풍이 동북아에서도 부는 것 같았지만 대결 구조에서 벗어나지 못하였다. 소련 해체로 미중 협력관계가 약화되고 대신 미일 안보협력이 증대되었다. 한반도는 일시 대화 후 북핵위기를 거쳐 긴장상태가 가시지 않았다. 선생은 이를 "'제로섬'적 대결 구조"라고 진단하고 한반도 문제의 평화적 전환과 비생산적인 군사통치체제의 청산을 위해서 군축이 절실하다고 주장했다.[50]

3) 한반도 평화체제론

동아시아 분단체제에 관한 리영희 선생의 분석은 한반도 분단·정전 체제로 이어지는 동시에 한반도 평화체제 구상의 토대가 된다. 분단·정전체제는 논리적으로는 통일·평화체제의 대립항이고 현실적으로는 통일·평화체제의 기원이다. 여기에서는 통일·평화체제를 나누어 통일 문제는 뒤에서 다루고 우선 평화체제를 다루고자 한다.

평화체제에 있어서 평화는 평화의 보호를 의미하는데, 평화의 보호는 평화유지와 평화회복으로 이루어진다. 평화유지와 관련한 조치로는 안전보장조약, 불가침조약이 있다. 남한과 북한은 각각 미국, 구소련 및 중국과 안보조약을 맺었다. 물론 오늘날 북한이 중국, 러시아와 맺은 안보조약의 효용성은 의문을 받고 있다. 남북한은 1991년 12월 13일, 남북기본합의서를 채택하면서 불가침을 공약하였고 이후 불가침 부속합의서도 채택했지만(1992. 9. 17.), 법적 구속력은 물론 실질적인 의미도 갖지 못했다. 한편, 평화회복과 관련해서는 휴전조약과 평화조약 등이 있다. 유엔 헌장 제39조는 안전보장이사회에 평화보호를 위한 관련 조치를 취할 권한을 부여하고 있다. 1953년 7월 27일 전쟁 관련 당사자들이 맺은 휴전협정은 한국전쟁을 일시 중단시켰지만 평화조약(혹은 협정)

---

49) 위의 글, pp. 279, 281 – 281.

50) 리영희, "'제로섬'적 대결 구조에서 경제 경쟁으로: 전환기 동북아 정세의 성격과 남북관계(1993)," 『새는 '좌·우'의 날개로 난다』, pp. 270 – 275.

은 아직 체결되지 않고 있다.[51] 이상 평화체제를 구성하는 두 측면에서 살펴볼 때 2018년 일련의 정상외교에도 불구하고 한반도 평화는 불안정성에서 완전히 벗어나지 못하고 있다. 그렇다면 리영희 선생은 한반도 평화체제를 어떻게 구상하였는가?

리영희 선생의 평화체제론은 다각적으로 논의할 수 있지만 양자관계의 조합, 즉 한미, 북미, 남북관계의 틀에서 파악해 볼 수도 있다. 실제 선생의 논의에서 정전체제의 근간은 한미 동맹관계와 북미 적대관계이다.

먼저, 선생은 한미동맹관계를 한미상호방위조약 체결 발상때(1952.3)부터 1990년대 초까지를 5단계로 나누어 다루면서도 불평등 기조 위에서 운영되는 현실에는 변함이 없다고 평가한 바 있다. 1953년 11월 비준된 상호방위조약은 무력 북진통일을 위한 미국의 군사적 보증을 추구하는 이승만의 정치적 의도와 주한미군 주둔으로 발생할 '연루의 동맹 딜레마(Alliance dilemma of entrapment)'를 한국 영토 사용권으로 상쇄한 미국의 전략적 이익의 타협으로 이루어졌다는 것이다. 선생은 그 결과 대한민국의 대미 예속구조가 법제화되었다고 결론 내린다.[52]

종속적인 한미상호방위조약은 군 작전통제권은 말할 것도 없고 무기도입 협상, 방위비 분담금, 주한미군 범죄 처리 등에서 미국의 고압적인 자세와 한국의 저자세로 이어지고 있다. 한 예로 주한미군 주둔비 분담금 협상은 주한미군에 대한 성역화된 한국인의 인식으로 인해 항상 한국에 불리하게 결정되어 왔다. 이에 관해 선생은 주한미군이 전적으로 한국(국민)의 생존보호를 위해서 주둔하고 있다는 착각과 주둔비 분담률에서 이미 1982년에 미국 동맹국 가운데 최대로 부담하는 현실 사이의 상관성을 지적한 바 있다. 한국이 주한미군의 임대료를 요구하지 않는 나라라는 미 하원군사위원회의 보고서는 위에서 언급했고, 주한미

---

51) 서보혁, "한반도 평화체제,"『안보현안분석』, 제135호(2017.10), p. 5.
52) 리영희, "1953년 한미상호방위조약(1992),"『새는 '좌·우'의 날개로 난다』, pp. 173
－192.

제 II 부　한반도를 품은 평화 이론　89

군의 역할과 관련해서도 선생은 "미국의 이익을 위해서"라는 미 국방부 윌리엄 하워드 태프트 부장관의 발언을 인용하고 있다.[53] 최근 들어 이 점을 노골적으로 보여주고 있는 이가 바로 트럼프 대통령이다.

다음으로 북미관계를 논하면서 선생은 정신외상후 스트레스 장애(P.T.S.D)라는 의학용어를 원용한 바 있다.[54] 선생은 분단 이후부터 현재까지 한반도는 세계 어느 곳보다 미군의 매력적인 전쟁 훈련장의 역할을 수행하고 있고, 지구상에서 미국 군대가 평시에도 전시를 상정한 전쟁훈련을 마음 놓고 할 수 있는 지역으로서, 미 군부는 매년 한국에 35억 달러어치의 무기판매 결정권을 행사하고 있고, 남한에는 41개의 미국기지(1989.11.2. 현재)를 설치 운용하고 있다고 진단한다. 그리고 나서 선생은 북한이 핵무기 개발의사를 포기한다면 미국이 북한에 대한 공격 태도를 바꿀 것인가 하고 질문한다. 선생은 미군의 군사전략과 미군 장성들의 발언을 분석한 뒤 부정적인 답을 내린다. 북한에 대한 미국 군부의 공격의지는 북한의 핵시설 유무 차원의 문제가 아니라고.

선생은 이어 미국이 북한에 대해 '풀지 못한 원한'을 6·25전쟁에 승리 없이 비긴 것을 비롯해 9가지로 열거하고 이를 P.T.S.D. 증후군으로 규정한다. 동시에 북한측 역시 '조국통일전쟁'을 승리하지 못하고 미국으로부터 항시적으로 핵공격 위협에 노출되어 있는 상태를 '역 P.T.S.D 증후군' 환자와 같다고 말하고 있다. 선생은 그 연장선상에서 북한이 핵개발을 감행했다고 분석하고 양국간 적대관계 청산과 평화조약 체결을 근본적인 해결책으로 제안하고 있다.

또 다른 논문에서는 선생은 좀 더 과감하게 한반도 위기의 주요인이 미국에 있다고 주장한다. 위 논문을 발전시킨 것으로 보이는 1999년 논문에서 선생은 북미 미사일 대결 구도를 분석하고 이어 한반도에서의

53) 리영희, "'한국인 몽땅 까무러치기' 증상(1989)," 『자유인』 (파주: 한길사, 2006), pp. 213, 215-216.
54) 이하 리영희, "미국-북한 핵문제의 P.T.S.D적 특성(1992)," 『새는 '좌·우'의 날개로 난다』, pp. 58-80.

핵·미사일 위협의 역사적 전개를 논의한 뒤에 미국의 책임을 부각시킨다. 정전체제 하에서 미국의 한반도 전장화 및 대북 핵·미사일 공격 계획 지속, 핵 비보유국에 대한 핵선제공격 독트린 채택 등을 지적한다. 그 논리의 연장으로 한반도 군사 위기의 해법도 미국에 달려 있다고 결론짓는다.[55]

남북관계 측면에서도 리영희의 평화체제론의 일단을 엿볼 수 있다. 광주민중학살로 집권한 전두환씨가 1982년 1월 '남북기본관계에 관한 잠정협정'(이하 잠정협정안)을 제의하였다. 그것은 남북 통일의지 결집 → 통일헌법 제정 → 통일국가 수립을 골격으로 하는데, 거기에 분쟁의 평화적 해결, 정전체제 유지 및 군비경쟁 지양, 자유 왕래와 다각적인 교류 등 몇 가지 제안을 담고 있다. 선생은 잠정협정안을 동서독 기본조약(1972.11.8. 조인)과 비교 검토한다. 선생은 잠정협정안이 독일방식을 토대로 하거나 모방하려 할 때 거기에는 적지 않는 모순이 수반된다고 지적하면서 잠정협정안이 남북관계 개선보다는 분단 고착화로 갈 우려가 있다고 보았다. 사실 정전체제를 유지하는 상태에서 군비경쟁을 지양하고 상호 내정에 불간섭한다는 사항이 담긴 것이 그런 우려를 자아낸다. 또 선생은 남북 간에 평화조약의 체결이 지연되거나 거부된다면 제5항(자유 왕래와 다각적인 교류)을 포함해 관계정상화를 진심으로 원하는 남한의 의사가 오해될 수 있다고 지적한다.[56] 남북관계의 발전을 통한 통일 환경 조성을 위해서는 군비축소와 평화조약 체결이 필요하다는 것이 선생의 지론이다.

1988년 7월 7일, 노태우씨는 남북관계 개선의 이정표로 평가받고 있는 '민족자존과 통일번영을 위한 특별선언'(7.7선언)을 발표하였다. 북한체제를 인정하고 상호 교차승인을 바탕으로 대화와 협력을 하자는 선언이었다. 이 선언에 대해 리영희 선생은 일본 『아사히신문(朝日新聞)』

55) 리영희, "북한−미국 핵과 미사일 위기의 군사정치학," 『반세기의 신화』 (파주: 한길사, 2006), pp. 141−184.
56) 리영희, "'독일식' 한반도 통일방안 비판," 『역설의 변증』, pp. 55−103.

과의 대담(1988.7.12)에서 7.7선언 그 자체는 환영한다고 하면서도 "그러나 전체적으로는 통일을 위한 선언이 아니라 분단의 합법화를 위한 선언으로 해석한다."고 비판한다. 선생은 비판에 그치지 않고 한반도 문제의 핵심이 남북의 군사대결임을 전제하고, 현 정전체제를 그대로 두고는 선언이 효과를 갖는다고 기대하기 어렵다고 주장한다. 그래서 "선언에 새 항목을 하나 추가해 7개항으로 만들어야 한다."며 현 군사대결 체제를 없애는 "40년 묵은 한국전쟁의 현 휴전협정을 협정 조인 당사자들에 의해 평화협정으로 바"꿀 것을 제안한다. 선생은 평화조약의 내용으로 남북한 군대와 군사비의 축소, 한반도에 있는 외국 기지와 핵무기의 철폐 등을 제안한다.[57]

리영희 선생은 한반도에서 전쟁위기를 제거하고 잠정적인 정전협정을 확고하고 영구적인 평화조약으로 대치함으로써 새로운 평화질서를 구축하는 노력이 절실하다고 기회가 있을 때마다 주장해왔다. 그것만이 한반도가 다시 동북아시아의 핵전쟁 방아쇠 역할을 하지 않고, 더 나아가 동북아시아의 평화를 통해서 세계 평화를 유도하는 길이라고 확신했기 때문이다.[58] 그가 보기에 독일과 달리, 반도의 남북 사이에는 베를린 문제와 같은 어려운 문제도, 제3국과 관련된 국경선 분쟁도 없는 훨씬 단순한 조건이다. 선생은 소련도 중국도 북한에 군대와 군사기지를 두지 않고 있으므로 평화조약 체결에서 불이익을 받을 것이 없는데, 단지 평화조약 체제가 될 때 불이익을 보게 되는 관계국은 미국이라고 지목한다.[59] 선생은 미국이 평화조약에 응해 정전체제를 평화체제로 전환하는 방법으로 북미간 적대관계 청산과 남북관계 발전의 선순환을 제시해왔다.

이상 살펴본 것처럼 리영희 선생은 한반도 평화체제 수립을 위해 주요 당사자인 남북미 사이 세 양자관계의 정상화와 평화조약 등 제도적

---

57) 리영희, "군사적 측면이 제외된 노 대통령 선언," 『자유인』, pp. 58-60.
58) 리영희, "한반도의 전쟁 위협과 동북아의 평화," p. 131.
59) 리영희, "'독일식' 한반도 통일방안 비판," pp. 93-94.

인 대안을 제시하였다. 그럼에도 주류 연구자들과 달리 선생이 일관되게 강조한 것은 군축이라는 점을 간과할 수 없다. 군축과 같은 실질적 조치 없는 관계정상화와 평화조약과 같은 법제도적 합의는 허약하고 기만적일 수도 있기 때문이다. 나아가 리영희 선생은 광적인 반공·반북의식과 숭미사대의식과 같은 마음의 우상을 타파하고 평화주의 의식으로 전환할 것을 평화체제 수립의 주요 조건으로 제시한 점도 덧붙여야 하겠다.

4. 통일사상

1) 통일의 조건

평생을 평화·군축연구에 헌신해온 리영희 선생은 통일문제 역시 평화주의의 시각에서 파악하고 접근하였다. 무엇보다 통일이 긴장완화와 군비축소 등을 통해 전쟁 가능성을 축소하는 조건 속에서 평화적으로 추진되어야 함을 누차 강조하였다.

선생은 국가이익 중심의 국제관계가 활기를 띄던 1970년대에도 무력으로는 국익은 물론 통일도 어렵다는 점을 1, 2차 세계대전시 프랑스의 구주 최강육군이나 마지노선도 프랑스를 구할 수 없었다는 교훈에서 도출해냈다. 그러면서 국방이나 안보 개념의 재인식이 필요하다고 말한다. 한반도에서 긴장을 완화하고 장기적인 생존형식을 상호간에 정립하지 않는 한 같은 민족의 군비경쟁은 그칠 수 없을 것이라고 말했다. 선생은 그렇게 하지 않으면 강대국에 대한 경제·군사·정치적 의존상태를 영속화할 위험에서 벗어나지 못하고 유혈 없는 민족통일이라는 역사적·민족적 목표에 도움이 되기 어려울 것이라고 전망한 바 있다.[60]

평화적 통일을 위해 가장 중요한 조치가 정전체제를 평화체제로 전환하는 일인데, 선생은 그 주요 방안으로 휴전협정을 평화조약으로 대체하는 것을 제시한다. 선생은 "평화조약으로 휴전협정을 대체하지 않

---

60) 리영희, "미군 감축과 한·일 안보관계의 전망(1970)," pp. 285 – 286.

는 한 남북은 언제까지나 '전쟁 당사자'적 관계의 제약에서 벗어날 수 없다."고 역설한다. 물론 전쟁 당사자 사이에 평화조약의 체결 없이 '공동선언' 채택의 방식 등으로 관계 정상화를 도모하는 방식이 있지만, 선생은 그런 방법은 평화조약 체결 의사가 있다는 전제 하에서 우선 당면한 문제들을 처리하기 위한 과도적·잠정적 합의로 그 의미를 한정하고 있다. 또 각 분야의 교류협력을 본격화하려면 그 각 분야와 문제의 활동을 규정하는 많은 조약·협정·각서 등의 외교적·법적 조치가 수반되는데, 그것도 평화조약을 근거로 해서만 가능하다고 선생은 강조하며 미일, 중일, 일소 등 양자간 선례를 예시하기도 했다.[61]

선생은 또 주체적인 태도 역시 통일의 조건으로 거론했다. 궁극 목표인 통일에 앞서 우리 자신과 반도 내외의 조건을 능동적으로, 그리고 주체성을 갖고 초강대국들의 핵폭탄 세례를 불러들이지 않는 것을 목표로 해야 할 것이라고 말했다. 선생은 군사우위사상과 군비경쟁열은 한 국가 사회의 체질적 군사화를 초래하기 쉽다고 경고하면서 질적으로 변한 한반도 정세에 대한 대응책으로 국제적 차원에서는 화해와 평화, 민족 차원에서는 대민족주의, 사회적 차원에서는 언론 자유와 민주주의 신장을 촉구했다.[62]

리영희 선생은 1994년 군을 대표해서 통일과정을 연구하는 기관의 유력인사와 토론회를 가졌던 경험을 소개하면서 그때 무엇보다 반가웠던 일은 그 연구기관이 그리는 이상적인 '통일된 국가의 상'이 "물리적으로는 작지만 힘 있고 건강한 국가"라고 회고하며, 그것이 당신이 그리는 통일국가상과 일치한다고 기뻐했다. 다만, 선생은 '건강한' 또는 '건전한' 국가란 무엇보다도 평등·반예속·자주·자존·독립국가로 정의하면서, 그쪽의 해석은 통일 과정이나 통일 후에도 그 '통일국가'는 현재와 다름없이 미국 군대의 기지여야 하고 미국군대가 그대로 주둔해

---

61) 리영희, "'독일식' 한반도 통일방안 비판," pp. 96-98.
62) 리영희, "한반도 주변정세의 질적 변화,"『80년대 국제정세와 한반도』, pp. 292-293.

있어야 한다는 전제가 다른 점이라고 말했다. 결국 선생은 대한민국 군대의 작전통제권을 주한미군사령관에게서 회수한다는 것이 '작지한 건강한 통일국가' 수립의 한 선행조건으로 꼽았다.[63]

선생은 또 민족정기, 민주주의와 인권 신장도 통일의 주요 전제조건으로 언급해왔다. 베를린 장벽 붕괴 10여일 후에 노태우 대통령과 폰 바이체커 대통령이 가진 한독 정상회담에서 생긴 일화를 소개하면서 통일의 조건을 제시했다. 베를린 장벽 후 한국인들에게도 '낡은 관념', 특히 군사주의와 냉전사상에 변화를 기대했지만 노태우 대통령의 발언에 실망했다는 것이다. 노 대통령은 바이체커 대통령과의 정상회담에서 "대한민국에는 정치범이 한 사람도 없다"고 말했는데, 이에 대해 바이체커 대통령은 "국민의 북한 왕래를 범죄 취급하지 마시오"라고 충고했다. 동독의 변화를 부러워한 노 대통령은 서독 지도자들에게 "북한이 동독 같았으면 남북한 문제가 잘 풀릴 텐데…"라고 개탄했다고 한다. 이에 대해 선생은 '동감'을 표하면서도 노 대통령이 같은 논리로 "남한이 서독 같았으면 남북한 문제가 잘 풀릴 텐데…"라는 개탄 역시 진실이라고 인식하지 못한 것 같다고 지적했다. 그리고 통일을 위해서 우리가 자기비판에 허심탄회해야 한다고 말하면서 서독과 한국의 차이를 6가지로 열거하며 통일을 위한 우리의 반성과 독일의 교훈을 배울 것을 지적했다.

그것은 첫째, 동서독과 달리, 남한은 친일 민족반역 행위자를 처벌하지 못해 국가의 덕성과 인격을 쌓지 못했고, 둘째, 서독은 남한과 달리, 동독을 '괴뢰'니 '반란집단' 등으로 대하지 않는다. 국가보안법이 있는 남한과 달리 서독은 시민의 권리와 자유가 널리 보장되어 있다. 셋째, 서독에서는 정부에 의한 이데올로기 교육이 없다. 무슨 사상이건 그것은 개인의 자유와 권리다. 정부가 주도하는 반공주의 교육이 팽배한 한국과 대조적이다. 넷째, 서독에는 군대는 있지만 군사사회가 아니라

---

63) 리영희, "'작지만 건강한 통일국가'란?(1994),"『새는 '좌·우'의 날개로 난다』, p. 208.

평화·반전·반핵 지향적 사회다. 다섯째, 서독에는 사회주의 정당이 있고 세계 최고 수준의 사회복지정책으로 근로대중들에게 고루 부를 분배하고 있다. 여섯째, 서독의 군사 주권은 어느 외국에 양도돼 있지 않다. 미국의 핵무기 정책에도 큰 발언권을 갖는다.[64]

2) 통일 방안

리영희 선생은 한반도 통일이 갖는 세계사적 의미를 민족공동체의 재현, 동북아 평화에 공헌, 제국주의 유산 청산, 2차 대전의 실질적 종결, 냉전체제의 실질적 종식, 비자주적 내적 역사 청산, 인류사회 공헌 및 민족 번영의 국가이념 설정 등 다각적으로 언급하였다. 그리고 한반도 통일 가능성을 얄타협정 등 전후 14가지 분쟁처리방식을 비교 검토하면서 각각 통합과 분할, 평화적 방법과 비평화적 방법 등 단일한 형태를 띠지 않았다고 평가한다. 이어 선생은 남북한 모두 극단적 대결만 일삼아온 데 대한 자기비판을 할 것을 촉구하면서 체제구조 결정론 및 광적 반공주의 비판, 역사적 배경에 대한 객관적 이해, 남북 간의 모든 문제는 인과관계의 구조 안에서 생각할 것, 남북한 이질화에 대한 균형적 이해 등을 촉구했다. 특히 냉전 해체 이후 북한이 미국과 남한의 위협을 항시적으로 느끼고 있는 시점에서는 군축이 전제되지 않고는 실질적인 관계발전을 이루기가 어렵다는 점도 강조한다. 그런 논리의 연장선상에서 선생은 통일방안으로 일종의 수렴형 통일론을 제시한다. "궁극적으로는 북한이 변화하는 것만큼 남한도 인간다운 삶의 사회로 탈바꿈해야만 사람이 살 만한 가치 있는 통일국가를 기대할 수 있다."는 것이다.[65]

리영희 선생의 수렴형 통일론은 장기간의 분단과 지속·강화된 군사적 대결을 배경으로 하고, 다른 한편으로는 흡수통일론에 대한 비판적

---

64) 리영희, "남한이 서독 같았으면야⋯(1989),"『자유인』, pp. 224 – 226.
65) 리영희, "민족통일의 세계사적 인식(1997.4.5.),"『스핑크스의 코』(파주: 한길사, 2006), pp. 250 – 276.

인식이 작용하고 있다. 선생은 냉전 해체가 제로섬(zero sum) 구도에 기반을 둔 냉전적 흡수통일이 더 이상 어렵게 되었다고 판단했다. 1990년대 초 한소, 한중 수교가 남한에게 유리하지만 북한의 대응은 정확히 진단하기 어렵다고 보았다. 북한이 대화로 나올지 도발을 준비할지는 모른다는 것이다. 다만, 구소련과 중국은 독일 통일 경험을 목도하면서 흡수통일 혹은 북한체제 붕괴가 초래할 역내 혼란을 우려해 흡수통일을 지지하지 않는다는 것이 선생의 판단이었다. 나아가 미국과 일본의 군사패권주의, 중국과 소련의 시장경제화를 통한 대변혁과 북한의 내외적 불안요소 증대 등 동북아 정세의 불안정 요소들도 흡수통일의 가능성을 낮출 수 있다는 것이다.66) 여기에 남한의 성공, 북한의 실패로 요약되는 남북한 동시 교차승인 구도의 미완성은 한편으로는 북한의 위협인식을 고조시켜 북한체제의 대내 결속과 주변 긴장고조를 초래할 가능성을 경고하고, 다른 한편으로는 흡수통일의 비현실성과 평화정착을 우선한 점진적인 통일의 당위성을 말해주었다.

리영희 선생은 위와 같이 냉전 해체 이후 동북아 정세를 둘러본 뒤 통일 가능성과 통일 방안을 다음 두 단계로 전망한 바 있다. 통일 가능성과 관련해서는 5년 이내에 일정한 남북연합이 이루어지리라 생각한다고 보았는데, 일방적 점령·흡수가 아닌 바에야 정치적으로 무슨 용어를 쓰건 두 개의 국가가 연립하는 단계를 거치지 않을 수 없다는 것이 그의 소신이었다. 그렇지만 양측의 체제가 완전히 단일화 되는 완전한 통일은 그 시기를 단정하기 어렵다고 전제하고 남북한의 공동 변화 없이는 재앙이 일어날 가능성을 경고했다. 여기서 선생은 다시 수렴형 통일의 필요성을 역설한다. "남한이 서독으로 수준으로 민주화되고 북한도 동독 정도로 자유화가 진전되지 않은 상태에서 현 상태대로 통일이 된다면 동서독과는 전혀 차원이 다른 불행한 사태가 초래될 것"이라고.67)

---

66) 리영희, "'제로섬'적 대결 구조에서 경제 경쟁으로," pp. 270−272.
67) 리영희, "현 상태대로 통일되면 불행한 사태 초래(1993)," 『새는 '좌·우'의 날개로 난다』, p. 116.

흡수통일론과 함께 남한에서는 분단고착화를 방조하는 주의주장도 지속되어 왔다. 냉전시대 권위주의 정권의 통일론도 거기에서 자유롭지 못한다. 예를 들어 전두환씨가 1982년 발표한 잠정협정안도 일종의 흡수통일 방안이라는 게 리영희 선생의 평가이다.[68] 선생은 잠정협정안을 평가하기 위해 동서독이 체결한 '기본조약'을 검토하고 있다. 그에 따르면 기본조약은 통일 언급을 하지 않은 채 분단을 합법화 하고, 통일은 상호합의에 의해서 거론될 필요도 없고 또 법적으로도 할 수 없게 되었다는 것이다.

선생은 잠정협정안이 기본적으로 동서독 기본조약의 틀을 원용하고 있다고 인정하면서 한반도는 독일과 다른 조건에서 통일을 추진할 방식 세 가지를 언급한 바 있다. 그 세 가지는 첫째, 한반도 민족이 통일된 단일 정치단위로서 내정을 관리하고 밖으로 자주독립의 실체와 노선을 효과적으로 유지할 수 있다면 주변 열강은 반드시 통일 국가를 반대하지 않는다는 점이다. 둘째, 자주독립·완충적 기능을 견지하지 못할 경우에 비로소 분할의 발상이 생긴다. 셋째, 자주독립·완충 기능을 국제화 하는 중립화 통일 방안의 가능성을 추구하는 것이다. 선생은 이 세 측면을 풍부한 역사적 사례를 들면서 논증하고 있다.

리영희는 이어 잠정협정안의 7개항을 조목조목 분석하면서 흡수통일의 유혹에서 벗어나지 못하고 있다고 지적한다. 가령, 제2항 '분쟁의 평화적 해결'은 남북관계의 중대한 변화를 의미하지만, 6.23선언에도 불구하고 박정희 대통령이 북한을 국가로 승인하지 않는다고 강조한 점과 휴전협정 언급 없이 이 조항을 제의한 것은 모순이라고 지적한다. 이어 제4항 '긴장완화와 전쟁방지를 위하여 정전체제를 유지하면서 군사적 대치상태 해소' 대목이다. 선생은 제4항이 잠정협정안의 핵심을 이루는 내용이자 잠정협정안의 동기에서 목표까지 이 1개 항목에 압축되어 있다고 평가한다. 그러나 "정전체제가 존속되는 한 '군사적 대치상태'는

---

68) 이하 리영희, "'독일식' 한반도 통일방안 비판," pp. 62-103.

당연한 상황논리로서 지속되게 마련이다. 그러니까 제4항은 실제 상황과 그 상황의 논리를 거꾸로 결합시키고 있다."고 지적한다. 선생은 또 제5항 '자유 왕래와 다각적인 교류'가 기본조약과 마찬가지로 과학 분야가 빠진 것은 군사과학 지식의 유출을 우려한 것이라고 말한다. 또 제6항 '쌍방의 기존 국제조약의 존중'은 통일 후가 아니라 통일 과정에서 방해가 되는 조약들은 서로가 수정하거나 폐기·소멸시키는 노력을 다해야 도리에 맞는다고 주장하면서 한미상호방위조약, 조소상호원조조약, 조중상호원조약, 그리고 한국군의 작전지휘권 문제 등을 거론한다.

3) 통일 방향

리영희 선생이 밝힌 통일의 방향은 크게 두 차원에서 논의해볼 수 있다. 첫째, 국제적 차원에서 통일의 방향은 평화통일의 환경을 조성하는 일이다. 선생은 냉전이 해체되기 시작하는 1987년에 출판한 『역설의 변증』의 한 논문에서 40년 만에 해빙하는 한반도의 냉전체제에서 남북한 긴장완화와 통일의 논리를 탐색한다.[69]

선생은 위 논문에서 긴장완화 징후를 북한과 역내 안보정세에서 찾아내는데, 북한 내 징후로 1984년 1월 11일 3자회담 제안을 거론한다. 선생은 3자회담안이 랭군사태로 초래된 북한의 국제적 고립을 타개하기 위한 일시적 책략이라기보다는 경제 발전을 향한 서방국가들과의 교류 및 투자 유도를 위한 평화적 환경을 조성하려는 신정책, '화해의 신호'로 해석한다. 선생은 또 북한의 대중·소 등거리외교의 피곤, 중국과 소련의 개혁개방과 그에 유리한 우호적 대외환경 조성, 중국과 소련의 관계정상화 등과 같은 주변 요인들도 긴장완화의 징후로 꼽고 있다.

그러나 선생의 눈에는 그런 징후들로는 평화통일이 다가오지는 않는다. 위기구조를 평화구조로 대치할 제도와 장치들이 구비되어야 한다는 것이다. 거기에는 휴전협정을 평화조약으로 대치하는 관련 당사자들

---

69) 이하 리영희, "남북 긴장완화와 통일 논리," 『역설의 변증』, pp. 19-54.

사이의 고위급 정치회담과 주한 외국군대 주둔 문제 해결이 포함된다. 선생은 이 두 문제와 관련한 전후 제네바 고위급회담의 실패와 1970년 대 유엔 총회에서 유엔한국통일부흥위원단(UNCURK) 폐지 및 유엔사령 부 해체 결의 통과 등을 평가하며 관련국들의 적극적인 태도 변화를 촉 구한다. 선생은 특히 6.25 이후 얼마 동안 통용되었던 주한미군의 전쟁 억지 역할론은 북한의 공격가능성과 능력, 그에 대한 소련과 중국의 동 조 가능성 등으로 볼 때 설득력을 상실하고 있다고 분석한다.

선생은 이어 평화통일 과정에서 해결해야 할 문제들을 제시하는데 거기에는 통일의 형식과 형태, 분단국가 정부의 유일 합법성 문제, 민족 문제 해결을 위한 회담 주체, 상호 교차승인과 유엔 동시가입 등을 다루 고 있다. 거기서 선생은 1982년 1월 남한정부의 잠정협정안을 정전체제, 곧 한반도의 '전쟁상태'를 그대로 유지하는 방식이고, 1984년 1월 북한 의 3자회담 제안은 북미 평화조약 체결 → 남북 불가침선언 채택 → 남 북 통일회담 등 단계적인 접근인데 남한이 이를 거부했다고 평가했다. 이어 선생은 평화통일 논의에서 남한이 북한과 대등하고 주도적인 역할 을 하려면 한미 종속관계에서 벗어나야 한다고 말한다. 당시 남한은 평 화체제 수립과 관련해서는 북한에 비해 소극적이었던 것이 사실이다.

둘째, 민족 차원의 평화통일론을 준비하기 위해서 선생은 분단과 적 대를 정당화 해온 일련의 허구의식 타파와 균형된 감각을 강조한다.[70] 리영희 선생이 평생을 전쟁과 평화, 분단과 통일 문제를 궁구하면서 일 관되게 견지한 자세가 '실사구시'였다. 선생은 기회 있을 때마다 "글을 쓰는 나의 유일한 목적은 '진실'을 추구하는 오직 그것에서 시작하고 그 것에서 그친다."고 강조하면서 그 과정에서 우상에 도전하는 고통을 무 릅써야 인간의 행복과 사회의 진보가 가능하다고 역설했다. 선생이 평 화와 통일을 추구하며 광적인 극우·반공주의[71]의 허구의식에 도전한

---

70) 이하 리영희, "학생들에게 남북문제와 통일을 어떻게 가르칠 것인가(1998)," 『반세기 의 신화』, pp. 306-344.
71) 선생은 광적인 극우·반공주의를 "남북한이 관련됐거나 남북한이 당사자일 경우에

것은 우연이 아니었다. 선생은 또 맹목적·감정적 애국심도 대표적인 허구의식으로 지목하고, 베트남 전쟁 관련 미국 행정부의 잇달은 거짓에 대한 『뉴욕타임스』, 『워싱턴포스트』의 비판 기사를 언급하면서 언론의 자유와 지식인의 책무를 이렇게 강조했다.

> 나라를 사랑하기 때문에, 민주주의를 사랑하기 때문에, 지배하는 집단이 국민을 속이고 전쟁을 계속하는 배신행위에 대해서 마땅히 지식으로서 그것을 공개하고 그것을 반대할 의무가 있다. 이게 애국이다. … 소수 '애국'이라는 이름으로 또는 '국가이익'이라는 이름으로, 자신들의 이익밖에 아닌 것을 국가이익이라고 국민에게 강요하는 이러한 파렴치하고 잘못된 관념은 전부 반애국적인 것이다."[72]

리영희 선생은 또 평화통일을 준비하는 자세로 통일의 대상인 북한(문제)을 역사적 맥락에서 바라볼 것을 제안한다. 가령, 베트남전쟁이 격화되는 와중인 1970년대 초 닉슨독트린으로 미국이 한국의 협의 없이 주한미군 일부를 철수하자 박정희 정권이 핵개발을 추진한 사실을 상기하면서, 1980년대 후반 소련이 한국과 관계정상화를 추진하자 북한도 핵개발을 추진하게 되었다고 균형된 평가를 하고 있다. 물론 이것이 선생이 북한의 핵개발을 옹호한 것으로 말할 필요는 없다. 도리어 선생은 위 사례를 통해 남북한이 상대방을 쥐구멍으로 몰아넣는 식의 군사적 압박이나 안전에 대한 공포감을 강요해서는 안 된다는 교훈을 이끌어내고 있다.

선생이 북핵문제를 포함한 대북정책 전반에 있어서 반공·반북시각에 물들어 있는 주의주장들과 다를 수밖에 없는 것은 은폐된 사실을 발굴하거나, 편향된 주장을 균형 있게 교정하거나, 일반화의 오류를 새로

그것이 어떤 내용이고 어떤 인과관계로 일어난 것인가 따위의 지성적인 사실 인식의 노력은 접어두고, 무조건 처음부터 조건반사적으로 북한측을 범법자로 규정하고 유죄판결을 내려버리는 정신적 경향성"으로 정의하고 있다. 위의 글, p. 306.

72) 위의 글, p. 314. 리영희 선생의 지식인론에 대해서는 이대근, "다시, 지식인의 책무를 묻다," 홍세화, 고병권 외, 『리영희 프리즘』, pp. 126-145 참조.

운 사실로 재구성하는 방식을 일관되게 취해왔기 때문이다. 예를 들면, 선생은 미국이 소련과 동구국가들, 즉 백인종 국가들에게는 '핵선제공격'을 하지 않는다는 원칙을 세웠지만 유독 북한에 대해서만 그 원칙을 공개적으로 선언하였고, 1990년대 초에 핵확산금지조약에도 가입하지 않고 핵사찰도 거부하는 국가가 28개국이나 되었는데 유독 북한에 대해서만 왜 그렇게 못살게 구는가를 생각해볼 것을 제안한다. 또 북한이 핵개발 명분으로 삼고 있는 팀스피리트 훈련과 같은 대규모 고강도 훈련이 냉전시기 유럽에서는 없었다는 점을 거론하며 '전쟁광 북한'의 핵개발론을 회의하였고 남북한 군사력을 종합적으로 비교 평가했던 것이다.

선생은 위와 같은 비판적 독해와 실증을 통한 각종 허위의식 폭로에 그치지 않고, 평화통일론에 적합한 시각으로 이중잣대를 거두고 역지사지(易地思之)하는 자세, 역사에서 배우는 자세, 상생하는 균형적인 접근 등을 제안한다. 가령, 핵무기를 포함해 미국과 소련의 군사력이 동서독에 집중해있었기 때문에 (핵)전쟁의 위협도 동서독에 더 많이 있었는데도 서독 정부의 사회복지비는 대체로 군사비의 2배였고, 남한의 군사비는 북한의 평균 4배, 상대적으로 말하면 남한의 복지예산은 군사예산의 1/8였던 사실 앞에서 성찰하고 변화할 것을 제안하는 식이다.

5. 맺는말: 평가와 함의

리영희 선생은 일제에 의한 국권상실기부터 한국 현대사를 온몸으로 증언하고 시대의 요구를 대변해온 실천적인 지식인이자 진정한 자유인이었다. 선생은 전쟁과 분단을 거치며 식민주의, 국가주의, 군사주의, 권위주의 등을 배격하고 대신 자유, 이성, 인권, 진실을 추구하며 사회와 민족, 그리고 세계의 평화구축에 진력해왔다. 리영희 선생은 진정 평화주의자였던 것이다.

선생의 평화사상은 사변과 거리가 먼 대신 언제나 민족과 민중의 고

난 속에서 길어 올린 것이다. 좁은 의미에서 선생의 평화사상은 반핵 평화주의론, 동아시아 분단체제론, 한반도 평화체제론 등으로 구성된다. 먼저, 선생의 반핵 평화주의론은 군수용·민수용을 막론하고 핵 일반에 대한 반대 입장으로 요약할 수 있다. 다만, 한반도 정전체제와 동아시아 분단체제 하에서 핵강대국들, 특히 미국의 비핵국가(특히 북한)에 대한 핵공격 독트린이 역내 군사적 긴장을 지속하고 있다는 점을 부각시킨다. 선생은 냉전 해체 이후 북한의 핵개발 과정도 그런 구도 하에서 평가하고 있다.

오늘날 한국사회에서 핵발전 정책을 둘러싸고 논란이 있는데 평화를 국제적 차원(국가안보)은 물론 사회적 차원(시민안전)에서 볼 때 선생의 반핵 평화주의론은 더욱 주목을 받을 가치가 크다. 또 선생의 반핵 평화주의론은 핵전쟁 위험까지 거론되는 목하 한반도 정세 하에서 '핵 없는 세계(Nuclear free world)'를 목표로 북한의 핵개발 포기와 미국의 구속력 있는 대북 안전보장의 동시이행 구도 만들기가 필요함을 말해준다. 이를 위해서는 국민들의 각성과 언론의 분발이 요청되는데 선생의 '사무삼과(四無三過)'론의 의미를 새삼 깨닫게 된다.

한편, 동아시아 분단체제론은 선생의 논지로는 동아시아 냉전구조에 다름 아니다. 이 개념은 세계적 냉전구조의 해체에도 불구하고 동아시아가 공산진영의 대륙권과 자유진영의 해양권으로 대립하고 그 연장선상에서 한반도의 분단·정전체제가 지속되고 있다는 점에서 유용하다. 선생은 냉전시기의 동아시아 역내 갈등이 냉전 해체 이후 약화되기는커녕 강화되고 있는 점을 냉전기 미국의 동아시아 안보전략, 특히 위계적인 한미일 안보체제의 확립 과정에서 찾고 있다. 선생은 그 과정에서 한국의 권위주의 정권들이 반공반북이데올로기와 숭미사대의식을 주입해 국가안보를 명분으로 정권안보를 추구해왔다고 비판한다. 선생의 동아시아 분단체제론은 한미일 3국을 위시한 국제평화운동의 필요성을 부각시켜주는 동시에 민주주의 및 인권 신장이 역내 평화구축에 필수적임을 말해준다.

이상 두 차원의 분석을 바탕으로 선생은 한반도 평화체제의 길을 탐색하고 있는데 정전체제의 평화체제로의 전환과 군축을 제안하고 있다. 선생은 이를 위해 남·북한과 미국 사이의 적대관계 청산과 정치·군사적 신뢰구축을 대안으로 제시한다. 특히, 한국에게는 종속적인 한미동맹관계의 개혁 없이는 남북관계 개선과 평화체제 수립이 난망함을 강조하고 있다. 이런 선생의 지론에서 볼 때, 한반도 평화체제 수립의 길은 기득권 구조로 굳어진 기존 분단·정전체제와 갈등을 수반할 것임을 예고해준다. 가령, 국내정치적 갈등으로 비화해 있는 남북관계 개선과 북핵문제 해결을 선후 혹은 선택의 문제로 파악하는 자세는 평화체제 구축과는 멀어 보인다. 또 한미동맹관계를 불가침의 영역으로 설정해놓고 평화체제를 논하는 것은 불가능에 가깝다. 한반도 문제의 원심력이 커진 오늘날 평화와 통일 모두에 있어 구심력, 곧 남북한 협력을 복원할 필요성이 선생의 지론으로부터 다시 올라온다. 리영희 선생은 2018년 들어 관련국들 사이에 한반도 비핵화와 평화체제 논의가 공식화된 것에 기뻐할지도 모른다. 그렇지만 위와 같은 그의 평화사상을 감안할 때 현재 논의 수준은 첫 발에 불과하다.

한편, 리영희 선생의 통일사상은 (좁은 의미의) 평화사상에 비해서는 그 내용과 체계성에서 상대적으로 미흡한 것이 사실이다. 그럼에도 선생은 통일의 조건으로 평화조약 체결, 자주적 태도, 민주주의 공고화 등을 언급하고 있다. 통일 방안으로는 흡수통일을 반대하고 평화공존 하에 남북연합을 거친 후 점진적인 수렴형 통일을 제안하고 있다. 통일의 방향으로는 국제적인 차원에서 한반도의 평화정착을, 민족(남북) 차원에서는 군축을 비롯해 적대와 분열을 조장하는 각종 허위의식 타파, 성찰 및 상호존중의 자세를 촉구한다. 오늘날 한반도 위기 상황을 감안할 때 통일보다는 평화가 우선이라 할 수 있지만, 이와 같은 선생의 통일사상은 평화사상과 중첩되면서 통일과 평화가 동전의 양면과 같음을 말해준다.

리영희 선생의 통일사상이 오늘날 우리에게 주는 교훈은 무엇보다 북한을 있는 그대로, 그리고 종합적으로 파악하고 존중과 공존의 자세로써 서로 닮아가는 통일을 추구하라는 것이다. 북한을 악마시 하고 그를 통해 한국사회의 치부와 약점을 은폐하는 것은 박정희 정권을 비롯한 권위주의 정권의 적폐를 온존시키는 자세에 다름 아니다. 대북 적대의식에 기반한 강경정책이 낳은 결과는 북핵의 고도화와 지속적인 남북 대결 상태에서 여실히 나타나지 않았던가.

리영희 선생이 당신의 평화사상을 만들어가는 과정에서 객관적이고 전체론적인 시각을 취하고 거시와 미시의 연구방법을 결합한 점이 눈의 띄는데, 이는 선생이 추구한 진실을 찾아가는 유용한 방법이었다. 이는 평화가 절실한 때에 평화를 궁구하는 지식인들이 본받을 자세이기도 하다.

05
요한 갈퉁의 평화·인권론

이 장에서는 살아있는 평화학의 대부라 말할 수 있는 요한 갈퉁 (Johan Galtung)의 평화·인권 사상을 조망해보고자 한다. 인권은 적극적 평화를 실현하는 주요 영역이자 과제이다. 아래에서는 갈퉁의 대표 저작인 두 권의 책을 논평하는 방식으로 그의 평화사상을 그려보고 그것이 한반도 평화에 주는 의미도 생각해볼 것이다.

1. 갈퉁은 어떤 사람인가

대표적인 평화학자인 요한 갈퉁은 1930년 10월 24일 노르웨이 오슬로에서 태어났다. 그의 아버지와 할아버지는 모두 의사였다. 갈퉁은 오슬로대학에서 1956년 수학 박사, 이듬해에는 사회학 박사 학위를 각각 취득하였다. 그는 두 번 결혼해 슬하에 4명의 자녀를 두었다. 두 번째 부인인 후미코 니시무라와 함께 트랜센드연구소(TRI: TRANSCEND Research Institute)를 설립하였다.

갈퉁은 1957년 이후 미 컬럼비아대학교 사회학과 교수로 5학기 동안 가르쳤지만, 오슬로로 돌아와 1959년 오슬로 평화연구소(PRIO: Peace Research Institute Oslo)를 창립하여 1969년까지 소장으로 일했다. 그 사이 그는 1964년 세계 최초의 평화학 학술지 *Journal of Peace Research*를 창간했고 같은 해 국제평화학회(IPRA: International Peace Research Association) 창립에도 관여하였다. 그는 오슬로대학교에 만들어진 평화·분쟁학과의 초대 학과장으로 임명되어 1977년까지 봉직했고, 그 이후 전 세계 여러 대학에서 평화·분쟁문제를 가르치고 관련 연구기관과 학과를 설치하는데 기여하였다. 1975년 당시까지 그는 세계에서 가장 많은 명예박사학위를 수여받았다. 1987년에는 (노벨평화상이 정치적 고려가 스며들어 오용된다는 문제의식 하에 그에 맞서) 순수 평화연구와 분쟁해결에 기여한 인사들에게 수여하는 '대안적 노벨상'이라고 불리는 Right Livelihood Award을 수상했다. 그런 그를 평화학의 창시자의 한 사람, 평화학의 대부라고 부르는 것이 과찬만은 아닐 것이다. 저명한 국제정치학자인 케네스 볼딩(Kenneth Boulding)은 갈퉁을 일러 "그의 연구 성과가 너무 많고, 너무 다양해서 그것들이 인간에게서 나왔다고 믿기 힘들다"[73]고 말한 적도 있다.

갈퉁은 1950년대에는 수학과 사회학 연구, 1960년대에는 정치학, 1970년대 경제학과 역사학, 1980년대 인류학, 신학 등을 주로 연구하고 훌륭한 연구 성과를 내놓았다. 물론 그가 평화학을 개척하고 그것을 학제적이고 융합적인 방향으로 나아가게 된 것은, 비단 그가 다양한 분과 학문을 섭렵했기 때문만은 아니다. 나치 독일이 노르웨이를 점령했을 때 어린 갈퉁이 보고 겪은 기억은 그가 일찍부터 폭력과 평화에 눈뜨도록 만들었다. 12세이던 그는 아버지가 나치 군인에 의해 체포돼 가는 것을 보았다. 10대 소년 시절 그는 이미 평화 중재인이 되어 있었고, 1951년 병역의 의무(12개월)를 거부하고 대신 사회봉사에 참여하였다. 그러나 청년 갈퉁은 정부가 사회봉사를 병역 기간보다 6개월 더 요구하자 거부하고 감옥행을 택했다. 그가 소극적/적극적 평화, 구조적 폭력과

---

73) Kenneth E. Boulding, "Twelve Friendly Quarrels with Johan Galtung," *Journal of Peace Research*, 14:1 (1977), p. 75.

같은 용어를 개발해낸 것은 고요한 캠퍼스를 거닐다가 생겨난 지적 호기심의 발로가 결코 아니었다. 구순을 바라보는 갈퉁은 지금까지 전 세계 분쟁 현장을 찾아다니면서 분쟁 해결의 중재 역할을 하고 현장조사를 바탕으로 평화학의 체계와 내용을 계속해서 발전시켜오고 있다.

그는 지금, 오랜 기간 다양한 현장에서의 경험 및 관찰, 심화와 확장을 거듭해온 평화연구를 종합해 생의 마지막 불꽃을 불사르고 있다. 1993년 그는 동료들과 분쟁을 평화적 수단으로 전환시키는 것을 목적으로 트랜센드: 평화-개발-환경 네트워크(TRANSCEND: A Peace Development Environment Network)라는 조직을 만들었다. 트랜센드는 주로 온라인을 활용하여 평화 연구, 교육, 홍보, 자문을 해오고 있다. 갈퉁은 또 학자의 양심으로 미국을 비롯한 강대국들의 식민주의, 제국주의 통치를 비판하는 데 주저함이 없었다. 그는 한반도 문제에도 많은 관심을 가져 한국을 여러 차례 방문하여 학자, 운동가들과 교류하였을 뿐만 아니라 한반도 문제에 관한 글도 오랫동안 발표해왔다.[74] 60여 년에 걸쳐 그는 평화학을 개척하고 발전시켜 나가면서 꾸준히 연구 결과를 내놓아 도합 1백여 권의 책과 1천여 편의 논문을 발표하였다.

2. 평화적 수단에 의한 평화

갈퉁이 전개한 평화학은 오늘날 국제관계학, 그 중에서도 분쟁연구, 전략연구, 그리고 평화문화, 평화교육, 실증주의적 사례연구, 나아가 역사 및 종교 연구 등으로 분류할 수 있는 분야를 망라하고 있다. 그가 1996년 평화학 연구의 기념비작으로 평가되는 『평화적 수단에 의한 평화(Peace by Peaceful Means)』(이하 '평평'이라 줄임)[75]를 내놓기까지 그는

---

74) 갈퉁이 한반도 문제에 관심을 갖고 첫 논문을 발표된 때가 1972년이다. "Divided Nations as a Process: One State, Two States, and In-between. The Case of Korea," *Journal of Peace Research*, 9:4 (1972), pp. 345–360.

75) 요한 갈퉁 지음, 강종일·정대화·임성호·김승채·이재봉 옮김, 『평화적 수단에 의한

평화학의 물줄기들을 찾아 현장을 체험하고 사유하고 기록해왔다. '평평'은 평화학의 각 줄기들을 적절한 위치에 배치하고 서로를 엮고 주고 있다. 그래서 복잡하고 난해해 보이기도 하는데, 그만큼 평화학이 융복합 학문임을 말해주고 있다. 갈퉁은 '평평'에서 평화학이 크게 평화이론, 갈등이론, 개발이론, 문명이론을 포함할 것을 제안하고 있다.

갈퉁의 이 저작이 평화학에서 독보적인 연구로 평가하는 이유 중의 하나는 평화연구를 하나의 학문체계로 확립하는데 필요한 철학, 이론, 방법 등을 담고 있기 때문이다. 그가 전통 안보연구가 고집해온 평화＝전쟁 부재라는 고정관념을 적극적 평화론으로 극복하였다는 점은 그 일부에 불과하다. 그는 '평평' 서문에서 "우리가 평화연구를 할 때 가장 먼저 해야할 일 중의 하나는 … 학문세계에서의 문화적 폭력의 틀로부터 벗어나는 것이다"(한글 번역본, 6-7쪽)고 말한 것은, 평화학이 기성 학문체계를 종합하거나 그 틀에서 확립 가능한 학문체계가 아님을 말해주고 있다. 그의 평화이론(1부)은 데이터-이론-가치의 삼각관계를 바탕으로 단지 경험연구만이 아니라 비판연구, 구조연구로 구성되어 있다. 갈퉁의 평화학이 기성 실증적 행태연구의 비좁은 방에서 나와 평화연구의 패러다임을 제시했다고 평가할 수 있는 이유는 첫째, 평화연구의 범위를 자연, 사람, 사회, 세계, 문화, 시간 등 6개 공간으로 확대하여, 둘째, 거기에 내적 논리와 외부와의 관계, 폭력 및 평화 유발요인을 교직시켜 연구 패러다임을 제시하고 있기 때문이다. 갈퉁은 폭력을 감소, 예방하고 평화를 정착시키려면 눈에 보이지 않지만 여러 차원에서 존재하는 요소들 가령, 정치체제, 성(姓), 생활양식을 함께 고려해야 한다고 강조하고 있다.

갈퉁은 '평평'의 제2부에서 갈등이 창조자 혹은 파괴자로서 기능할 수 있다고 보고, 갈등이 만들어내는 에너지를 어떻게 건설적으로 유도

평화』(서울: 들녘, 2000); Johan Galtung, *Peace by Peaceful Means* (London: Sage, 1996).

하느냐에 주목한다. 이름하여 '갈등의 창조적 전환'이다. 그는 태도, 행동, 모순을 세 꼭지점으로 하는 갈등의 삼각형에 명시적, 잠재적 수준을 대입하여 갈등의 6개 방향과 9가지 가능성을 제시한다. 갈등 유형에 따라 갈등 전환법도 다르다는 점을 말하고 싶었던 것이다. 그 중에서 그가 가장 주목한 방법은 비폭력적 갈등전환법이다. 갈퉁은 말한다. "비폭력의 역사를 살펴보지 않고 금세기 난폭한 역사를 기록하고 정치를 연구한다는 것은 금세기를 더욱 비방하는 일이 된다."(260쪽)고.

갈퉁이 구조적·문화적 폭력/평화론을 전개함에 있어서 개발과 문명에 관한 이론은 필수적인 요소인지도 모른다. 그는 '평평' 제3부에서 넓은 의미의 평화학이 개발학과 밀접한 연관성을 맺는다고 보고 15가지 명제를 제시하고 있다. 거기에는 분화와 성장을 핵심으로 하는 서구문명이 보편적이라는 고정관념과 개발원조에 대한 비판적 사유가 포함되어 있다. 그 뒤에 제국주의, 식민주의, 성장지상주의가 있다는 것이다. 그런 지배 담론이 구조적이고 문화적인 폭력을 만들어 평화를 교란시킨다는 것이다. 그가 구조적, 문화적 평화에 부합하는 개발이론으로 제시하고 있는 것은 다중 경제체제가 공존하며 성장, 분배, 생태, 평안을 가져다 줄 절충적 개발이론이다.

갈퉁은 자신의 평화론을 확립하기 위해 개발이론과 함께 문명이론도 제시하고 있다. 그는 인류 문명을 우주론에 바탕으로 두고 6가지로 분류하여 그것이 각각 자연, 자아, 사회, 세계, 시간, 개인간 관계, 인식 등 7개 공간에서 어떻게 표현되는지를 밝히고 있다. 그의 개발이론이 구조적 폭력, 즉 착취와 억압 구조를 극복하고 적극적 평화를 가져올 논리적 기초라고 한다면, 문명이론은 평화가 여러 문화권에서 다양한 맥락과 방식으로 추구하는 동질이형이라는 점을 강조하는 장치이다. 그가 "심층문화에 대한 연구가 평화연구의 가장 중요한 경계영역이다"고 말하며 주요 문화권에서 나타난 구조적·문화적 폭력의 전형으로 히틀러주의, 스탈린주의, 레이건주의를 다루고 있는 것도 그런 이유에서이다.

갈퉁은 형태를 달리하는 국가체제가 공통적으로 가부장적 정치제도, 오만과 비밀주의, 국가이익을 명분으로 한 폭력 사용으로 평화에 위협을 준다고 파악한다. 이것이 그의 평화운동론이 비폭력 행동, 가역성의 원칙, 희생자들에 대한 동정심과 함께 국가체제에 대한 비판적 인식을 포함하는 이유이다. 그가 이 책을 "평화는 인내의 훈련"이고 그 "목표는 평화이지 널리 알려지는 것이 아니다"고 말하면서 맺는 까닭은 무엇일까?

3. 다른 눈으로 보는 인권

갈퉁이 '평평'을 출간하기 2년 앞서 『다른 눈으로 보는 인권(*Human Rights in Another Key*)』을 출간하였다.[76] 국내에서는 '평평'보다 많이 알려져 있지 않지만 그의 평화론의 진전을 이해하는데 필독서라 할 수 있다. 이 책에서 그는 인권을 평화와 견주어 논하고 있을 뿐만 아니라 평평에서 전개하는 전체론적 인식과 포괄적 접근을 여기서도 발견할 수 있다. 수학, 변증법, 분석과 종합을 활용한 논법은 이미 여기서 빛을 발하고 있다.

이 책의 제목이 암시하듯이 갈퉁은 서양 중심, 법적 전통 위주의 기존 인권론과 다른 접근을 시도하고 있다. 갈퉁은 필요(needs) 개념을 개입시켜 자신의 인권론을 전개하고 있다. 결론부터 말하자면 1) 권리는 수단이고 필요를 만족시키는 것이 목적이다(70쪽), 2) 인간의 필요는 각 개인 내부에 위치한 것인데 비해, 인권은 인간들 사이에 존재하는 것으로 보인다(56쪽). 그의 인권론에서 인간의 필요는 누가 희생자이고 누가 위반자인지를 가려내는 지침 역할을 하고 그 원인을 찾아내도록 인도해 준다(55쪽).

---

76) Johan Galtung, *Human Rights in Another Key* (Cambridge, MA: Polity Press, 1994).

갈퉁은 서양 인권을 보편적 인권으로 파악하는 것은 서양 아닌 곳의 인권 담론을 그 문화권 자체에서의 인권 전통에서 찾지 않는 태도와 동전의 양면을 이룬다고 지적하고 있다. 그리고 국제인권은 개인, 국가, 국제사회 등 3차원의 맥락을 띤 사회적 구성이라고 파악한다. 서양이 만들어낸 인권 규범도 서양적인 구성이라는 것이다.

갈퉁은 또 인권에 대한 법적 전통이 구조를 무시하는지를 묻고, 사회과학에서 보편적 법칙이 없듯이 법적 의미에서도 보편적 법은 존재하지 않는다고 보고 있다. 그래서 법적 전통을 보완하는 방법으로 필요, 구조, 과정을 인권 논의에 가져온다. 특히 원자론적 인간관에 기초한 법적 전통은 인권을 개인으로 치환시켜버린다. 갈퉁은 원자론적, 법적 전통에 기반한 인권론의 함정을 "피상적인 인권(shallow rights)"으로 부르며 경계한다. 개별 인권들이 감옥같이 조직된 사회에서 맞서 하나의 약속으로 기능할 수 있지만, 더 깊은 발전을 보장하는 인권은 어디에 있느냐는 문제의식이다. 그의 "심도 깊은 권리(deeper rights)"가 출발하는 지점이다. 이런 종류의 인권은 인간의 필요와 깊이 연계되어 있고, 해당 공동체의 문화와 역사에 대한 깊은 천착 없이는 파악할 수도 없고 증진할 수도 없다. 갈퉁의 인권론에서 인간의 필요는 인권을 더 폭넓은 가치 위에 올려놓는 토대이다. 그렇다면 인간의 필요를 판별하는 방법은 무엇인가? "당신이 그것 없이는 살아갈 수 없는 것이 무엇이냐?"고 물어보시라.

갈퉁은 인간의 필요를 크게 생존, 안녕, 정체성, 자유로 묶고 거기에 세계인권선언, 국제자유권규약, 국제사회권규약에 명시된 인권 목록을 재배치하는 식으로 필요와 인권을 결합시킨다(72, 105쪽). 물론 그는 권리와 필요가 만나는 방식과, 권리가 필요(혹은 필요가 권리)를 왜곡시키는 경우까지 검토한 후 필요와 권리의 변증법을 제시한다. 여기서 그가 중시하는 것은 필요가 권리로 전환되는 환경이다. 보편적 인권을 보편화시키는 데 구조와 문화가 중요한 또 다른 이유이다. 구조와 문화에 주목해 인권에 대한 인식을 넓히고 그 실현가능성을 높이는 방법으로 그가 제시하는 또 다른 방법은, 세계인권선언에 나오는 보편성보다는 기본적 필요에 권리를 부여하는 것, 그리고 구체적인 문화와 역사적 맥락에 부합하는 특수한 인권을 보편적 인권으로 발전시키는 것이다. 나아가 그는 인권과 발전, 평화를 연관지으면서 구조적 접근을 강조한다. 발전과 관련한 구조적 접근은 공동체의 자립과 생태를 의식한다. 평화와 관련해서는 한 행위자를 침략자로 낙인찍는 걸 경계하는 대신 폭력이 전개되는 '과정'에 주목하자고 말한다. 물론 그는 4장 말미에서 제도와 구조의 변증법을 제안하며 행위자 중심의 접근과 구조/문화 중심의 접근법의 유용성을 각각 인정하고 이를 잘 결합시킬 방법을 제안하고 있다.

역사를 인간의 진보 과정이라 말한다면 그 진보를 대표하는 것으로 인권을 꼽을 수 있을 것이다. 갈퉁은 인권의 발달을 청색, 적색, 녹색으로 재미있게 평가한 뒤 추가적인 발전을 열어놓으면서도 그것들을 융합한 무지개 인권을 사회 진보를 이끌어갈 대안으로 제시하고 있다. 물론 무지개 인권의 상(像)을 그리면서도 그것이 이상적으로 보이지 않도록 국가, 자본, 시민사회를 조합하여 그 유형이 인권에 얼마나 친화적인지 검토하는 걸 잊지 않고 있다. 갈퉁은 지금까지 인권 담론을 서양이 주도해왔지만 이제는 아이디어가 고갈되었다고 진단하고 서양이 아닌 곳으로 눈길을 돌리고 있다. 그리고 그는 말한다. "세계인권선언은 인권의 보편성을 발전시켜가는 긴 여정 중 하나의 정거장일 뿐이다. 보편성은 모든 문화가 관계하는 끝없는 과정이다."(154쪽)라고.

4. 갈퉁과 한반도발 평화학

갈퉁의 평화학 이론은 연구 범위의 광범위함, 연구 방법의 다차원성, 그리고 학문체계의 융합성을 특징으로 하고 있다. 이런 특징은 그가 적극적 평화론을 확립해 나가면서 나타난 필연적인 현상인지도 모른다. 그의 적극적 평화론은 평화학 이론의 발전에 매우 큰 공헌을 하였다. 전쟁을 비롯한 물리적 폭력이 없는데도 평화가 정착되지 않은 소위 비평화 구조을 파악하고 대안을 모색할 새로운 사유의 틀을 제공해주었기 때문이다. 서양 사회과학은 물론 일부 인문학에서도 맹위를 떨쳐온 실증주의 인식론에 기초한 연역적 논리로서는 구조적·문화적 폭력을 파악할 수 없고 구조적·문화적 평화는 더더욱 상상하기 어렵기 때문이다. 시간과 공간의 교직으로서 살아있는 역사 속에서 사람과 사람, 사람과 자연, 그리고 우주와 내면에 대한 깊은 이해와 문명권을 넘나드는 통찰 없이는 소극적 평화를 가져오기에도 한계가 있다.

물론 그의 평화학 이론체계가 갖는 특징은 장점인 동시에 단점으로 작용할 수도 있다. 갈퉁의 평화 논의가 지나치게 추상적이다, 연구의 촛점이 불분명하다, 이상적이고 규범적이다, 반증(反證)이 불가능한 비과학적 주장이다 등등. 갈퉁의 학문적 편력, 특히 그가 주류 사회과학과 논리학에 정통하고 많은 분과학문에 정통하다는 점을 감안한다면 그런 비판을 그가 십분 이해할 것으로 믿는다. 그러나 그런 비판은 대부분 정곡을 비껴간 것으로 보인다. 갈퉁의 평화학이 융합학문인데 거기에 분과학문의 패러다임을 가져와 비판한다거나, 그의 공부가 서술, 분석을 넘어 처방을 포함하는데 실증주의의 틀에서 한정할 것을 요구한다거나…. 또 그의 적극적 평화론이 평화(이론)의 한계를 정하지 않고 전통적인 안보연구의 중요성을 과소평가했다는 비판도 받고 있다. 그의 평화론은 안보연구를 확장시켜 대두한 인간안보론으로 충분히 담을 수 있다는 지적도 나왔다. 그런 지적은 역으로 평화학이 안보연구를 향해서도 할 수 있는 말이다.

물론 여기서 소개한 갈퉁의 두 저작이 그의 평화학 이론의 종착점은 아니다. '평평'에서 그는 개발, 문명 이론을 전개하여 그것을 그의 적극적 평화론을 전개하는 주요 근거로 삼고 있다. 그렇지만 개발이론과 문명이론이 어떤 관계를 맺으며 적극적 평화에 어떤 위상과 역할을 갖는 지, 나아가 그런 이론들이 소극적 평화와는 어떤 관계를 맺는지 '평평'에서 뚜렷하게 보이지 않는다. 그런 건설적 비판을 의식한 듯 갈퉁은 그의 평화학을 지금도 진전시켜 나가고 있다. 가령, 평화와 개발을 연관 짓는데 있어 정치체제 유형이 어떤 영향을 미치는지에 대한 2008년의 저작 *Democracy, Peace, Development*는 그런 비판에 대한 응답의 일부이다. 2000년대 그의 또다른 저작들, 대표적으로 *Searching for Peace, Transcend and Transform*은 이론과 사례, 평화와 갈등 문제를 결합시켜 자신의 학문을 더욱 성숙시킨 저작들의 일부이다. 이는 그의 적극적 평화론의 진전일 뿐만 아니라 평화학 자체의 진보임에 틀림없다.

갈퉁의 평화론이 한반도발 평화학 이론 확립에 줄 수 있는 함의는 간단하지 않다. 이 자체가 하나의 연구주제가 될 만한 가치가 있다. 우선, 연구시각을 꼽을 수 있다. 그는 평화연구를 진단, 예측, 처방이라는 삼각구도가 적용될 수 있다는 점에서 건강연구와 비슷하다고 말한다. 그리고 평화연구는 평화운동과 결합하여 이 삼각구도를 확립할 것을 강조하고 있다. 이 두 가지 지적은 한국의 연구자들이 평화연구를 활성화할 방안을 모색할 때 곱씹어볼 만하다.

둘째, 평화학의 연구 범위와 관련하여 갈퉁은 폭력과 평화, 소극적 차원과 적극적 차원, 정치, 군사, 경제, 문화 등 네 측면을 결합해 16개의 범주를 제시하고 있다. 그리고 6개의 공간을 제시한다. 너무 방대하여 논리 체계와 연관관계를 파악하지 못하면 미로에 빠질 수도 있다. 이런 구도는 개별 분과학문 및 연구자의 연구 위치는 물론 일정 범위에서의 연구, 가령 한국 평화학의 현주소와 과제를 파악하는데 유용하다. 갈퉁의 평화학 연구 범위를 갖다 놓고 한국 평화학의 오늘과 내일을 그려보는 일도 유용할 것이다.

셋째, 연구방법과 관련해 갈퉁은 자신의 빼어난 지식을 드러내듯이 다양하고 복잡한 방법을 도입해 그의 평화학을 정립해왔다. 문헌연구에서 비교분석, 통계분석, 인터뷰, 참여관찰까지. 그가 문화와 구조에 대해 천착한 자세도 놓칠 수 없다. 그가 필요에 따라 적절한 연구방법을 유연하게 선택하는 모습은 학제간 연구에서 한 연구자의 자격을 생각하게 한다. 적어도 학제간 연구란 하나의 관심사와 하나의 방법을 가진 연구자들의 만남이 아님을. 갈퉁은 연구 대상을 안과 밖, 그리고 사이를 통합적으로 접근할 것을 현실 사회주의권의 붕괴 원인을 언급하면서 강조한 바 있다. 한반도에 평화가 정착하지 않은 이유를 이렇게 살펴볼 때 제도와 구조, 대내적 요인과 대외적 요인, 환경과 행위자 등 이분법 구도를 벗어나 융합적 접근으로 나아갈 수 있을 것이다.

갈퉁의 평화학은 한국의 연구자들에게 적극적 평화론을 창조적으로 적용해 한반도발 평화학을 수립할 것을 자극하고 적지 않은 영감을 불어넣어 준다. 긴장된 도전이 아닐 수 없다. 갈퉁을 지지하거나 비판하는 양측으로부터 그의 적극적 평화론이 소극적 평화를 무시했다는 지적이 있어왔다. 정말이지 분단 한반도에서 평화학을 하는 사람들에게는 소극적 평화와 적극적 평화에 우열과 선후가 있을 수 없다. 결국 한반도발 평화학은 소극적 폭력과 적극적 폭력의 선순환 구조를 비폭력 전환법을 통해 악순환(!) 구조로 바꾸는 길을 찾아내는 것에서 출발한다. 그 전환의 방향은 소극적 평화, 적극적 평화, 그리고 양자 간의 선순환이다. 초월은 그 과정에서 뚜렷한 상이 그려질 것이다. 이 3단계 논리를 북한인권 논의에 적용하면 어떤 상상력이 가능할까? 이런 전환을 통해 한반도발 평화학을 정립하는데 있어서 일차 관건은 분단을 통일만이 아니라 평화의 눈으로 재구성하는 작업일 것이다.

06
콕스가 휴전선에 간 까닭: 한반도 비평화 구조의 작동양식

1. 문제제기

냉전이 해체되고 세계 수준에서 전쟁 가능성이 낮아진 지 오래지만, 동북아시아는 세계 최대의 군비경쟁을 벌이며 냉전시대에 버금가는 갈등이 계속되고 있다. 더욱이 '분단정전체제'가 지속되고 있는 한반도는 세계에서 유일하게 냉전의 마지막 고도(孤島)인 것처럼 보인다. 이렇게 냉전 해체의 비동시성이 발생하는 이유는 무엇인가? 냉전이 해체되었기 때문에 남북 분단과 군사적 대치가 계속되는 원인을 남북간 불신과 대립으로 환원해 파악해도 좋은가? 따라서 남북 통일은 민족대단결로 실현할 장래의 목표로 보아도 좋은가?

이 글은 한반도에서 분단이 지속되고 군사적, 이념적 대립과 갈등이 계속되고 있는 이유를 역사구조적인 시각에서 설명하는 데 목적이 있다. 구체적으로 다음 두 가지 문제의식을 갖고 논의를 출발하고자 한다.

첫째, 한반도에서 긴장 상태가 지속되는 이유가 무엇인가? 냉전 해체 시기 유럽통합의 가속화와 독일 통일과 같은 현상이 동북아와 한반도에 일어나지 못한 이유를 어디에서 찾을 수 있을까? 한반도에서 분단과 대치 상태가 계속되고 있는 것을 남북관계 혹은 한반도에 국한하여 논의하기보다는 세계질서의 변화를 반영하여 동북아 국제관계의 틀에서 접근하는 것이 더 적절해 보인다.

둘째, 부침을 거듭하는 남북관계가 2000년대 들어 개선의 길로 들어서는가 하더니, 다시 적대관계로 되돌아간 것은 남북간 상호작용의 결과인가, 아니면 남북 대립과 한반도의 긴장을 재생산하는 보이지 않는 힘이 작동한 것인가? 한반도 문제에 대한 구조적 이해는 행위자 혹은 사건을 무시하는 것으로 오해해서는 곤란할 것이다. 다만 이 경우는 숲을 먼저 보고 나무를 보자는 자세를 취하는 것이다.

한반도에서 냉전구조가 폭력적 방식으로 확립된 결과가 남북 분단이기 때문에 분단 극복 논의는 평화정착 논의와 동전의 양면을 이룬다. 그런 점에서 기존의 남북관계론과 평화체제론은 통일과 평화를 각각 분리하여 강조한 문제를 안고 있다. 또 분단과 군사적 대치가 한반도 거주민의 생존과 안전을 저해했다는 점에서 통일과 평화 논의는 아래로부터의 시각을 포함할 필요가 있다. 본 논의에서는 한반도에서 분단이 지속되며 군사적 긴장, 이념적 대립이 재생산되는 역사적 과정과 그 현실을 "한반도 비평화 구조"라 이름짓고 그 양상과 요인을 거시적 시각에서 접근한다. 이를 위해 기존의 관련 논의가 남북관계 혹은 분단문제에 초점을 두며 노정한 문제에 착안해 다른 접근을 시도해보고자 한다. 비판 국제관계이론에서 제안하는 '역사 구조(historical structure)' 개념을 활용해 한반도의 현실을 새롭게 파악해 보고자 한다. 구체적으로 구조에 역사성을 부여하여 한반도 비평화 구조를 세 범주로 분석하고, 그 작동양식을 동태적으로 파악해보고자 한다. 한반도 비평화 구조에 대한 동태적인 역사적 접근은 그 구조가 변덕스럽게 발현되는 양상에 주목하면서도 그 본질에 대한 이해를 놓치지 않으려는 시도의 일환이다. 이를 통해 한반도에 평화가 도래할 수 있는 조건과 가능성의 일단을 찾아볼 수 있기를 기대한다.

2. 이론적 논의

1) 왜 한반도인가?

분단(국)체제론과 남북관계론이 천착해온 남북관계에서는 민족관계, 적대관계, 준국가관계가 각기 제도적 동력을 갖고 작용하고 있기 때문에 어느 한쪽으로 환원하여 논의하는 것이 쉽지 않다.[77] 분단질서는 국제체제의 변화를 반영하면서도 두 분단정권의 적대적 공생이 이루어지는 일종의 "적대와 의존의 대쌍관계 동학"[78]이 작동하고 있다. 분단체제의 핵심 행동영역이자 주체인 남북관계는 "적대적 의존관계"[79]로 널리 알려져 왔다. 그러나 분단체제(질서)론과 남북관계론은 행위영역과 그 주체를 남북으로 제한하고 주 관심사도 분단 극복, 곧 통일문제에 집중하고 있다. 여기서 국제질서와 주변국들의 입장과 행위는 외부변수 혹은 환경변수로 처리되어 그것이 한반도에 침투, 내면화된 측면을 간과할 수 있다.[80] 그런 기존 논의에서는 평화문제에 대한 관심은 상대적으로 약해 보이는데 한반도와 동북아의 불가분성을 고려할 때, 한반도 통일은 평화와 결부하여 파악할 성질의 문제이다. 또 남북관계론은 논의 주체를 남북한의 국가권력으로 상정하고 있어 국가-사회관계, 특히 사회세력의 네트워크와 상호작용에 소홀해 보인다. 이는 평화체제 관련 논의에서도 발견되는 현상이다. 본 논의에서 공간을 남북(관계)이 아니라 세계와 지역에 열린 한반도로 설정하는 이유가 여기에 있다.

한반도 비평화 구조를 논함에 있어서 남북관계 혹은 분단체제는 주

---

77) 박명규, 『남북 경계선의 사회학』(파주: 창비, 2012), pp. 37-72.

78) 박명림, "분단질서의 구조와 변화: 적대와 의존의 대쌍관계동학, 1945-1995," 『국가 전략』, 제3권 1호 (1997 봄·여름), p. 44.

79) 이종석, 『새로 쓴 현대북한의 이해』(서울: 역사비평사, 2000), pp. 31-32.

80) 이에 대한 선도적 연구로 홍석률, 『분단의 히스테리: 공개문서로 보는 미중관계와 한반도』(파주: 창비, 2012); 백운선, "남북한 군축과 분단구조: 체제내적 저해구조의 고찰," 경남대 극동문제연구소 편, 『남북한 군비경쟁과 군축』(서울: 경남대 극동문제연구소, 1992).

요 변수이자 구성 요소로 파악하지만 그것으로 환원되지는 않는다. 왜냐하면 남북관계로서는 서로 다른 차원의 변수들이 침투, 융합하여 만들어내는 구조의 동태성을 반영하기 힘들고, 사회세력의 다양한 상호작용 또한 담아내기에 협소하기 때문이다. 실제 비평화 구조는 남북관계로 환원하기 어려운 다차원의 논의 주제이다.

한반도는 하나의 공간으로 이해할 수 있지만 그 공간은 정태적이지 않다는 점을 덧붙일 필요가 있다. 즉 한반도는 행위자들의 상호작용이 일어나는 장(場)인 것은 분명하지만, 한반도에 어떤 기억, 전통, 역사, 심지어는 운명 따위가 내재화 되어 있는지는 모른다. 그럴 경우 한반도는 공간이기도 하지만 행위자들의 행동과 상호작용을 묵직하게 제약하는 거대한 역사적 구성물로 볼 수 있을 것이다.

2) 왜 비평화인가?

'비평화(peacelessness)'의 사전적 의미는 부조화, 폭발 직전의 갈등, 혹은 전쟁의 징조를 보이는 상태 등이다. 이는 비평화가 전쟁을 포함한 물리적 폭력을 수반할 정도의 갈등이나 여러 원인들이 겹쳐진 복합 개념임을 내포하고 있다. 그렇지만 평화학에서 비평화를 주요 개념으로 제시한 것은 인도의 평화학자 수가타 다스굽타(Sugata Dasgupta)가 1967년 국제평화학회에서 발표한 "비평화와 나쁜 개발(Peacelessness and Mal-development)"이라는 논문이다.[81] 그 논문에서 다스굽타는 비평화라는 신조어를 이용해 제3세계 대중의 삶을 묘사하고 대안을 모색하였다. 일반적으로 평화의 반대를 전쟁이라고 말하지만, 그는 전쟁이 없는데도 평화가 존재하지 않는 점에 착안하여 그것을 평화 없음, 곧 비평화라 보았다. 한반도에도 딱 들어맞는 말이 아니겠는가. 또 나쁜 개발도 개발이 이루어지는데 그것이 대중의 삶을 개선하는 데 이바지 하지 않는 점

---

81) Sugata Dasgupta, "Peacelessness and Maldevelopment: A New Theme for Peace Research in Developing Nations," International Peace Research Association (1967).

에 주목하는 용어이다.

보편적으로 간주되는 평화도 시각에 따라 달리 정의되어 왔다. 서구 학자들이 전쟁과 평화를 현상적으로 파악했던 평화 개념이 제3세계 학자들에 의해 기존 평화학의 한계가 지적되면서 평화에 대한 새로운 개념이 대두됐다. 국제사회의 현상유지가 아니라 세계 정치경제 구조의 근본적 변혁이 평화의 중심이 된 것이다. 제3세계 저개발국에서 비평화 인식과 대안 모색에서도 시각의 차이가 존재한다. 나이지리아 삼각주 지역의 분쟁은 저성장, 거버넌스(governance) 부재, 지역주민의 관심사에 대한 정부의 대응 부족 등 대내적 요인과 관련짓고, 현지에 석유회사를 보유한 서방국들은 사태 파악과 지원에 나서야 하는 선한 중재자 역할로 제시된다. 이는 비평화 요인을 안과 밖으로 경계지어 책임을 한정하고 문제에 대한 구조적 인식을 제한한다.[82] 아프리카의 저발전과 비평화를 물질적 가난과 비민주적 통치와 같은 대내적 원인으로 돌리는 주류의 주장은 아프리카를 해외자본에 개방하는 것을 대안으로 내세운다. 그런 주장은 아프리카 분쟁의 국제적, 세계적 차원을 적절하게 분석하지 못하고, 시장경제의 이름으로 해외자본이 아프리카를 빈곤하게 만든 사실을 은폐한다. 오히려 아프리카의 발전과 민주화를 달성하지 못하게 하는 것은 대내적 원인이 아니라 체계적, 세계적 힘이라는 지적이 제기될 수 있다. 즉 아프리카가 세계경제에 통합되는 방식이 아프리카의 저발전과 비평화를 초래한다는 것이다.[83] 나아가 세계의 많은 폭력, 가난, 그리고 비극은 아프리카 각 원주민의 자결권을 부인한 결과인지도 모른다. 비평화를 극복하는 접근법의 하나로서 발전이 자결을 점점 더 강조하면 비평화가 초래되는 '국가 개혁'에 대한 관심도 더 증대할

---

82) Hassan Tai Ejibunu, "Nigeria's Niger Delta Crisis: Root Causes of Peacelessness," *European University Center for Peace Studies (EPU)*, 7:7 (2007).

83) Yash Tandon, "Root Causes of Peacelessness and Approaches to Peace in Africa," 1999, pp. 3, 8; <http://unpan1.un.org/intradoc/groups/public/documents/CAFRAD/UNPAN010409.pdf> (검색일: 2012. 4. 30).

수밖에 없다. 발전을 추구하는 과정에서 만들어지는 통찰은 비평화를 극복하는 과정에서 풀뿌리의 잠재력을 드러내줄 수 있다.[84]

왜 평화가 없는가 하는 것은 사회적 문제이다. 사회 구조 속에 도사리고 있는 빈곤, 억압, 차별, 소외 또는 이념적, 종교적, 인종적, 성적 억압과 분쟁이 모두 평화를 깨뜨리는 요소들이다. 구조적 폭력이라는 말은 그런 사회적 문제를 잘 표현하고 있다. 다스굽타는 전쟁의 반대, 강대국이 일으킨 전쟁에 반대하는 것도 평화이지만, 전쟁이 없어도 세상은 평화롭지 않다고 갈파했다. 눈에 보이지 않는 폭력, 그러니까 현실에서는 전쟁 못지않게 폭력이 도사리고 있고 이런 구조적인 문제를 극복하지 않고는 평화라 말할 수 없다. 그는 그런 비평화의 구성 요소들을 제거하고 충분한 의식주, 의료, 위생적 생활환경을 창출하는 것이야말로 평화 실현의 길이자 제3세계와 발전도상국에서의 평화연구의 과제라고 주장했다.[85]

비평화는 전쟁 부재=평화라는 단선적 인식을 비판하며 전쟁 부재 상태에서도 폭력이 발생하는 구조와 그 원인, 그리고 대안에도 관심을 두는 비판적, 대안적 접근이다. 그런 점에서 다스굽타의 비평화는 갈퉁(J. Galtung)의 구조적·문화적 폭력과 유사하다. 갈퉁은 그의 구조적 평화론을 제시하는 가운데 직접적 폭력 외에도 구조적, 문화적 폭력을 거론하며 비평화의 다차원, 다영역을 제시한 바 있다.[86] '비평화'는 한반도의 폭력을 다차원적으로 이해하는 데 매우 유용한 용어이다. 다만, 분단정전체제와 그 사회적 영향을 고려할 때 직접적 폭력도 똑같이 주목할 문제이다.

---

84) Chadwick F. Alger, "A Grassroots Approach to Life in Peace Self-Determination in Overcoming Peacelessness," *Bulletin of Peace Proposals*, 18:3 (1987), pp. 375-392.

85) 배정원, "요한 갈퉁의 평화 개념," 『평화만들기』, 2005. 8. 27: <www.peacemaking.co.kr> (검색일: 2012. 5. 2).

86) Johan Galtung, *Peace by Peaceful Means: Peace and Conflict, Development and Civilization* (Oslo: PRIO, 1996).

3) 왜 구조인가? 어떤 구조인가?

한반도 비평화 구조를 구성하는 3차원의 하부구조는 상호 밀접한 연관을 맺으며 전체 구조의 건재를 뒷받침한다. 가령, 냉전체제의 형성, 한국전쟁과 분단, 적대적 남북관계, "안보국가"[87]의 제도화에 관한 하나의 논리는 국제, 남북, 대내 차원의 순환으로 가능하다.[88] 그러나 특정 국면에서 한반도 비평화 구조가 어떤 양상을 보였는지, 그런 양상들 사이의 전반적인 추이를 살펴보기 위해서는 차원을 보다 실체적으로 설정하고, 그 속에서 각 차원의 비중을 상대적 견지에서 분석해볼 필요가 있다. 그런 후에 각 차원 사이의 상호관계를 파악하면 보다 정확한 규명이 가능할 것이다. 이를 위해 여기서는 콕스(Robert Cox)의 '역사 구조' 개념을 빌려올 것이다.

구조와 뜻이 유사한 질서, 체계, 체제와 같은 말들이 한반도, 분단, 냉전, 정전, 평화 등과 결합하여 통용되어 왔다. 구조를 포함하여 이들 용어들은 정태적이라는 인상을 지울 수 없고 행위자의 자율성 혹은 구조와 행위의 구성적 관계를 무시할 우려를 안고 있다. 특히, 대내정책과 대외정책, 그리고 국가와 시민사회의 상호침투가 증대하는 현실을 반영한 개념 선택 및 정의가 더욱 필요해지고 있다. 또 그런 현상을 반영하여 세계적 차원의 행동원리와 그것을 규정하는 힘을 재인식할 개념이 요청되는 바이다.

콕스에 따르면,[89] 국제관계에서도 국가와 시민사회가 상호 깊숙이 침투되어 있고 국가 형태들 간의 차이가 국제관계에 영향을 미친다고 보고, 국제관계이론에서 국가-사회복합체를 국제관계의 기본단위로 간주할 필요성을 제기하였다. 즉, 콕스는 국가의 힘을 과소평가하지 않

---

87) 구갑우, 『비판적 평화연구와 한반도』 (서울: 후마니타스, 2007).

88) 위의 책, p. 45.

89) 로버트 콕스, "사회세력, 국가, 세계질서: 국제관계이론을 넘어서," 김우상 외 편역, 『국제관계론 강의2』 (서울: 한울아카데미, 1997), pp. 448-469.

되 사회세력과 사회과정에 합당한 주의를 기울이고 그것들이 국가들과 세계질서의 발전과 어떻게 관련되는지를 관찰해야 한다고 생각하였다. 콕스는 문제해결식의 주류 국제관계이론을 벗어나 비판적 국제관계이론의 정립을 목표로 하되, 정통 마르크스주의의 경제결정론을 비판하고 그람시의 경제관계-상부구조론을 이용하여 국제관계에 대한 새로운 인식 틀로 "역사 구조"를 제시하였다.

콕스는 역사 구조를 특정 역학관계의 상으로 정의하고 구조가 사고 유형, 물질적 조건 그리고 특정 형태의 제도의 합이라고 말한다. 물론 그 요소들은 어떤 응집성을 갖는다고 본다. 역사 구조는 사람들의 행위를 결코 기계적으로 결정하지 않고 압력과 제약을 부과한다. 역사 구조 안에서는 물질적 능력, 이념, 제도 등 세 범주가 상호작용한다. 물질적 능력은 생산과 파괴의 잠재력으로, 이념은 간주관적 의미와 집단적 이미지, 제도화는 특정 질서의 안정화와 영속화의 수단으로 이해된다. 제도는 그것이 만들어질 시점의 지배적인 권력관계를 반영하며, 궁극적으로 스스로의 생명을 갖는다. 제도는 이념과 물질적 힘의 특정 합성물로서 다시 이념과 물질적 능력의 발전에 영향을 미친다.

콕스는 또 역사 구조의 복합성을 고려하여 세 가지 수준의 구조를 제시하고 있다. 첫째 생산과정, 생산조직과 연관되는 사회세력, 둘째 국가-사회 복합체로서의 국가 형태, 셋째 전쟁과 평화의 문제를 연속적으로 규정하는 특정 역학관계로서의 세계질서이다. 이들 세 수준은 콕스가 문제제기한 국제관계에 대한 비판적 분석과 변화가능성에 대한 동태적 이해를 위한 장치이다. 물론 이들 세 수준 사이 관계는 일방적인 것이 아니라 상호 연관되어 있다. 가령, 중심부 국가에서 군산복합체는 세계질서의 갈등을 이유로 오늘날 자신들의 영향력을 정당화시킨다. 주변부 국가에서 횡행한 군사독재는 국내 요소들의 특정한 결합뿐 아니라 제국주의라는 외부로부터의 지원에 의해 유지 강화될 수 있다. 나아가 국가 형태는 다양한 지배수단을 통해 한 계급의 이익을 증진하고 다른 세력의 이익을 억압함으로써 사회세력들의 발전에 영향을 미친다.

콕스의 역사 구조론의 동태성은 개념 정의만이 아니라 연구방법에
서도 발견할 수 있다. 그는 문제해결식 이론이 말하는 "다른 모든 조건
이 동일하다는 전제(ceteris paribus)"는 구조에 행위 영역을 병치시켜 피
할 수 있다고 말한다. 이어 구체적인 연구방법으로 첫째, 특정 구조를
정의할 때 추상적으로 하지 않고 역사적 상황에서 도출하고, 둘째, 대안
적 발전의 가능성을 보여주는 경쟁 구조의 출현을 열어놓는다. 이로써
구조는 생명과 변화를 내포하는 역사적 구성물로 파악할 수 있게 되었
다. 콕스의 역사 구조는 한반도 비평화 구조의 역사성과 복합성에 상응
하는 개념으로서, 비평화 구조의 성격과 변이를 거시적이되 동태적으로
설명할 수 있게 해준다.

[그림 6-1] 사회세력, 국가형태, 세계질서의 역학관계

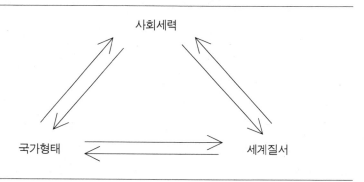

*출처: 콕스, "사회세력, 국가, 세계질서: 국제관계이론을 넘어서," p. 469.

3. 한반도 비평화 구조

1) 정의

한반도 비평화 구조는 한반도에서 평화 정착을 방해하는 요소들이 만들어낸 하나의 틀이자 그 실체를 말한다. 이때 구조의 구성 요소들은 유무형을 모두 포함하고 그것들이 반드시 한반도에 소재할 필요는 없다. 비평화 구조의 일부 요소는 한반도 역외에 있으면서도 그 구조에 영향을 줄 수 있다. 이때 비평화는 당연히 평화와 경쟁관계에 있지만 그 관계는 대등하지는 않을 수 있다. 한반도 비평화는 구조 수준으로 발달해있지만 구조의 변이는 그 수준들의 관계맺음을 통해 알 수 있다.

이때 한반도 비평화 구조의 내용물이 무엇이냐는 질문이 뒤따른다. 한반도 비평화 구조의 실제는 직접적, 구조적, 문화적 폭력을 총칭한다. 그 구조의 생성, 발전, 전환, 소멸 등 각 국면에 따라 그 내용에 차이가 있을 것이다. 상식에서 말하는 폭력이 직접적 폭력임을 감안한다면, 한반도 비평화 구조의 실제는 방대하고 그래서 산만해보일 수 있다. 그래서 구조의 구성 혹은 변이를 설명하기 위한 장치로 한반도 비평화 구조의 범주와 수준을 아래에서 논의할 것이다.

우선, 한반도 비평화 구조가 수립되고 유지되는 동력, 혹은 한반도 비평화 구조의 원리로 적어도 다음 두 가지를 포함시킬 수 있다. 그 하나는 행위자 연합으로서, 한반도 비평화 구조의 수립, 유지에 이해관계를 갖는 지배 카르텔이 그것이다. 이에 관해 기존 논의는 남북(정권 혹은 지배세력)간 적대적 상호의존관계론으로 답해왔다. 이 논의는 두 측면에서 수정 보완할 필요가 있다. 적대적 상호의존의 양상을 일정한 기준에 의해 유형화 해 한반도 비평화 구조의 안정성 혹은 변화를 논하는 작업이다. 다른 한 작업은 한반도 비평화 지배 카르텔의 구성원을 남북한 정권으로 한정한 데서 벗어나 다른 구성원을 파악하는 일이다. 이를 위해 두 눈을 나누어 왼쪽 눈은 남북한의 범위를 벗어나 한반도 밖으로, 오른

쪽 눈은 정권의 범위를 벗어나 사회에도 주목할 필요가 있다.[90] 거기서 적정 수준에서의 갈등 관리, "자발적 복종",[91] 집단이익의 거래를 발견할 수 있을지도 모른다. 그러나 그 실체를 가시적으로 발견하지 못할 수도 있다. 구조적, 문화적 폭력론을 이용한 연역적 접근이 필요한 이유이다.

두 번째는 한반도 비평화 구조의 행동 원리로서 전형적인 정체성 정치를 꼽을 수 있다. 이분법적인 아타 구분, 적을 지목하고 그 위협을 과장해 재생산하는 일, 동시에 내부 통합을 강조하며 지배질서를 정당화하는 일이 한반도 비평화 구조를 재생산하는 정체성 정치의 주행태이다. 이때 위협은 대부분 아의 밖, 곧 외부에서 지목되지만 반드시 그렇지 않은 데 유의할 필요가 있다. 오히려 위협은 외부와 내부를 연계시킬 때 그 효과가 극대화 될 수 있다.

구조는 힘과 이익이 필수조건이고 그것을 물질화 할 행동원리가 작동할 때 성립한다. 한반도 비평화 구조는 한반도에서 대립과 긴장, 갈등과 충돌로 이익을 획득하는 지배연합이 형성되어 자신의 지위를 지속시켜 오고, 그것을 위해 정체성 정치를 작동시킨다. 분쟁이론의 견지에서 볼 때 한반도 비평화 구조는 그 장기성과 함께 갈등 해결 추구보다는 자신의 일방적 목적 주장하기, 정체성 정치, 그리고 갈등을 이용한 이익 추구 등과 같은 특징을 보이는 완고한(intractable) 분쟁 유형과 흡사하다.[92] 그렇다면 한반도 비평화 구조의 범주와 구체적인 양태는 무엇인가?

---

90) 문승숙 지음, 이현정 옮김, 『군사주의에 갇힌 근대: 국민 만들기, 시민되기, 그리고 성의 정치』(서울: 또 하나의 문화, 2007) 참조.

91) 에티엔느 드 라 보에티 지음, 박설호 옮김, 『자발적 복종』(서울: 울력, 2004).

92) Chester A. Crocker, Fen Osler Hampson, and Pamela Aall, "Introduction: Mapping the Nettle Field," in Chester A. Crocker, Fen Osler Hampson, and Pamela Aall eds., *Grasping the Nettle: Analyzing Cases of Intractable Conflict* (Washington DC.: United States Institute of Peace Press, 2005), p. 5; William Zartman, "Analyzing Intractability," Ibid., pp. 50－51.

2) 범주

(1) 물질적 능력: 경제적 상호의존과 군비증강

역사 구조로서 한반도 비평화 구조의 범주 중 하나로 먼저, 물질적 능력을 살펴보자. 물질적 능력은 크게 경제력과 군사력으로 대별해 생각해볼 수 있을 것이다.

한중일 협력사무국 웹사이트(검색일: 2018년 5월 31일)에는 3국의 경제력과 관련하여 2014년 현재 인구가 세계 인구의 21.3%에 달하고, 국내총생산(GDP)은 세계의 21.0%에 달하고 세계무역 규모의 비중은 18.3%(수출은 19.0%, 수입은 17.5%)를 차지한다. 외환보유량은 50%에 육박한다. 한중일 3국의 GDP는 지난 20년 동안(1990~2010) 각각 약 2.7배, 10.9배, 1.5배로 성장하였고, 1인당 국민소득(GNI)도 각각 약 3.3배, 12.9배, 1.6배 증가하였다. 이들 3국이 세계 무역에 차지하는 비중은 중국의 대외무역이 빠르게 증가함에 따라 확대하고 있다. 국제통화기금(IMF)에 따르면, 세계 무역에서 한중일 3국이 차지하는 비중은 1992년 11.7%에서 2010년 17.7%(한: 3.0, 중: 9.8, 일: 4.9)로 증가하였다. 중국은 대외수출 규모면에서 '92년 한국, '03년 일본, '07년 미국, '09년 독일을 추월하고 현재 세계 제1위의 수출국으로 부상하였다. 한중일 3국은 ASEAN+3와 마찬가지로, 주로 역내에서 중간재를 교역하고, 최종재는 미국 및 유럽연합(EU)에 수출하는 구조를 보이고 있다. 한국과 일본의 역내 교역비중은 확대 추세인 반면, 중국의 역내 교역 비중은 1996년 이후 지속적으로 감소세를 보이고 있다.93) 이들 3국간 경제적 상호의존의 심화는 한중일 정상회담의 정례화, 한중일 FTA 논의로 이어지고 있다. 이는 한반도 (비)평화 구조가 동북아의 그것과 밀접히 관련되어 있고 거기에 경제적 비중이 증가하고 있음을 의미한다.

한편, 북한 경제는 규모, 성장률 등 전반적으로 열악한 상태를 면치

---

93) 기획재정부, "한중일 성장과 교역 동향 및 시사점," 보도참고자료 (2011. 12. 13).

못하고 있다. 북한의 성장률은 2000년대까지 하락 추세를 지속해 경기가 전반적으로 하강세였다. 그러나 김정은 정권 등장 이후인 2010년대 들어 경제성장률이 외형상 +로 돌아섰지만 국제사회의 강력한 제재와 중국 편중의 교역 구조로 인해 침체에서 벗어나지 못하고 있다. 북한의 무역 규모는 1996년 22억 달러에서 2016년 66억 달러를 기록하며 20년간 3배로 늘어난 정도이다.[94] 북중간 정치적 관계의 회복과 함께 북한의 대중 경제의존의 심화가 한반도 평화에 주는 의미는 복잡해 보인다. 그러나 2018년 들어 김정은 정권은 고도화시켜놓은 핵능력을 협상 카드로 삼아 미국으로부터 안전보장과 경제개발 지원을 추구하고 있다. 그럴 경우 북중관계는 물론 동북아 정치경제질서 자체가 크게 변할 것이다.

한편, 미국, EU 및 일본 등 주요 선진국은 경제침체를 겪고 있는 상황에서 수출증가를 통해 경제회복과 일자리 창출을 도모하고자 지속적으로 지역무역협정(RTA)을 추진할 것으로 예상된다. 이 또한 한반도 평화에 주는 의미는 양의적일 것이다. 통상 마찰 가능성과 경제협력 증진으로 군사적 갈등을 제어할 가능성이 그것이다. 특히, 경제 후퇴와 경제성장을 뚜렷이 보여주는 미국과 중국 간의 경제관계가 한반도 평화에 주는 의미는 특별해 보인다. 글로벌 금융위기 여파로 국가채무가 금융위기 이전 GDP 대비 100%를 상회할 것으로 예상되는 미국이 중국 등 대아시아 수출 확대를 최우선 정책과제로 삼고 있다.[95] 트럼프 행정부 들어 미국의 대중 경제 압박은 강도를 더하고 있어 이미 역내 불안요인으로 작용하고 있다.

둘째, 군사력의 측면에서 동북아시아는 중동과 함께 냉전 이후에도 지역 긴장이 가장 높고 군비경쟁이 심각한 지역이다. 4강의 이해가 맞서고 있는 지정학적 특징과 한반도의 긴장이 그 주요 요인으로 작용하

---

94) 『중앙일보』, 2018년 5월 15일.

95) 대외경제정책연구원, 2012년 세계경제 전망, 『KIEP 오늘의 세계경제』, 11:37 (2011. 12).

고 있다. 스톡홀름 국제평화연구소(SIPRI)의 2018년 발표에 따르면 동북아 군비경쟁은 세계 군비경쟁을 선도하고 있다. 2017년 미국의 군사비(단위: 백만 US달러)가 609.753, 일본 453.87, 중국이 228.231, 한국이 39.153다. 한미일 동맹의 군사력이 중국을 압도함을 알 수 있다. 이들 나라들의 군사비는 2000~2017년 사이 GDP 대비 일정 규모를 유지하거나(일본, 중국 각각 0.9%) 증대한 것으로 나타났지만,[96] 군사비 총액 규모는 크게 증가했다. 2000년대 들어 동북아시아 국가들은 60~70%의 군사비 증강을 보이고 있고 중국의 증강세가 두드러진다.

오늘날 동북아에서 군비경쟁이 높은 이유는 ① 구소련 붕괴 후 미국 중심의 단극체제의 지속에 대한 신흥 도전 국가의 부상, ② 국제질서 변화 과정에서 새로운 유형, 가령 중국 견제를 위한 미일 동맹 강화와 미국 견제를 위한 중러간 안보협력의 대립, ③ 역내 안보환경의 급속한 변화에 따른 역내 국가들의 국방정책의 변화 등이다.[97] 이런 요인들이 상승작용을 일으켜 역내 국가간 안보딜레마를 촉진해 군비경쟁을 가속화하고 있는 것이다.

탈냉전 후 단극체제의 불안정성은 남북한 간에도 새로운 방식, 즉 비대칭적 군비경쟁을 촉진하고 있다. 남북간 군비경쟁은 상호 불신과 같은 일반적 요인 외에도 통일의 주도권을 중심으로 한 체제경쟁 요인도 작용하고 있다. 여기에 미국, 구 소련, 중국 등 주변 강대국들이 남북에 무기이전, 역내 안보 개입 등으로 남북간 군비경쟁에 직접적인 영향을 미쳐왔다. 한반도를 중심으로 한 국제체제가 안정이 되어 있을 때는 남북한 간의 군비경쟁이 억제되었고 불안정할 때는 촉진되는 경향도 발견되었다.[98]

---

96) 2000년과 2017년 대비 미국 군사비는 GDP 비중이 2.9% → 3.1%, 한국은 2.5% → 2.6% 증가했다. SIPRI 2018년 발표 자료.
97) 김용규, "동북아지역의 군비경쟁과 한국의 대응," (조선대학교 석사학위논문, 2008), pp. 41–45.
98) 선종률, "남북한 군비경쟁 양상 변화에 관한 연구," (울산대학교 대학원 박사학위 논문, 2012).

일각에서는 동아시아에서 미중간 세력경쟁 현상이 높아지고 있다. 경제성장에 힘입은 중국의 군사력 증강에 대한 미국과 주변국들 내의 중국위협론이 그런 관측을 뒷받침하고 있다. 그러나 2010년 현재 미국 군사비는 중국의 2.67배로 평가된다. 중국의 가파른 군사비 증가세 못지않게 미국도 높은 증가세를 보였다.[99] 동시에 미국은 패권을 유지하기 위해 경제력 하락 요인을 동맹·우방국들에 군비 분담으로 보충하려고 하고 있다. 이는 단기적으로 미중간 군사충돌 가능성을 낮게 해준다. 대신 무역 불균형을 둘러싸고 미중 간 통상 마찰이 높아지고 있다. 그런 점에서 중국위협론은 미국의 패권유지를 위한 동아태전략의 수정과 그를 집행할 자원 동원을 다변화하는 데 유용한 담론일 수 있다.

요컨대, 역내 물질적 능력의 분포 상태를 보면, 미국은 '지체'를 보이지만 그렇다고 중국이 '선도'하는 형국은 아니다. 그렇기 때문에 전반적인 차원에서 미중 양국은 동아시아 안정을 통한 경제발전에 공동이익을 가진 "이익상관자(stake holder)" 관계라 할 수 있다. 물론 경제적 상호의존이 반드시 협력을 가져오지 않고 취약성을 증가시킬 수도 있다.[100] 남북간 군사 긴장의 수위는 미중 협조체제 작동시 통제될 수 있지만, 반대의 경우 미중 갈등에 휩쓸릴 개연성도 있다.

(2) 이념: 평화·안정 규범과 적대 이미지

콕스가 제시한 이념을 구성하는 간주관적 이념과 집단 이미지는 대립하는 관계이다. 간주관적 이념은 집단 이미지를 완화시킬 수 있지만 반대로 집단 이미지는 간주관적 이념을 훼손할 수 있다.

한반도를 포함한 동북아 역내에서 공유하고 있는 간주관적 이념은 역내 평화·안정 규범이다. 국제사회의 공통 지향이기도 한 평화·안정

---

99) 2018년 SIPRI 발표 자료.
100) Paul R. Viotti and Mark V. Kauppi, *International Relations Theory: Realism, Pluralism, Globalism, and Beyond*, Third Edition (Needham Heights MA: Allyn and Bacon, 1999), p. 76.

규범은 동북아에서도 6자회담, 유엔 안보리 결의 및 의장 성명, 그리고 관련국간 공동성명에서 널리 거론되면서 가장 중요한 국제관계 원칙 중 하나로 재확인되고 있다. 평화·안정 규범은 한국전쟁 이후 국가주권 평등, 내정 불간섭, 영토적 통합성, 불가침 등의 원칙으로 뒷받침되어 왔다. 그런 규범 뒤에 세력균형을 지향하는 역내 역학관계가 평화·안정 규범의 버팀목이 되고 있다. 물론 대만 위기, 북핵문제, 남북간 군사 충돌, 영토분쟁 등이 역내 평화와 안정을 위협하고 있는 것이 사실이다. 그렇지만 그런 위협 요인들이 역내 평화·안정 규범을 정면으로 해치면서 폭력적 해결을 추구하기는 어렵고, 냉전 형성기 한국전쟁과 금문도 사태 이후 지금까지 그런 사태는 세력균형 체제에 의해 통제되어 왔다. 그런 점에서 평화·안정 규범은 역내 공유하는 이념으로 인정, 통용되어 왔다고 평가해도 무리가 아니다.

그러나 역내 평화·안정 규범이라는 간주관적 이념이 국가 및 국가 간 관계를 중심으로 형성 유지되어 온 한계가 있다. 이념 형성 및 유지를 특정 주체가 독점할 때 그 내용이 편향적이고 그 효과가 제한적일 수 있다. 평화·안전 규범이 대중의 복리를 보장하는 '지속가능한 발전'과 '정의로운 평화'를 보장하는 기회의 창이 아니라, 국가가 독점하는 폐쇄적 이념으로 기능할 수 있다. 국가가 주조, 동원하는 민족주의를 활용한 평화·안정 규범은 피상적으로 넓은 공감대에도 불구하고 이익의 차이, 그것을 정당화 하는 해석의 차이로 인해 불안정 요인을 내장하고 있다. 다만, 그런 문제에 유의하면서도 평화·안정 규범이 국가 및 비국가 행위자, 그리고 종교, 민족, 문화를 막론하고 역내 모든 거주자들의 평화적 생존을 보장해온 점을 간과할 수는 없다. 그래서 평화·안정 규범이 역내, 나아가 국제사회 전체가 공유하는 보편가치가 되었는지도 모른다. 이를 종합해볼 때 평화·안정 규범은 '소극적 평화'와 '적극적 평화'를 연결 짓는 성격을 갖고 있다. 그동안 평화·안정 규범 이념이 주로 '소극적 평화'의 의미로 인식되어 왔다고 한다면, 앞으로 '적극적 평화'로서의 의미를 발전시켜 나갈 필요가 있다.

콕스의 역사 구조의 한 범주로서 이념은 다른 한 측면, 즉 집단적 이미지를 포함한다. 한반도 안팎에서 집단적 이미지는 대표적으로 적 이미지(enemy image)를 꼽을 수 있다. 이미지는 상상이지만 그 기원은 경험이다. 남북관계를 적대적 상호의존으로 규정할 때 남과 북은 상호적으로 그려져 왔는데, 그것은 전쟁과 냉전체제 하의 대립이라는 뚜렷한 경험을 원천으로 한다. 전쟁과 대립이 결합해 상승작용을 반복하면서 위협인식이 재생산되고, 그로 인해 상대를 적으로 인식하고 대응하게 된다. 유럽과 달리, 냉전 해체에도 불구하고 동북아에서 적 이미지를 바탕으로 대립이 지속하는 것은 한국전쟁이 역사적 경험으로 전승되고 군사 대결구조가 온존하기 때문이다. 그렇지만 적 이미지가 역내 집단적 이미지로 지속하는 것은 역사적 경험 그 자체가 아니라 그것이 계속해서 정치적 필요에 의해 호명되기 때문이다. 대립과 불신이 존재해 적 이미지가 형성되었는데, 이제 적 이미지를 통해 대립과 불신을 재생하는 것이 가능해진 것이다. 이것은 한반도를 포함한 동북아 비평화 구조의 역사성과 정치성의 원천을 말해준다. 적 이미지가 계속해서 호명되는 정치적 회로의 중심에는 대립과 갈등으로 이익을 유지하고, 대화와 협력으로 이익이 훼손되는 강력한 기득권 집단, 혹은 지배연합이 존재하기 때문이다. 기존 질서가 동요할 때 피아(彼我)를 구분지어 적을 지목하고 '총화단결', '멸사봉공'을 선동하는 데 적 이미지는 매우 유용한 수단이다.[101] 이때 대내적 다양성과 대외적 협력은 이적 행위로 간주돼 그런 행동을 보이거나 그런 의심을 받는 자는 적 이미지를 강화하는 데 이용된다.

집단 이미지로서 적대 이미지는 일국 내 지배집단의 기득권 유지 강화, 국가 간에는 국가권력간 이익 다툼의 주도권 장악에 애용되어 왔다. 결과적으로 적대 이미지는 이해 당사자 간에 대립하는 듯 하지만 기존

---

101) 박노자, 『당신을 위한 국가는 없다』 (서울: 한겨레출판, 2012).

지배질서를 온존시키는 데 유용하다. 냉전 시기 동북아 역내 적 이미지는 진영간 대립 질서의 유지와 각국의 비민주적 통치에 이용되었다. 지난 천안함·연평도 사건에서도 마찬가지였다.[102] 말하자면 집단 이미지로서 적 이미지는 역내 대중의 복리와는 거리가 먼 파당적인 정치적 상상물인 것이다.

그렇지만 적 이미지는 친구 이미지와 공존할 수도 있다. 또 형제 이미지와 공존하면서 적 이미지가 약화될 수도 있다. 그럴 가능성은 상대와의 원초적 관계와 친밀도 증가에 의해 현실화 될 수 있고, 그 둘이 결합할 경우 그 가능성은 더 높아진다. 비록 현상적 차원이지만, 김대중, 노무현 정부 시기 남북관계에서 북한에 대한 적 이미지는 형제 이미지와 공존하거나 적 이미지가 약화되었고, 2018년 들어 그런 현상이 재연되고 있다. 동북아 차원에서도 역내 인적, 물적 교류협력의 증가에 따라 상호 이해가 증대하면서 적 이미지는 약화되는 것처럼 보인다. 이는 적 이미지가 고정적인 것이 아니라 정치적 재생산이 없으면 허약한 것임을 말해준다. 한반도 안팎의 적 이미지는 그 재생산의 물적 기반의 재생산 여부에 의존하기 때문이다. 또 적 이미지는 부상하는 집단 이미지로서 형제 이미지와 경쟁 관계에 놓여있기 때문에 그 독점적 지위는 무너질 수 있다.

간주관적 이념과 집단 이미지는 선험적으로 일방의 우위를 말할 수 없지만, 공유 범위 및 성격의 차이로 인해 상호 경쟁관계에 있다. 한반도에서 간주관적 이념으로서 평화·안정 규범은 집단 이미지로서 적 이미지와 원칙적으로 혹은 궁극적으로 병존할 수 없다. 그렇지만 현실에서 그 둘을 목도할 수 있다. 두 이질적인 이념이 공존하는 것은 평화·안정 규범이 적 이미지와 친숙하기 때문이다. 평화·안전 규범의 제한적 의미와 그에 대한 국가권력의 독점적 해석권은 적 이미지와 상통하

---

102) 서보혁, "분쟁 후 인간안보와 남북관계," 서울대 국제문제연구소 편, 『남북한 관계와 국제정치이론: 세계정치 16』 (서울: 논형, 2012), pp. 203-236.

기 때문이다. 이 또한 한반도 비평화 구조의 특징으로 꼽을 수 있는 측면이다.

(3) 제도: 폭력의 트라이앵글

한반도 비평화 구조를 제도적으로 뒷받침 하는 것은 정전체제, 남북의 폭력 재생산 메커니즘, 주변국들의 한반도 현상유지 정책 등 삼자간 트라이앵글이다. 정전체제는 한반도 비평화 구조의 물적 토대이자, 관련 행위자들의 팽팽한 이해관계가 한반도에 응축되어 있는 국제적 실체이다. 정전체제는 정전협정과 그 이행 기구인 유엔군사령부와 군사정전위원회, 중립국감독위원회 등과 같은 명시적 요소와, 한반도를 둘러싼 세력균형과 분단질서의 현상유지 그리고 남북, 북미간 군사적 대치와 적대 관계 등 묵시적 요소를 포함한다. 물론 정전체제는 1990년대 북한의 군사정전위 무력화 조치와 북미 제네바합의 이행 프로세스, 그리고 2000년대 남북간 화해협력으로 약화되는 듯하였다.[103] 그러나 정전체제는 여전히 건재하다. 물질적 능력과 이념의 지지를 받아 확립된 정전체제가 자가발전 하는지도 모른다. 여기에 역내 다자안보협력이 제도화되어 있지 못하고 미국, 중국, 아세안(ASEAN) 등으로 각개약진하는 것도 역내 불안정을 보여주고 있다. 오히려 다자적 접근은 강대국들의 상호 견제, 혹은 동맹정책의 보조 수단으로 다뤄지고 있다.[104]

한반도 비평화 구조의 최대 피해자는 남북의 대중이라는 점에서 남북의 폭력 재생산 메커니즘은 정전체제와 강대국의 한반도 분단유지 정책을 지속시키는 데 이바지하고 있다. 그 메커니즘은 남북간 적대관계, 상대방에 대한 적 이미지의 재생산, 그것을 이용한 대내적 억압을 말한다. 남북에는 상대와의 대화와 협력을 제약하는 법·제도·관행이 엄존하고 있고, 안보딜레마를 계속해서 연출하며 기득권을 유지하는 강력한

---

103) 서보혁, "정전체제의 유명무실화와 평화체제 수립의 길," 강정구 외, 『전환기 한미관계의 새판짜기』(서울: 한울, 2005), pp. 296–311.
104) 예를 들어 Barack Obama, "National Security Strategy," White House (May 2010).

이익연합이 공생하고 있다. 그를 위해, 또는 그를 통해 민주주의는 억압되어 왔다.

강대국의 현상유지 정책은 외부환경이라기보다는 각 강대국의 분단관리 정책과 남북 정권과의 정치군사적 관계 등을 통해 한반도에 침투해있다. 특히, 군사 동맹과 정치적 관여, 그리고 경제협력 등을 통해 남북간 정치군사적 갈등을 통제하며 분단을 유지·관리하는 행태는 제국주의의 분할지배(divide and rule) 통치방식을 연상시킨다. 강대국은 남북에 종속관계 형성, 분단유지 비용 요구 등의 방식으로 비평화 구조의 주체이자 그 연장의 이해당사자이다.

한반도 비평화 구조의 제도화는 역내 국제적 역학관계와 갈등적인 집단 이미지가 반영되어 이루어졌다. 동아태지역에서 냉전을 확립해나가는 불안정한 역학관계에서 전쟁이 초래되었고, 그것을 근거로 한 진영간 적대의식이 비평화 구조의 제도화를 촉진하였다. 그렇게 만들어진 비평화 구조는 분단정전체제를 매개하여 대결을 일상화시켰고, 기득권을 누리는 집단의 이익을 유지시켰다. 거기서 비평화 제도의 트라이앵글이 상호 강화하여 자가발전하는 내성을 갖게 되었다. 제도화된 구조는 지속성을 띠고 자기 재생산 메커니즘을 내장하게 된 것이다.

한반도 비평화 구조는 냉전, 분단, 억압으로 이어진 시간의 흐름 속에서 위에서 말한 세 범주들 간의 밀접한 상호작용을 통해 형성, 확립된 역사적 구성물이다. 따라서 비평화 구조에 대한 이해는 물론, 그 변화 가능성에 대한 전망 역시 복합적으로 이루어질 필요가 있다. 비평화 구조는 평화 구조를 전망하는 출발로서의 의미를 갖기 때문이다. 그를 위해서도 역사적 구성물로서의 비평화 구조에 대한 충분한 이해가 전제되어야 할 것이다. 다음 논의가 비평화 구조에 대한 다층적 이해와 그 작동방식으로 이어지는 이유가 여기에 있다.

4. 한반도 비평화 구조의 작동양식

1) 세계질서, 국가, 사회세력의 3자운동

콕스는 세 범주의 결합으로서의 역사 구조를 지배 구조로 파악하면서 그것이 그람시의 헤게모니에 상응한다고 말한다. 그는 특정 시공간에서 세 범주가 결합하거나 분리된다고 보고, 그 이유와 방식을 설명해 주는 영역으로 국가권력의 역학관계와 함께 사회세력을 지목한다. 이때 사회세력은 국가 내에서만 존재하지 않고 국경을 넘나들 수 있고, 권력 역시 물질적 능력의 형태로 주어진 것이 아니라 사회적 과정의 결과로 파악한다. 이때 국가는 세계적 차원의 사회세력 구조와 특정 국가 내의 사회세력들의 역학관계를 중개할 수도 있다.[105]

세계화 시대 자본주의 경제는 신자유주의 정책에 의해 전개되어 왔다. 이는 산업자본, 금융자본을 거친 제국주의의 연장선상으로 볼 수도 있지만, 그와 질적으로 구분되는 세계경제체제의 출현을 의미한다. 생산 및 자본의 (국제화가 아니라) 세계화를 특징으로 하는 세계경제체제는 자본주의 경제관계를 세계적 차원에서 위계화 시키고 부의 독점적 분배 메커니즘을 세련화한다. 그에 따라 사회세력 및 국가형태에도 변화가 일어난다. 제국주의의 전개과정에서 선진 자본주의 국가는 결집된 산업노동자의 압력에 맞서 복지국가 모델과 사회조합주의적 통치로 대응한다. 상대적으로 사회의 우위를 반영한 생산의 유연화 전략이다. 물론 그것은 (반)주변부 지역에서의 잉여 수탈과 냉전을 활용한 일부 생산의 통제로 가능한 것이었다. 발전도상국의 경우는 민족자본이 초국적 자본과 일부 연대하면서도 국가의 지원으로 자율적 발전을 모색하였다.

탈냉전, 세계화 이후 전면화된 세계경제체제에서 초국가적, 비국가적인 경제행위가 확대되었다. 초국적 자본 주도의 지식, 기술 상품이 경제행위를 선도한다. 이제 국가는 더 이상 경제정책을 독점적으로 결정

---

105) 콕스, "사회세력, 국가, 세계질서," pp. 473-474.

하고 사회적 압력에 자율적으로 대응하는 지위를 잃어버렸다. 대신 국가는 국내의 사회적 압력과 세계경제의 요구를 중개하는 위치로 자신의 위상을 재설정하려 하지만 자율성은 이미 크게 침식된 상태이다. 초국적 자본이 이미 국가 정책결정에 깊숙이 침투해 있기 때문이다. 세계경제기구의 정책 개입과 초국적 자본의 이해를 대변하는 경제 관료의 권한 증대가 그 예이다. 그렇게 국가 경제는 세계경제의 일부로 재편된다. 국가는 국가경제 발전을 주도하는 자율적 행위자에서 초국적 자본의 이해를 관리하는 수동적 행위자로 전락한 것이다.

세계경제체제의 등장에 따른 국가 형태의 변화는 사회세력의 재편을 반영하거나 그것을 동반한다. 초국적 자본의 국가경제정책 결정, 국가경제의 초국적 자본에의 종속적 편입으로 복지국가와 조합주의 담장이 무너지고 민족자본이 해체 지경에 이른다. 사회세력은 세계적 차원에서 더욱 위계적으로 재편된다. 초국적 자본가를 정점으로, 중간에 그 이해를 대변하는 일부 관리집단 아래 광범위한 산업노동자들이 위치한다. 복지국가−조합주의 모델이 해체된 상태에서 산업노동자들은 이중의 분열을 겪는다. 초국적 자본으로부터의 착취, 소수 기득권 노동계층과 다수 비기득권 노동계층 간의 갈등이 그것이다. 물론 생산의 팽창 도모를 위해 초국적 자본의 조합주의적 노사 개입이 있을 수 있지만 산업노동자의 이중 분열은 국가에 의해 은폐된다. 이때 노동계급이 구체적으로 직면하는 모순과 그들의 분열은 각국이 세계경제체제에 놓여있는 위상, 즉 중심부, 반주변부, 주변부 중 어디에 위치하느냐에 달려있다.

오늘날 경제의 세계화가 세계적 차원의 경기 침체를 수반하면서 초국적 자본은 노동자 계층의 주변화에 대응하며 새로운 이윤 창출 기제를 창출해야 하는 딜레마에 빠져들었다. 그 과정에서 초국적 자본의 국내 침투, 즉 세계경제체제로의 편입 정도를 달리하는 국가들 사이의 갈등과 타협이 빈번해질 수 있다.

오늘날 동북아시아는 현상적으로 미국 주도의 한국, 일본, 대만을 한편으로 하고, 중국, 러시아, 북한을 한편으로 하는 대결 구도가 전개 되는 것처럼 보인다. 혹자는 이를 동북아 신냉전 구도라고 말하기도 하 지만 그것은 과도한 비유이다. 이념 대립이 사라졌고 대결과 협력이 공 존하기 때문이다. 경제적 상호의존이 정치군사적 갈등을 억제하는 점도 유의할 부분이다. 현상적인 구도 이면을 보면 동북아는 중국을 대상으 로 세계경제체제의 완전한 재편이 진행되는 격동의 시기를 보내고 있 다. 이는 한국, 미국, 일본이 세계경제체제에 위계적 협력관계의 형식으 로 완전히 편입된 반면, 중국은 국가 주도의 중상주의 정책을 전개하면 서 세계경제체제에의 편입을 조절하고 있음을 의미한다. 한미일 3국간 정치군사적 협력은 '가치와 신뢰의 동맹'에 기반할 뿐만 아니라 국가형 태의 동질성과 세계경제체제에의 개방성에 그 물적 토대를 두고 있다. 이들 국가는 초국적 자본의 잉여창출의 대변자 혹은 촉진자 역할을 수 행하고 있기 때문에, 국가 주도의 발전전략을 전개하는 중국과는 잠재 적으로 갈등 관계에 놓여 있다. 탈냉전 이후에도 지속되고 있는 동북아 정세의 불안정성은 기본적으로 그로부터 연유하고 있다. 여기에 중국위 협론에 바탕을 두고 동아태지역에서 추진되는 미국 주도의 미사일방어 망(MD) 구축 시도, 환태평양경제동반자협정(TPP) 구상과 같은 중국 봉 쇄전략과 중일 간의 라이벌 의식이 역내 불안정을 가중시키고 있다. 이 러한 잠재적 갈등 요인은 현재 미중 경제·전략대화, 그리고 한미일과 북중러의 상호 견제가 억제하고 있는 형국이다. 그러나 미국 행정부는 "아태지역으로의 전략적 귀환"(오바마 행정부), "수정주의 국가의 위협에 의 대응"(트럼프 행정부)을 표방하며 중국과의 경쟁을 분명히 하고 있다.

한편, 중국은 세계무역기구(WTO) 가입국이자 세계 제일의 무역대국 으로서, 스스로 국제사회에서 책임 있는 역할을 다짐하고 있다. 이는 두 가지 의미를 가진다. 하나는 중국이 세계경제체제로 완전 편입하는 것 은 방향의 문제가 아니라 시간 문제라는 점이다. 미국, 국제경제기구 등 초국적 자본의 대행자들은 중국의 경제성장과 국제적 역할 다짐을 활용하여 중국이 세계경제체제 편입에 보다 속도를 낼 것을 요구하고 있다. 중국 정부는 다양한 사회적 압력과 초국적 자본의 요구 사이에서 중재 역할을 수행하고 있다. 경제성장에 따라 대중매체 등 시민사회의 발전은 국가－사회관계의 균형에 영향을 줄 것으로 예상되기 때문에 중국 정부의 자율적 위치와 중재 역할에 새로운 도전이 되고 있다.[106]

둘째는 중국의 지속적인 고도성장으로 사회계층 구성에서 초국적 자본가가 등장하고 민족자본가, 소자산계급, 노동자계급으로 급속히 분화 발전하고 있다는 점이다. 그에 따라 노동자 계급에도 분열이 일어나고 있다. 세계경제체제에의 편입을 추진하며 성장 위주 정책을 전개해온 중국에서 초국적 자본에 연계되지 않은 많은 비정규 노동자계급은 비인간적 삶으로 내몰리고 있다. 예를 들어, 1억 5천만 명을 넘긴 이주노동자들의 불만은 성장 이면의 사회적 압력이 높아짐을 보여주고 있다.[107] 중국이 세계경제체제에 편입하는 속도와 방식은 중국의 안정은 물론 역내 평화에도 변수로 부상하고 있다. 중국어선의 서해 북방한계선(NLL) 출몰과 중국 노동자의 한국 유입은 그런 현상과 관련이 있다. 이는 한반도 비평화 구조가 역내 문제와 밀접히 연계되어 있음을 보여주고 있다.

한편, 북한과 중국의 관계는 전통적 우호관계와 지정학적 요인이 크게 작용해 왔다. 그러나 그 이면에 세계경제체제 편입에 대한 위협인식과 국가 중심의 발전전략에 관한 공감대를 무시할 수 없다. 북한과 중국의 우호협력관계는 그와 같은 요인들이 견고하고 국제규범에 대한 상대주의적 인식을 공유하고 있다는 점에서 향후에도 지속될 가능성이 높다. 다만, 세계경제질서 편입에 대한 실익과 위협인식, 그리고 대미관계 등에서의 차이는 양국관계 변화의 요인으로 작용할 수 있다. 2018년 북미 정상 간의 6.12 싱가포르 공동선언은 그럴 가능성을 약간 보여주었다.

---

106) Gunjan Singh, "Media in China: An Irreversible Transition?," *IPCS Special Report 123* (New Delhi: Institue of Peace and Conflict Studies, 2012).

107) Namrata Hasija, "Migrant Unrest in China: An Analysis," *IPCS Special Report 119* (April, 2012).

오늘날 남북한은 각기 다른 위상과 방식으로 세계경제체체에 깊숙이 편입되어 있다. 남한은 수출주도 경제정책으로 처음부터 세계자본주의 경제에 깊이 편입해왔다. 그 결과 세계경제체제에서 한국은 주변부에서 반주변부로 상향 이동한 것으로 평가되고 있다. 그것은 일관된 개방경제노선의 결과라 할 수도 있다. 남한은 위에서 언급한 자본주의 경제체제의 변화에 부응하며 변화를 거쳐 왔다. 현재까지 남한은 세계, 양자관계, 지역 차원의 순서를 거치며 개방경제를 완성해나가고 있다. 87년 민주화는 경제발전이 통치방식의 변화를 가져온 전형적인 사례로 평가받을 만하다. 노동자 대투쟁을 동반한 민주화는 이어진 경제호황과 함께 직접적 폭력을 완화시켜 나가는 듯 보였다. 87년 체제는 이후 복지국가-조합주의 모델을 요구받으며 성장 후 분배를 모색하는 양상을 보였다. 그렇지만 냉전 해체를 수반한 1980년대 말 자본주의가 세계경제체제로 재편하기 시작하면서 한국은 외환위기를 겪으며 세계경제체제로의 급속한 편입을 강제 받았다. 그 후 87년 체제는 계속 도전받아 갔고 국가의 위상과 역할은 초국적 자본에 점점 더 포획되어 갔다. 산업노동자는 이중분열의 양상을 보이기 시작하였고, 남북관계를 통한 국가경제의 출로 모색은 본격 단계로 진입하지 못하였다. 남한은 민주화와 개방화가 동시 진행되면서 사회적 압력과 초국적 압력이 격렬하게 충돌하는 곳이 되었다. 그 사이에서 국가가 중재자로서의 자율성을 행사하기보다는 초국적 압력으로 기울면서 양극화가 촉진되었다. 남한은 세계경제체제의 특징과 모순을 극명하게 보이고 있다. 민주화 이후 부분적으로 완화되었던 물리적 폭력이 재연되고 거기에 문화적·구조적 폭력이 남한에서도 나타나고 있다. 민주화와 정보화로 적으로서 북한의 이미지가 약화되는 듯하지만 남북간 대립과 충돌은 적으로서의 북한 이미지가 유지되고 있다. 거기에 외국인노동자, 조선족, 탈북자 등 소수자 집단에 대한 차별이 덧씌워지고 있다. 2018년 들어 이런 현상은 남북관계 개선, 미투운동(Me-too) 등으로 다시 약화되는 듯 하는데 평화문화와 인권 감수성이 사회화되는 데는 많은 시간이 필요하다.

남한과 달리 북한은 민족경제 발전전략으로 산업화를 추진하였다. 인민대중의 국가는 사회주의적 생산 및 소비 양식으로 대중 동원과 지지 획득에 성공하는 것처럼 보였다. 그러나 저발전국가의 추격발전전략의 한계와 비효율적 정책 추진방식이 결합하여 북한은 1970년대 중반부터 양적 성장의 한계에 직면하였다. '유일영도체계' 하의 북한에서 노동자, 농민은 대중독재형 통치에 식민화 된 수동적 대중으로 전락하였다. "생산성의 정치"[108]가 생산성을 하락시키자 정치사상적 자극과 통제가 그 자리를 대신하였지만, 저생산 구조를 회복할 수 없었다. 데탕트에 편승하며 북한이 전개하기 시작한 인민외교, 서방외교는 정치적 실체로서 자신을 인정받고자 하는 목적과 부족경제(shortage economy)를 벌충하려는 고육지책이었다. 진영외교가 경제적 모순을 저지하는데 일조하였지만, 냉전 해체와 경제의 세계화로 북한의 모순은 세계에 노출되었다. 핵개발과 탈북 행렬, 그리고 권력승계 작업의 동시 발생은 정치공동체로서의 북한의 존재가치에 대한 의문을 던져주었다. 북한이 주창해온 "우리식 사회주의"와 "자주외교"는 역설적으로 북한이 자본주의 경제질서와 별개의 존재가 아니라 기형적인 방식으로 편입되어 있음을 말해준다. 그 출발은 적어도 내포적 성장이 한계를 보이기 시작한 1970년대 중반부터였고, 1980년대 후반에 본격화 되어 오늘에 이르러 남한, 중국을 매개하여 세계경제체제의 최하위에 편입되었다. 부족경제가 지속되는 가운데 부패 문화가 만연하고 권위주의적 통치가 지배하는 북한에서 비평화 구조는 열악할 것으로 상상하기는 어렵지 않다. 거기에 분단체제는 비평화 구조를 일상적이고 무의식적으로 만들어주었다.

인간안보(human security)의 견지에서 남북 대중의 삶에 차이가 있다.[109] 정치체제, 경제노선, 국가-사회관계 등에서 차이가 작용하고

---

108) Lewis H. Siegelbaum, *Stakhanovism and the Politics of Productivity in the USSR: 1935~1941* (Cambridge: Cambridge University Press, 1988).

109) 서보혁 엮음, 『인간안보와 남북한 협력』 (서울: 아카넷, 2013).

있기 때문이다. 특히, 북한 대중은 절대적인 차원에서 폭력에 크게 노출되어 있다. 거기에 상대적 판단 기준이 도입되면서 탈북, 유랑, 태업 등 소극적 방식으로 국가폭력에 저항하곤 한다. 권력의 입장에서 볼 때 그런 차이는 주권권력과 생명관리권력, 규율권력과 조절권력의 배합의 문제이다.110) 이는 남북의 비평화 구조가 분단체제로 환원할 수 없는 자체의 모순과 문제를 안고 있음을 말해준다. 분단체제론은 이점을 소홀히 다루고 있다.

그럼에도 불구하고 남북한의 폭력은 그 자체로 존재하지 않고 분단체제를 통해 상승작용을 일으키고 있다. 남북의 지배세력이 분단을 이용해 국가폭력을 정당화하는 관행을 일삼고 있다는 사실은 재삼 강조할 필요가 있다. 왜냐하면, 남북이 분단체제로 연계되지 않고 각각 독립적 정치공동체라면 생산과정과 사회세력은 더 정상적인 방식으로 발전할 가능성이 있기 때문이다. 물론 그럴 가능성도 자본주의 경제체제의 지배 아래 놓이겠지만, 분단체제의 약화는 한반도에서 대안적 구조의 창출 가능성을 보다 넓혀놓을 수 있다.

2) 비평화 구조의 지속성과 변화

한반도 비평화 구조의 국면은 크게 냉전기 안정 국면과 탈냉전기 불안정 국면으로 나누어 볼 수 있다. 냉전이라는 국제정치질서 속에서 한반도는 극동의 냉전 전초기지 역할을 담당해 군사적 긴장과 대내적 억압이 높았다. 같은 이유로 또 다른 전쟁은 억제되었지만 두 안보국가는 경쟁적으로 성장을 주도하며 억압을 제도화하였다. 국제적 차원, 남북관계 차원, 그리고 대내적 차원에서 똑같이 대결과 억압이 아무런 저항 없이 관철되었다.

그런 가운데 1960년대 말~1970년대 초 세계자본주의 경제의 조정 국면과 베트남 전쟁의 여파를 배경으로 데탕트가 조성되어 냉전체제가

---

110) 미셸 푸코 지음, 오트르망 옮김, 『안전, 영토, 인구』 (서울: 난장, 2011).

이완되는 듯 하였다. 그에 직접적인 영향을 받아 남북한 정권은 일시적으로 대화에 나섰다. 그러나 데탕트는 냉전체제의 약화가 아니라 일시적 숨고르기에 불과하였다. 이 시기가 한반도에 의미가 큰 이유는 한반도를 둘러싼 강대국 사이의 갈등이 이완되지만 그것이 두 분단국가의 체제경쟁으로 이전되는 양상이 뚜렷해졌다는 점 때문이다. 그 결과 남북대화는 각자의 정치체제를 더욱 억압적인 방향으로 개악하는 데 활용되었다. 무늬가 다른 두 안보국가를 확립한 이후 남북 정권은 외교무대로까지 체제경쟁을 확대해갔다. 그러나 그로 인해 한반도 비평화 구조의 중심축이 남북관계로 이전했다고 보기는 어렵다. 그렇게 보이는 것은 한반도 문제를 둘러싼 강대국간 대립이 한반도로 전이되어 남북간 갈등이 높아진 것에 대한 착시현상에 불과하다. 강대국들은 분단과 긴장상태에 대한 책임을 남북에 전가하는 식으로 남북간 대결을 방치하였다. 짧은 데탕트가 지나자 두 안보국가는 더욱 굳어져 가면서 분단도 더욱 내면화되어 갔다.111)

한편, 탈냉전기 불안정 국면은 냉전체제 해체와 남북관계 변화, 그리고 북핵문제의 부상 등으로 대화와 대결이 혼재된 유동적인 상황을 말한다. 이 국면은 다시 ① 1988년부터 1992년까지 남북대화 및 북미접촉이 있은 탐색기, ② 제네바 북미 기본합의까지 갈등 상황(1차 북핵위기), ③ 북미 기본합의 이후부터 2000년 6.15 남북공동선언과 북미 공동꼬뮤니케 발표까지 협력 상황, ④ 9.11테러부터 2017년까지 갈등 상황, ⑤ 2018년 대화·협상 국면 등으로 구분해볼 수 있다. 냉전 해체에도 불구하고 한반도에서 불확실성과 불안정성이 줄어들지 않은 것을 보고 한반도 비평화 구조에서 남북관계 차원의 상대적 자율성이 주목을 받기 시작하였다. 남북간 대화와 대결이 오가면서, 특히 민주정부 10년간의 남북관계가 이후 퇴행하는 것을 보고 한반도 비평화 구조의 재생산 메커니즘에 대한 관심도 높아졌다. 그렇지만 그런 논의 가운데 여전

---

111) 홍석률, 『분단의 히스테리』 참조.

히 국제적 차원의 범주를 비평화 구조에서 제외시키거나 고작 환경 변수 정도로 처리하는 것은 적절한 통찰이라 보기 힘들다.

민주정부 10년 간의 남북관계 개선을 하나의 소시기로 구분하지 못한 것은 그 시기가 항상 북미관계 개선과 연동된 양호한 상황이 아니었기 때문이다. 한반도 평화 문제는 북미관계가 가장 중요한 변수 중 하나라는 점에서 남북미 간의 전략적 삼각관계는 긍정적 방향에서 인지 조화 상태를 요구한다.[112] 그렇지만 한반도 비평화 구조의 대내적 차원에서 볼 때 민주정부 10년 동안 국가－사회관계는 권위주의 통치 시기의 억압기제는 크게 완화되고 대신 동의기제가 활성화된 것처럼 보였다. 그러나 그것이 민주주의 공고화와 안보문제의 정략적 이용의 소멸로 연결되지 않았다. 이 시기 북한의 경우 계획과 생존을 보충하는 장치로 시장이 등장하기는 했지만, 전반적으로 권위주의 통치, 동원의 작동기제로서의 국가－사회관계에서 벗어나지 못하였다.

한반도 비평화 구조는 국면 전환과 그것을 촉진한 주요 사건들의 발생에도 불구하고 질적 변화, 즉 새로운 "구조적 시간"[113]이 나타나지 않고 있다. 비평화 구조가 변화보다는 지속성이 크다는 말이다. 구체적으로 비평화 구조가 3차원에서 상호작용하면서 남북대립, 군사적 대치와 긴장, 안보국가의 건재가 계속 목격되고 있다. 탈냉전 이후 남북관계에서 변화, 특히 하나의 "주기적 시간"으로 간주해도 무방할 정도로 10년간 관계개선이 있었지만, 그 시기 북핵문제가 악화되어 갔고 관계개선이 제도화 되지 못하고 이후 역진하였다는 점에서 한반도 비평화 구조의 본질적 변화는 발견하기 어렵다. 현재와 같은 분단, 대치, 억압 상황에서 기득권을 누리는 지배연합에 변함이 없고, 적을 (재)생산하고 안보문제를 정치적으로 활용해 갈등을 조장하는 정체성 정치가 계속되고

---

112) 서보혁, "탈냉전기 한반도 안보질서 변화에 관한 연구: 남북미 전략적 삼각관계를 중심으로," 『국가전략』, 제14권 2호 (2008), pp. 63–85.

113) 구조적 시간, 주기적 시간은 브로델에서 가져왔다. 페르낭 브로델, 이정옥 옮김, 『역사학 논고』 (서울: 민음사, 1990).

있기 때문이다.

그렇다고 변화가 없는 것은 아니었다. 다만 그 변화는 현상적 수준이어서 구조 변화를 강제하거나 촉진하지 못하였다. 먼저, 지배연합 구성에서 한반도 주변 4강은 분단체제의 현상유지, 곧 남북간 대립의 적정 관리를 통한 정전체제 유지에 전략적 공감대를 형성하고 있다. 사실 이것은 적어도 데탕트 이후부터 나타난 현상이다. 물론 현재 미국과 중국의 이익이 모두 일치하지 않고 장래 갈등 가능성을 배제할 수 없다. 그러나 한반도의 평화·안정 규범이 중국의 중상주의적 경제성장, 초국적 자본의 중국시장 진출을 위한 공통된 이해관계임을 앞에서 확인하였다. 남북한 정권의 분단의 정략적 이용이 지속되는 한 분단 해체 가능성은 요원해 보인다. 물론 한반도 긴장 상태 속에서 정치적, 경제적 이익을 추구하는 기득권 집단(특히 남북한 정권)이 있지만 그것은 세계질서 주도세력에 의해 통제되고 있다. 오늘날 한반도 비평화 구조의 불안정성은 이점을 배경으로 하고 있다.

다만, 남한정권의 주도세력이 군부에서 민간으로 전환되고 초국적 압력과 대내적 제약이 높아져 국가권력의 자율성이 완화된 것이 변화이다. 그러나 그런 변화는 국가권력 자체의 폭력성, 남북한 정권의 적대적 의존, 그리고 남북 민중 간의 이질감 재생산 등에 의해 압도당한다. 나아가 남북한 정권이 비평화 구조의 핵심 기반인 분단체제의 극복에 나설 의지와 능력이 부족하고, 무엇보다 분단체제의 안정적 관리에 이해를 같이 하는 주변 4강의 구조적 영향력을 벗어나지 못한다는 점이 일부 현상적 변화를 무력화시킨다. 그런 점에서 2018년 남북·북미·북중 간의 '평화외교'는 새로운 실험으로 관심을 끌고 있다. 그리고 남한의 경우 1987년을 분수령으로 국가-사회관계에서 수직적, 일방적 성격이 줄어들었음에도 불구하고 남북관계나 안보문제에 있어 거버넌스가 적용되는 수준은 아니다. 더욱이 남북간 격차의 증대로 북한의 흡수통일 두려움, 남한의 북한 혐오증이 일어나고 있다. 물론 국제네트워크를 가진 사회세력의 평화 만들기 작업도 일어나고 있지만 아직 비평화 구조와 경쟁할 수준은 아니다.

둘째, 정체성 정치에서 일부 변화가 보인다. 북핵문제의 경우 남북관계 차원과 국제적 차원이 어우러져 북한을 악으로 규정하는 일방적인 구도, 일종의 핵 카르텔이 형성되어 있다. 물론 중국이 전략적 필요에 따라 북한을 두둔하지만 미중 협조체제에 의해 견제되고 있다. 문제는 거기에 그치지 않고 코너로 몰린 북한의 반작용 역시 한반도 비평화 구조를 경화시키는 데 일조한다는 점이다. 핵개발이 과시용을 넘어 핵무장으로 추진되는 과정과 안보국가로서의 전형을 보여주는 '선군정치'가 그것이다. 국제적 차원에서 이루어지는 북한 악마 만들기 구도 하에서 남북관계가 비평화 구조에 변화를 주는 방향으로 자율성을 갖고 추진되려면 많은 필요·충분조건이 성립되어야 할 것이다.

정체성 정치에서 새로운 양상은 대내정치적 요소의 증대, 특히 사회세력 내에서, 혹은 사회세력 간에 정치성 정치가 활발해지고 있다는 점이다. 북한·통일문제를 둘러싼 '남남갈등'으로 표현되는 현상이 그것이다. 여기에 공공이익과 집단이익, 그리고 집단이익 사이에서 일어나는 갈등도 대내적 차원의 비평화 구조의 일단이다. 정체성 정치의 격화 원인은 특수이익의 일반이익으로의 주장, 일방주의적 대화 방식, 집단 이미지에 따른 관계 짓기 등이다. 그러나 사회세력의 정체성 정치는 자율적이라기보다는 권력집단과의 연계 하에서 전개된다. 평화·통일문제의 경우 정치사회의 후견이 시민사회에서의 정체성 정치에 윤활유 역할을 하고 있다. 한반도 평화·통일문제에서 사회세력은 생산과정에서 연원하는 집단이 아니라 이념적, 정치적 요소가 크게 개입한 개념이다.

셋째, 냉전 해체를 계기로 사회세력, 국가형태, 세계경제체제의 상호작용이 더욱 활발해지고 있다는 점이다. 냉전 해체 이전 한반도에서 이들 사이의 상호작용은 제한되었고 특히 사회세력의 영향이 크지 않았다. 세계화, 정보화, 민주화를 배경으로 한반도 비평화 구조는 국가, 국제체제에서 시작되는 하향식, 외재적 작동에 변화가 일고 있다. 특히, 세계화는 국제정치와 국내정치의 경계를 무너뜨리고 경제적 영향력을 전면화시켜 한반도에서도 다양한 반응을 불러일으키고 있다. 만성적 경제난에 빠진 북한에서 국가－사회관계, 사회경제적 양극화가 심화되는 남한에서 국가－사회관계, 그리고 그 위에서 혹은 남북에 침투해있는 초국적 자본 간의 삼자운동은 한반도를 복잡하게 구성하고 있다. 그런 운동은 한반도 비평화 구조에서 특정 차원의 일방적 규정력을 완화시키지만 그와 동시에 불확실성과 불안정성을 높이고 있다.

한반도 비평화 구조의 지속성이란 구조의 유지 메커니즘에 일정한 경로의존성이 작동함을 의미한다. 경로의존성이 작동하려면 특정 방향으로 경로가 선택되는 "결정적 국면"을 통과하여 제도화 단계로 진입할 공통이익, 규칙 제정, 내적 자율성이 갖추어져야 한다.[114] 한반도 비평화 구조는 한국전쟁이라는 결정적 국면을 통과했을 뿐만 아니라 그 유산인 정전체제가 지배연합 사이의 공통된 이해관계를 바탕으로 형성되고, 그것을 유지하는 물리적, 이념적 대립이 지속되고 있고, 3차원에서 상호 대립과 갈등이 재생산되고 있다. 민주정부 10년의 경험과 그보다 짧았던 남북·북미관계의 선순환 구도는 이런 한반도 비평화 구조의 지속성과 경쟁하기에는 역부족이었다. 그런 경험이 2018년에 재연되고 있다. 한반도 비평화 구조에서 변화는 역진될 정도로 유약하고 짧았던 것이다. 이는 한 차원에서의 변화로는 비평화 구조 자체의 변화를 가져오기에는 한계가 있음을 말해준다. 2018년 급반전된 남북, 북미 간의 대화 국면으로의 전환이 비평화 구조의 전환을 가져올 계기로 작용할 것은 분명하지만 그 향방은 '구조'의 무게와 깊이로 인해 단정하기는 이르다.

---

114) 홍기준, "유럽통합의 경로의존성과 창발성," 『국제정치논총』, 제48집 4호 (2008), pp. 219－220.

5. 맺음말

지금까지 한반도 비평화 구조와 그 작동양식을 콕스의 "역사 구조" 개념을 차용해 살펴보았다. 비평화 구조는 다양한 요소와 복잡한 이해관계가 얽혀서 재생산되는 메커니즘을 보인다. 여기서는 그것을 역사 구조 개념의 세 범주와 세 차원을 적용해 논의하였다. 분석 결과, 한반도 비평화 구조를 역사적이고 동태적으로 파악할 수 있었고 그 틀 속에서 남북관계 혹은 분단체제의 위상을 재검토할 수 있었다.

이상의 논의를 바탕으로 결론을 대신하여 다음 몇 가지 사항을 가설의 형식으로 제시해보고자 한다.

첫째, 한반도 비평화 구조는 물질적 능력, 이념, 제도로 형성·발전해온 역사적 구성물이자 관련 이해당사자간 상호작용의 장이다. 비평화 구조는 고정적으로 관련 행위자들의 행동을 일방적으로 제약하는 것이 아니라 행동 방향과 양식에 영향을 미친다. 이 중 제도가 능력과 이념의 합으로서, 다시 그 둘에 영향을 미친다는 점에서 더 주목을 요한다.

둘째, 한반도 비평화 구조는 사회세력, 국가, 세계질서 등 3차원에서 나타난다. 이들 간의 상호작용은 국면에 따라 그 양상을 달리한다. 냉전기에는 국가 차원 중심의 삼자운동이었다고 한다면, 오늘날에는 무정형의 3자간 긴밀한 상호작용을 보이며 구조가 지속되고 있다.

셋째, 한반도 평화구조의 형성은 비평화 구조의 전반적인 변화를 필요로 하는데, 이때 변수는 대안적 제도의 등장과 3차원 중 약한 고리의 부상이다. 물론 그런 상황이 현실화되려면 진보적 사회세력이 일국 및 초국적 차원에서 활성화되어 있어야 할 것이다.

여기서는 한반도 비평화 구조의 지속성을 강조하는 것으로 비춰졌을 수도 있으나, 위 가정을 적용할 경우 변화가능성도 균등한 비중으로 논할 수 있을 것이다. 변화 전망 역시 물질적 능력, 이념, 제도의 세 범주를 이용하여 사회세력, 국가 형태, 세계질서 등 3차원을 교직하여 논

할 수 있다. 비평화 구조를 평화 구조로 전환할 조건도 이 틀에서 논의
가능할 것이다. 이런 전망이 소망적 사고로 전락되지 않고 현실 가능성
의 견지에서 이야기하려면 구조 개념과 그 연구방법을 점검하는 것이
순서이다. 그런 작업에는 구조 개념에 역사성을 부여하거나,[115] 구조
개념을 유연화하거나,[116] 세계화가 대내문제에 내면화되는 과정에 주
목하거나,[117] 구조의 범주와 차원에서 관계를 유형하는 작업[118] 등이
포함될 수 있다.

　　한반도 (비)평화 구조 논의가 현실을 비판적으로 분석하면서도 현실
변화를 담지하려면 구조에 생명을 불어넣어 거기서 역사성과 동태성을
발견할 수 있어야 한다는 것이 본 논의의 의의라 할 수 있다. 2018년
한반도에서 일어나는 새로운 기운이 평화구조의 잉태를 가져올 생명의
기운이길 기대하는 것이다.

115) Fernando H. Cardoso and Enzo Faletto, *Dependency and Development in Latin America* (Berkeley: University of California Press, 1979).

116) Douglas Porpora, "Four Concepts of Social Structure," *Journal for the Theory of Social Behaviour*, 19:2 (1989), p. 195; Colin Wight, *Agents, Structures and International Relations: Politics as Ontology* (Cambridge: Cambridge University Press, 2006), pp. 127, 175－176.

117) E. Fuat Keyman, *Globalization, State, Identity/Difference: Toward A Critical Social Theory of International Relations* (Atlantic Highlands, NJ: Humanities Press International, Inc., 1997), p. 34.

118) 박명규, 앞의 책, pp. 91－93; 구갑우, 앞의 책, p. 168.

제 Ⅲ 부
지속가능한 한반도 평화

07
이익균형론을 이용한 한반도 평화체제 재론

1. 문제제기

2005년 9.19 공동성명은 한반도 비핵화와 평화체제 구축과 관련하여 하나의 분기점이 되었다. 그러나 그 둘의 연계 방식과 구체적인 추진 방안은 2.13 합의, 10.3 합의로 모색되었지만, 2008년 이후 한국과 미국 내 정권교체에 따른 대북정책 전환으로 2017년까지 합의 이행은 물 건너가고 한반도는 격랑으로 빠져들었다. 2018년 들어 남북, 북미 정상회담이 잇달아 개최되면서 다시 비핵화와 평화체제가 동전의 양면임을 재확인하고 그 이행의 첫발을 떼기 시작하였다.

한반도 평화체제 구축 문제는 정전체제의 전환과 적대관계의 청산, 그리고 불가침과 무력 불사용 등 복잡한 과제를 갖고 있다. 많은 사안들에 걸쳐 관련 당사자들의 입장이 엉켜있다는 점도 평화체제 논의의 복잡성과 어려움을 말해주고 있다. 이런 점을 고려할 때 한반도 평화체제 구축 논의는 규범적 태도나 특정 관련국의 입장에 선 접근보다는 관련 이슈들과 당사자들의 이해를 종합적으로 반영하여 접근하는 것이 보다 타당할 것이다. 이 글이 '이익균형'이라는 개념을 도입하여 평화체제 논의를 전개하는 것도 그런 문제의식이 발로이다. 현실적으로 한반도 평화체제 논의는 북핵문제의 해결, 정전체제 종식, 남북간 군비통제, 그리고 주변 강대국들의 협력이 있을 때 실효를 거둘 것이다. 그 중 당면한 핵심은 북핵문제이다. 그런 점에서 한국은 북핵문제 해결에 역점을 두면서도 평화체제 구축을 병행해나가야 할 입장에 서있다.

아래에서는 이익균형 개념을 소개하고 그것이 평화체제 논의를 객관적이고 균형적으로 전개하는데 유용함을 밝힌 후 이를 적용하여 평화체제와 관련된 기존의 남북, 북미, 그리고 다자간 합의를 분석 평가하고, 그 연장선상에서 평화체제 구축 전략을 제안하고자 한다. 이상의 논의를 통하여 이익균형론이 평화체제 구축 논의를 일관되게 전개하는데 적절한 개념이라는 것을 밝힐 것이다(2절). 이를 위해 평화체제에 대한 이론적 논의와 관련국의 입장을 간략히 검토할 것이다(3절). 이어 4절에서는 평화체제 논의에 투영된 상호 일치하는 이익과 배타적 이익을 구분한 후 이들의 상호관계에 근거하여 평화체제 구축 방안을 제시할 것이다. 결론에서는 본론의 논의를 요약하고 한국에 주는 시사점을 생각해볼 것이다.

2. 이론적 배경: 이익균형론

이익균형은 정치 현상만이 아니라 모든 사회 현상에 적용할 수 있는 개념이다. 사실 이익균형이라는 용어는 정치학계보다는 법학계에서 널리 이용되어 왔다. 법학계에서의 사례연구를 보면 국가정책 영역만 아니라 이익집단의 갈등을 해결하는 데에 이익균형 개념이 폭넓게 사용되고 있음을 알 수 있다.[119] 정치학에서도 이익균형 개념은 독립변수 혹

---

119) Margaret A. Berger, "Upsetting the Balance between Adverse Interests: The Impact of the Supreme Court's Trilogy on Expert Testimony in Toxic Tort Litigation," *Law and Contemporary Problems*, 64:2/3 (Spring－Summer 2001), pp. 289－326; André Nollkaemper, "Habitat Protection in European Community Law:

은 종속변수로 다뤄진다. 행정개혁, 예산정책, 그리고 대외정책을 공익과 사익, 국내이익과 국제이익, 관련국들과의 외교관계 균형을 통한 국가이익 극대화 등으로 분석한 연구는 이익균형을 독립변수로 다루는 경우에 해당한다.[120] 그에 비해 이익균형을 종속변수로 다루는 경우는 상대적으로 적지만, 상대국에 대한 이중적 이미지로 인한 정책 우선순위 수립의 곤란함을 해결하기 위해 이익과 가치 사이에 균형이 필요하다는 분석이 그에 가까운 연구 사례이다.[121]

고르바초프(Mikhail Gorbachev)는 1989년 유럽이사회 총회 연설에서 세계통신위성이 공동가치를 전면으로 내세웠고 전통적인 세력균형을 이익균형으로 대체하도록 했다고 말한 바 있다.[122] 그의 발언은 세력균형이 상실해가던 당시 국제질서의 특징과 함께 신국제질서의 작동원리를 언급했는지도 모른다. 사실 폭넓은 맥락에서 보면 모든 국제관계는 이익균형을 요구하고 있는지도 모른다.[123] 특히, 전쟁을 포함하여 물리적 갈등을 경험하였거나 적대관계에 있는 국가관계를 전환하거나 군사적 긴장상태를 평화 상태로 전환하는 문제를 다룰 경우 이익균형 개념

Evolving Coconceptions of a Balance of Interests," *Journal of Environmental Law*, 9:2 (1997), pp. 271 – 286; Samia A. Hurst, Alex Mauron, "Articulating the Balance of Interests Between Humans and Other Animals," *American Journal of Bioethics*, 9:5 (May 2009), pp. 17 – 19.

120) S. Alexander Maclin, "Economic Development: Balancing Public and Private Interests," *Policy Studies Journal*, 27:1 (1999), pp. 79 – 82; Takaaki Suzuki, *Japan's Budget Politics: Balancing Domestic and International Interests* (Boulder, CO: Lynne Rienner, 2000); Yahia Zoubir, Karima Benabdallah – Gambier, "The United States and the North African Imbroglio: Balancing Interests in Algeria, Morocco, and the Western Sahara," *Mediterranean Politics*, 10:2 (2005), pp. 181 – 202.

121) Thomas Gomart, "France's Russia Policy: Balancing Interests and Values," *The Washington Quarterly*, 30:2 (Spring 2007), p. 147 – 155.

122) Edward McWhinney, Douglas Ross, Grigory Tunkin and Vladlen Vershchetin (eds.), *From Coexistence to Cooperation: International Law and Organization in the Post Cold War Era* (The Hague: Martinus Nijoff, 1991), p. 5.

123) Alex Thomson, "Balancing Interests Beyond the Water's Edge: Identifying the Key Interests that Determined US Foreign Policy Towards Apartheid South Africa," *Politikon: South African Journal of Political Studies*, 32:1 (May 2005), p. 124.

은 당사국 간의 협력관계 형성과 국제질서의 안정을 모색하는데 유용한 개념이 될 수 있다. 문제는 균형을 이룰 이익이 무엇인가, 어떻게 균형을 이룰 수 있는가 하는 점이다. 이때 이익은 국가가 획득한 유무형의 부(富)에서 기회비용을 뺀 것을 말하는데, 이익을 국력의 단순 반영물로 보기에는 힘들다. 이익균형론에서 이익은 주어진 것이 아니라 국가관계, 이익에 대한 선호, 그리고 상대방에 대한 인식 등에 따라 가변적일 수 있기 때문이다.

현실주의 시각에서 이익균형 개념은 국제관계를 구조 수준의 변수, 곧 강대국간 세력배분에 바탕을 둔 세력균형 개념이 설명하지 못하는 구체적인 국가관계를 분석하는데 유용하다. 스웰러(Randall L. Schweller)에 따르면 세력균형은 국가 간 세력 변화에 따라 자동적으로 이루어지는 것이 아니고, 국가별로 국내정치, 선호, 인식 등에 따라 세력균형 이외의 대응이 나타날 수 있다고 보았다. 대표적으로 국가성향이 같은 나라는 그 성향이 현상유지이든 수정주의든 협조관계가 발생할 수 있다는 것이다.[124] 따라서 신흥강대국이 현상유지 성향을 가질 경우 기존 패권국과 협력관계를 맺을 수 있고, 더욱이 신흥강대국이 수정주의 성향을 가진다고 해도 그것이 제한적일 경우 패권국은 관여(engagement)정책을 통해 그 나라를 기성 국제질서에 편입시킬 수 있을 것이다.[125] 이런 논리에 따르면 탈냉전기 미중관계도 세력균형이 아니라 이익균형으로 설명이 가능하다. 가령, 스웰러의 '이익균형' 개념을 원용하여 부상하는 중국이 수정주의 성향을 띠지 않는 국가전략('화평굴기')을 전개하고 그에 대해 미국이 관여하는 방식으로 반응하여('이익상관자'), 양국 관계가

---

124) Randall L. Schweller, *Unanswered Threats: Political Constraints on the Balance of Power* (Princeton: Princeton University Press, 2006), pp. 46−68; Randall L. Schweller, "Bandwegoning for Profit: Bring the Revisionist State Back In," *International Security*, 19:1 (Summer 1994), pp. 104−106.

125) Randall L. Schweller, "Managing the Rise of Great Powers: History and Theory," in Alastair Ian Johnston (ed.), *Engaging China: The Management of an Emerging power* (New York: Routledge, 1999), p. 24.

안정적으로 전개될 수 있을 것이다.[126]

우달로프(Vadim V. Udalov)는 이익균형 개념을 이용해 미소관계의 발전을 증진할 수 있다는 분석을 한 바 있다.[127] 그는 이익의 유형에 따라 특정 관계의 유형을 연결시키고 있는데 일치하는 이익은 협력, 상호배타적 이익은 갈등, 비교차(nonintersecting) 이익은 중립관계를 가져온다고 보았다. 그에 따라 이익균형은 양측에 작동하는 전체 이익체계의 결합된 균형, 즉 상호배타적 이익이 일치하는 이익, 비교차 이익과 균형을 보이는 상태로 파악할 수 있다.

이익균형을 정의한 후 우달로프는 주요 국제관계 사례를 살펴보면서 이익균형의 방식을 다음 3가지로 제시하고 있다. 첫째, 이익의 재검토이다. 관련 당사자간 이익의 상호작용을 직시해 이익들의 차이를 식별하고 그중 상호배타적 이익을 비교차 이익으로 전환하여 협상에 의해 균형을 이루도록 한다는 것이다. 이런 이익의 수정은 국가관계의 탈이념화와 이익 분산 작업으로 가능한데, 각각 데탕트와 미소간 쿠바 미사일 위기 대응을 예로 들 수 있다. 이런 이익균형 방식을 실행하려면 정치인들의 통찰력과 유연성, 그리고 용기가 필요하다. 둘째는 새로 일치하는 이익을 만들어내는 것이다. 이는 대립하는 쌍방이 힘을 소진함으로써 적대적 관계가 약화되거나 극도의 경쟁으로 공멸의 위기가 도래할 때 발생한다. 그러면 쌍방은 기존의 적대 정책을 수정할 필요성을 가져 비폭력적 방식을 찾는다. 이때 세력균형은 이익균형을 불러일으키는 토대로 작용한다. 세 번째 방식은 적극적 상호의존이다. 갈등 밖에서 상호배타적 이익을 상쇄하는 일치하는 이익을 형성하는 방법인데, 예를 들어 적대국간 포로 교환이나 전후 프랑스와 서독의 협력을 들 수 있다.

---

126) 박홍서, "탈냉전기 중미간 '협조체제'의 출현?: 9.19 공동성명 후 북핵문제에 대한 중미간 협력,"『국제정치논총』, 제47집 3호 (2007), pp. 77-97.

127) 이하 내용은 Vadim V. Udalov, "The Concept of Balance of Interests and U. S. – Soviet Interaction," *Annals of the American Academy of Political and Social Science*, 518 (November 1991), pp. 165-176을 요약한 것임.

냉전기 미소 간에도 상호 이익 증대는 핵미사일 공격 위협을 줄일 수 있을 것으로 생각되었다. 그러나 협력 가능성이 갈등의 인질이 될 수도 있는 약점을 안고 있다.

전반적으로 국제관계에서 이익균형이 일어나는 것은 초국적 문제와 지역적 문제의 증대를 배경으로 하고, 그에 대응하여 세력균형 정책이 문제를 해결하기보다는 악화시키거나 당사자간 갈등을 초래한다는 판단이 작용하고 있다. 이익균형은 당사자간 상호작용의 방식을 전환시켜 진화하는 협력 구조가 갈등 구조에 맞서 점차 전체 관계의 체계를 수정하는 방향으로 나아갈 수 있음을 보여준다. 그래서 이익균형론은 세계적 상호의존 속에서 지역문제에 관한 국가간 상호작용을 설명, 예측할 논리적, 현실적 토대를 마련해준다고 할 수 있다.

3. 한반도 평화체제 논의 평가

한반도 평화체제 구축 관련 논의를 이익균형 개념으로 분석하기 위해서는 관련 당사국들의 이익 유형을 파악하고 유형별 이익의 분포 및 상호 배분 상태를 살펴보아야 할 것이다. 그러기 위해서는 평화체제 개념과 한반도 평화체제 관련 당사국들의 기본입장이 전제되어야 할 것이다.

1) 평화체제론

국제관계론에서 국제체제(international regime)란 특정 문제 영역에서 관련 이해 당사자들의 기대가 합치되거나 예측 가능한 행위를 가져오는 명시적·묵시적 원칙, 행위 규범 혹은 의사결정 절차 등을 말한다.[128] 평화체제는 평화를 보호, 달성하는데 요구되는 원칙, 규범 및 관련 제도

---

128) Martin Griffiths (et al.), *International Relations: The Key Concepts*, Second Edition (London: Routledge, 2008), p. 276.

를 통칭한다. 예를 들어 주권 평등 규범, 분쟁의 평화적 해결 원칙, 국제연합(유엔)과 평화조약 같은 것이 평화체제의 구성 요소라 할 수 있다.

평화체제에 있어서 평화는 평화의 보호를 의미하며, 평화의 보호는 평화유지와 평화회복으로 이루어진다. 평화유지와 관련한 조치로는 안전보장조약, 불가침조약이 있고, 평화회복과 관련해서는 휴전조약과 평화조약 등이 있다. 유엔 헌장 제39조는 안전보장이사회에 평화보호를 위한 관련 조치를 취할 권한을 부여하고 있다.[129]

평화조약은 교전 당사자들이 전쟁 종료를 목적으로 문서를 통해 취하는 명시적 합의를 말하는데, 국제법상 그 명칭에 관계없이 동일한 효력을 갖는다. 평화조약은 전시상태를 평화상태로 변경시킨다는 점에서 현상유지 하의 불가침조약과 구별되고, 조약의 체결권자가 국가원수라는 점에서 체결권자가 군사령관인 휴전조약과도 구별된다. 평화조약의 당사자와 휴전조약의 당사자는 반드시 일치하지 않는 것이 관행이다. 더욱이 연합군을 편성하여 작전하는 경우 휴전조약 당사자와 평화조약 당사자는 각기 정해지며, 양자의 당사자가 일치하지 않는 것이 일반적이다. 평화조약은 비준을 요하고 서명시 효력이 발생한다. 평화조약의 내용은 조약 당사자가 임의로 합의하여 정하는 것으로 일정한 유형이 있는 것은 아니다. 그러나 "적대행위를 종료하고 평화상태를 회복한다"는 내용은 반드시 포함되는 사항이다. 평화조약은 통상 일반조항과 특수조항을 포함하는데, 일반조항은 적대행위 종료, 점령군 철수, 압류재산의 반환, 포로 송환, 조약의 부활 등이 포함되고, 특수조항은 손상 배상, 영토 할양, 요새 파악 등이 포함된다.[130]

한편, 평화조약과 비교할 때 불가침조약은 평시 상태와 접경을 전제

---

129) 김명기, "평화체제 구축에 관한 이론적 개관," 곽태환 외, 『한반도 평화체제의 모색』 (서울: 경남대학교 극동문제연구소, 1997), pp. 15－16. 한반도 평화체제 구축과 관련한 심도 있는 법적 논의는 김명기, 『한반도 평화조약의 체결』(서울: 국제법출판사, 1994) 참조.
130) 김명기, "평화체제 구축에 관한 이론적 개관," pp. 4－7, 11.

로 하고 있고 영토를 포함하여 기존 질서를 인정하는 바탕 하에서 체결된다.[131] 그러나 이런 평화 관련 조약들의 '규제적 역할'이 성립되고 이행되려면 관련 이해 당사자들이 이익의 공통분모를 찾고 규범을 공유하는 '구성적 역할'이 필요하다는 점에 주목할 필요가 있다.

2) 한반도 평화체제 관련 4자의 입장

남한은 북한의 핵무장을 포기시키고 남침을 억제하여 한반도 평화를 정착시키는 것이 당면 목표이고, 그것을 바탕으로 평화공존, 교류협력을 통해 통일을 이룩하는 것이 궁극적 목표이다. 이런 안보·통일정책 목표는 남한사회에서 초당적 합의로 볼 수 있지만 그에 따른 대북정책 방향은 정권의 성향에 따라 관여와 억제 등 강조점이 달리 나타났다. 다음, 북한은 1980년대 후반 이래 국력의 약화와 국제질서의 변화에 영향을 받아 공산화 통일에서 체제생존으로 체제 이익을 하향조정하게 되었다. 북한은 남한을 포함한 주변국들과의 관계개선과 핵무기 개발이라는 모순적 이중전략을 통해 체제생존을 추구해나가고 있다. 북한은 2018년 들어 핵개발을 완성했다고 판단하고 경제건설에 매진하는 방향으로 정책방향을 전환하기까지 핵옵션을 유지해왔다. 미국과 중국은 클린턴 정부 1기때 갈등을 제외하면 세계적 차원에서 협력을 지속해오고 있는데, 한반도에 대해서도 양국은 자국의 기존 영향권(sphere of influence)을 유지하여 경제적, 군사적 이익을 발전시키는데 공감하고 있다. 구체적으로 중국은 지속적인 경제 성장, 미국은 비확산과 타 사안에 대한 우선적인 관심(가령, 반테러와 금융위기)으로 한반도에서 급격한 현상타파를 반대하고 있다. 이렇게 볼 때 이들 4자가 공통적으로 지지하는 한반도의 평화와 안정은 단지 외교적 수사가 아니라 각국의 이익에 부합하는 공통분모가 해도 과언이 아닐 것이다. 2018년 6.12 북미 정상회담에 대해 한국과 중국을 비롯해 국제사회 대부분의 나라들이 환영하고 나선 것은 북

---

131) 위의 글, pp. 19－20.

한의 완전한 비핵화와 미국의 구속력 있는 대북 안전보장이 한반도의 평화와 안정에 긴요하다고 보았기 때문이다.

한반도 평화체제 구축과 관련한 각국의 입장은 자국의 국가전략 혹은 대한반도정책의 하위개념으로 이해하는 것이 타당할 것이다. 이를 전제로 당사자 문제, 주한미군 문제를 포함하여 평화체제 구축 방법 및 방법들 간의 우선순위, 그리고 한반도 비핵화와의 관계 등에 관해 각국의 입장에 유사점과 차이점이 있는지를 살펴볼 수 있을 것이다. 한반도 평화체제 구축과 관련한 주요 당사국은 남북한, 미국, 중국 등 4개국으로 볼 수 있는데 실제 1990년대 후반 4자회담이 수 차례 개최된 바 있다.

한반도 평화체제 구축과 관련한 4개국의 입장을 요약 정리해보면, 한국과 미국이 긴장완화 및 신뢰구축을 우선시 하고 남북한 당사자 원칙과 주한미군 문제의 연계 반대, 그리고 북한의 핵포기 등과 같은 공동 입장을 취하고 있음을 알 수 있다.[132] 그 반대편에 북한이 미국과의 평화협정 체결 및 미국의 대북 안전보장 우선, 주한미군 철수 입장을 취해왔다. 북한은 2017년까지 일련의 핵·장거리미사일 발사 시험을 단행하며 체제생존 수단으로 핵무장 옵션을 강화해오다가 2018년 정책전환을 단행하였다.[133] 그 가운데 중국은 평화체제 수립을 위한 우선 과제 및 당사자 문제에 있어서 한국과 미국의 입장을 지지하고 있는 반면, 주한미군 문제에 관해 평화체제 수립 후 철수 입장을 취하고 있다.[134] 이는 한반도 평화체제 구축을 둘러싼 관련 당사국간 입장에 유

132) 박영호·박종철, 『4자회담의 추진전략: '분과위' 운영방안을 중심으로』(서울: 통일연구원, 1999), pp. 34–36.
133) 2009년 1월 17일 북한 외무성 대변인은 오바마 행정부를 향해 "관계정상화와 핵문제는 철두철미 별개의 문제"라고 전제하고, "우리가 핵무기를 만들게 된 것은 미국과의 관계정상화나 경제지원 같은 것을 바라서가 아니라 미국의 핵위협으로부터 자신을 지키기 위해서였다"라고 주장하였다. 그후 북한은 미사일 발사시험과 2차 핵실험을 단행하였다.
134) 최춘흠, 『한반도 평화체제 구축과 중국』(서울: 통일연구원, 2002); 신상진, 『한반도 평화체제 구축에 대한 중국의 입장과 전략』(서울: 민족통일연구원, 1998) 참조.

사점과 차이점이 공존하고 있음을 보여주고 있는데, 이익균형 개념을 적용할 경우 공통된 이익과 배타적 이익으로 구분이 가능하다.

3) 기존 논의 경과: 이익균형 틀의 모색

한반도 평화체제와 관련한 논의는 1980년대 말까지는 관련 당사자들이 각기 자기 입장을 일방적으로 주장해왔다. 그러나 냉전이 해체되는 1990년대에 들어서면서부터 남북, 북미, 그리고 다자간에 평화체제 관련 논의가 본격화되었다. 아래에서는 관련 당사자간 협의 과정에 나타난 평화체제 관련 내용을 이익균형론에 입각하여 검토해보고자 한다.

첫째, 1991년 12월 13일 합의한 남북기본합의서는 1980년대 말부터 전개된 일련의 고위급회담의 결과이다. 합의서는 전문과 남북 화해, 불가침, 교류협력 등에 관해 25개조로 이루어져 있는데, 분단 이후 최초로 남북의 정치, 군사, 사회문화 등 다방면에 걸친 신뢰구축방안에 합의하였다는데 큰 의의가 있다. 또 기본합의서에 바탕을 두고 정치, 군사, 사회문화 등 3개분야의 신뢰구축에 관한 부속합의서도 이듬해 발효되었다. 이들 합의사항들은 평화체제 구축에 있어서 남북간 일치하는 이익의 범위와 내용을 보여준다.

그러나 합의사항 가운데 혹은 합의사항에 포함되지 않은 것들 중에는 남북간 상호배타적인 이익이 엄존하고 있다. 먼저, 합의사항 가운데 발견할 수 있는 상호배타적인 이익은 신뢰구축 방안들 사이의 관계와 우선순위, 기본합의서상의 부기 사항,[135] 불가침 부속합의서 제1장 제3조[136] 및 제3장 제10조(해상경계선 획정문제) 등을 꼽을 수 있다. 기본합의서 및 부속합의서에 포함된 신뢰구축방안들 중 핫라인 설치를 제외한

---

135) 북측이 제기한 남북한의 국제기구 공동 가입, 국제회의 단일 대표단 참석, 양측의 기존 조약 개폐 문제 등을 말한다.

136) " …… 이밖에 남과 북은 북측이 제기한 군사분계선 일대에 무력을 증가하지 않는 문제, 상대방에 대한 정찰활동을 하지 않는 문제, 상대방의 영해·영공을 봉쇄하지 않는 문제와 남측이 제기한 서울 지역과 평양 지역의 안전보장 문제를 남북군사공동위원회에서 계속 협의한다."

조치들은 매우 초보적이며 선언적인 것들이다. 합의서 밖에서는 냉전 해체후 안전보장과 관련해 북한의 대미 접근과 핵 개발이 시도되면서 남북간 합의사항의 이행이 구조적으로 제약받기 시작하였다. 실제 이들 신뢰구축 방안의 이행 및 준수를 논의할 남북 정치, 군사, 교류협력 등 3개의 분과위원회는 실질적 가동이 이루어지지 않았다. 이런 경과를 볼 때 적어도 남북간에 한반도 평화체제 구축 과정은 상호 배타적 이익을 일치하는 이익으로 전환하는 방식보다는 일치하는 이익의 이행을 통해 상호 배타적 이익을 상쇄하는 방식이 상대적으로 더 효과적일 수 있음을 시사해주고 있다.

둘째, 1992년 1월 20일 남북이 채택한 한반도 비핵화 공동선언이다. 이 선언은 남북 기본합의서 채택과 마찬가지로 남북의 총리가 서명하였고 남북 대화와 북미 접촉이 이루어지는 분위기 속에서 이루어진 것이다. 비핵화 공동선언은 남한에게는 북한의 핵개발 중단, 북한에게는 미국으로부터의 소극적 안전보장, 미국에게는 핵 비확산체제의 확립이라는 이득을 가져다 줄 것으로 기대되었다. 이런 삼자간 상호 일치하는 이익은 미국이 주한 전술핵무기 철거를 결정하면서 가능한 것이었고, 비핵화 공동선언으로 그해 예정되었던 한미 팀스피리트훈련도 중단되었다. 6개항으로 이루어진 비핵화 공동선언은 1~3항에 걸쳐 핵무기 개발 금지, 평화적 목적에 한정한 핵에너지 이용, 무기급 핵물질 보유 금지를 명시하고 있다.

반면 공동선언에는 비핵화의 개념과 비핵화 검증 방법에 대한 입장 차이를 내재하고 있었다. 공동선언 후 남북한은 비핵화 검증 방법을 둘러싸고 핵통제공동위원회에서 논란을 거듭하였는데 북한은 주한미군 시설에 대한 사찰을 주장하였다. 또 북한은 '조선반도의 비핵지대화'라는 표현을 쓰며 핵무기 탑재가 가능한 항공기나 함선이 한반도(육상, 해상, 공중 일체)의 통과·방문·착륙 금지, 핵 군사훈련 금지, 핵우산 금지 등을 주장하였다. 한반도 비핵화와 관련한 남북간 입장 차이는 북한의 주한미군 철수, 한국과 미국의 북한 핵무장 금지 등 근본적으로 상호배타적인 이익을 반영하고 있다. 비핵화 공동선언의 이행 중단과 남북 합의서 채택의 불이행을 함께 고려할 때 북한의 이익 분포가 남한과 미국을 향해 비대칭적으로 분산되어 있음을 말해준다. 즉 북한은 초보적 군사적 신뢰구축은 남한과 일치하는 이익을 구성하는 반면, 체제 안전보장과 본격적인 군비통제는 미국과 협상하려는 것으로 판단된다.

셋째는 북미 기본합의(Agreed Framework)이다. 소위 1차 북핵위기를 거쳐 1994년 10월 21일 북한과 미국이 맺은 제네바 기본합의는 미국의 비확산정책과 북한의 체제생존전략이 타협점을 발견해 이익균형을 맺은 것으로 평가할 수 있다. 상호 교차가능한 양측의 이익은 상호주의 원칙으로 연결되었다.[137] 북미 기본합의는 북한 핵동결, 양국관계 개선, 한반도 비핵화, 비확산체제 강화 등 크게 4가지 분야에 걸쳐 13개항을 담고 있다. 물론 한반도 비핵화를 언급하는 대목에서 한반도 비핵화 공동선언 이행과 남북대화를 언급하고 있지만, 제네바 합의는 한반도 비핵화 및 평화체제 관련 논의의 축을 기존의 남북한에서 북한, 미국으로 이동시켰다. 이 점이 제네바 합의가 갖는 문제점이자 합의내 북미간 이익균형을 잠정적으로 평가할 이유이다. 제네바 기본합의가 갖는 또 다른 문제점은 합의 내에 잠복해 있는 상호배타적 이익이다. 대표적으로 북한의 핵물질 보유량에 관한 검증을 비롯한 과거 핵활동 규명 시기가 모호하게 된 점이 그것이다.[138] 또 제네바합의는 북한이 우라늄을 이용한 핵무기 개발가능성, 이미 생산된 플루토늄 통제 수단, 장거리 미사일 개발, 흑연감속로 해체 시점 등에 대한 명확한 규정을 갖지 못하고 있다. 가장 큰 문제는 북한의 핵 동결 및 폐기를 양국관계의 정상화와 연

---

137) 예를 들어, 경수로 공급계약 체결과 IAEA의 핵사찰 개시, 경수로의 완공과 북한의 흑연감속로 및 관련 시설의 완전 해체를 각각 연계한 것이 합의문에 포함되어 있다.
138) 제네바 기본합의문은 북한의 과거 핵사찰 시점을 "경수로 사업의 상당부분이 완료될 때, 그러나 주요 핵심부품의 인도 이전"으로 규정하고 있다. 이에 관한 규정은 당시 양해각서에 구체화되어 있지만, 조지 W. 부시 정부 들어 북미간 쟁점으로 부상하였다.

계하는 방안이 구체적으로 제시되어 있지 않다는 점이다. 그렇다면 제네바 합의는 북미간 잠정적, 일시적 이익균형 이면에 상호배타적 이익이 완고하게 자리하고 있었다는 점에서 불안정한 타협 구도라 할 수 있을 것이다.

넷째, 4자회담이다. 4자회담은 1953년 정전 이후 한반도 평화체제 문제를 관련 당사국들이 정식으로 다루었지만 각자 입장을 교환하였을 뿐 합의에 이르지는 못하였다. "한반도 평화체제 구축과 긴장완화"를 의제로 한 두 분과위원회는 북한의 주한미군 철수, 북미 평화협정 체결 주장으로 가시적 성과를 거두지 못하고 2000년을 맞이하기 전에 중단되었다. 그러나 4자회담은 한국이 주도하여 발기하였고, 한반도 평화체제 구축 당사국이 4개국임을 보여주었다는 점에서 이후 6자회담에서 밝힌 "직접 관련 당사국들"에 의한 한반도 평화포럼 개최 가능성과 연결되어 있다.

다섯째, 북미 공동 꼬뮤니케는 클린턴 정부 임기 종료를 불과 몇 개월 앞둔 2000년 10월 12일 김정일 총비서의 특사인 조명록 국방위원회 제1부위원장이 워싱턴에서 가서 미국측과 채택한 것이다. 공동 꼬뮤니케는 북미관계 정상화, 정전협정의 평화보장체계로의 전환을 통한 한국전쟁의 종식, 경제협력, 미사일문제 해결, 제네바합의 이행, 인도적 문제 협조, 반테러 등 양국간 관심사를 포괄하고 있고, 미국 대통령의 방북 준비차 국무장관의 방북도 언급하고 있다. 이런 내용과 회담 수준을 고려할 때 일면 북미간 상호 일치하는 이익이 더욱 확대됐다고 볼 수 있다. 공동 꼬뮤니케가 제네바 합의 당시 잠복해있던 양국간 상호배타적 이익을 상쇄할 수 있다고도 볼 수 있다. 그러나 공동 꼬뮤니케의 합의 내용의 추상성과 그 이행 방안의 복잡성, 그리고 미국내 정권교체 가능성 등을 고려할 때 현실성을 결여하고 있었다. 이는 북미간 이익균형의 형성은 경쟁관계에 있는 양측의 두 이익을 상호 상쇄하거나 전환하는 방식보다는 이익의 재구성이 보다 현실적인 접근임을 암시하고 있다.

여섯째는 분단 이후 남북 정상간 최초의 합의인 6.15 공동선언이다. 이는 한반도 평화체제 관련 논의축이 북미에서 남북으로 이동한 것이 아니라 남북, 북미 두 축이 활용될 수 있음을 말한다. 5개항으로 되어 있는 6.15 공동선언은 남북 신뢰구축과 관련하여 인도적 문제 해결, 제반 분야에서의 협력·교류, 남북대화 개최를 언급하고 있다. 그러나 무엇보다 최초의 남북정상회담 자체가 남북간 정치적 신뢰구축에 크게 기여하였고 이후 전개된 남북간 구체적이고 다방면에 걸친 신뢰구축의 토대가 되었다. 6.15 공동선언 속에서, 또는 공동선언을 통해 남북은 상호 일치하는 이익을 구체화하고 그것으로 상호 배타적 이익을 상쇄, 약화시킬 가능성을 열어놓았다. 그러나 남북미 3자간 상호 협력적인 관계를 바탕으로 한 평화 조성 노력은 미국내 정권교체로 단명하게 되었다.

일곱째, 9.19 공동성명이다. 2005년 제4차 6자회담 2단계회의에서 만들어진 9.19 공동성명은 제네바합의와 달리 북핵 관련 국가들이 참가한 다자적 틀을 활용하여 북한의 "모든 핵무기와 현존 핵프로그램 포기"를 목표로 한 비핵화 실현의 기본 틀을 제시하고 있다. 9.19 공동성명은 6개항으로 이루어져 있는데 한반도 평화체제와 관련해서는 4항에 "직접 관련 당사국들은 적절한 별도 포럼에서 한반도의 영구적 평화체제에 관한 협상을 가질 것이다"고 밝히고 있다. 한반도 평화체제와 관련해 9.19 공동성명이 갖는 의의는 첫째, 관련 당사국들이 한반도 평화체제 구축을 다자의 틀에서 모색하기로 한 점, 둘째 한반도 평화체제 구축이 남북한의 교차승인 완성, 북핵 문제 해결과 긴밀히 연관되어 있다는 점에 공감한 데 있다. 요컨대 9.19 공동성명을 통해 참여국들은 한반도 비핵화와 평화체제 구축을 동시 행동원칙으로 묶어 이익균형의 모양새를 만들어 놓았으나 양자간 우선순위에 대한 상이한 입장은 이행과정에서 조율해야 할 과제로 남겨 놓았다.

여덟째, 10.4 남북정상선언이다. 2007년 비핵화 초기단계 조치가 이행되는 가운데 6자회담에서 10.3 합의가 이루어졌고, 그와 동시에 2차 남북정상회담이 열려 10.4 정상선언이 채택되었다. 10.3 합의에서 인상적인 것은 9.19 성명과 2.13 합의에서 있었던 한반도 평화 관련 언급이 빠져 있는 점이다. 대신 한반도 평화 관련 논의는 10.4 남북정상선언에서 폭넓게 다뤄졌다. 8개항에 걸쳐 21개 사안을 담은 정상선언은 정전체제를 평화체제로 전환하는 문제를 남북 정상이 처음으로 다루고 공감대를 형성하였다. 3자 혹은 4자 정상에 의한 한국전쟁 종전 선언 추진 노력이 그것이다.

10.3 합의와 10.4 정상선언의 연쇄 발표는 한반도 평화체제 구축과 관련한 당사국들의 입장, 곧 이익 구도에 변화가 있을 수 있음을 말해준다. 평화체제 구축의 방법론, 당사자문제, 비핵화와의 관계 등을 둘러싸고 남북한과 미국의 입장 차이가 동시행동, 포괄접근을 통해 수렴될 수도 있음을 시사해준다. 사실 9.19 공동성명은 한반도 비핵화와 평화체제 논의가 연계되어 있고 포괄접근이 가능함을 원칙적으로 밝혀주었다. 10.4 선언은 남북 정상이 그 점을 공식 확인하였고, 나아가 평화체제 구축을 위해 신뢰구축의 중요성과 남북의 당사자 자격을 인정하였다. 이는 평화체제 구축 관련 당사국들간 주요 상호배타적 이익, 곧 평화체제와 비핵화의 우선선위에 관한 상이한 이해를 조정함으로써 일치하는 이익, 적어도 비교차 이익으로 전환될 가능성을 열어주고 있다.

마지막으로는 2018년 잇달아 열린 4.27 남북 정상 간의 판문점 선언 및 9.19 평양 공동선언, 그리고 6.12 북미 정상 간의 싱가포르 공동선언에서는 북한의 비핵화와 미국의 대북 안전보장을 통한 한반도의 항구적 평화체제를 추구한다고 밝히고 있다. 판문점 공동선언에서는 북핵문제의 목표를 명시하고, 평양 공동선언에서는 그 방법을 공약하였다. 특히 적대관계 70년 만에 처음으로 가진 북미 정상회담이 북한의 비핵화 의지와 행동을 확인하는 가운데 이루어졌고 두 정상 간의 신뢰 증진이 향후 합의사항의 이행에 청신호를 던져주고 있다. 한국 입장에서는 11년 만에 남북정상회담을 가진 것과 함께 북미정상회담 개최를 이끌면서 남북미 3자에 의한 한반도 평화체제 구축의 동력을 확보했다. 2007년의 10.3합의 및 10.4선언과 비교할 때 판문점·평양 공동선언과 싱가포르 공동선언은 선언의 주체, 맥락, 그리고 합의 내용 등에서 상대적으로 더 높은 수준이다. 이익균형의 재구성의 관점에서는 배타적 이익의 축소와 일치하는 이익 증진이 두드러진다. 또 세 정상 간의 신뢰 형성과 인도적 문제 해결을 위한 구체적인 행동도 항구적 평화를 향한 이익균형 형성에 긍정적으로 작용할 것이다.

4. 한반도 평화체제 구축의 과제

1) 추세: 이익 분포의 재구성

1990년대 초부터 나타난 한반도 평화체제 관련 논의 과정은 평화체제 구축을 둘러싼 관련 당사국간 이익 분포가 재구성되어 온 시간으로 볼 수 있다. 거기에는 냉전 해체, 남북관계 및 남북한의 대외관계 변화, 그리고 북한의 핵개발이 변수로 작용하였다.

이익 분포의 재구성을 선도한 현상은 긍정적인 측면에서 신뢰구축에 관한 남북간 광범위한 합의 및 이행 노력을 꼽을 수 있다. 남북한은 기본합의서 및 3개의 부속합의서를 맺은 후 북핵문제로 즉각적인 이행을 하지 못하다가, 김대중 정부 이후 두 차례의 정상회담으로 신뢰구축을 추진하였다. 그러나 합의사항이 준수되지 않은 부분이 많고 남북관계가 제도화 되지 못한 관계로 신뢰구축은 여전히 불안정한 상태를 벗어나지 못하고 있다. 반면에, 평화체체 구축 방안들 사이의 이익 분포를 부정적인 측면에서 재구성한 핵심적인 문제는 북핵문제의 등장이다. 북핵문제가 부각되기 이전인 1980년대 후반까지 한반도 평화체제 문제는 평화체제 구축을 위한 우선순위, 곧 남한의 신뢰구축 우선의 점진적 접근과 북한의 군축 우선의 급진적 접근이 대립하였다. 북한의 핵개발 문제는 한반도 평화에 직접적인 도전으로 작용하면서 평화체제 논의 구도를 크게 바꾸어 놓았다. 북한을 제외한 6자회담 참가국들은 북핵문제 해결이 한반도 평화체제 구축보다 우선하는 가장 중요한 문제로 파악하고 있다.

3절에서 살펴본 평화체제 관련 논의가 이익 재구성을 통해 이익균형의 틀을 모색한 것이라고 한다면, 이익균형의 틀이란 무엇을 말하는지 밝혀야 할 것이다. 정전체제의 약화 추세를 상수(常數)로 본다면,139) 평화체제 관련 이슈 및 당사자의 재구성이 이익균형 틀을 모색하는 두 축이라 할 수 있다. 먼저, 한국전쟁 이후 지속된 정전체제 아래에서는 상호 주권존중, 내정불간섭, 그리고 불가침 등 국제관계의 기본원칙은 관련 당사자간 규범의 공유가 아니라 세력균형에 의해서 가능했다. 그런 점에서 남북, 북미간 합의와 6자회담에서 이런 국제규범의 확인은 중요한 의미를 갖는다. 그런 규범은 평화조약, 관계정상화, 그리고 신뢰구축 등 한반도 평화체제 구축에 필요한 조치의 근간으로 작용할 것이다. 특히, 불가침을 남북은 물론 북미간에 (그것도 양자 합의는 물론 다자 합의를 통해) 공약한 것은 평화체제 논의에 촉진제가 된다. 그리고 남북이 기본합의서에서 광범위하게, 그리고 두 차례 정상회담을 통해 신뢰구축에 합의한 것도 평화체제 구축의 토대를 튼튼히 해줄 수 있다. 특히 2018년 평양 남북정상회담에서 군사적 신뢰구축 방안에 구체적으로 합의한 것은 특기할 만하다. 그에 반해 북핵문제를 계기로 한 한반도 비핵화 문제는 평화 구축의 내용을 확대한 반면 그 길을 복잡하게 만들었다. 냉전 해체 이후 북한의 의도적인 정전체제 무력화 책동과 북한과 미국, 일본의 적대관계에 기인하는 전후 한반도 질서의 구조적 불안정성도 평화체제 구축 과정에서 해결할 과제이다.

---

139) 정전체제 약화를 상수로 볼 것이냐에 대해 논란이 있을 수 있으나 그 기반이 되었던 냉전 체제의 해체와 남북한 체제 대결의 사실상 종식, 그리고 남한 국내정치에서 북한 변수의 정치적 악용 약화 등을 볼 때 약화되어 가는 추세에 들어섰다고 말할 수 있을 것이다.

탈냉전 이후 한반도 평화체제 관련 이슈의 확대는 행위자의 확대 및 행위자간 관계의 복잡성으로 이어진다. 남북 간에 기본합의서와 한반도 비핵화 공동선언이 채택되던 1990년대 초까지는 북한의 대미 공세에도 불구하고 평화체제 구축은 주로 남북 간의 문제였다. 기본합의서 제1장 제5조에 남북은 "정전상태를 남북 사이의 공고한 평화상태로 전환시키기 위하여 공동으로 노력"한다고 밝혔다. 그러나 1차 북핵위기 이후 북핵문제는 제네바합의 채택으로 북미관계에서 다뤄지고, 한반도 긴장완화 및 평화체제 논의는 4자회담에서 다뤄졌다. 이런 이중현상은 6자회담에서 9.19 공동성명으로 수렴되었지만 한반도 문제의 국제화는 돌이킬 수 없는 현상으로 굳어져 갔다. 결국 한반도 평화체제 관련 이슈 및 행위자의 확대는 새로운 이익균형의 틀을 모색하도록 강제하였던 것이다. 물론, 이슈 및 행위자의 확대가 이익균형의 틀을 보장하지 않는다는 점에 유의할 필요가 있다. 이슈 및 행위자 확대가 균형을 더 어렵게 할 수도 있기 때문이다.

1990년대 이후 논의 과정에서 평화체제 관련 이슈 및 행위자의 변화로 이익균형 틀을 모색한 때는 2000년과 2007년뿐이었다. 2000년 남북정상간 6.15 공동선언과 북미 공동꼬뮤니케는 남북관계 개선 이후, 2007년 10.3 합의와 10.4 남북정상선언은 북미 대화 이후에 이루어진 것이었다.[140] 2000년과 2007년, 그리고 그 둘을 연결한 사태 진전은 스웰러와 우달로프의 이익균형론을 확증하는 사례로 평가할 만하다. 한반도 평화체제 구축의 이해 당사자들이 현상유지를 공유하는 가운데 양자 및 다자 대화는 평화체제 구축을 향한 이익균형의 틀을 모색할 수 있음을 말해주고 있다. 2000~7년의 경험은 평화체제 구축과 관련한 ① 당사국들의 이익의 재검토, ② 상호 배타적 이익의 일치하는 이익으로의 전환, ③ 상호의존을 통한 배타적 이익의 상쇄가 실제로 가능함을 보여주고

---

140) 서보혁, "탈냉전기 한반도 안보질서 변화에 관한 연구: 남·북·미 전략적 삼각관계를 중심으로,"『국가전략』, 제14권 2호 (2008), pp. 63-85 참조.

있다. 남북간 불가침 합의, 미국의 대북 소극적 안전보장 공약, 북한의 주한미군 문제에 대한 유연한 자세는 ①의 사례로, 평화체제 구축의 주요 방법을 둘러싼 남북간 입장 차이 가운데서도 교류협력의 증대로 신뢰구축의 중요성을 공유한 것은 ②의 사례로, 남북 당국간 대화의 증대와 경제협력이 군사적 신뢰구축에 기여한 것은 ③의 사례로 말할 수 있을 것이다. 그러나 2008~17년 사이 한반도에서 위험한 상황은 그런 식의 이익균형의 재구성이 기대에 불과할 수 있음을 보여준 대신, 2018년 들어 나타난 남북, 북미 정상회담 등을 통한 긴장완화와 비핵화 프로세스의 재개는 2000년대 초의 기대가 실현 가능함을 보여주고 있다.

지금까지 평화체제 논의는 이해 당사자들의 행동을 규제하는 수준으로 나아가지 못한 점을 감안할 때, 오히려 관련국들의 개별 이익과 한반도 차원의 일반 이익 사이에 공약수를 찾아낼 구성적 역할이 더 필요함을 시사하고 있다. 이익균형은 주어진 제도상의 규정으로부터 설정되기보다는 관련 행위자간 상호작용으로 만들어지기 때문이다. 그럴 때 관련국의 국가이익과 한반도 평화는 선순환을 모색할 수 있을 것이다.

2) 과제: 이익균형의 형성

이론적으로 한반도 평화체제 구축을 위한 당사자간 새로운 이익균형 형성을 제약하는 요소는 크게 상호 배타적 이익의 엄존과 강대국간 세력균형의 정치라 할 수 있다. 상호 배타적 이익은 앞에서 언급한 바 있어 반복하지 않겠지만, 요컨대 각 당사자간 이익의 우선순위가 다르다는 점이다. 평화체제 구축을 우선적인 주요 과제로 보는 측이 있는가 하면 그렇지 않은 당사자들도 있다. 그 속에서 관련 이슈들에 대한 중요도에 대한 인식도 다를 수 있다. 6자회담은 그 이슈와 당사자를 최대한 확대해 놓았다. 그 속에서 평화체제 문제도 포함되어 있지만 북핵문제가 더 높은 우선순위를 차지하고 있다. 북한은 평화체제 논의를 앞당

기기 위해 핵 카드를 쓰는 딜레마를 연출하고 있다. 세력균형 정치란 주변 강대국들이 한반도 평화정착을 지지하면서도 "정전상태를 공고한 평화상태로 전환하는 노력"보다는 정전상태의 평화적 유지를 더 선호하는 일종의 합작(collaboration)을 말한다. 가령, 미국과 중국은 한반도에서 기존의 영향권과 국가이익을 유지하는 것이 더 중요하기 때문에 원칙적으로 한반도의 안정을 지지하면서도 평화체제로의 전환에 소극적일 수 있다. 더구나 북핵문제가 부상해있기 때문에 6자회담의 진행 경과가 말해주듯이 평화체제 구축 논의는 긴급한 과제가 아닐 수 있다.

여기서 하나의 역발상을 할 수도 있을 것이다. 이 두 제약요소를 극복할 수 없다면 이 둘을 평화체제 구축 논의의 촉진요소로 전환하는 것도 검토할 가치가 있다. 즉, 한반도 문제에서 강대국간 (특히 미중) 협력을 인정하면서도 북핵 폐기를 전제로 북미관계가 급진전하는 경우이다. 북미관계의 급진전은 관계정상화 혹은 평화협정 체결을 상정할 수 있는데, 이는 중국의 태도 변화를 가져올 수 있다. 그럴 경우 중국이 참여하는 평화협정 체결을 통해 한반도 평화체제 구축이 본격화 될 수 있다. 이때 남북한도 평화협정 논의에 참여하는 한편 군비통제를 진전시키며 평화체제 구축의 당사자 역할을 높일 수 있을 것이다. 바로 그런 상황이 2018년에 나타난 것이다. 북한의 핵·미사일 실험 중단을 바탕으로 전개된 남북 정상회담과 북미 정상회담은 한반도 비핵화와 평화체제 구축을 병행 추진할 환경을 조성했다. 특히, 비핵화와 평화체제를 묶은 일괄타결과 포괄접근 없이는 북미관계 개선이 불가능함을 트럼프 대통령과 김정은 국무위원장이 인식한 것이 중요한 변화이다.

당사국간 이익의 균형을 통해 평화체제 구축을 현실화시키기 위해서는 관련 쟁점에 대한 냉정한 파악이 필요하다. 일반적으로 평화체제 구축에 나서는 쟁점들은 평화정착의 제도적 방안, 특정 방안에 담을 내용, 법적 방안과 실질적 방안의 상호관계, 그리고 한반도 평화체제의 경우 남북한의 지위, 한미동맹관계 등 많은 문제들이 연관되어 있다. 그

중에서 평화협정을 평화정착의 제도적 방안으로 보는 논의가 유력한데 이 경우에도 평화협정의 내용, 형식과 관련하여 당사자 문제, 평화관리 기구와 국제평화보장체계의 주체 등 많은 문제들이 쟁점으로 부각될 수 있다.[141] 평화협정 체결 시점, 한반도 비핵화와의 순서, 동북아 안보협력과의 관계도 주요 논의 과제들이다.[142]

이익균형론의 관점에서 한반도 평화체제 구축은 다음 네 가지 접근을 생각해볼 수 있다. 첫째, 이해당사자들을 모두 포함시키되 관련 이슈별로 적절하게 배치할 수 있다. 평화체제 구축의 이해당사자는 남북한을 비롯하여 미국, 중국, 러시아, 일본, 유엔 등으로 상정하되, ① 남북은 상호 군비통제 논의를 포함하여 모든 관련 사안에 참여하고, ② 한반도 비핵화에는 북한과 미국이 주 행위자로, 한국, 중국, 그리고 유엔이 관련 행위자로 참여할 수 있고, ③ 평화정착의 제도적 방안은 평화조약, 종전선언, 불가침조약 등 구체적 방법에 따라 당사자가 정해질 것이지만 남북한과 미국, 중국이 적절한 방식으로 참여하고, ④ 주한미군 문제는 한미 간에, ⑤ 적대관계 청산은 북한과 미국, 일본 간의 국교 수립으로 해결할 문제이고, ⑥ 동북아 안보협력에는 6자회담 참여국들이 모두 참여할 수 있다. 이런 이슈별 당사자 배치에 당사자들이 합의하는 것이 선결 과제이다.

둘째, 상호 일치하는 이익을 기정사실화하여 배타적 이익을 견제할 수 있다. 상호 일치하는 이익이란 기존의 양자간, 다자간 합의 사항을 망라한다. 여기에는 일반적 내용과 특정 사안과 관련된 내용으로 나누어 볼 수 있다. 일반적 내용은 상호 주권존중, 내정불간섭, 분쟁의 평화적 해결, 불가침 및 무력 불사용 등 국제관계의 일반원칙이다. 특정 사

---

141) 백승주, "한반도 평화협정의 쟁점: 주체, 절차, 내용, 평화관리 방안," 『한국과 국제정치』, 제22권 1호 (2006년 봄), pp. 257 – 287.

142) 조성렬. 『한반도 비핵화와 평화체제 구축의 로드맵』(서울: 통일연구원, 2005); 박종철, "한반도 비핵화와 평화체제 전환," 『한국과 국제정치』, 제22권 1호 (2006년 봄), pp. 103 – 136; 박건영, "한반도 평화체제 구축을 위한 동북아 다자안보협력 전략," 『한국과 국제정치』, 제22권 1호 (2006년 봄), pp. 199 – 224.

안과 관련해 일치하는 이익은 무엇보다 한반도 비핵화 공약인데, 이는 미국의 대북 안전보장 방안과 깊이 연계되어 있다. 6.12 북미 공동선언의 이행은 이 둘의 연계성을 상호 만족하는 방식으로 묶어내는데 달려 있다.

셋째, 배타적 이익을 일치하는 혹은 비교차 이익으로 전환하도록 힘쓰되 여의치 않을 경우 상호연계하는 방법도 가능하다. 평화체제 구축과 관련하여 배타적 이익이란 우선, 비핵화 이행과 평화체제 구축 간의 우선순위를 둘러싼 입장 차이와 그 이면에 있는 이익 갈등을 말한다. 이는 근본적으로 안보위협에 대한 관련국간 인식의 차이를 반영하고 있다. 평화정착의 제도적 방안과 그 당사자, 군비통제의 범위 및 접근 방법을 둘러싼 남북간 입장 차이에도 상호 배타적 이익이 작용하고 있다. 이들 이익의 실현을 제로섬 게임 방식으로 추구할 경우 평화체제 구축 노력이 무위로 돌아갈 수 있다는 점에 유의할 필요가 있다. 2009년부터 2017년까지 북한의 잇달은 핵실험과 북미 평화협정 주장에 대한 미국 주도의 유엔 안보리의 대북 제재와 미국의 대한(對韓) '확장억지' 공식화를 통해 새로운 대립 상황이 조성되었다. 2018년 트럼프-김정은 정상회담으로 이런 위기 상황은 진정되었지만, 미국이 대북 제재를 연장하고 북한이 비핵화 진전 속도를 조절함으로써 잠재적인 위험이 완전히 가신 것은 아니다.

넷째, 대화와 교류를 통하여 상호 신뢰를 확대하는 것이 유용할 것이다. 평화체제 구축을 위해서는 앞서 일치하는 이익으로 언급한 국제관계의 일반 원칙의 준수와 함께 상호 신뢰증진 노력이 필수적이다. 만약 상호 체제를 존중한다고 언명하면서도 대화와 교류가 없다면 대결과 불신은 줄어들지 않을 것이다. 남북 군비통제 논의의 효과를 높이기 위해 남북 경제협력과 그를 위한 군사부문에서의 협력은 이익균형론의 긍정적 상호의존을 적용하는 좋은 방법이 될 수 있다.143) 물론 인도적 문

---

143) 한용섭, "군비통제와 한반도 평화체제 수립,"『한국과 국제정치』, 제22권 1호 (2006

제 해결 노력도 좋은 방안이다. 4.12 판문점 선언과 6.12 싱가포르 공동 성명 이후 남북한과 북미 사이에는 이산가족 상봉, 미군 유해 발굴 및 송환 등에 협력하기 시작했다.

평화체제 논의에 이익균형론을 적용하는 것과 평화체제 구축을 낙관적으로 전망하는 것은 구분해야 할 것이다. 현실주의 시각에서 이익균형은 세력균형의 대체재가 아니라 보완재이기 때문이다. 또 세력균형은 이익균형의 반대가 아니라 이익균형 창출에 주요 역할을 담당한다.[144] 한반도 평화체제 논의와 관련하여 세력균형은 휴전선을 경계로 북-중-러 북방세력과 한-미-일 남방세력이 맞선 형국에 비유할 수 있다. 이 둘은 현재 미국과 중국의 견제와 협조 관계에 의해 유지되고 있다. 한반도의 평화와 안정은 그런 세력균형의 유지에 이해를 같이하는 관련국들의 공통된 입장을 표현하고 있다. 그러므로 이익균형론에 입각한 평화체제 논의는 한반도 주변의 세력균형을 인정하는 가운데서 가능할 것이다. 북한의 핵개발이나 대남도발은 한반도 정전체제의 불안정성을 보여주었는데, 이는 정전체제를 기반으로 한 세력균형 질서의 불안정성을 의미하기도 한다. 싱가포르 정상회담으로 북미 간 대립이 완화된 것은 정전체제의 불안정성을 일부 해소하고 있지만, 대신에 미국과 중국 사이의 갈등 상황은 정전체제가 동아시아 분단체제의 일부임을 확인시키고 있다. 그러므로 안정적인 세력균형 질서를 만들고 역내 국가간 관계를 예측가능하고 협력적 방향으로 만들어가는데 있어서 한반도 평화체제 수립은 하나의 전기가 될 수 있다. 이익균형론은 국가이익을 '절대적 이익'으로 파악하고 관련국간 상호 이해와 타협이 국익 증진에 더 유용함을 암시한다. 평화체제 논의와 관련하여 이익균형론은 한반도 주변 세력균형을 유지하는 가운데 관련국간 이익의 내용물을 재구성하고 역내 지속가능한 평화의 길을 열어줄 수 있을 것이다.

년 봄), pp. 193-194.

144) Udalov, "The Concept of Balance of Interests and U. S.-Soviet Interaction," p. 176.

5. 맺음말

한반도 평화체제 구축 논의는 오랜 정전체제와 관련국들의 이해관계, 북핵문제 등으로 그 역사성과 복잡성을 특징으로 하고 있다. 따라서 한반도 평화체제 구축은 정전체제의 평화적 전환이라는 평화 회복의 의미와 관련 당사자간 협력관계 수립을 바탕으로 평화를 유지하는 의미를 포함하는 광의로 인식하는 것이 타당할 것이다. 한반도에서 이 둘은 분리하거나 단계적으로 접근하기 보다는 하나의 틀에서 연속적으로 접근하는 것이 타당하다. 평화체제 구축의 제도적 측면도, 가령 평화조약의 형식과 당사자 문제에 국한하여 논의하는 것은 적절하지 않고 관련 이슈들과 당사자들을 포괄적으로 고려하여 접근할 필요가 있다. 이익균형론에 따른 평화체제 구축 논의는 규범적 접근보다는 다양한 사안들에 결합되어 있는 상이한 이익들의 상호관계와 그 조정에 주목하고 있다. 이익의 재검토, 상호배타적 이익의 일치하는 이익으로의 전환 혹은 일치하는 이익에 의한 배타적 이익의 상쇄, 그리고 상호의존이 그 방법으로 제시되었다.

사실 1990년대 초부터 최근까지 남북, 북미, 4자, 6자 사이에 이루어진 일련의 협의들은 한반도 평화체제 구축에 긍정적으로 작용할 상호 일치하는 이익을 발견해온 과정이라 할 수 있다. 물론 그 합의들의 이행 부진과 합의 이면에 엄존하는 배타적 이익은 평화체제 구축의 길이 단순하지 않음을 말해주고 있다. 이익균형론은 합의점과 차이점을 구분하여 기존 합의를 이행하고 그것으로 배타적 이익을 상쇄하는 한편, 배타적 이익들을 하나의 틀에 묶어 평화체제 구축에 순기능할 여지를 만들어주고 있다. 2018년 남북, 북미 정상회담의 성과는 2007년 남북 및 북미 합의를 능가한다. 물론, 두 가지 정상회담에서 표방한 공약 이행의 길이 비가역적일지는 단정하기 어렵지만 합의 내용이 그동안 배타적 이익으로 간주돼 온 것들을 일치하는 이익으로 전환할 가능성을 열어 놓고 있는 점은 주목할 만하다.

　한국은 평화체제 관련 모든 사안에 남북이 기본 당사자임을 국제사회로부터 인정받아야 할 것이다. 평화협정, 군비통제 그리고 한반도 비핵화에 있어 남북한 당사자 원칙은 일치하는 이익과 배타적 이익의 균형 혹은 전자에 의한 후자의 상쇄를 가능하게 해줄 것이기 때문이다. 이를 전제로 한국은 평화체제 구축과 한반도 비핵화 문제를 전략적으로 접근하여야 할 것이다. 9.19 공동성명, 판문점 선언, 싱가포르 공동선언, 평양 공동선언 등은 이 둘의 연계성을 인정하고 있다. 이론적으로 북핵문제가 한반도 평화체제 개념에 포함될 수도 있겠지만, 현실적으로 북핵문제 해결은 평화체제 구축을 위한 필수 과제이다. 두 문제에 담겨 있는 이익균형점은 북한에 대한 구속력 있는 안전보장 방안이 될 것이다. 그 가운데서 북핵문제의 해결 수준과 방식은 국제정치적 흥정으로 결정될 가능성을 배제할 수 없다. 이것은 한국에게 큰 도전으로 다가와 있다. 한국이 남북관계와 북미관계의 병행 발전을 추구하는 이유도 포괄적이고 완전한 비핵평화체제의 수립을 위한 것이다.

08
인간안보와 신남북관계 발전 전략

1. 문제제기

일반적으로 국가는 폭력을 합법적으로 독점하여 대내적으로는 질서를, 대외적으로는 평화를 형성 유지하는 정치체로 정의된다. 그 대신 국가 구성원 개개인의 자유는 국가이익을 현저히 훼손할 가능성이 있는 경우 헌법에 의해 제한할 수 있는데, 국가안보와 공공복리가 그런 경우이다. 그러나 이런 이론은 현실과 많은 괴리를 보일 수 있다. 냉전체제 하에서 국가는 안보를 명분으로 권위주의 통치를 정당화 했고 그로 인해 시민들은 민주화를 달성할 때까지 많은 희생과 비용을 치렀다. 그런 정치적 폐해를 별도로 하더라도 국가안보론은 안보 주체(공급자)로서의 국가 대 안보 객체(소비자)로서의 국민이라는 위계적 대당관계를 전제로 하고, 군비경쟁을 주된 수단으로 삼아 위기 해소보다는 위기의 재생산을 초래해왔다. 냉전 해체와 민주화 도미노 현상이 일어난 1980대 후반 이후 국가안보 중심의 전통 안보론에 대한 회의가 일어난 것은 우연한 현상이 아니다. 대안적 안보 논의, 특히 인간안보론은 유럽과 국제기구에서 시작되었다. 그렇지만 한반도에서 인간안보론이 소개되기 시작한 것은 2000년대 들어서였다. 냉전 해체의 시간차를 보게 된다.

분단체제 하에서 남한의 민주화는 부분적으로 진전이 있었다. 그러나 2017년 촛불혁명 이전까지 한국 사회가 민주주의 공고화 단계로 진입하였는지는 회의적이었다. 안보 분야에서 민주화는 더 요원해보였다. 국가안보론이 건재하기 때문이다. 소개되기 시작한 인간안보론에서도 문제가 보였다. 인간안보론의 지향과 성격을 강조한 나머지 인간안보 증진에서 국가의 역할이 충분히 조명되지 못하거나, 인간안보 영역과 국가안보 영역이 구별되는 것 같은 오해가 일어나기도 하였다. 그런 점들과 한반도의 특수 상황이 결합하여 한반도에서 정작 인간안보론이 정면으로 맞닥뜨려야 할 남북관계는 인간안보 접근금지 구역같이 보였다.

이 장에서는 인간안보를 증진하는 과정에서 국가의 역할이 무엇인지를 이론적으로 구명하고 그것이 남북관계에 주는 함의를 도출해보는 데 목적이 있다. 그동안 인간안보 논의는 주로 인간안보의 개념화, 인간안보와 국가안보의 관계를 중심으로 전개되어 왔다. 그 과정에서 국가는 터부시되거나 인간안보와 국가안보가 대립 혹은 보완적 관계라는 주장이 경합하면서 정작 인간안보 증진을 위한 국가의 구체적인 역할에 대해서는 본격적으로 연구되지 못하였다.

본 연구에서 이론적 질문은 두 가지이다. 첫째, 인간안보 논의에서 국가는 애물단지인가? 인간안보론에서 적극적으로 다루어지지 않은 문제이다. 두 번째 질문은 인간안보 증진을 위해 국가는 무엇을 할 수 있는가이다. 인간안보와 관련한 국가의 위상과 역할의 문제이다.

서론에서 이어 2절에서는 인간안보론을 간략히 소개하고 국내외 선행연구를 검토해 본 논의에 필요한 이론적 자원을 찾아볼 것이다. 3절에서는 인간안보론에서의 국가의 의의와 역할을 이론적으로 살펴볼 것이다. 이를 바탕으로 4절에서는 남북관계를 인간안보론으로 접근할 필요성을 논의한 뒤 그 구체적인 의미를 생각해보고자 한다. 그리고 남북관계를 인간안보의 시각으로 접근할 때 남북한 정부가 어떤 역할을 할 수 있고 어떤 기대효과를 창출할지를 생각해볼 것이다. 마지막 절에서는 본론을 요약하고 향후 논의 과제를 생각해보고자 한다.

2. 인간안보론의 개괄과 검토

1) 인간안보 논의 개괄

탈냉전시대에 들어서서 안보 개념이 확대되면서 인간안보 개념이 국제공동체에 부각되기 시작하였는데, 그 이유로는 냉전 종식과 더불어 대규모 내전의 발생과 세계화의 급속한 진전으로 대중이 공포와 빈곤, 그리고 여타의 인간 존엄의 위협에 심각하게 직면했기 때문이다.[145] 그런 상황 변화에 직면하여 기존의 국가중심적 안보 개념, 즉 국가안보론은 내전과 국가에 의한 인권침해에 대응하지 못하고, 국가안보를 명분으로 개인안보를 침해한다는 점을 간과하고, 주권 개념의 변화 및 초국적 위협의 등장, 그리고 인권침해에 대한 도덕적 개입의 필요성이 대두되는 상황과 부합되지 않다는 지적이 높아졌다. 이를 반영해 1994년 유엔개발프로그램(UNDP)은 "안보개념은 장기간 협소하게 이해되어 왔다. … 일상생활의 안보를 모색하는 평범한 개개인의 정당한 안보에 대한 이해가 망각되어 왔다."고 지적하고, 경제, 식량, 건강, 환경, 개인, 공동체, 정치 등 7가지 인간안보 영역을 제시하였다.[146] 그 후 인간안보는 국가안보에서 벗어나 개인의 삶의 질을 중시하는 신 개념으로 부상하였다. 인간안보 개념은 논자에 따라 다양하게 정의되고 있으나 공포로부터의 자유로 한정하는 협의의 정의와 거기에 결핍으로부터의 자유와 인

---

145) International Commission on Intervention and State Sovereignty (ICISS), *The Responsibility to Protect* (Ottawa: International Development Center, 2001); Akiko Fukushima, "East versus West?: Debate and convergence on human security," In Sorpong Peou, (ed.), *Human Security in East Asia: Challenges for Collaborative Action* (London: Routledge, 2003), pp. 122−127.

146) United Nations Development Programme (UNDP), *Human Development Report 1994: New Dimensions of Human Security* (New York: Oxford University, 1994), p. 22.

간 존엄성의 보호를 포함하는 광의의 정의로 나뉜다.

인간안보 개념의 특징이자 장점은 인간안보를 증진하는데 있어서 보호(protection)와 역량 강화(empowerment), 혹은 위로부터의 접근과 아래로부터의 접근을 동시에 유용한 구조로 인정하는 점이다. 이는 국가의 통제기제만으로는 새로운 안보 현실에 대응할 수 없고 개인의 입장에 초점을 두는 안보 관심이 증대하고 있는 추세를 반영하고 있다. 그런 점에서 인간안보론은 기존 안보 개념과 통합을 시도하는 보완적 개념이라는 특징을 띤다.[147] 물론 전통적인 국가안보 개념과 인간안보 개념 사이에는 질적인 차이가 존재한다. 전통적 안보개념이 위로부터의 접근이라고 한다면, 인간안보는 아래로부터의 접근에 초점을 둔다. 인간안보는 대중[148] 중심의 안보관(a people-centered view of security)이 국가, 지역, 세계적 차원의 안정에 필요하다고 주장한다(표 8-1). 이를 종합해보면 "인간안보는 국가안보를 보완하고, 인간개발을 강화하고, 인권을 향상시킨다."[149]

인간안보는 인간의 안전을 달성하는 방법에 대한 윤리적 사고를 옹호하여 세계정치에 대한 새로운 규범적 틀을 제시하였다. 즉, 안보의 목적과 대상을 국가에서 인간으로 전환시키고, 국가 이익에서 보편적 가치로 전환시킨 의의가 있다. 방법론적 측면에서 인간안보 개념은 안보 수단을 다시 개념화하고, 개인안보와 세계안보를 연계시키고, 국가 및 국제 체계의 안보 달성 전략으로서 인간안보를 부각시킨다.[150] 국제정치 현실을 감안할 때도 인간안보는 일방주의를 견제하고 다자주의와 국제 네트워킹을 증진하고, 강대국의 안보 이슈 독점을 견제하고 새로운 비전

---

147) Francois Fouinat, "A Comprehensive Framework for Human Security," *Conflict, Security and Development*, 4:3 (2004), pp. 289-297.

148) 여기서 대중은 국적 소유 여부나 개인적/집단적 차원에 관한 선호와 무관하며 해당 국가에 살고 있는 거주민(inhabitants) 전체를 말한다.

149) Commission on Human Security, *Human Security Now: Final Report* (New York: CHS, 2003), p. 2.

150) Ibid., pp. 20-21.

[표 8-1] 전통적 안보와 인간안보의 구분

구분	전통적 안보	인간안보
대상	국가의 이익 극대화에 입각해 국경선, 국민, 제도 및 가치를 보호	대중 중심. 개인의 복지를 중시하고, 위협의 원천에 대응함에 있어서 대중의 필요에 우선적 관심을 둠
범위	국가를 외부침략으로부터 방어하고, 국가통합성 유지와 국토방위에 집중	국가 방어 외에도 환경오염, 전염병, 빈곤을 포함해 광범위한 위협으로부터의 보호에 주목함
행위자	국가는 유일 행위자로서 자기 생존을 책임지고, 정책결정은 정부에 집중되어 있고, 주권국가는 무정부상태에서 작동함	행정부뿐 아니라 지역·국제기구, 비정부기구, 지역공동체 등 다양한 행위자가 참여
수단	국력, 주로 군사력에 의존하는데 군비경쟁, 동맹, 억지전략이 통상적 형태	인간개발, 인권, 정치발전을 도모하고, 대중 참여에 의해 안보불안 해결을 추구

* 출처: Tadjbakhsh and Chenoy, *Human Security*, p. 41을 참조해 재구성.

통적인 위협(소위 연성위협)을 세계 의제로 부각시켜 거기에 대한 서방의 책임을 부과하고 남북 동반자 관계를 모색할 수 있게 해준다.[151] 인간안보 개념은 불안의 기원을 설명하지 않지만, 불안을 생산하는 요소들 간의 상호연관성을 인식하는 일이 중요하다는 점을 부각시킨다.

그러나 인간안보 개념의 문제점 또한 여러 측면에서 제기할 수 있다. 무엇보다 개념상의 모호성이 지적되고 있다. 분석의 측면에서도 국제관계의 전통적인 규칙과 현실을 무시하고 국제안보를 개인으로 환원시키고, 안보 개념을 과도하게 확장한 문제를 안고 있다. 정치적 함의를 생각할 때도 주권국가의 역할과 국가 주권을 무시하고 있고, 도덕적 측면에서는 서방의 시각을 약소국에 부과해 실패시 혼란을 초래할 개연성을 내재하고 있다. 실행의 측면에서도 인간안보는 담론과 정책이 혼재

---

151) Ul Haq M., "Human Rights, Security and Governance," *Dialogue for Civilizations for World Citizenship*, 3:2 (1998), p. 37.

되어 있고, 개념이 복잡하고 주관성이 크게 작용하여 정책 우선순위를 설정하기 어렵고 결과에 대한 예측이 불명확하다.[152]

그런 문제들을 바탕으로 인간안보와 국가안보가 보완적 관계라는 점을 선험적으로 혹은 주관적 기대로 언급하는 것도 문제이다. 오히려 인간안보 증진이라는 분명한 방향성 하에서 국가의 역할을 본격적으로 검토해보는 것이 올바른 접근일 것이다. 이와 관련하여 재거스콕(Jägerskog)은 다음 세 가지 문제를 제기하고 있다.[153] 향후 연구과제로 삼을 만하다.

　① 국가안보와 인간안보 둘 다 추구할 경우 둘이 수렴되거나 분산되는 지점은 어디인가? 그럴 경우 그 둘은 어떻게 결합될 수 있는가?
　② 국가가 인간안보 제공에 중요한 역할을 한다고 할 때 '실패한(혹은 실패하는) 국가'의 경우 인간안보는 어떻게 제공할 것인가?
　③ 국가안보전략을 수립할 때 어떻게 국가가 개발 문제를 통합할 수 있는가?

인간안보론이 보다 명확한 이론으로 발전하려면 먼저 지나치게 폭넓은 개념 범주를 한정하는 작업이 필요하다. 인간 생활의 대부분의 문제를 '안보'에 포함시킴으로써 안보 개념의 유용성을 실추시켰다는 지적은 경청할 필요가 있다. 그렇기 때문에 정책 목표들 사이의 우선순위 선정에 앞서 최소한의 생존와 존엄의 문턱(threshold)이 어디인지를 규명하는 작업, 곧 '기본적인 최소주의 접근'이 필요해 보인다. 그리고 인간안보 실태와 발전을 모니터링 할 양적·질적 방법을 개발해야 할 것이다. 이를 위해서 학제간 대화와 실험을 통해 경험과 방법상의 노하우 (know-how)를 축적하고, 연구와 현장의 상호보완을 통해 규범적 접근과 실증적 접근을 결합하는 노력이 요청된다.[154]

---

152) S. Tadjbakhsh and A. M. Chenoy, *Human Security: Concepts and Implications* (New York: Routledge, 2007), pp. 57-58.

153) Anders Jägerskog, "Applying the Human Security Concept," *Conflict, Security & Development*, 4:3 (2004), p. 312.

154) Tadjbakhsh and Chenoy, *Human Security*, pp. 69-70.

2) 선행연구 검토

해외의 인간안보 연구는 한국의 경우와 비교할 때 양·질 두 면에서 앞서 있고, 전문 연구자들은 물론 비정부기구(NGO) 활동가들의 논의 참여도 인상적이다. 선행연구는 크게 이론연구와 정책연구로 나눠 볼 수 있다.

이론 연구의 측면에서 선행연구를 소영역으로 분류해 소개하면 다음과 같다. 첫째, 인권, 개발, 인도주의, 민주주의, 법치 등 인접 개념들과의 관계를 다룬 연구들이다.[155] 둘째, 인간안보와 여성문제와의 관계 혹은 페미니즘 입장에서의 인간안보 논의이다.[156] 셋째, 인간안보와 전통적 안보와의 관계를 다루는 연구들이 있다.[157] 넷째, 인간안보 증진과 관련한 국제기구의 역할과 거버넌스(governance) 문제를 다루는 연구들도 있다.[158]

다음으로 정책 연구의 측면에서는 첫째, 인간안보 담론을 주도하거나 관련 정책을 전개하는 국가들의 행동을 평가하고 교훈을 찾아내는 연구들이 있다.[159] 둘째, 인간안보 증진 과정에서 비정부기구(NGO)의

---

155) Monshipouri Mahmood, "National Insecurity and Human Rights: Democracies Debate Counterterrorism, and: Security and Human Rights," *Human Rights Quarterly*, 30:3 (2008); Des Gasper and Thanh—Dam Truong, "Deepening Development Ethics: From Economism to Human Development to Human Security," *The European Journal of Development Research*, 17:3 (2005).

156) Linda Basch "Human Security, Globalization, and Feminist Visions," *Peace Review*, 16:1 (2004); Sakiko Fukuda—Parr, "New Threats to Human Security in the Era of Globalization," *Journal of Human Development*, 4:2 (2003).

157) Matt McDonald, "Human Security and the Construction of Security," *Global Society*, 16:3 (2003); Ihsan D. Dagi, "Human Rights and International Security: The Challenge for NATO in the Mediterranean," *Mediterranean Quarterly*, 13:3 (2002).

158) Kristen Timothy, "Human Security Discourse at the United Nations," *Peace Review*, 16:1 (2004); Fen Osler Hampson and Holly Reid, "Coalition Diversity and Normative Legitimacy in Human Security Negotiations," *International Negotiation*, 8:1 (2003).

159) Leith Mullings, "Domestic Policy and Human Security in the U.S.," *Peace Review*, 16:1 (2004); Bert Edström, "Japan's Foreign Policy and Human Security," *Japan*

역할과 현장에서의 활용 방안에 관한 논의이다.[160] 셋째는 구체적인 사례 분석을 통해 인간안보 증진에 주는 정책적 함의를 도출하는 논의들이 있다.[161]

한국의 경우에도 인간안보 연구는 소개 단계를 넘어 사례연구를 통해 한국에 적합한 바를 찾아내고 이론의 적용 방안을 검토하는 단계에 들어섰다. 주로 해외의 논의와 사례를 소개하는 논문이 많았고,[162] 한 걸음 나아가 한반도와 (동)아시아에서 인간안보 관심사들(탈북민, 이주자, 전염병, 동티모르 사태 등)을 논의하는 연구물도 2000년대 후반 들어 나오기 시작하였다.[163] 그리고 지역학 연구에서도 일부 사례연구가 나왔다.[164] 인간안보에 관한 선행연구 결과를 살펴볼 때, 연구 분포가 동

Forum, 15:2 (2003).

160) Marlies Glasius, "Human Security from Paradigm Shift to Operationalization: Job Description for a Human Security Worker," *Security Dialogue*, 39:1 (2008); Rachel Neild, "Human Rights NGOs, Police and Citizen Security in Transitional Democracies," *Journal of Human Rights*, 2:3 (2003).

161) Melissa Curley and Nicholas Thomas, "Human Security and Public Health in Southeast Asia: the SARS Outbreak," *Australian Journal of International Affairs*, 58:1 (2004); Michele Anne Clark, "Trafficking in Persons: an Issue of Human Security," *Journal of Human Development*, 4:2 (2003).

162) 예를 들어 유현석, "A Study on Canada's Human Security Policy,"『사회과학연구』, 제35권 3호 (2009); 강성학, "The Impact of Human Security upon Theories of International Theories,"『평화연구』, 제16권 1호 (2008); 박한규, "지구화 시대에 있어서 안보 개념의 다차원적 분석: 인간안보를 중심으로,"『국제지역연구』, 제11권 3호 (2007); 이신화, "세계정치와 동아시아 안보: 동아시아 인간안보와 글로벌 거버넌스,"『세계정치』, 제5권 (2006); 이정옥, "여성인권의 글로벌 스탠더드와 성매매 종사 여성의 인간 안보 - 한국 기지촌 여성에 대한 세례를 중심으로,"『한국여성학』, 제20권 1호 (2004).

163) 이진영·곽재석, "귀환이주와 인간안보,"『아태연구』, 24권 1호 (2017), pp. 39-71; 안득기, "인간안보와 지역협력 사례연구 - 동티모르 사태와 동아시아 국가협력을 중심으로,"『글로벌정치연구』, 제2권 2호 (2009); 이상환, "전염병과 인간안보, 그리고 국가안보,"『국제지역연구』, 제12권 3호 (2008); 김갑식, "노무현 행정부의 위기관리체계: 인간안보와 재난관리의 접목 가능성,"『북한연구학회보』, 제12권 2호 (2008).

164) 황규득, "남부 아프리카의 인간안보와 지역주의의 접점에 관한 개념적 접근,"『아프리카연구』, 제20호 (2006); 최동주, "탈냉전 시대의 아프리카 지역학: 인간안보 중심의 교육과정 모색,"『한국아프리카학회지』, 제13집 (2001).

양보다는 서양, 인문과학보다는 사회과학, 사례연구보다는 이론연구가 압도적으로 많았다. 이는 인간안보에 대한 이해와 관심이 지역, 분과학문별로 편중되어 있고 앞으로 학제간 연구, 이론과 사례를 결합한 연구가 요청되고 있음을 의미한다.

본 연구주제와 관련하여 먼저, 인간안보 증진에서 국가의 역할을 정면으로 다룬 연구는 찾기 어려웠다. 물론 위에서 소개한 사례 연구에서 관련 논의를 지엽적으로 찾아볼 수는 있을 것이다. 두 번째, 남북관계와 관련한 인간안보론는 더 찾기 어려웠다.165) 이는 남북관계를 인간안보론을 적용해 논의하기가 쉽지 않고 오히려 남북관계가 전통적인 국가안보론의 주도성에서 벗어나지 못하고 있음을 말해준다. 그런 사실은 본 연구의 필요성을 말해주는 동시에 본 연구가 시론적 수준을 벗어나기 어렵다는 점을 보여준다.

3. 인간안보와 국가

1) 인간안보론에서 국가의 성격

인간안보 논의에서 국가는 크게 다음 세 가지 유형으로 그려지고 있다. 이에 대한 국가 유형이 단일하지 않은 것은 일차적으로 국가가 인간안보를 증진할 수도 반대로 악화시킬 수도 있는 야누스 같은 존재이기 때문이다.166) 그럼에도 아래 세 유형은 인간안보 증진 과정에서 국가의 역할을 구체적으로 탐색하는 출발이 될 수 있을 것이다.

첫째, 목적으로서의 국가이다. 전통 국제정치 시각에서 국가는 합리적 행위자로서 자신의 생존을 위해 안보 극대화를 추구하는 것으로 가

---

165) 전문 학술정보 사이트인 RISS(검색일: 2018년 7월 16일)에서 학위논문과 국내학술지논문 코너에서 '인간안보'를 검색한 후 그것을 '결과내 검색'으로 '남북관계'를 검색한 결과 1편의 논문도 나오지 않았다. 적어도 위 검색 결과 인간안보를 남북관계에 적용한 연구가 아직 없다는 것이다.

166) Barry Buzan, *People, States, and Fear* (Boulder: Lynne Rienner Publishers, 1991), pp. 43−49.

정된다. 자유주의적 사회계약론자들은 국가를 사회 구성원들의 안전 보장을 위임받은 공권력이라는 도구주의적 시각으로 정의하였다. 그러나 근대 민족국가체제를 형성하면서 그런 국가의 역할은 명분으로 전락하고 국가 자체가 안보의 목적이자 주체로 등장하였다. 19세기 후반 ~20세기 역사가 그런 흐름을 잘 보여주고 있다. 근대 국제법은 국가주권을 근간으로 한 '국-제(inter-national)' 규범에 다름 아니다. 냉전 시대를 주도한 현실주의적 국제정치론이 국가를 유일한 (혹은 가장 중요한) 행위자로, 국가안보를 가장 중요한 목표라는 가정 하에 성립한 점도 목적으로서의 국가를 잘 설명해준다. 1, 2차 세계대전, 나치즘과 스탈린주의 등으로 20세기에 국가에 의해 살해된 사람이 2억 명을 넘는다는 보고[167]는 목적으로서의 국가의 광기를 잘 보여주고 있다. 집단안보와 인도주의 문제에 있어서도 국가이익에 따라 개입 여부가 결정된다. 인간안보에 대한 시각 역시 마찬가지이다. 어떤 국가가 어떤 위협을 받고 있고, 또 어떤 원조가 필요한가 하는 질문도 국가를 목적으로 파악하는 일례이다. 그러나 이때 개입 대상 국가는 목적으로 간주되지 않는다. 이렇게 볼 때 목적으로서의 국가가 인간안보에 유용할 가능성은 거의 없다. 다만, 그럴 가능성을 확보하려면 일부 국가가 아니라 모든 국가들이 목적으로 간주되고 그 목적이 민주정치에 의해 채택되는 시스템이 필요조건이다.

둘째, 수단으로서의 국가이다. 이는 국가에 대한 철학적 입장 차이를 떠나 국가를 인간안보 증진을 위한 유력한 수단으로 보고 그 역할에 초점을 둔다. 그렇기 때문에 다른 비국가 행위자들과의 관계도 관심의 대상이 된다. 이때 인간안보는 국가주권에 대한 도전이 아니라 대중의 존엄성과 생존을 보호하기 위한 국가의 위상과 역할에 대한 재정의 작업과 관련된다. 인간안보가 추구하는 많은 보편 가치를 실현하는데

---

167) R. J. Rummel, *Death by Government* (New Brunswick, NJ.: Transaction Publishers, 1994).

있어서 국가는 가장 큰 역할을 할 수 있는 권위와 자원을 갖고 있다. 예를 들어, 각종 국제인권조약의 이행을 위한 국가 및 지역 차원의 노력은 일차적으로 해당국에 의존할 수밖에 없다. 또 UNDP가 인간안보의 주요 요소인 인간개발(human development)을 국가 단위에 적용하기 위한 가이드라인을 작성하는 것도 국가가 인간안보 증진의 주체임을 전제하고 있기 때문이다. 심지어 국제형사재판소(ICC)가 제대로 작동하기 위해서도 국가의 지지가 필수적이다. 인간안보 실현을 위해서는 공평하고 효율적인 거버넌스 체제와 기회를 공평하게 하는 법치주의가 필요조건인데, 이 역시 국가의 역할과 직접 관련된다. 가령, 인간안보 원조를 위한 필요사항 중 하나로 국가-사회간 연결을 강화시켜 효과적이고 합법적인 정치구조를 수립하는 일도 일차적으로 국가의 역할이다. 요컨대 국가는 세계 거버넌스와 인간안보를 실행하는 주요 수단이다. 국가가 대내적인 '보호책임'(responsibility to protect: R2P)이 있다고 인정되기 때문에 그 논리적 연장선상에서 외부의 개입은 인권을 비롯한 보편 규범의 증진 기제로 인정된다. 외교정책에 있어서도 공적개발원조(ODA), 평화유지활동(PKO) 등이 인간안보 증진을 위한 수단으로 채택된다. 일부 중견국가들(middle powers)의 기여외교도 그런 예이다.168)

셋째는 인간안보의 대상으로서 국가를 파악할 수 있다. 국가가 인간안보를 위협하는 존재이거나 인간안보의 방향에서 국가의 개조가 필요하다는 것이다. 인간안보 논의가 등장한 배경 중 하나가 국가로 인한 위협의 증대이다. 탈냉전 이후 '실패한 국가'와 내전 상황에서 물리적으로 충돌하는 정치집단이 대중을 공포와 빈곤으로 몰아넣고 존엄을 훼손하는 경우가 국제공동체의 관심사로 부각되어 왔다. 자원, 종교, 종족 등의 문제를 둘러싼 지역 분쟁은 일차적으로 국가의 약탈적 속성에 기

---

168) 2012년 한국의 18대 대통령 선거 과정에서도 유력 대선 후보들은 한국을 '중견국가'로 자리매김하고 ODA, PKO, 민간외교 등을 통해 한국이 국제공동체의 발전에 기여할 외교정책을 공약으로 밝히기도 하였다.

인한다. 이런 점에 주목하는 인간안보를 비롯한 대안 이론들이 보여주는 유사점 중 하나는 국제정치 현상을 설명함에 있어서 국가의 대내외적 요인을 포괄한다는 점이다. 가령, 국가가 대중의 인권을 침해할 경우 인간안보의 시각에 서서 인권을 지지하면서 주권과의 정치적 균형을 잡을 수 있고, UN 헌장에 나타나 있는 인권과 안보 사이의 긴장을 조정할 수 있다. 국가는 인간안보에 친화적인 방향으로 그 구조와 정책을 변화시켜야 한다.

국가가 인간안보를 심각하게 침해할 경우 국제공동체가 대신 '보호의 책임'을 진다. 문제는 인간안보에 대한 국제적 공감대와 개입의 공정성 및 책임성이다. 일부 아시아 국가들에 있어 인권의 보편성은 받아들여지지 않고 있는 반면, 일부 서방 국가들에서는 사회권이 외면 받고 있다. 동아시아 국가들에서 인간안보는 서양의 가치와 정치체제를 비서양 국가들에 강요하기 위한 것으로 비춰지기도 한다. 선택적인 인도주의적 개입으로 남반구 국가들, 특히 시민사회가 인간안보를 냉소적으로 보기도 한다. 국제공동체가 신자유주의 모델을 적용해 국가 재건 및 발전 프로그램을 실행하지만 부패, 경쟁, 불균형, 빈곤 증가 및 국가의 보호 부재 등 부작용을 낳기도 한다. 내전 후 신자유주의 모델이 적용된 캄보디아 사례는 인간안보가 오히려 악화되었음을 말해주고 있다.[169] 신자유주의는 세계적 거버넌스를 추구하는데, 이때 인간안보 개념은 타국가를 원격 통제하는데 유용한 논리로 변질될 수도 있다. 원조에 대한 정치적 판단과 일관성 없는 정책도 피원조국의 국가 역량을 저해하거나 경제 혼란 및 의존성을 증가시킬 수 있다.

그러나 이제 동아시아 국가들도 인간안보에 대한 부정적 시각에서 수용하는 방향으로 태도 변화를 보여주고 있다. 이는 인간안보에 대한 국가이익의 재정의와 인간안보 위협이 자국에 미칠 부정적 파급효과를

---

169) Simon Springer, "The Neoliberalization of Security and Violence in Cambodia's Transition," In Sorpong Peou, (ed.), *Human Security in East Asia: Challenges for Collaborative Action* (London: Routledge, 2009), pp. 125 – 141.

우려하기 때문이다.170) 이런 변화는 인간안보에 관한 국가의 유형 변화
－적어도 대상에서 수단으로－가 어떻게 이루어지는지를 암시해주고
있다. 물론 인간안보 증진을 위한 국가의 적극적인 역할은 보다 구체적
인 논의가 필요하다.

2) 인간안보 증진을 위한 국가의 역할

인간안보를 증진하는데 국가의 역할을 인정한다고 해도 국가는 그
에 알맞은 위상으로 재구성되어야 한다. 먼저, 국가의 존재이유를 외부
의 침략으로부터 국가 수호, 국내 질서 유지에 한정하지 않고 개인의
자유와 행복 그리고 존엄을 보호하는 '의무' 수행자로 그 위상을 분명히
할 필요가 있다. 그리고 국가를 단일 행위자가 아니라 다양한 집단과
개인의 견해와 이익이 공존하고 경쟁하는 장(場)으로 정의할 필요도 있
다. 그에 따라 국가는 민주정치 체제를 수립하고 주권 개념을 변화시킬
것을 요구받는다. 국가는 대내적으로 공화정치와 법치, 그리고 대외적
으로 보편 규범의 보호 및 실행을 추구하게 된다.

루소(J. Rousseau)와 밀(J. S. Mill)을 비롯한 계몽주의자들과 공화주의
자들은 주권을 인민권력으로 간주하였고, 냉전시대인 1975년 8월 1일,
유럽에서 동서 양진영이 참가한 헬싱키협정(Helsinki Final Act)상의 국제
관계 10대 원칙에도 자결권, 인권 존중이 명시되었다. 물론 탈냉전시대
에 들어와서도 민주주의, 인권 등 보편 규범의 실행자로서 모든 국가가
재구성된 것은 아니다. 다만, 담론상으로는 보편 규범이 국가주권에 우
세를 보이고 있다. 물론 일부 아시아 국가들은 아직도 인간안보가 국가
주권을 훼손하고 외부의 간섭을 정당화 하는 수단으로 보는 견해가 있
다. 그러나 1997년 아시아 외환위기, 2002년 이후 발리와 필리핀 등지
의 테러, 2004년 인도양의 쓰나미 등을 겪으며 아시아 국가들도 국가주

---

170) Maiko Ichihara, "East Asia's challenges to and changes in the peace operations
in East Timor," In Peou, (ed.), *Human Security in East Asia*, pp. 94－107.

권을 주장하며 다양한 인간안보 위협을 자국의 힘으로만 해결할 수 없다는 것을 인식하면서 인간안보 개념을 수용하기 시작하였다.[171] 주권과 인권의 조화는 주권을 자국민들에 대한 국가의 보호 책임으로 재정의할 수 있게 해준다. 다양한 유엔 보고서들이 국가주권 자체에 대해 도전하지 않으면서 주권 국가에 보편 규범의 준수 및 이행을 촉구해온 의미를 생각해볼 필요가 있다. 관건은 국가를 인간안보를 실현하는 방향으로 그 성격을 재구성하고 그 역할을 제시하는 작업이다. 그럴 때 국가는 대내외적으로 보호의 책임을 다할 수 있을 것이다.

국가는 대내적으로 시민들에게 인간안보를 제공할 일차적 책임이 있다. 여기서 어떤 형태의 국가가 '보호의 책임'을 다할 수 있는지를 생각해보자. 당연히 개인들에게 공포와 결핍으로부터의 자유를 제공하고 인권을 신장시킬 수 있는 능력과 의지가 있는 국가, 소위 '강한 국가'(strong states)이다. 그렇지 않은 '약한 국가'는 그 능력과 의지를 높여야 하고, 그런 수준도 되지 않은 '실패한 국가'의 경우 국제공동체가 함께 보호할 책임을 강구해야 한다.

국가가 대내적으로 인간안보를 달성하기 위해 추진할 수 있는 방법은 국가 재건, 신자유주의의 부작용 극복, 사회정책 등을 꼽을 수 있다.[172] 국가의 역할은 공평하고 효율적인 지배 체제와 기회를 제공하는 법치주의를 기초로 해야 한다. 인간안보를 제공하는 능력은 '강한 국가'를 필요로 한다. 왜냐하면 강한 국가는 공공이익을 창출하고 분배할 수 있기 때문이다. 또 인간안보 증진을 위해서는 특히 분쟁을 겪고 난 국가의 경우, 신자유주의의 한계를 극복할 수 있어야 한다. 정책을 수립할 때 분쟁의 근원을 고려해야 하고 자유민주주의와 시장 중심의 경제가 항상 모든 개발의 해답이거나 평화의 기초가 아닐 수도 있음을 고려해야 한다. 또 인간안보 원칙에 초점을 둔 효과적인 사회 보호는 사회적

---

171) Akiko, "East versus West?," pp. 53–54.
172) Tadjbakhsh and Chenoy, *Human Security*, pp. 176–183.

지출의 증가를 필요로 하므로 정부는 강력한 공공정책의 중심에 서야 한다. 그러나 이런 인간안보 증진을 향한 국가의 기본 역할이 개인을 공포와 결핍으로부터 '보호'하는데 그치지 않고 이들이 인간안보의 주체로 나설 수 있도록 '역량 강화'에 힘쓰는 것임을 강조할 필요가 있다.[173]

한편, 국제공동체는 국가가 대내적으로 보호의 책임을 다하지 못하거나, 지역 차원의 인간안보 위협이 발생할 경우 대신 인간안보를 보호할 책임을 갖는다. 이와 관련한 국제적 관여의 수단으로 인도적 개입이 있지만, 개입국의 국익에 따라 선택적으로 진행된 군사 중심의 접근이라는 비판이 계속 제기되어왔다. 그런 점에서 선택적 개입에서 보호할 책임으로 시각을 변화한 것, 소위 인간안보 관여(human security engagement)는 중요한 함의를 갖는다.

그럼에도 국제적 관여가 어느 때 이루어져야 하느냐에 대한 견해는 다양하다.[174] 또 실제 위협에 따라 관여할 범주도 달라질 수 있다.[175] 이런 논의를 종합해볼 때 국제공동체가 인간안보에 관여할 시점은 공포와 결핍으로부터의 자유가 "심각하게 취약하고 대단히 긴급한 상황"으로 간주해볼 수 있다. 국제법적으로 국제공동체의 관여, 특히 군사적 개입의 조건으로 정당한 권위, 정당한 이유, 정당한 의도, 마지막 수단으로서 군사력 사용, 비례적 수단, 합리적 전망 등 6가지를 제시하고 있다. 인간안보 관여는 예방에 초점을 두며, 책임성을 갖고 장기간 관여할 준비가 있어야 하고, 개발, 갈등예방, 인권 문제 등을 복합적으로 다룰 수 있어야 한다.[176] 국제적 차원의 인간안보 실현을 위해서는 ① 유엔 안

173) Francois Fouinat, "A Comprehensive Framework for Human Security," *Conflict, Security and Development*, 4:3 (2004), pp. 290-291.

174) ICISS, *The Responsibility to Protect*, pp. 14-15, 32; (Owen, T.), "Human Security-Conflict, Critique and Consensus: Colloquium Remarks and a Proposal for a Threshold-Based Definition," In P. Burgess and T. Owen, (eds), *Security Dialogue*, 35:3 (2004), pp. 373-387.

175) Nicholas Thomas and William Tow, "The Utility of Human Security: Sovereignty and Humanitarian Intervention," *Security Dialogue*, 33:2 (2002), pp. 181-183.

176) ICISS, *The Responsibility to Protect*.

전보장이사회 등 관련 기구를 묶은 가칭 인간안보이사회(Human Security Council) 창설, ② 특정 지역의 인간안보 문제에 관여할 때 국제기구 및 타 선진 지역기구(가령 NATO, EU)의 지원, ③ 아시아에서는 군사 개입은 UN에 일임하고 역내기구는 갈등예방과 보호의 책임에 초점을 두는 방안을 생각해볼 수 있을 것이다.[177]

4. 인간안보와 남북관계

1) 인간안보론에 의한 남북관계 재구성

앞의 논의를 이용해 두 종류의 안보론을 적용한 두 종류의 남북관계를 생각해보자. 먼저, 전통적인 국가안보론은 기존의 남북관계론을 주도해왔다. 남북관계를 전통적 안보론에서 접근하면 ① 주관심 대상은 양측의 통치영역 및 지배이념 수호, ② 논의 범위는 침략 방어, 사회질서 유지, 국토방위, ③ 행위자는 국가가 가장 중요하고 나머지는 보조자, ④ 수단은 군사력, 동맹, 그리고 필요시 협상이다. 분단 현실 속에서 남북간 오랜 적대와 대립을 감안할 때 국가안보론에 의한 남북관계 관리 혹은 상대를 향한 정책이 불가피한 점이 적지 않다. 그러므로 남북관계 관리에 있어 국가안보론은 고유의 존재이유가 있다고 할 수 있다.

그렇지만 국가안보론에만 의존하여 남북관계를 접근할 경우 그 폐해 역시 결코 간과할 수 없다. 그것은 국가안보론은 인권, 지속가능한 발전, 그리고 복리와 같이 대중의 삶의 질을 향상시키는데 절대적으로 필요한 가치를 구현할 정치적·사회경제적 조건에 무관심하였다. 실제 국가안보론을 명분으로 국가는 대중의 삶을 억압해오기도 하였다. 여기서 국가안보론과 국가안보를 이용한 억압을 구분할 필요성을 제기할 수 있겠지만, 여기서는 그에 대한 이론적 논의보다는 현실에서 두 측면이

---

177) A. Acharya, "Redefining the Dilemmas of Humanitarian Intervention," *Australian Journal of International Affairs*, 56:3 (2002), p. 378.

모두 존재하였다는 점을 지적하고자 한다. 나아가 국가안보론에 의한 남북관계 관리는 원천적으로 불안정하고 대중의 생존과 안녕을 계속 불안전하게 만들어왔다. 여기에 민주화, 냉전 해체, 세계화 등 한반도 안팎에서 일어난 급격한 변화 역시 남북관계를 다른 시각에서 접근할 기회의 창을 열어주었다. 북한의 인도적 상황 개선을 위한 개발협력, 인권 개선을 향한 관련 국제기구의 접근, 그리고 남북 대화와 교류도 남북 간의 인간안보 협력을 촉진할 수 있다.

둘째, 그렇다면 인간안보론에 의해 남북관계를 접근한다면 국가안보론에 의한 접근과 어떤 차별성이 있는가? 인간안보론에 따라 남북관계를 본다면 ① 주관심 대상은 생명, 복지, 인권 등 대중의 필요, ② 논의 범위는 식량, 건강, 환경 등 기존 인간안보론에서 다루는 7개 영역, ③ 행위자는 국가 외에 지역 및 국제적 차원의 정부간기구, 비정부기구, 지역사회, 그리고 개인, ④ 수단은 인간개발, 인권신장, 정치발전, 대중참여 등이다. 이를 반영하여 미래 남북관계를 설계해본다면 남북관계는 질적 변화를 전망해볼 수 있다. 즉 적대와 무시에서 이해와 공존으로, 대결과 단절에서 대화와 협력으로, 체제경쟁 혹은 적대적 공존에서 공영과 통합의 방향으로 남북관계를 전환시킬 수 있다. 인간안보론에 의한 남북관계 재구성은 국가 중심성에서 대중 중심성으로 이동하고, 그런 전환에서 주요 행위자로서 국가는 자기 역할을 재설정할 때 존재이유가 있다.

두 안보론에서 보는 남북관계는 위에서 보듯이 네 측면에서 모두 차이가 나는데, 그렇다고 인간안보론에서 국가가 배제되는 것이 아니다. 다만 그 위상과 역할이 국가안보론에서의 그것과 달라진다는 점에 유의할 필요가 있다. 인간안보 증진을 위한 국가의 역할 재구성은 대내적으로는 민주화, 대외적으로는 압력과 지원이 있어야 가능하다. 이 경우 남북관계를 인간안보론에 의해 접근할 경우 크게 남·북한, 국제공동체 등 크게 세 행위자로 나눌 수 있다. 세 행위자는 해당 여건과 능력, 의지 등에 따라 인간안보 증진의 방향으로 남북관계를 재구성하는 데 각각 일정한 역할을 수행할 수 있다. 다만, 인상주의적 견지에서 볼 때 국제공동체보다는 남·북한이 일차적 이해당사자이고, 그 중에서도 남북 간 비대칭적 사회경제력을 감안할 때 남한의 역할을 더 기대해볼 수 있다. 물론 그것은 북한의 인간안보 역량을 증진하는데 있지 북한의 역할을 대체하는데 있지 않다. 그런 점에서 향후 남한의 대북·통일정책을 인간안보론에 바탕을 두고 새롭게 설계할 필요가 크다. 물론 세 행위자 중 남한과 국제공동체의 경우는 다시 정부와 비정부기구로 구분할 수 있다. 남한과 국제공동체는 북한에서 건설적인 시민사회의 형성을 촉진할 과제를 안고 있다.

이상의 논의가 규범적·이론적 측면이 강하다고 한다면, 인간안보론에서 볼 때 남북관계는 구체적으로 어떤 모습을 띨 것인가? 이에 대해 평시와 비평시, 두 경우로 생각해보자. 인간안보 논의 영역 중 하나인 식량안보를 예로 남북한 협력을 생각해보자. 북한의 식량난은 만성적 부족 상황으로 외부의 지원 없이는 북한주민의 생존 자체가 위험에 처할 수 있다. '세계 식량안보 및 영향에 관한 2017년 보고서'에 따르면 북한은 2,480만 명의 인구 중 1,300만 명이 영양결핍 상태이다.[178] 자연재해에 취약한 북한은 비효율적인 농업생산 시스템과 겹쳐 만성적인 식량부족 상태에서 벗어나지 못하고 있다. 만성적 식량부족이 농민시장을 낳았지만 이제는 시장이 식량가격 폭등을 가져와 식량 접근에도 계층간 차이가 크게 나타나고 있다. 한편, 남한의 식량 사정은 북한과 다른 차원에서 문제를 안고 있다. 2010년 현재 한국의 곡물자급률은 27.6%, 식량자급률은 54.0%(쌀 104.6%)이다.[179] 경제협력개발기구(OECD) 회원국 평균 곡물자급률 110%, 호주 275%, 캐나다 174%, 프랑스 168%, 미국 133% 등을 비교할 때 한국의 곡물자급률은 매우 낮은 편이다. 한국정부는 "식량안보는 글로벌 식량위기 시대에 선진국 도약을 위한 필수과

---

178) 세계식량프로그램(WFP) 웹사이트. <http://www1.wfp.org/countries/democratic-peoples-republic-korea> (검색일: 2018년 7월 16일).
179) 농림수산식품부 김승동 주무관과의 전화 인터뷰 내용, 2012년 8월 30일.

제"로서 "세계식량수요 증가와 국제곡물가 폭등으로 … 식량안보의 중요성이 갈수록 증대되고 있다."고 인식하고 곡물자급률 제고를 위한 정책 목표를 상향한 바 있다.[180] 식량자급률은 식량안보 수준을 평가하는 척도로 인식되고 있다. 남북한 모두 식량 및 곡물자급률이 낮기 때문에 상호 협력할 필요성은 충분하다. 특히, 북한의 식량부족 해소를 위한 인도적 지원 외에 개발지원의 필요성은 관련 지원기구 및 북한 정부에 의해서도 인정되고 있다. 국제옥수수재단이나 세계농업지원재단(Agglobe Services International)과 같이 북한에 대한 식량 개발사업을 해온 국제비정부기구의 경험과 남북 정부간 협력이 어우러질 때 접경지대에서 공동농업, 유기농 협력, 식량증산 연구 등 남북간 식량안보 증진을 위한 협력은 가장 절실하고 성공 가능성이 높다. 이런 과제는 현 대북제재 국면에서도 협력 가능한 분야이다. 이와 같은 방식으로 각 영역에 걸쳐 남북은 공동의 인간안보 증진을 위해 협력할 수 있다.

평시가 아닌 경우에도 인간안보는 남북관계를 달리 파악하고 접근할 기회를 제공한다. UN 인도주의사무처 인간안보팀(HSU, UNOCHA)은 분쟁 후 인간안보 증진 전략을 제시한 바 있다.[181] 이를 이용하여 한반도에서의 군사적 긴장은 물론 실제 국지적 충돌 이후 인간안보 문제를 다뤄볼 수 있다. 국가안보와 다른 이야기하기와 처방이 가능하다. 천안함, 연평도 사건 이후 한반도 상황을 인간안보론에 입각하여 분석 평가한 최근 연구가 그런 예이다.[182]

인간안보 영역을 통해서 남북한의 자화상을 살펴보는 일은 국가안

---

180) 농림수산식품부, "보도자료: 2015년 식량자급률 목표치 재설정 및 2020년 목표치 신규 설정," 2011년 7월 8일.

181) Human Security Unit, UN Office for the Coordination of Humanitarian Affairs, *Human Security in Theory And Practice: Application of the Human Security Concept and the United Nations Trust Fund for Human Security* (New York: United Nations, 2009).

182) 서보혁, "분쟁 후 인간안보와 남북 관계," 『세계정치: 남북한 관계와 국제정치이론』, 제32집 2호 (2011), pp. 203-236.

보론에 입각한 기존의 남북 대립을 넘어 공존공영을 위한 협력의 필요성은 물론 그 가능성을 부각시켜 주고 있다. 물론 남북간에 개인안보와 정치안보 영역은 체제 이질성에 따른 민감성으로 인해 다른 영역과 동시에 적용하기 어려울 것이다. 남북관계의 특수성이 인간안보 증진에 미치는 영향이다. 그럼에도 불구하고 남북관계의 특수성은 현실타당성을 가진 인간안보 증진을 추구함에 있어 고려할 사항이지 그것을 제약하는 것으로 보기는 어렵다. 인간안보론에 입각한 남북간 협력은 기존의 국가안보 패러다임에 의한 접근보다는 대중의 삶의 질 향상에 더 용이하고 효율적일 수 있다는 점에서 대북정책을 새롭게 모색할 수 있는 계기를 제공해준다.

2) 인간안보를 위한 남북한의 역할

인간안보 증진을 향한 국가의 역할을 개괄 수준에서나마 이론적으로 제시되었다고 하더라도 구체적인 인간안보 증진 방안에 관해서는 별도의 논의가 필요하다. 근본적으로 남북관계가 존재하는 한 한반도에서 인간안보를 실현할 수 있는지 의문이 들 수 있다. 인간안보론은 이상주의적 낭만과 근본주의적 회의 사이에서 추구하는 대안 안보 형성 노력이다. 한반도 인간안보는 남북관계시, 통일 초기 단계, 분쟁 상황, 통일 완성 단계 등 존재할 수 있는 경우를 상정하고 그에 알맞은 접근이 필요하다. 남북관계 상황에서도 인간안보 증진이 필요하므로 문제는 적합한 상황인식에 알맞은 전략이다. 남북관계에서 인간안보 증진을 위한 남북한의 역할을 모색하는 이유이다.

우선, 남북이 인간안보 증진을 향해 협력할 수 있는 전제조건, 즉 인간안보 협력을 통해 얻을 이익이 존재해야 한다. 북한은 만성적인 경제난과 대외적 고립으로 국가 운영에 한계를 노정하고 있다. 북한정권은 그런 상황에 "선군정치" 혹은 "경제건설 – 핵건설 병진노선"으로 맞서왔지만, 스스로 그런 노선을 전환하고 개혁개방을 모색할 정도로 그것이

능사가 아님을 인식하고 있다. 그런 점에서 북한은 정상적인 국가발전에 필요한 우호적인 대외 환경과 국제관계가 필요하다. 그 주요 대외관계가 중국, 미국, 일본, 그리고 남한과의 관계이다. 악화된 남북관계를 타개하기 위해 북한은 중국에 밀착하고 러시아와 협력하면서 일본, 미국과의 관계개선을 시도하고 있다. 그러나 결국 남한과 관계개선 없이는 이들 나라들과의 그것은 한계에 봉착할 수밖에 없다. 북한의 입장에서 문제는 남한이 흡수통일을 추구하거나 압박하지 않고 접근해오느냐의 여부이다. 하나의 탈정치적 접근으로서 인간안보론에 의한 남북협력은 북한에게 매력적으로 보일 수 있다. 그러나 북한이 남북간 인간안보 협력에 의해 대중의 삶의 질을 증진하기 위해서는 적어도 중국과 같은 체제 내 개혁(reform within the system)이 필수적이다.

현실적으로 생각할 때, 처음부터 남북이 인간안보를 비전으로 삼고 대화 테이블에 앉지 못할 것이다. 그럴 때 유엔 등 관련 국제기구들이 가칭 '한반도 인간안보 증진: 비전과 전략(Promoting Human Security on the Korean Peninsula: Vision and Strategy)'이라는 제목의 국제회의를 개최해 남북대화를 주선하고, 국제적 관심을 확대하고, 타당성을 검토하는 촉진자(facilitator) 역할을 할 수 있다. 그렇게 함으로써 국제공동체는 한반도가 평화, 인권, 지속가능한 발전, 인도주의 등 보편가치가 조화롭게 함양되는 방향으로 나아가는데 기여할 수 있다.

인간안보를 통한 남북관계 재구성은 ① 한반도의 안정과 평화 정착, ② 경제, 사회, 문화면에서 남북 상호의존 증대, ③ 국제적 지지와 협력 견인, ④ 점진적인 통일 기반 조성 등 그 의미가 매우 크다. 이 외에도 인간안보론에 의한 남북관계 재구성이 주는 기대효과로 ① 대내적으로 비민주적, 군사분야 주도의 안보론의 성찰을 통한 군의 문민통제 증진, ② 대중의 삶을 중시하는 남북관계의 인간화, ③ 통일 및 남북관계에서 정부 독점 제한 및 민간 참여 증대를 통한 민관협력관계 구축도 꼽을 수 있다.

인간안보에 입각한 남북관계 재구성의 특징 중 하나는 민간의 참여와 이익 보장이다. 민간에는 기업, 이산가족, 종교, 예술, 스포츠, 농업, 산림, 관광 등 각계를 망라한다. 인간안보의 속성상 민간의 참여는 정부의 보조 역할이나 두 정권이 주도하는 남북관계의 객체가 아니라, 인간안보의 주체로서의 참여를 의미한다. 이것이 이루어지지 않으면 인간안보론에 의한 남북관계를 말할 수 없고 그것은 국가 주도의 남북관계의 변형에 불과하다.

물론 인간안보에 입각한 남북협력이 일사분란하게 추진될 수도 없고 그럴 필요도 없다. 그렇지만 남북관계 발전 비전을 한반도 비핵화 및 평화체제 구축과 같은 국가안보 패러다임과 다른(그러나 그와 병행하는) 새로운 남북관계 구상으로 설계할 필요가 있다. 국가안보와 인간안보의 관계가 이론적으로도 단순하지 않는데, 현실 남북관계에 인간안보론에 의한 접근이 국가안보론에 의한 접근을 대체한다고 보는 것은 비현실적이다.

5. 결론: 요약과 과제

지금까지 인간안보가 국가안보와 다른 시각과 접근으로 대중의 삶의 질을 증진하는 대안적 안보론임을 살펴보았다. 특히, 인간안보론에서 아직 깊이 다루지 못하고 있는 주제인, 인간안보 증진을 위한 국가의 역할에 관심을 갖고 논의를 전개하였다. 인간안보론의 태동이 그렇듯이, 그 속에서 국가의 역할 역시 이론적 관심에 국한되지 않고 현실 필요에 의해 제기되었다.[183] 그런 점에서 인간안보론에 대한 연구ㅡ이

---

183) 인간안보론에서 국가의 역할을 재설정함에 있어 다음 세 가지 경우의 수가 있을 수 있다. 첫째, 국가안보와 인간안보를 둘 다 증진시킨다는 이중역할을 수행하는 경우, 둘째, 국가안보의 역할을 폐기하고 인간안보에만 주력하는 경우, 셋째, 인간안보에 역점을 두고 국가안보는 최소 수준 혹은 지역안보협력으로 대체하는 경우이다. 이에 대한 규범적, 현실적 논의는 인간안보론에서 국가의 위상과 역할을 정교하게 해줄 연구과제이다.

론연구와 사례연구 두 측면 모두—가 아직 폭넓지 않은 국내 학계에서 남북관계를 인간안보론에 의해 재구성해보는 일은 만용에 가까워보이거나 시론적 논의 수준을 벗어나지 못할 것이다. 그럼에도 본 주제를 연구할 필요성에 대한 공감대를 넓히고 향후 본격적인 연구의 발판이 된다는 취지로 논의를 전개하였다.

아래에서는 인간안보론으로 남북관계를 재구성한다고 할 때 향후 연구과제가 될 만한 사항들을 언급하면서 결론을 대신하고자 한다. 군사적, 이념적 대치에 놓인 분단체제 하에서 인간안보로만 남북관계를 파악하고 접근한다는 것은 무리가 있다. 인간안보론에 의한 남북관계 재구성은 일종의 구상에 불과하고 적극적으로 평가해도 국가안보 주도의 기존 남북관계 접근에 대한 성찰이나 보완을 넘어서지 못한다는 평가도 있을 수 있다. 그 근거로는 태생적인 요인으로 적대적 남북관계 그 자체와 두 분단국가의 폭력성과 군사화를 꼽을 수 있다. 대내외적인 경제 문제로 인간안보 증진에 투입할 자원의 한계, 이런 접근을 지지하지 못하는 시민사회의 허약함(남) 혹은 무력함(북)도 요인으로 거론할 수 있다. 그렇지만 그런 측면들은 인간안보론에 의한 남북관계 재구성의 불가능함보다는 신중한 접근의 필요성을 말해주고 있다. 인간안보론에 대한 교육홍보, 인간안보론에 의한 남북관계 상상하기, 그리고 인간안보 증진의 방향에서 국가의 위상과 역할 재설정이 그런 접근의 일부이다.

인간안보가 포괄하는 분야가 넓은 대신 인간안보에 대한 공감대는 미흡하고 그에 대한 정치적 민감성을 고려할 때 인간안보에 입각한 남북협력은 점진적이고 단계적으로 접근함이 적절할 것이다. 단기적으로 생각해볼 수 있는 목표치는 인간안보의 실현 그 자체가 아니라 그것을 위한 긍정적인 환경 조성일 것이다. 한반도 비핵화와 남북 교류협력이 필요한 이유이다. 이는 인간안보가 국가안보와 대립하지 않는다는 의미이기도 하지만, 인간안보는 구체적인 맥락에서 그에 알맞은 컨텐츠를 가져야 한다는 뜻일 것이다. 그러나 한반도에서 인간안보 증진 노력은 남북관계 하에서는 근본적인 한계가 있으므로 분단체제 극복 노력과 동전의 양면을 이룬다. 그동안 인간안보론을 남북관계에 적용하지 못한 이유가 바로 분단체제를 전제해놓은 상태에서 인간안보를 기술적 차원에서 논의할 때 그 왜소함이 예견되었기 때문인지도 모른다.

한반도 인간안보 증진을 위한 조건 조성이 이루어졌다면 가능한 분야부터 안보협력을 추진해나가면 좋을 것이다. 식량안보, 건강안보, 환경안보 등의 분야에서 협력이 가능할 것이고, 공동체 안보에 있어도 민족동질성 회복을 인도주의, 화해, 문화 다원주의 등 보편가치로 융해된 컨텐츠로 접근할 수 있을 것이다. 여기는 남북간 협력, 국제기구 및 제3국의 대북 지원 등 기존 경험이 좋은 교훈을 줄 수 있을 것이다. 그에 비해 개인안보와 정치안보 등 남북간 체제 및 이념의 차이로 인해 오해와 갈등을 살 수 있는 영역은 학술, 문화 등 인적 접촉(human contact)의 방식으로 상호 이해와 존중을 충분히 연습한 후 협력을 추진해나가는 것이 타당하다. 그러면 남북이 전면적인 인간안보 협력에 나설 때는 언제인가? 한반도 비핵화 및 평화체제가 수립을 앞두고 북한이 개혁개방 노선을 본격화 할 때일 것이다. 결국 인간안보론에 의한 남북관계 재구성은 분단체제의 평화적 전환을 조건으로 한반도 전체 대중의 삶의 질 증진을 도모하고, 동시에 근대 통일 국민국가 수립의 과제를 보편가치로 채워나가는 여정이 될 것이다. 국가는 이제 그 자체가 선이 아니라 인간안보 실현 과정에서 건설적인 행위자로 새롭게 자리매김되어야 할 것이다.

09
현실주의 평화운동의 실험: 이라크 파병반대운동 재평가

1. 문제제기

평화운동은 국경을 넘어 영구적이고 지속가능한 세계평화라는 이상
을 실현하려는 사회운동이다. 이를 달성하기 위해 평화교육, 비폭력 저
항, 외교, 보이콧, 청원, 설득, 반전 정치인 지지, 무기 제조 및 수출 금
지 등 각종 비폭력적 방법을 동원한다. 평화운동은 종교적, 철학적, 사
회적 제 측면에 근거를 두고 대규모 전쟁이 일어난 유럽에서 태동하여
세계적으로 발달해왔다.[184] 평화운동은 힘에 의한 평화를 옹호하는 주
류 국제정치학이나 현실 정치권으로부터 이상주의적이라는 비판을 받
기도 하지만, 개인과 집단이 처한 위치와 조건에 따라 백 가지 이상의
다양한 실천양식을 제시하며 전개되어 왔다. 이 장은 평화운동이 이상
주의에 근거한 비현실적 주장이나 행동이라는 통념을 사례연구를 통해

---

184) Helen Caldicott, *The New Nuclear Danger: George W. Bush's Military-Industrial Complex* (New York: The New Press, 2002); Charles Chatfield and Robert Kleidman, *The American Peace Movement: Ideals and Activism* (New York: Twayne Publishers, 1992); Roger C. Peace III, *A Just and Lasting Peace: The U.S. Peace Movement from the Cold War to Desert Storm* (Chicago: The Noble Press, 1991); Caroline Moorehead, *Troublesome People: The Warriors of Pacifism* (Bethesda, MD: Adler & Adler, 1987); B. Srinivasa Murthy (ed.), *Mahatma Gandhi and Leo Tolstoy: Letters* (Long Beach, California: Long Beach Publications, 1987).

반증하는 데에 목적이 있다.

한국에서 평화는 평화의 제일 위협세력으로서 간주되는 북한과의 대화·협력과 연결되므로 평화운동은 분단 현실을 망각하는 이상주의 혹은 낭만주의로 치부되기 쉽다. 그런 점에서 평화운동이 이상주의적이라는 주장을 반증하는데 한국의 안보정책을 사례로 삼는 것은 적절하다고 하겠다. 한국에서 평화운동이 본격화되고 사회적인 반향을 불러일으킨 것은 2003년 미국 주도의 이라크 침공과 그와 관련한 미국의 파병 요청이 계기가 되었다.[185] 미국의 이라크 침공은 국제법을 위반하고 공격 명분이 입증되지 않은 가운데 전개되었고 거기에 부시(G. W. Bush) 행정부의 일방주의 외교안보정책까지 겹쳐 미국은 전 세계적인 반전여론에 직면하였다. 그 연장선상에서 한국에서도 이라크전에 반대할 뿐만 아니라 파병을 반대하는 국민여론이 증대하였고 조직적인 파병반대운동이 전개되기에 이른다.

한국에서는 이라크 파병 찬반을 둘러싸고 국론이 분열되었고 그런 가운데서 노무현 정부는 많은 고심 끝에 파병을 결정하기에 이른다. 이때 파병반대세력은 전통적인 시민사회운동만이 아니라 중도적 시민단체와 종교권, 국회, 그리고 소수지만 정부내 인사들까지 폭넓게 형성되었다. 그래서 미국의 파병 요청 → 정부의 파병 결정 → 파병안 국회 통과 → 파병 실행까지 적지 않은 시간이 소요되었다. 첫 파병의 경우 5개월, 추가파병의 경우 1년이 걸렸다.[186]

이 연구는 한국 정부의 이라크 파병을 둘러싼 찬반 논쟁을 파병 지지＝현실주의＝국익 증진 대(對) 파병 반대＝이상주의＝보편가치 증진이라는 통념적인 구도에서 탈피해 두 가지 현실주의의 대립으로 평가해보고자 한다. 이런 논지 전개를 위해 2절에서는 이라크 파병 관련 선행연구를 검토하면서 분석틀을 만들 것이다. 3~4절에서는 현실주의 시각

---

185) 서보혁·정주진, 『평화운동: 이론·역사·영역』 (서울: 진인진, 2018) 참조.

186) 우경림, "노무현 정부의 1차 및 2차 이라크 파병정책 결정 과정 분석－ 앨리슨의 정책 결정 모델을 중심으로," (울산대학교 교육대학원 석사학위 논문, 2010), pp. 24, 51.

에서 파병 지지 및 반대 입장을 균형적으로 비교 검토할 것이다. 이를 통해 5절에서는 파병을 둘러싼 논쟁 구도가 현실주의 대 현실주의였다고 결론짓고 이상의 분석이 주는 함의를 언급할 것이다. 본 연구를 위해 국회 회의록과 평화운동단체의 자료를 주로 활용하였고 관련 정책결정자들과의 인터뷰를 덧붙였다. 본 연구는 노무현 정부의 이라크 1차파병 및 추가파병 결정과정에 한정해 논의하고 있다.

2. 선행연구 검토와 분석틀

1) 선행연구 검토

국내에서 이라크 파병 관련 연구는 크게 파병 결정과정 연구, 비교사례 연구, 평화운동 연구 등 세 가지로 나눠볼 수 있다.

첫째, 파병 결정과정 연구는 한국정부의 파병 결정이 이루어진 경과와 대내외 요인에 초점을 둔 연구를 말한다. 우경림은 노무현 정부의 1차 및 추가 파병 결정 과정을 앨리슨(G. Allison)의 정책결정 모델을 중심으로 적용해 살펴보고 있다. 두 차례의 파병결정은 한국의 외교안보정책에서 대통령과 미국 같은 전통적 변수의 영향력을 확인하면서도 국회, 시민단체, 국제 여론 등 새로운 변수의 영향이 혼재한 사례로 평가하고 있다.[187] 박병주도 파병반대운동이 노무현 정부의 파병 여부를 결정하는데 영향을 미치지는 못했지만, 파병 규모 및 시기 등에 적지 않은 영향을 미쳤다고 평가하고 있다.[188] 그에 비해 박원희는 노무현 정부의 이라크 파병정책 결정과정을 국가 자율성 개념으로 분석하고 있는데, 국가자율성이 대내적으로는 감소하고 대외적으로는 과거에 비해 증가하는 경향을 보였다.[189] 일종의 민주화 효과라 할 수 있다.

---

187) 위 논문.
188) 박병주, "정책논변모형의 적용을 통한 한국군 이라크 파병정책에 대한 해석," (경기대학교 행정대학원 석사학위논문, 2005).
189) 박원희, "이라크파병 결정과 국가자율성," (충남대학교 행정대학원 석사학위논문,

두 번째 연구 유형은 이라크 파병을 베트남 파병과 비교하거나 외국의 사례와 비교하는 연구이다. 대표적으로 김관옥은 한국의 베트남 파병과 이라크 파병을 양면게임(two-level game) 이론을 적용하여 두 사례 간 차이의 원인을 규명한다. 연구결과 베트남 파병결정과 달리, 이라크 파병은 파병반대세력의 등장과 국내정치제도의 다원주의화, 그리고 대미 안보의존도의 완화 등이 한국의 윈셋(win-set)을 상대적으로 축소시켜 정책결정과정이 상당히 갈등적이었고, 그 내용도 미국의 요구와 한국의 선호가 상호 절충된 것으로 파악한다.[190] 장율래는 탈냉전시기 한국과 일본의 해외파병을 네 가지 요인을 대입하여 분석 평가하고 있다. 분석 결과 한국의 이라크 파병 결정요인은 동맹관계가 직접적 요인으로, 국내정치과정, 군사력, 위협 요인은 간접적인 영향을 미친 것으로 나타났다. 양국의 파병 결정요인에서 공통적으로 나타난 동맹관계에서도 한국의 경우는 동맹관계 개선을 목표로, 일본은 동맹구조 강화를 목표로 한 점도 차이점이다. 국내정치에서 한국은 진보와 보수의 갈등이 한미동맹 강화에 간접적인 영향을 미친 반면, 일본은 보수화로 인해 국론이 분열되지 않았다.[191]

셋째, 본 연구와 가장 관련이 깊은 반전평화운동에 관한 선행연구이다. 이 분야의 연구에는 파병반대운동에 대한 객관적 분석과 운동의 당위성에 대한 옹호, 크게 두 부류로 구분해볼 수 있다. 파병반대운동에 대한 분석으로 김현미는 정치과정론적 관점에서 분석하고 있다. 그는 이라크파병반대운동을 "한국 최초의 대중적 반전운동"으로 평가하면서 그 운동에 영향을 끼친 각 요인들 사이의 관계와 상호작용에 주목하였다. 구체적으로 한국과 미국, 북한이 군사·정치적으로 복잡하게

2006).

190) 김관옥, "한국파병외교에 대한 양면게임 이론적 분석: 베트남파병과 이라크파병 사례비교," 『대한정치학회보』, 제13집 1호 (2005), pp. 357-385.
191) 장율래, "탈냉전시기 해외파병 비교 연구: 한국과 일본의 이라크 파병을 중심으로," (고려대학교 대학원 석사학위논문, 2008).

얽혀있는 국제 정치상황과 '참여정부'의 출범과 같은 국내 정치상황, 반공주의·국가주의 이데올로기가 강한 한국사회의 조건을 다루고 있다. 결과적으로 파병반대운동은 파병을 저지하지는 못했지만 운동의 명분과 정당성을 정부와 공중에 인정받고 참여자들의 의식 변화를 가져왔다는 점에서 성공적이라고 평가하고 있다.[192] 정여진도 이라크 추가파병 과정에서 '이라크파병반대비상국민행동'이 이끈 운동의 영향력을 조직, 수단, 환경 등 세 측면에서 정밀하게 분석하고 있다. 분석 결과, 한국의 파병 결정은 미국의 요구를 절대적으로 따르지 않았다는 점에서 냉전시대의 타성에서 벗어났다고 볼 수 있지만, 그 주요 요인이 정부 내 관련 부서들 간의 정책 갈등이었다는 점에서 이라크파병반대운동의 독자적인 영향력은 행사되지 못했다고 평가하고 있다.[193]

한편, 이라크 파병반대운동을 옹호하는 규범적 논의는 강정구에 의해 선명하게 제시된 바 있는데, "이라크 전쟁과 파병: 미국의 야만성과 한국의 자발적 노예주의"라는 글의 제목에서 주장이 잘 드러나 있다.[194] 황인성은 미국의 이라크 침공을 계기로 일어난 반전평화운동을 균형적으로 평가하면서도 발전 전망에 무게를 싣고 있다. 그는 분단국가로서 냉전이데올로기에 짓눌려 있던 한국사회에서 평화와 반전이란 용어가 생경하게 들릴 수도 있음을 인정한다. 그럼에도 불구하고 국내 평화운동세력이 해외의 전쟁 문제에 깊은 관심을 갖고 세계평화운동과 연대해 직접 현지활동까지 하며 전쟁반대, 파병반대운동을 벌인 것은 이전과는 다른 변화라고 평가하고 있다.[195] 김엘리는 여성주의적 관점에서 이라

192) 김현미, "이라크파병반대운동의 전개와 그 동학에 관한 연구 – 정치과정론적 관점에서," (성공회대학교 NGO대학원 석사학위논문, 2007).

193) 정여진, "한국의 외교정책 결정과정에서 NGO의 영향력 분석: 이라크 추가파병 사례를 중심으로," (숙명여자대학교 대학원 석사학위논문, 2005).

194) 강정구, "이라크 전쟁과 파병: 미국의 야만성과 한국의 자발적 노예주의," 『경제와 사회』, 제63호 (2004), pp. 281–309.

195) 황인성, "이라크 파병반대운동을 통해 본 한국 반전평화운동," 『시민과세계』, 제4호 (2003), pp. 108–122.

크 파병문제를 다루며 파병 찬반을 넘어 보다 근본적인 문제를 제기하고 있다. 그는 이라크 전쟁을 힘의 우위와 이원화된 사고구조를 바탕으로 군사안보에 의존하는 폭력으로 규정하고, 파병반대운동을 국가의 군사동원체제를 거부하고 세계평화에 동참하는 일이라고 주장한다.[196] 이라크 파병을 헌법에 비추어 판단하는 규범적 논의도 일어났다. 이경주는 이라크 파병이 대한민국 헌법이 천명하고 있는 평화주의를 위반하는 위헌적 조치라고 평가하고 있다. 현실적으로도 파병 거부가 과연 국가의 안전보장에 어떤 형태로 영향을 미치는지, 또 파병이 국가안보에 기여할지 의문이라는 주장도 덧붙이고 있다.[197]

이상과 같은 파병 반대론은 침략전쟁 반대, '평화적 수단에 의한 평화' 등을 명분으로 하고, 평화운동, 페미니즘(feminism), 헌법 등을 근거로 제시하고 있다. 그러나 이와 같은 반전평화운동은 이상주의로 특징지워지거나 그렇게 비판받아 왔다. 즉 반전평화운동의 대의와 주장이 잘못된 것은 아니지만 그 현실성이 약하다는 점에서 결정적인 약점을 갖는다는 것이다. 여기서는 반전평화운동이 이상주의적이라는 통념을 한국의 이라크 파병반대운동을 사례로 검증해볼 것이다.

2) 분석틀

본 연구의 분석틀을 수립하는데 주제어는 국가이익과 평화이다. 왜냐하면 국가이익과 평화는 전쟁, 파병, 외교안보정책과 같은 용어의 상위 개념이기 때문에 그에 관한 시각에 따라 파병에 대한 입장도 달라질 수 있다. 국가이익이란 개념은 많은 사람들이 그 정의를 시도해 왔지만,[198] 힘과 도덕, 현실과 당위가 혼합된 것으로서 그 중 어느 한쪽에만

---

196) 김엘리, "여성주의적 관점에서 본 이라크 파병과 평화,"『여성과평화』, 제3권 (2003), pp. 17−30.

197) 이경주, "이라크 파병과 헌법,"『기억과전망』, 제8권 (2004), pp. 111−127.

198) Edward H. Carr, *The Twenty Years Crisis, 1919~1939* (London: Macmillan Company, 1956); Hans J. Morgenthau, *In Defense of the National Interest: A Critical Examination of American Foreign Policy* (New York: Alfred A. Knof,

의존하는 국가이익은 불완전하다.[199] 도덕과 당위를 중시한 이상주의자에 의한 국익 개념은 힘과 현실을 중시하는 현실주의에 의해 비판 받아왔고, 그 반대도 마찬가지다. 무정부 상태인 국제정치 현실에서 생존을 기본으로 하는 국가이익은 힘에 의해 정의되지만, 그렇게만 한다면 자기파멸의 위험에서 벗어날 수 없을 것이다. 두 차례의 세계대전과 핵무기 경쟁이 그런 위험을 잘 보여주었다.

국가이익은 국민들이 정치, 경제, 문화적으로 추구하는 욕망이나 자기애가 국가공동체로 전이된 것으로 정의할 수도 있지만 명확한 정의가 쉽지는 않다. 그럼에도 국가이익을 군사적 측면에서 생존, 경제적 측면에서 번영, 외교적 측면에서 위신으로 정의하는 것이 일반적이다. 물론 이 세 요소로 국가이익을 정의해도 그런 요소들 사이에 우선순위 문제가 발생할 수 있고, 민주화, 과학기술 발전, 국제질서 변화 등에 의해 국가이익 개념도 변할 수밖에 없다.[200] 또 같은 시대라 하더라도 국가구성원들에 따라 국가이익에 대한 정의가 달리 나타날 수도 있다. 요컨대, 국가이익에 대한 정의도 정태적 시각과 동태적 시각에 의해 다를 수 있다. 그 아래에 국가이익은 유형의 이익과 무형의 이익, 단기적 이익과 중장기적 이익 등 다양한 분류가 가능하다.

한편, 평화가 인류 공통의 염원인 것은 분명하지만 그것을 달성하는 방법에 있어서 입장 차이가 크다. 그 차이는 단지 방법상의 차이가 아니라 평화관, 세계관의 문제이기도 하다. 평화를 원하거든 전쟁을 준비하라(Si vis pacem, para bellum)는 현실주의적 평화관, 평화를 원하거든 평화를 준비하라(Si vis pacem, para pactum)는 이상주의적 평화관으로 대별할 수 있다. 대북정책을 포함한 한국의 외교안보정책을 둘러싼 국내 여론의 균열도 기본적으로 이런 평화관의 차이에서 연유한다. 현실

1951); Robert E. Osgood, *Ideals and Self-Interest in America's Foreign Relations* (Chicago: University of Chicago, 1953).

199) 구영록, 『한국의 국가이익: 외교정치의 현실과 이상』 (서울: 법문사, 1995), p. 23.
200) 위의 책, pp. 24-36.

주의 시각은 국가이익을 생존을 우선에 놓고 정의하고 그 달성을 위해 힘에 의존한다. 이때 힘은 군사력으로서 국력이 부족할 경우 강대국에 의존할 수밖에 없는데, 이때 동맹국가 간에 불균등한 후원-수혜관계가 성립된다. 이라크 파병 지지론은 현실주의 시각에서 한국의 국가이익을 위해서는 미국이 관여하는 이라크 전쟁에 파병하는 것이 불가피하고 그 것이 대등한 한미관계 정립에도 유익하다는 입장이다.[201]

한편, 이상주의적 평화관에서 볼 때 이라크 파병은 미국의 침략전쟁에 동조하는 것으로서 이라크 민중의 생명을 앗아가고 중동평화를 해치고 국제법을 위반하는 반평화적 처사이다. 이라크전쟁은 잘못된 정보와 잘못된 판단에서 시작됐고 '반테러전'을 명분으로 한 부시 미 행정부의 일방주의 외교안보정책으로 중동 평화와 이라크인들의 생존은 위험에 처했다고 주장한다.[202] 특히 한국의 이라크 파병은 미국의 침략전쟁에 동조하는 것이므로 노무현 정부의 제일 파병 명분인 한반도 평화에도 도움이 되지 않는다고 주장되었다.[203] 이렇게 파병에 반대한 여론의 상당 부분이 이상주의적 평화관에 기초하고 있음을 부인할 수 없다.

그럼에도 파병반대세력의 입장이 도덕과 명분에만 의존했다고 단정하기는 어렵다. 주로 현실주의론에 의존한 파병지지세력도 세계평화, 동맹국에 대한 의리, 반테러 등 명분론을 활용하는 경우가 있다. 마찬가지로 파병반대세력도 한반도 평화와 결부지은 국익론과 같은 현실주의 논리를 제시하며 파병지지세력과 대립한 측면이 적지 않다. 이 연구는 파병 지지 대 반대를 현실주의 대 현실주의 구도로 파악할 것이다. 그럼으로써 이라크 파병문제를 둘러싼 한국사회 내 논란을 재조명함은 물

---

201) 김성한, "이라크 파병과 국가이익," EAI 국가안보패널 연구보고서 2 (2004); 구우회, "해외파병과 국가이익: 한국군의 이라크파병을 중심으로," (한국외국어대학교 정치행정언론대학원 석사학위논문, 2012).

202) 노엄 촘스키·하워드 진 외 지음, 이수현 옮김, 『미국의 이라크 전쟁: 전쟁과 경제제재의 참상』 (서울: 북막스, 2002).

203) 이라크파병반대비상국민행동 정책사업단, 『이라크 파병 반대의 논리 - 파병반대 정책자료집2』 (서울: 이라크파병반대비상국민행동, 2005).

[그림 9-1] 한국의 이라크파병 논쟁구도

		파병 지지			
동맹 강화	한반도 평화	경제 이익	군사 이익	= 국가 이익?
		파병 반대			

론 향후 파병 논의가 보다 현실적이고 미래지향적인 방향으로 나아갈 단초를 만들어보고자 한다. 파병지지세력은 파병으로 한미동맹 강화, 한반도 평화, 경제적 이익, 군사적 이익 등 네 가지를 거론했는데, 파병 반대세력은 그런 기대가 비현실적이라는 입장을 보이며 상호 대립하였다. 이상의 논의를 바탕으로 [그림 9－1]과 같이 분석틀을 만들었다.

3. 파병 결정과 기대효과

1) 파병 결정 경과

1990~91년 걸프전 이후 미국은 대이라크 제재를 가해왔다. 미국의 이라크 공격은 레이건 정부때부터 극우세력(일명 네오콘)에 의해 추진돼왔는데 그를 위해 대량살상무기 제작 및 후세인정권과 알카에다의 연계설을 제기해왔다. 2001년 부시 정부 등장과 9.11사태가 배경이 되어 2002년 11월 8일 유엔 안보리는 미국 주도로 대이라크 결의 1441호를 채택하고,[204] 부시정권은 같은 달 20일 전 세계 주요 50여 우방 및 동맹국들에게 이라크전쟁에 대한 지원 의사를 문의해왔다. 당시 김대중 정부는 미국에 대한 지원 의사를 표명하였으나 구체적인 내역에 대해 미국과 합의에 이르지 못하고 정권을 마감했다.

2003년 2월 25일 노무현 대통령 취임 이후 미국은 이라크 공격을 앞두고 한국정부에 적극적인 협력을 요청해왔다. 미국의 두 번째 요청 내용은 1차 요청에 비해 늘어났다. 특히 전투병 지원을 요청했다. 3월 13

---

204) 그러나 안보리 결의 1441호에는 이라크의 의무 위반에 대한 제재 수단으로 군사공격을 명시하지는 않았다.

일 노 대통령은 부시 대통령과 전화통화를 갖고 미국의 이라크 공격을 지지하고 이라크전쟁에 대한 지원을 약속했다. 3월 18일 미국이 이라크에 최후통첩을 보내자 한국은 고건 국무총리 주재로 '이라크 사태 관계 장관회의'를 갖고 정부의 대책을 논의했는데 그 자리에서 전투 병력을 제외하고 대대급 규모의 공병부대 파견, 아프간 전개병력 전환, 인도적 지원 및 전후복구 지원 등의 파병 계획을 결정했다. 3월 20일 미국이 이라크 공격을 단행한 날 노무현정부는 국가안전보장회의 상임위원회를 개최해 미국의 입장을 지지하는 입장을 발표하고 500여 명 규모의 공병단과 150명 규모의 의무부대를 파병하기로 결정했다. 이후 시민사회와 여론, 그리고 국회에서 치열한 논쟁이 일어났다. 당시 국내여론은 미국, 영국의 이라크 공격에는 압도적으로 반대했지만, 한국군의 비전투병 파병에는 찬성과 반대가 팽팽하게 대립하였다.[205] 당시 국회 본회의에서 파병 동의안 결의가 지연된 것도 그런 상황을 잘 보여주었다. 결국 4월 2일 노무현 대통령이 국회에서 국정연설을 한 후 표결 처리해 파병동의안이 찬성 179표, 반대 68표, 기권 9표로 본회의를 통과했다. 파병동의안의 국회 통과 이후 정부는 4월 30일 서희·제마부대 1진 326명을 이라크로 파견했다.[206]

후세인 정권을 무너뜨린 후[207] 미국은 이라크 안정화를 꾀하며 신정부 수립을 도모해나갔다. 그렇지만 이라크 내 종족간 갈등과 미국의 미숙한 점령정책으로 시아파, 수니파, 미군 사이의 '3면전쟁'이 전개되기 시작하였다.[208] 그런 상황에서 2003년 9월 4일 롤리스(R. Lawless)

---

205) 김현미, "이라크파병반대운동의 전개와 그 동학에 관한 연구," p. 55.
206) 국정홍보처, 『참여정부 국정운영백서 5: 통일외교안보』(서울: 국정홍보처, 2008), pp. 270-271; 우경림, "노무현 정부의 1차 및 2차 이라크 파병정책 결정 과정 분석," pp. 12-15.
207) 2003년 3월 20일 미국의 이라크 침공에서 5월 1일 부시 대통령의 '임무 완수' 선언까지 43일이 소요되었다.
208) 이근욱, 『이라크 전쟁: 부시의 침공에서 오바마의 철군까지』(파주: 한울아카데미, 2011).

미 국무부 부차관보가 방한해 한국에 추가 파병을 요청하였다. 롤리스의 파병 요청 내용에는 한국군이 독자적으로 운용할 수 있는 대규모 파병이 포함되어 있었다. 10월 4일 이라크 현지 상황을 조사한 정부조사단이 귀국해 대통령 보고를 했고, 같은 달 16일 유엔 안보리 결의 1511호가 채택돼 미국의 이라크 공격 및 점령을 사후 추인하였다. 위와 같은 상황 전개 속에서 10월 18일 정부는 추가 파병 방침을 발표했지만, 구체적인 내용은 담지 않았다. 같은 달 20일 방콕의 아태경제정상회의(APEC)에서 열린 한미정상회담에서 부시 대통령은 노 대통령에게 추가 파병 방침에 사의를 표명했다. 정부는 이라크에 2차 정부조사단을 파견하는 한편 구체적인 파병 계획을 다각도로 검토했다. 정부 관련 부서들 사이에서 입장 차이가 나타났고 국회와 시민사회에서 파병반대 여론이 1차 파병 때보다 더욱 높았다. 2003년 하반기 들어 정부기관과 언론사의 여론조사에서 추가파병 반대여론이 찬성여론보다 높았다.[209] 정부의 최종 파병 결정이 늦어진 이유였다.

결국 12월 17일 정부는 안보관계장관회의에서 재건 지원을 주임무로 하는 3천명 규모의 부대를 파견하기로 최종 결정했다. 이 결정은 여러 고려사항들을 반영하고 이수혁 차관보의 묘안을 살린 것이었다.[210] 그러나 거센 파병반대 여론과 국회의원 선거(2004.4.15)로 인해 추가파병 동의안이 국회를 통과하는 데 어려움이 있었다. 2004년 2월 13일 논란 속에 추가파병안이 국회를 통과했다(찬성 155표, 반대 50표, 기권 7표). 추가파병안의 국회 통과 이후에도 미군의 이라크 포로 학대와 김선일씨 피살을 계기로 추가파병에 대한 반대여론은 식지 않았다. 파병부대 창설(2.23 자이툰부대), 2차 정부조사단 활동, 주둔지 변경 등을 거쳐 추가 파병 부대의 선발대 출국은 9월 3일에 가서야 이루어졌다.[211]

---

209) 김현미, "이라크파병반대운동의 전개와 그 동학에 관한 연구," p. 84.
210) 김종대, 『노무현, 시대의 문턱을 넘다』(서울: 나무와숲, 2010), p. 112.
211) 국정홍보처, 『참여정부 국정운영백서 5』, pp. 271 – 277; 정여진, "한국의 외교정책 결정과정에서 NGO의 영향력 분석," pp. 25 – 66.

2) 파병의 기대효과

정부와 국회가 국내외 반전 여론에도 불구하고 파병을 결정한 것은 손익계산 결과 파병이 더 유익하다고 보았기 때문이다. 그 중심에 국가이익이 자리하고 있다. 노무현 대통령도 미국의 이라크 침공을 개시한 날 "미국의 노력을 지지해 나가는 것이 우리의 국익에 가장 부합한다는 판단"212)을 내리고 파병을 결정했다.

첫째, 한미동맹 강화론이다. 노무현 정부 들어서면서 대통령의 대미관과 통일외교안보정책 결정집단 내 자주적 성향을 가진 인사들로 인해 서울과 워싱턴 내에서 한미관계를 우려하는 목소리가 일어났다. 부시 정부 들어 한미관계는 해외주둔 미군의 '전략적 유연성' 제고와 관련한 주한미군 재배치 문제, 한미동맹의 미래 비전, 북핵문제의 해법 등을 둘러싸고 양국이 서로 민감해진 상태였다. 그리고 미 대외정책의 우선순위 변화와 일방주의 외교, 한반도에 대한 중국의 영향력 증대 등으로 한미관계는 전환기적 도전에 직면해 있었다. 그런 상황에서 이라크 파병은 한미동맹의 도전을 극복하고 미래 양국관계를 설계하는 문제와 연관되어 있는 것으로 보였다. 구체적으로 9.11 이후 국제질서의 재편 과정에서 미국은 동맹관계를 평가하는 데 있어 미국이 주도하는 반테러전쟁에의 참여 여부를 가장 큰 기준으로 적용해왔다. 앞으로 동맹은 20세기적 '혈맹'(血盟) 개념으로부터 21세기적 '신맹'(信盟) 개념으로 변화할 것으로 보인다는 점에서 한국의 이라크 파병은 미국과의 신맹을 이룩하기 위한 투자, 즉 '용신'(用信)의 과정이라는 것이다.213) 실제 정부가 국회에 제출한 이라크 파병 동의·추가파병·연장 동의안은 모두 한미 동맹관계 발전을 제일의 파병 이유로 꼽고 있다.

둘째, 북핵문제의 평화적 해결을 통한 한반도 평화정착론이다. 한국

---

212) "盧대통령 '국익 고려해 美지지', 오늘 임시閣議 소집 파병동의안 의결,"『경향신문』, 2003년 3월 21일.
213) 김성한, "이라크 파병과 국가이익," pp. 8–10, 12.

정부의 입장에서 파병은 힘을 중심으로 한 국제정치 질서에 대한 적응
이라는 의미 외에도 국민의 안전과 직결되는 한반도 평화문제가 가장
큰 고려요소였다. 노무현 대통령은 2003년 4월 2일 국회에서 가진 국정
연설에서 미국의 대북 공격 가능성을 언급하며 "미국을 도와주고 한미
관계를 돈독히 하는 것이 북핵 문제를 평화적으로 해결하는 길이 될 것
이라는 결론을 내렸습니다."라고 말했다. 즉 "북핵문제의 평화적 해결
을 위해서는 무엇보다 굳건한 한미공조가 중요"하다는 것이 그의 판단
이었다.214) 사실 2003년은 북핵문제를 둘러싸고 한반도에 긴장이 고조
된 시기였다. 2002년 부시 행정부는 북한을 '악의 축'으로 간주하고 핵
선제공격 독트린을 발표하였고 그에 대응해 북한은 국제원자력기구
(IAEA)의 핵사찰 요원들을 추방하고 핵확산금지조약(NPT) 탈퇴를 단행
한다. 2002년 10월 북한의 우라늄 핵개발 '시인'으로 2차 북핵위기가 고
조된 상태에서 미국은 이라크 전쟁을 준비하며 북핵문제를 중국을 위시
한 다자회담 틀로 관리하려 하였다. 이에 북한은 처음 반대 입장을 취
했지만 후세인 정권 몰락을 목도한 직후 다자회담 참여로 입장을 선회
하였다. 그렇지만 극도로 상반된 입장을 가진 미국과 북한 사이의 대립
으로 다자회담(6자회담)의 틀을 짜고 그것이 안정적으로 진행될 것을 낙
관하기는 어려운 상황이었다.215) 북핵문제는 철저하게 대화를 통해 외
교적 방법으로 풀어가야 한다는 노 대통령의 소신은 확고했다. 그러나
그렇게 이끌어가기 위해서는 미국의 협조가 반드시 필요했다는 것이
'참여정부'의 판단이었다.216)

　　노무현 정부의 입장과 거리가 있지만 한반도 평화를 위한 미국의 협
조를 얻기 위해 파병이 불가피한 조치라는 주장도 있었다. 위 노 대통
령의 국정연설 후 국회의원들 간의 파병 토론에서 오세훈 의원(한나라

---

214) 제238회 국회본회의회의록, 제1호, 2003년 4월 2일, p. 2.
215) 서보혁, 『탈냉전기 북미관계사』(선인: 서울, 2004), pp. 341–347. 6자회담은 2003
　　년 8월 27~29일 처음 열렸다.
216) 문재인, 『문재인의 운명』(서울: 가교출판, 2011), p. 268.

당)은 "우리가 미국의 요구를 받아들였을 때와 그렇지 않았을 때 미국 정책결정자들의 부담감은 같을 수 없을 것"이라고 판단하고, 파병을 "북한에 대한 미국의 일방적 행위를 제어할 수 있는 최소한의 보험이 될 수 있을 것"이라고 말했다.[217] 더 나아가 박세환 의원(한나라당)은 "주한미군 없이는 한반도의 전쟁을 막을 수 있는 방법이 희박하다"고 전제하고 북핵문제로 한반도 위기가 고조되고 있는 상황에서도 주한미군이 움직이지 않고 있다고 하면서 파병을 지지하였다.[218] 이렇게 여야 할 것 없이 북핵문제를 평화적으로 해결하는데 미국의 협조가 필요하다는 데에는 일정한 공감대가 있었다.

셋째, 경제적 이익에 대한 기대이다. 파병시 한미동맹 강화로 북핵위기 완화 기대감을 고조시켜 국내외 투자자들의 투자 심리 개선과 대외 신인도 상승이 기대되었다. 그와 반대로 파병 거부시 한미동맹 악화로 투자 이탈, 남북관계 악화, 국내 금융시장 불안 등 기회비용이 증대한다는 전망도 나왔다. 그러나 그런 기대는 과장된 것으로 판단되기도 했다.[219] 그럼에도 이라크 파병을 지지하는 측에서는 이라크전 이후 한국기업의 이라크 재건 참여와 중동 및 카스피해 지역에서의 에너지 자원 확보 등 경제적 이익에 대한 기대를 강조했다. 당시 박원홍 의원(한나라당)은 베트남전 파병이 한국경제에 이익을 가져다주었다고 상기하며 "우리 민간기업의 전후복구사업 참여에 따른 경제적 이익을 기대할 수 있으니까 미국에게는 내밀히라도 확실히 보장을 받고 … 참전을 하기 바랍니다."고 정부에 권고했다.[220] 박세환 의원(한나라당)은 베트남전이 미치는 긍정적인 경제적 효과와 1차 걸프전이 미친 미미한 효과를 대비시켜 이라크 전후복구사업에 필히, 그리고 적시에 참여해야 한다고

217) 제238회 국회본회의회의록, 제1호, 2003년 4월 2일, pp. 20 – 21.
218) 제238회 국회본회의회의록, 제1호, 2003년 4월 2일, p. 16. 그러나 이후 이라크 사태가 심각해지자 미국은 주한미군의 일부를 이라크에 보낸 바 있다.
219) 국정홍보처, 『참여정부 국정운영백서 5』, p. 278.
220) 제243회 국회본회의회의록, 제4호, 2003년 9월 17일, p. 21.

주장했다.[221] 실제 이라크 재건사업 참여 여부를 결정하는 미국이 2004년 1월 재건사업 참여국, 일명 코어그룹(Core Group)에 한국을 포함시키고, 그 결과 현대건설이 동년 3월 미국 임시행정처(CPA) 산하의 이라크 재건공사시행위원회(PMO)가 발주한 이라크 재건사업 중 2억 2,000만 달러 규모의 사업을 수주한 것으로 알려졌다.[222] 이는 한국의 이라크 파병에 따른 경제적 이익으로 간주되었다.

넷째, 군사적 이익에 대한 기대이다. 군인 출신 박세환 의원은 실전 경험이 한반도 유사시 위기 대처 능력을 배양하는데 큰 도움이 되고, 전투부대까지 보내면 "한반도의 안보상황과 또 작전능력을 배양하고 특히 외국군과의 연합작전능력을 배양하는 것은 … 아주 귀중한 경험"이라며 전투병 파병을 주장했다.[223] 2003년 3월 이라크 파병 및 2004년 2월 추가 파병을 논의하던 국회에서 국회 국방위원회 김대훈 수석전문위원도 파병이 국익과 관련된다고 평가하면서 거기에 한국군의 연합작전능력 배양 및 실전 경험 축적을 언급한 바 있다.[224] 실제 자이툰부대의 민사작전은 동맹군의 '민사작전 모델'로 자리잡았다는 평가를 받았다. 치안확보, 민심확보, 재건지원 등으로 구성되는 민사작전은 구체적으로 다양한 사회개발 지원, 인도적 지원과 주민친화적 작전으로 이라크인들의 지지를 얻었다는 것이다. 베트남 파병 이후 사단급 부대로는 최초의 최장거리 해외파병 기록과 함께 독자적인 군수지원 능력을 확보하고 파병경험 인력을 축적함으로써 향후 글로벌 시대에 부합된 전투원 육성은 물론, 기후, 지형 등 새로운 환경에서의 임무 수행 능력을 배양할 수 있었다는 것이다.[225]

221) 제238회 국회본회의회의록, 제1호, 2003년 4월 2일, p. 16.
222) 김성한, "이라크 파병과 국가이익," p. 14.
223) 제238회 국회본회의회의록, 제1호, 2003년 4월 2일, p. 17.
224) 제237회 국회본회의회의록, 제1호, 2003년 3월 28일, pp. 5-6; 제245호 국회본회의회의록, 제5호, 2004년 2월 13일, p. 44.
225) 구우회, "해외파병과 국가이익," pp. 70-71.

이상 파병을 통해 얻을 수 있는 네 가지 국가이익을 살펴보았는데, 그중 정부가 중시하고 파병지지 여론 중 가장 큰 공감대를 얻은 것은 한미동맹관계 발전과 한반도 평화였다.[226] 노무현 정부는 경제적 이익과 군사적 이익은 부차적으로 보았다. 노무현 대통령은 "경제적 이익 확보 요소를 과신하지 않는 것이 옳다"[227]고 강조했고, 군사적 이익은 전투병 파병까지 지지하는 적극 파병론의 기대까지 묶은 과도한 기대였다. 노 대통령의 입장에서 파병은 '잘못된 선택'이지만 '불가피한 선택'으로 판단되었고, 결국 국익을 증진하는데 효율적인 파병외교를 전개했다고 평가하였다.[228] 그러나 현실주의에 입각한 국익론이 파병지지세력의 전유물은 아니었다. 파병반대세력도 규범적 판단에 그치지 않고 현실주의 관점에서 파병지지세력과 대립하였다. 파병반대세력도 지지세력의 네 가지 논거에 대응하였는데 한미관계와 한반도 평화문제에 초점을 두는 양상을 보였다.

4. 파병 반대의 명분과 현실주의

1) 파병 반대의 명분

노무현 정부의 첫 이라크 파병 동의안에 대한 국회의원들의 반대 명분은 서상섭 의원(한나라당)의 발언에 잘 나타나 있다.[229] 서 의원은 파병이 명분 없는 전쟁, 부도덕한 전쟁, 국제법을 위반한 전쟁이라고 지적했다. 실제 미국의 이라크 공격은 물론 그 이후에도 후세인 정권의 대량살상무기 제조 의혹, 후세인 정권과 알카에다의 연계 의혹은 입증되지 않았다. 오히려 그런 의혹이 고의적인 정보 조작이라는 의혹이 제기되기도 했다. 또 많은 양심적 정치인과 지식인들의 지적처럼 미국의 이

---

226) 문재인, 『문재인의 운명』, p. 269.
227) 국정홍보처, 『참여정부 국정운영백서 5』, p. 275.
228) 노무현, 『성공과 좌절』 (서울: 학고재, 2009), p. 223.
229) 제238회 국회본회의회의록, 제1호, 2003년 4월 2일, pp. 24–25.

라크 공격이 부시 대통령과 미국 무기산업과 석유자본, 그 정치적 대변자로서 신보수주의세력(Neo-Conservative)의 이익을 위한 결정이라는 비판도 일어났다.[230] 미국의 이라크 전쟁은 침략전쟁을 부인하는 국제법을 위반한 것이자 일방주의적이고 군사주의의 대내적 힘을 외교정책으로 전환시킨 것이었다. 그것은 세계여론의 반발과 미국의 고립을 초래하기 시작하였다.[231] 그런 전쟁에 한국이 파병을 한다면 평화주의를 적시한 헌법[232]은 물론 한미상호방위조약의 적용 범위를 뛰어넘는 것으로서[233] 미국의 침략전쟁에 동참하는 결과를 초래한다는 여론이 비등해졌다.

2003년 9월부터 공론화되기 시작한 추가 파병동의안에 대해서는 파병 반대 여론이 더 격렬했다. 국회에서는 추가 파병에 반대하는 국회의원들이 적지 않았는데, 파병반대 이유가 추가되었다. 예를 들어 제238회 국회에서 김영환, 박금자, 정범구 의원(이상 새천년민주당)은 첫 파병 동의안에 대한 반대 명분에 정부가 추가파병 동의안을 졸속으로 상정한 점, 이라크 국민 80%가 반대하고 이라크통치위원회의 요청이나 승인절차가 없었고 이라크인들의 생명을 앗아가는 점 등을 추가했다.[234]

이라크 파병을 반대하는 시민단체들의 입장에서도 강력한 명분이 있었고, 그 내용은 파병을 반대하는 국회의원들과 큰 차이가 없었다. 2003년 9월 23일 351개 시민단체들로 결성된 '이라크파병반대비상국민행동'은 발족선언문에서 이라크 전쟁이 첫 단추부터 잘못 채워졌고 명분을 상실한 일방적 전쟁과 점령이라고 규정하고, 한국이 거기에 전투

---

230) Helen Caldicott, *The New Nuclear Danger*.
231) Chalmers Johnson, *The Sorrow of Empire: Militarism, Secrecy, and the End of the Republic* (New York: Owl Books, 2004), p. 256.
232) 대한민국 헌법 제5조 ①: 대한민국은 국제평화의 유지에 노력하고 침략적 전쟁을 부인한다.
233) 한미상호방위조약 전문과 제3조는 양국간 군사협력이 태평양지역에 한정되고 그것도 양국의 헌법적 절차에 따를 것임을 밝히고 있다.
234) 제245호 국회본회의회의록, 제5호, 2004년 2월 13일, pp. 4, 7-9.

병을 파견하는 것은 점령군으로서 미군의 부담을 분담하는 것일 뿐 주
권국가를 포기하는 처사라고 비판했다. 이 단체가 낸 첫 정책자료집에
는 미국 주도의 이라크 다국적군이 평화유지군이 아니고, 파병은 부시
의 재선을 위해 한국군의 생명을 마치는 처사로서 위헌이자 명분 없는
'그들만의 파병'이라는 주장이 실려있다.235) 이라크 파병을 반대하는 사
람들의 명분은 "우리는 힘의 평화보다는 평화의 힘을 믿습니다."고 한
김원웅 의원(개혁국민정당)의 발언으로 요약할 수 있을 것이다.236) 이 표
현은 파병을 둘러싼 서로 다른 두 개의 현실주의가 대립하고 있음을 잘
보여주고 있다. 특히, 이라크전 및 파병 반대 입장에서 선 평화운동세력
이 명분을 중시하는 이상주의만이 아니라 실리를 중시하는 현실주의 관
점에서의 논리도 제시하고 있음을 알 수 있다. 그것은 파병지지세력의
현실주의론과 팽팽한 대척점을 형성하였다.

2) 현실주의적 파병반대론

국내 평화운동세력이 보여준 현실주의 관점에서의 파병반대 논리는
위에서 말한 파병지지세력의 네 가지 입장에 맞서고 있다. 그것은 파병
지지세력의 현실주의론, 즉 국익을 위한 파병론이 허구임을 폭로하고
파병반대는 보편가치는 물론 국가이익에도 부합한다는 점을 알리려는
의도를 갖고 있었다. '이라크파병반대비상국민행동'이 내놓은 성명 중
하나인 "이라크 전투병을 보내서는 안 될 12가지 이유"237)에는 파병 반
대 명분만 아니라 국익의 관점에서 볼 때도 실익이 없다고 지적하며 여
러 현실주의적 근거를 제시하고 있다.

첫째, 가장 강력한 파병 지지론의 근거로 제시된 한미동맹 강화론에

---

235) 이라크파병반대비상국민행동 정책사업단, 『이라크 파병 반대의 논리 – 파병반대 정
　　책자료집1』 (서울: 이라크파병반대비상국민행동, 2005).
236) 제238회 국회본회의회의록, 제1호, 2003년 4월 2일, p. 29.
237) 이라크파병반대비상국민행동 정책사업단, 『이라크 파병 반대의 논리 – 파병반대 정
　　책자료집1』, pp. 228–231.

대한 반론이다. 위 성명은 이라크 파병이 장기적인 한미관계에 결코 도움이 되지 않는다고 주장하고, 파병지지세력이 미국 내 일부 강경파와 미국 국민 전체를 혼동하고 있고, 파병 거부에 따른 일시적 불편은 미국 대선, 미군철수 여론 등 다른 변수들로 상쇄될 수 있다고 판단하였다. 특히, 부시 대통령의 이라크전 승리 선언 이후 오히려 이라크 상황이 '3면전쟁' 양상을 띠며 장기화 조짐을 보이는 가운데 미군 사망자 수가 증가하고,[238] 거기에 전쟁 명분이 입증되지 않으면서 미국 내에서 전쟁중단, 미군철수 여론이 높아지기 시작하였다. 또 미국으로부터 이라크전 협력을 요청받는 나라들 중 터키와 같이 의회가 정부가 제출한 미국의 터키 영토 사용허가요청안을 거부한 나라도 있고, 전 세계적으로 미국 지지를 선언한 45개국 중 그것을 파병이 아닌 정치적 지지 선언으로 그치는 나라가 30여 개국,[239] 파병 방침을 가진 국가들 중에서도 이라크 상황 악화를 보며 파병 철회 혹은 연기를 발표한 나라도 발생하였다. 다시 말해 미국의 파병 요청 거절=한미 동맹관계 악화=국익 손상의 논리는 사실과 거리가 있다는 비판이 파병반대세력으로부터 나왔다. 물론 동맹 강화론자들은 파병시 동맹의 이익보다는 파병 거부시 동맹관계 악화를 우려하였다. 이에 대해 파병반대세력은 파병 거부시 한미관계가 일시적으로 냉각되겠지만, 양국간 상호 필요에 의해 동맹관계가 유지될 것이라고 전망하고 거기에 파병이 주요 변수로 작용하지 않을 것이라고 판단했다.

둘째, 파병반대세력은 이라크 파병으로 한반도 평화를 가져온다는 것은 넌센스이고, 오히려 파병이 부시정부의 대북 강경정책에 날개를 달아주는 격으로 그럴 경우 국제사회의 평화여론을 끌어내기도 어렵다고 주장했다. 이 지점에서 파병반대세력과 노무현 정부의 입장이 현격

---

238) 이근욱, 『이라크 전쟁: 부시의 침공에서 오바마의 철군까지』, 파주: 한울아카데미, 2011.

239) 제238회 국회에서 김성호 의원의 발언, 제238회 국회본회의회의록, 제1호, 2003년 4월 2일, p. 19.

하게 맞섰다. 파병반대세력은 파병이 부시 정부의 핵선제공격 독트린을 추인하는 행위로서, 한반도에서 전쟁은 안 된다고 주장할 논리적 근거를 한국 스스로 파괴하는 처사라고 주장했다. 이어 파병은 곤경에 빠진 미국 내 강경파와 부시 정부를 정치적으로 지원하는 대신 한반도 평화를 지지하는 미국 내 온건파와 세계 평화세력을 등지는 일이라고 비판한다. 평화운동가 정욱식은 한반도가 국제사회로부터 평화와 통일에 대한 지지와 협력을 이끌어내기 위해서는 '반전'이라는 가치를 보편화하는데 솔선수범해야 한다면서 파병 반대가 한반도 평화에 부합한다고 주장했다.240) 파병반대세력은 앞에서 말한 성명에서 일차 파병으로 확인된 것은 이라크 파병과 한국의 안보문제 사이에는 별 관계가 없다는 것이라고 말한다. 이어 파병이 미국의 대북적대정책을 완화하지 못했고 주한미군 재배치 결정 등에서 보듯이 미국의 외교안보정책은 한국의 파병과 무관하게 전개되고 있다고 판단하였다. 실제 노무현 정부는 파병을 한반도 평화에 대한 미국의 협조와 연계시키는 접근을 시도하기도 했으나 파월(C. Powell) 국무장관으로부터 거부 반응을 초래하기도 했다.241) 그렇지만 노무현 정부의 통일외교안보정책을 진두지휘한 이종석 전 통일부 장관은 "미국은 한국에 대해 불편한 소리를 했지만 6자회담 진전을 희망하는 한국 정부의 입장에 대해 점차 긍정적으로 반응하기 시작했다."242)고 증언한다. 파병이 북핵문제의 평화적 해결에 이바지 했다는 것이다. 그러나 파병반대세력의 입장은 달랐다. 부시 정부는 대량살상무기 확산방지구상(PSI)을 추진하며 대북 봉쇄를 강화하며 대북협상을 선호하던 노무현 정부에 PSI 참여를 요구하였다. 이런 사실은 파병을 통한 한반도 평화정착이 현실주의적 접근이 아니라 파병을 정당

---

240) 정욱식, "한반도 평화 위협하는 전투병 파병," 이라크파병반대비상국민행동 정책사업단 편, 『이라크 파병 반대의 논리 – 파병반대 정책자료집1』, pp. 195–198.
241) David Sanger, "Intelligence Puzzle: North Korean Bombs," *New York Times*, October 14, 2003.
242) 이종석, 『칼날 위의 평화』 (서울: 개마고원, 2014), p. 210.

화 하는 측의 희망 섞인 생각(wishful thinking)임을 반증해주는 것인지도 모른다.

셋째, 파병반대세력은 파병이 경제적·군사적 이익을 가져다 줄 것이라는 파병지지세력의 기대는 허상이라고 말한다. '이라크파병반대비상국민행동'은 위 성명에서 부시 정부가 이라크문제에 관해 국제사회를 향해 '위험부담'의 분담을 요구하고 있지만 석유와 정부 구성 등 핵심부분에 대해서는 통제권을 놓지 않으려 한다고 말한다. 그리고 이라크전이 새로운 양상을 띠며 장기화 될 조짐을 보이면서 미국정부가 약속할 수 있는 것이나 전후 안정화 및 재건사업으로 얻을 이익이 기약이 없다는 지적도 일어났다. 파병 반대측은 한미 간에도 파병을 통한 경제적 이익이 없다고 주장한다. 이들은 정부가 1차 파병과 뒤이은 방미외교로 경제신인도 회복에 기여했다고 말하지만, 곧이어 하이닉스 반도체에 대한 미국의 보복관세 부과로 한국경제가 피해가 입었음을 지적하며 파병이 경제 이익을 가져다 준다는 주장이 비현실적이라고 말한다. 나아가 파병반대세력은 이라크 파병이 베트남 파병과 달리 참전비용을 한국이 일체 부담해야 하고, 한국의 전후 재건사업 참여도 이라크 상황 악화로 불투명하고, 현대건설의 이라크 채권도 이라크 전후 재건과정에서 탕감될 가능성이 있고, 파병 거부시 미국의 경제압박은 그것과 무관하게 진행되며 예상처럼 크지 않을 것이라는 분석을 내놓은 바 있다.[243]

넷째, 군사 이익 측면에서도 뚜렷한 이익이 없다는 것이 파병반대세력의 입장이다. 사실 군을 보내는 국방부에서도 파병동의안을 국민들에게 설명하면서 한국의 군사 이익을 거론하지 않았다. 1차 파병 동의안을 국회에 제출하면서 조영길 국방장관은 파병 목적으로 세계 평화와 안정에의 기여, 한미 동맹관계 공고화, 경제적 고려 등을 꼽았다.[244] 앞에서 살펴본 것처럼 파병지지세력은 파병을 통한 군사적 이익이 적지

243) 이라크파병반대비상국민행동 정책사업단 편, 『이라크 파병 반대의 논리 - 파병반대 정책자료집1』, pp. 199-202.
244) 제237회 국회본회의회의록, 제1호, 2003년 3월 28일, p. 7.

않음을 주장하고 있다. 그렇지만 국방 당국이 그런 주장을 공식적으로 밝히기는 곤란했을 것이다. 그것을 공식 언급할 경우 이슬람권으로부터의 광범위한 반대 여론과 중동지역에서의 한국의 중장기 이익 훼손에 대한 우려가 크기 때문이다. 다시 말해 파병지지세력이 기대하는 군사적 이익이 이슬람권에서의 한국의 부정적 이미지와 중장기적 국익에 대한 비관적 전망을 압도할 정도로 큰 것인지는 불확실했던 것이다. 이밖에도 파병은 이라크인들은 물론 이슬람인들에게 한국이 미국의 침략전쟁에 동조했다는 종속적 이미지를 만들어 낼 뿐만 아니라, 한국의 대중동 자원외교, 이슬람권 지역 관광 등 국가이익과 국민안전 측면에서 장기적으로 좋지 않을 결과를 초래할 수 있다는 지적도 여러 차례 있었다. 실제 김선일씨 피살사건으로 그런 우려는 현실화되었고 그것은 파병반대운동에 기름을 붓는 격이 되었다.

파병 반대여론은 정부의 1차 파병동의안 처리를 지연시키며 농성을 이어가던 국회에서도 뜨거웠다. 2003년 4월 2일 노무현 대통령의 국회 국정연설에 이어 진행된 본회의에서 김근태(새천년민주당), 정범구, 김성호, 서상섭, 김원웅 의원 등은 파병이 세계평화여론과 배치되고 미국의 침략전쟁에 동조하는 것으로서 부메랑이 되어 한반도 평화를 해치고, 경제이익은 파병을 통해서가 아니라 한국경제의 불투명성, 불공정성을 개선해 투자 매력을 증진해 해결할 문제라고 지적했다. 특히, 김근태 의원은 파병이 2002년 월드컵 개최로 획득한 코리아 브랜드 가치라는 미래 가치를 손상시키고 동북아 중심 국가의 비전을 사실상 포기하는 것이라고 주장하면서 무형의 국익, 장기 국익을 저버리는 처사라고 주장했다.[245] 이런 주장은 추가파병동의안을 반대했던 박금자, 정범구 의원의 국회 발언에서도 재확인되는데 장기적 윤리외교, 한미동맹보다 더 큰 한미우호관계라는 표현이 그것이다.[246]

---

245) 제238회 국회본회의회의록, 제1호, 2003년 4월 2일, pp. 22-23.
246) 제245회 국회본회의회의록, 제5호, 2004년 2월 13일, pp. 8, 11.

요컨대, 파병반대세력은 현실주의적 관점에서 볼 때도 파병을 지지하는 측의 국익론이 허구이고, 파병은 경제적·군사적 실익이 거의 없고, 북핵문제 해결에도 도움이 되지 않고, 파병을 거부해도 한미관계에 이상이 없다고 판단하기 때문에 "파병 거부가 국익이다"는 결론을 내리고, 대중동 우호관계를 위해 이라크에 평화봉사활동 제안을 내놓기도 했다.[247]

파병반대세력의 현실주의적 주장이 보인 특징은 첫째, 형식논리 측면에서 한미관계와 한반도 평화를 상대적으로 중시하고 있는데 이는 파병지지세력의 논리와 유사하다. 둘째는 파병을 국익의 관점에서 파악할 경우 무형의 이익, 장기적 이익을 포함시켜 동태적이고 미래지향적인 국익론을 전개하고 있고, 셋째는 베트남 파병 사례와 비교하며 이라크 파병은 경제적, 군사적 이익이 과장되었다고 판단하고 있고, 넷째는 국가이익을 보편가치와 연결지어 개념 구성을 시도하고 있다는 점이다.

5. 평가: 현실주의 대 현실주의

한국 평화운동에 대한 연구가 빈약한 것은 평화운동이 아직 초보 단계이기 때문이다. 평화운동의 발육부진은 분단정전체제에서 연유하는 정치·사회적 환경 때문이다. 그러나 평화를 '적극적 평화(positive peace)'로 정의할 경우 반전·군축운동은 물론 평화체제 구축, 징병제 폐지, 비핵지대화, 군사문화 지양, 주한미군 철수 및 범죄근절, 군에 대한 문민통제 강화 등 한국 평화운동은 꾸준히 발전해왔다고 볼 수 있다.[248] 그 가운데서 한국평화운동이 본격화된 계기가 2003년부터 전개된 이라크전 중단, 파병 반대를 기치로 한 반전평화운동이었다. 이라크 파병을 둘러싼 찬반 논란은 격렬했고 정치사회와 시민사회를 막론하고 한국사회

---

247) 김연철, "이라크파병반대비상국민행동 정책사업단 편, 『이라크 파병 반대의 논리 — 파병반대 정책자료집1』, pp. 189 – 198.
248) 서보혁·정주진, 『평화운동: 이론·역사·영역』 (서울: 진인진, 2018).

전체를 균열시켰다. 그러나 이에 대한 평가는 아직 충분하지 않으며 그런 가운데서 파병 찬반을 현실주의 대 이상주의라는 이분법적 도식으로 이해하려는 통념이 자리해왔다. 이 장은 이라크 파병을 둘러싼 논쟁이 현실주의 대 현실주의 구도를 보였다고 주장하면서 그런 통념을 반증하고 있다. 한국의 이라크 파병반대운동은 그 명분 못지않게 현실주의적 입장을 취했다. 그것은 국익을 우선하며 파병을 지지한 다른 현실주의 입장과 대립 구도를 형성하였다. 이라크 파병반대운동은 ① 한국의 평화운동이 통일운동과 분리해 본격적인 출발을 보여준 일대 사건으로서, ② 그 범위가 시민사회에 그치지 않고 한국 사회 전체로 확대되었고, ③ 세계 평화운동과 본격적으로 연대하였고, ④ 도덕적 호소에 그치지 않고 현실주의적 입장을 제시한 점에서 주목할 만하다.

사실 파병의 명분은 노무현 대통령도 인정할 정도로 적절하지 않았다. 파병을 둘러싼 논쟁은 파병이 국익에 유용한가 아닌가로 모아졌다. 본문에서 살펴볼 파병 찬성 및 반대 세력 각각의 네 가지 논거는 모두 국익에 초점을 둔 현실주의적 판단에 따른 것이었다. 실제 국익을 중심에 둔 정부의 파병 결정에는 파병 찬반 주장에서 제시된 현실주의적 요소들이 두루 반영되었다. 정부의 파병 결정에는 비대칭적인 한미관계와 북핵문제가 가장 큰 변수로 작용했지만, 파병의 성격과 규모, 시기 등을 감안할 때 이라크 상황, 국내외 평화여론 등과 같은 요소들도 영향을 미쳤음을 알 수 있다. 파병 찬반을 둘러싼 두 가지 현실주의적 입장도 정부의 파병 결정에 영향을 미쳤다. 이는 파병반대운동이 단순히 시민사회 일각의 도덕적 주장이 아니라 국가이익과 보편가치의 조화에 영향을 미칠 수 있는 변수로 작용함을 의미한다. 실제 정부의 파병 결정과정을 추적해보면 국내의 상반된 여론을 활용하였음을 알 수 있을 것이다. 물론 파병반대세력의 현실주의는 이상주의의 지지를 받고 있다. 이상주의적 파병반대론은 현실주의적 파병반대론의 범위를 규정해준다고 하겠다. 현실주의적 파병반대론에서 국가이익은 현실주의적 파병지지론의 그것과 달리 정의되고 해석됨을 이 연구는 밝혀주고 있다.

향후에도 파병을 비롯한 외교안보정책 결정과정에서 평화운동은 유용한 역할을 할 수 있을 것이다. 그런 점에서 정부와 언론은 평화운동을 존중하고 그것을 정부와 시민사회 사이, 그리고 시민사회 내 심의민주주의를 활성화하는 자양분으로 삼을 필요가 있다. 그와 함께 평화운동이 개인, 국가, 세계를 아우르는 '보편적 이익'을 가져준다는 의식의 확산과 그 현실적 방안을 개발하는 노력은 향후 과제로 남아있다. 반전평화운동에서 현실주의와 이상주의의 동거는 그 자체로 하나의 실험이었다.

제 Ⅳ 부
코리아 인권

10
분단체제와 인권문제: 북한인권 논의의 재설정

1. 문제제기: 북한인권과 분단체제는 별개?

2003년 제59차 유엔(UN) 인권위원회에서 북한인권 결의가 채택된 이래 2018년 유엔 인권이사회, 그리고 유엔 총회까지 북한인권 결의는 중단 없이 채택되어 왔다. 북한인권 상황이 대단히 심각하고 그래서 국제사회가 적극적으로 개입할 필요가 있다는 인식이 높아진 것이다. 특히 2014년 들어 유엔에서는 북한에서 반인도적 범죄들을 확인하고 그 책임자들에 대한 국제형사재판까지 언급하는 보고서와 결의가 잇달아 채택되었다. 이처럼 북한인권문제는 다른 북한문제들보다 국제적 원심력이 크게 작용하고 있는 가운데 압력의 수위가 점점 높아지고 있다. 유엔의 북한인권 결의에 대해 한국정부는 2007년까지는 남북관계나 우선적인 대북정책 사안을 고려한 소위 전략적 판단을 바탕으로 기권, 무투표, 찬성 등 일관되지 못한 입장을 보였다. 그렇지만 2008년 제7차 유엔 인권이사회에서의 북한인권 결의 찬성투표부터 지금까지 일관된 입장을 취하고 있다. 이제 북한인권문제는 남북관계나 대북정책의 성격보다는 국제사회의 보편적 관심사라는 의미가 더 부각되고 있다. 이런 변화가 북한인권 개선 논의에 어떤 영향을 주는지, 또 한국의 북한인권정책에 어떤 효과를 주는지 생각해볼 필요가 있다. 그러나 이상과 같은 흐름에서 분단은 큰 고려사항이 되지 않는데 한국의 입장에서 진지한 검토가 필요한 지점이다. 이 연구의 문제의식이 여기에 있다. 북한인권 논의에서 분단을 배제하는 것이 타당하고 유용한가? 북한인권과 분단 체제는 서로 무관한 별개의 영역인가? 분단체제를 다루면 북한인권문 제의 보편성이 훼손되는가? 본 연구를 하게 된 질문들이다.

북한인권문제는 다양한 정의가 가능할 것이다. 가령, 국제사회의 대 표적인 인권침해 우려 사안으로 볼 수도 있을 것이고, 여러 북한문제들 중의 하나로 간주할 수도 있다. 북한과 인권의 상대적 중요도, 그 둘의 관계에 따라 북한인권문제에 대해 다양한 정의가 가능하다. 여기서는 북한인권문제를 북한'인'들의 인권 및 그 개선에 관한 제반 논의와 움직 임으로 정의한다. 여기서 남한의 위상과 역할이 주목받는다. 남한은 국 제사회의 일원으로서 국제규범에 대해 보편적 시각을 갖고 있다. 그런 가운데서 남한과 통일을 지향하는 특수관계[249]에 있는 북한의 인권문 제에 접근하는 일이 이론과 실천, 양 측면에서 보편성과 특수성의 관계 를 둘러싸고 그 입장이 주목을 받고 있다. 그런데 유엔에서의 북한인권 논의는 물론 남한에서의 북한인권 논의에서조차 분단 요소가 본격적으 로 논의되지 않고 있다. 물론 남북한은 1991년 유엔에 동시 가입해 국 제법적으로는 별개의 주권국가이다. 그러나 동시에 한반도가 외세에 의 해 남북으로 분단된 가운데 통일을 지향하는 특수관계에 있는 것도 국 제사회가 인지하는 사실이다. 그런 점에서 남한이 북한인권문제에 있어 국제사회의 원심력에 편승하는 대신 남북관계를 인권정책에서 소외시 키는 것이 효과적인지 의문을 제기할 수 있다. 북한인권문제를 논의할 때 북한이 분단체제의 일부라는 사실을 고려(혹은 배제)하는 것이 어떤 의미인지를 검토하고 그 시사점을 도출하는 것이 이 글의 목적이다. 이

---

249) 관련 남북한 합의로 남북기본합의서(1991년 12월 13일) 전문을 소개한다. "남과 북 은 … 쌍방 사이의 관계가 나라와 나라 사이의 관계가 아닌 통일을 지향하는 과정에 서 잠정적으로 형성되는 특수관계라는 것을 인정하고 …."

를 통해 분단체제가 남북한 인권 논의에 주는 시사점과 그를 통한 인권 개선 방향을 검토해보고자 한다.

2. 분단체제와 인권

1) 분단체제의 이해

분단체제는 분단으로 형성된 남북간 대결과 한반도 긴장 상태 및 그 재생산 기제로 정의해볼 수 있다. 분단'체제'는 분단이 형성 지속되면서 확립된 하위 체제(sub−system)와 유무형의 행동양식을 포함한다. 구체적으로 분단체제는 1) 남·북한 사회, 남북관계, 그리고 한반도 주변 국제정치 등 세 차원에 걸쳐, 2) 정치, 경제, 문화, 군사 등 제반 영역에서 나타나며, 3) 각 차원과 영역은 상호의존관계를 띠고, 4) 관련 행위자 간에는 적대와 공모를 기본으로 한 행동양식을 나타낸다. 이때 남북관계는 분단, 전쟁, 체제경쟁, 화해협력 등으로 민족관계, 적대관계, 준국가관계 등 세 가지 성격을 띠며 세 성격 상호 간의 힘의 우열 및 연결 방식에 따라 관계의 양상이 달라진다.[250] 또 분단체제는 사건, 제도, 의식 등 세 층위를 갖고 있다. 남북간 갈등은 상대를 적대시 하는 법제도를 형성 강화하고 그를 통해 상대를 타자화 하고 배제하는 의식을 내면화시킨다. 기본적으로 사건, 제도, 의식 간의 선순환관계는 분단체제를 고착화시키고 남북간 대립을 정당화 하는 악순환을 연출해낸다. 물론 분단체제가 항상 대결과 갈등으로만 드러나지 않는다. 그러나 분단체제를 지지하는 제도가 변경되지 않는 이상 분단체제의 동요는 지속되기 어렵다. 나아가 분단체제를 제도적 차원에서 변경시키는 경우가 일어나더라도 분단체제를 당연시하고 지지하는 의식과 관행의 변화는 더 많은 시간을 필요로 할 것이다.

---

250) 박명규, 『남북 경계선의 사회학』 (파주: 창비, 2012), pp. 37−66; 건국대학교 통일인문학연구단, 『통일인문학 인문학으로 분단의 장벽을 넘다』 (서울: 알렙, 2015), 제4부 1장 참조.

이상과 같이 분단체제를 이해한다면 그것이 남북한의 행동과 제도, 의식에 직간접적인 영향을 미칠 것이라고 가정하는 것은 타당하다. 더구나 분단체제가 70년에 이른 점을 고려하면 분단체제의 형성과 그 지속은 구분해볼 필요가 있다. 분단체제는 한반도 내 계급 갈등과 세계적 냉전 등 대내외 요인들의 폭발적 상호작용으로 형성되었다. 그에 비해 반세기를 지나온 분단체제는 그 자체의 동력을 확보함으로써 역으로 그 주요 구성 부분인 남북한의 삶과 남북관계에 영향을 미쳐오고 있다. 북한은 말할 것도 없고 상대적 체제 우위를 보인 남한에서도 민주주의의 발육부진, 특히 민주화 이후 민주주의 공고화의 정체는 분단체제의 영향을 제외하고 설명할 수 있는 크기는 극히 제한되어 있다. 따라서 분단체제가 남북한의 인권에 부정적인 영향을 미친다는 가정도 자연스럽게 도출할 수 있다. 그렇다면 구체적으로 분단체제가 남북한 인권에 어떻게 영향을 미치는가?

2) 분단체제가 인권에 미치는 영향

분단체제가 남북한 인권에 영향을 미치는 방식은 다음 세 가지 경우로 생각해볼 수 있다.(표 10-1)

하나는 분단체제가 독립변수로서 남북한의 인권 상황에 직접적인 영향을 미치는 경우이다. 이는 분단을 이유로 일방이 타방을 부정, 배제, 억압하는 것을 자신의 존재를 정당화 하는데 긴요하다는 판단 하에

[표 10-1] 분단체제가 인권에 영향을 미치는 세 경우

구 분	역 할	내 용
①	독립변수	분단체제 → 인권
②	매개변수	정치체제 → 분단체제 → 인권
③	선행조건	분단체제 → 정치체제 → 인권

이루어지는 일련의 인권침해 행위를 말한다. 영화 '변호인'에서 민주화 운동을 하는 학생을 체포해 고문하는 형사가 자기 아버지가 이북 출신임을 밝히며 자신이 '빨갱이'를 잡는 일이 애국임을 강변하는 장면이 떠오른다. 전쟁 이후 납북자의 대부분을 차지한 어부들의 가족이 '빨갱이 집안'으로 낙인찍히며 연좌제의 의해 사회적 차별과 멸시를 받은 것[251]은 분단체제에 의한 대표적인 인권침해 사례였다. 남한의 군사권위주의 정권은 민주화, 인권운동을 좌경용공 혹은 친북행위로 매도하고 탄압하였다. 시민들의 자유로운 의사표현의 자유가 억압됨은 물론 학문사상의 자유도 제한되었다. 그런 현상은 민주화 이후 크게 줄어들었지만 사라지지는 않았다. 그 이유가 '북괴의 남침 위협'이었다.

2010년대 들어서도 유엔 표현의 자유 특별보고관과 인권옹호 특별보고관의 한국 인권 상황 후퇴에 관한 우려 표명,[252] 정보기관의 탈북자 출신 공무원에 대한 간첩조작 사건,[253] 진보성향 소수정당에 대한 정당해산 결정과 그에 대한 국제인권단체의 우려[254] 등과 같은 일이 발생하였다. 이들 사례는 모두 최소한 부분적으로는 분단체제가 직접 빚어낸 인권침해 사례의 일부이다. 남북 적대관계에서 국가권력의 허가 없이 상대방(그가 가족이라 하더라도)을 접촉하는 것은 반국가 행위로 처

---

251) 국가인권위원회, "남북자가족 관련 특별법 제정 권고," 2004년 4월 26일.

252) "Report of the Special Rapporteur on the situation of human rights defenders — Mission to Republic of Korea," A/HRC/25/55/Add.1, Distr.: 23 December 2013; "Report of the Special Rapporteur on the promotion and protection of the right to freedom of opinion and expression — Mission to the Republic of Korea," A/HRC/17/27/Add.2, Distr.: 1 March 2011.

253) 문영심, 『간첩의 탄생: 서울시 공무원 간첩 조작 사건의 진실』 (서울: 시사IN북, 2014).

254) "인권단체 공동성명: 9인의 헌법재판관들에게, 헌법재판소의 존재를 묻는다!" 2014년 12월 21일; "South Korea: Ban on political party another sign of shrinking space for freedom of expression," News of the Amnesty International, 19 December 2014; <http://www.amnesty.org/en/news/south-korea-ban-political-party-another-sign-shrinking-space-freedom-expression-2014-12-19> (검색일: 2013년 12월 30일).

벌될 수 있다. 제3국에 체류하는 탈북자들의 남한인 접촉은 생명을 건 결단이다. 자유의사에 반해 이산가족이 된 사람의 가족 재결합을 위한 자유로운 상봉이 제한되는 것은 분단체제에 의한 명백한 행복추구권 침해이다. 미국이 북한을 공산국가, 인권침해국가, 적성국가 등을 이유로 분단 시점부터 지금까지 파상적으로 북한에 가하고 있는 경제제재 역시 분단체제에 의한 직접적인 인권침해에 해당한다. 이를 두고 유엔 북한인권조사위원회(COI) 보고서는 "북한 주민들의 비참한 사회·경제적 상황을 감안할 때 조사위원회는 북한 일반 주민들이나 북한의 경제 전체를 겨냥한 안전보장이사회 또는 양자 차원의 제재는 지지하지 않는다."[255]고 말한다. 여기서 양자 차원의 제재의 대부분이 미국의 대북 제재이다. 그러나 분단체제에 의한 직접적인 인권 침해가 북녘에서 가장 일상적이고 구조적으로 일어나고 있다는 것은 지난 10여 년 동안 유엔 인권기구에 계속해서 채택된 북한인권 보고서와 결의문에 잘 나타나 있다.[256] 특히 일원적 정치체제, 대미 위협의식, 대남 적대의식 등을 활용한 북한정권의 주민 감시 및 통제는 북한주민의 인권과 기본적 자유가 북한체제는 물론 분단체제에 의해서도 억압되고 있음을 잘 보여준다. 분단 이후 남북한 주민 모두가 상호간 적대와 대결로 평화로운 삶이 제약되고 전인적인 사유가 불가능한 것은 분단체제에 의한 직접적이고 구조적인 인권 침해라 할 수 있다. 분단체제에 의한 인권침해는 국가주의에 의해 조장되어왔다.[257]

분단체제가 인권에 미치는 두 번째 방식은 그것이 매개변수로 작용하는 경우이다. 즉 정치체제와 의식·관행 등이 인권 상황에 영향을 미

---

255) "Report of the commission of inquiry on human rights in the Democratic People's Republic of Korea," A/HRC/25/63, Dist.: 7 February 2014, 1225 (a).

256) 이들 문서는 유엔 인권최고대표사무소(OHCHR)가 운영하는 북한인권 관련 사이트에서 모두 볼 수 있다. <http://www.ohchr.org/EN/countries/AsiaRegion/Pages/KPIndex.aspx> (검색일: 2014년 12월 30일).

257) 조현연, 『한국현대정치의 악몽: 국가폭력』 (서울: 책세상, 2000); 조희연, 『국가폭력 민주주의 투쟁 그리고 희생』 (서울: 함께읽는책, 2002).

칠 때 그 중간에서 분단체제가 간접적인 영향을 미치는 방식을 말한다. 특히, 남북한 정치세력에게 분단은 정치적 이익을 추구하는데 매력적인 소재로 이용될 수 있다. 북한의 경우 대남 도발이나 한반도 긴장 조성이 정권이나 군부의 정치적 이익을 위한 것이라는 분석이 있어 왔다. 분쟁에는 전통적인 국가이익 차원은 물론 관료조직이나 관료 개개인의 입장이 개입할 수도 있다.[258] 예를 들어 1960년대 후반 북한 군부가 취한 일련의 대남 군사모험주의 노선과 2010년 천안함 사건 및 연평도 포격을 각각 북한 군부의 정치적 위상 강화나 김정은 후계체제 확립을 위한 정치적 책략으로 분석할 수도 있다.[259] 남한의 경우에도 선거 국면에서 대중의 반북의식, 안보심리를 자극해 정치적 이익을 취하는 경우가 비일비재하였다. 2012년 대선 과정에서 발생한 노무현 대통령과 김정일 국방위원장의 정상회담 대화록 유출사건과 군·정보기관의 불법 선거개입은 그 가까운 예이다.

과거 남한의 군사권위주의 체제는 통치의 정당성 위기를 남북간 군사적 대치를 명분으로 돌파하려 했다. 정치적 경쟁세력에 대한 탄압은 물론 시민들의 자유로운 의사 표현과 생존권 요구도 용공사건을 조작해 억압했다. 민주화 이후 남한에서는 적어도 시민적 자유와 정치적 권리는 크게 개선되었다. 용공조작사건과 국가보안법 적용 사례가 크게 줄어들었다. 이렇게 볼 때 분단체제는 그 자체로 인권에 영향을 주기보다는 정치체제가 인권에 미치는 독립적 영향을 매개하는 역할을 한다. 그렇지만 보수정부 집권 이후 국가보안법 위반 사건은 크게 증가하였다. 특히 온라인상의 표현의 자유가 국가안보를 이유로 크게 제한받고 있다.[260]

---

258) Graham Allison and Philip Zelikow, *Essence of Decision: Explaining the Cuban Missile Crisis* (New York: Longman, 1999).

259) 김용현, "북한의 군사국가화에 관한 연구: 1950–60년대를 중심으로," (동국대학교 대학원 박사학위 논문, 2002), pp. 99–103; 오대식, "전망이론을 통해 본 북한의 행위 이해: 천안함, 연평도 도발 사건을 중심으로," 『서석사회과학논총』, 제5권 2호 (2012), pp. 2–34.

260) 국가보안법 제정 66년 기자회견 참가자 일동, "국가보안법 체제, 누구도 자유롭지

정치사회에서는 경쟁하는 정치세력들 간에는 분단 혹은 북한문제를 호명해 자신을 정당화하거나 상대를 억압하는 관행이 계속되고 있다. 남한의 경제 발달이 세계적 수준이라 해도 복지정책이 그에 따르지 못하는 것은 성장과 분배를 균형 있게 접근하지 못하는 현실에 북한 변수가 작용하기 때문이다.[261] 문민통제를 원리로 하는 민주주의 체제 하에서도 군이 개혁의 사각지대로 평가되고 비리가 지속되는 데는 군산정(軍産政) 복합체의 이익을 위해 국가안보가 좋은 명분으로 활용되는 측면이 존재한다.[262] 이 경우 분단체제가 인권에 직접적인 영향을 미치는 범위와 간접적인 영향을 행사하는 크기를 구분하는 일은 별도의 연구가 필요한 과제이다. 분단체제가 억압과 배제 그 자체를 행사하기도 하고 그 수단이나 명분으로 작용하는 면도 있다.

셋째, 분단체제가 남북한의 인권 상황에 직간접적인 영향을 미치기보다는 하나의 선행조건(initial condition), 즉 정책 환경으로 작용하는 경우도 있다. 남북한의 정치체제, 교육수준, 경제발전 등과 같은 요소들이 대내 인권상황에 영향을 미칠 때 분단체제가 하나의 환경을 조성할 수 있다. 가령, 남한의 정치체제와 교육수준이 북한의 그것보다 우월하다고 하더라도 민주주의·평화 교육을 북구 유럽과 같은 수준으로 할 수 없다. 자유민주주의에 대한 협소한 해석이 민주주의와 인권 발달을 억제하는 역설이 일어난다. 매년 11~12월 국회에서 진행되는 예산 책정과정에 북한 위협 대비를 상수로 하는 높은 국방비율은 분단체제가 타 예산정책결정의 선행조건으로 작용하고 있음을 잘 보여준다. 그런 상황은 북한에서는 그 정도가 극심하다. 여기서 극심하다는 말은 북한에서 분단체제가 선행조건으로 남아 있기보다는 독립, 매개 변수로 쉽

않다!", 서울 정동 프란치스코 교육회관, 2014년 12월 1일.

261) 윤홍식 엮음, 참여사회연구소 기획, 『평화복지국가: 분단과 전쟁을 넘어 새로운 복지국가를 상상하다』 (서울: 이매진, 2013).

262) 김형균, 『군수산업의 사회학』 (서울: 세종출판사, 1997); Helen Caldicott, *The New Nuclear Danger: George W. Bush's Military−Industrial Complex* (New York: The New Press, 2004).

게 전환된다는 의미다. 북한이 1990년대 중반 광범위한 식량난 가운데서 그것을 미국의 적대정책 탓으로 돌리고 선군정치, 선군혁명노선을 공식화한 것은 그 단적인 예이다.[263]

이렇게 분단체제는 남북의 인권상황에 직·간접적으로 영향을 미치기도 하고 선행조건으로 작용하기도 한다. 어느 경우든 분단체제는 남북한 인권에 부정적인 영향을 미친다. 위 세 경우가 구체적인 현실에서는 서로 맞물려 나타난다. 물론 분단체제가 인권에 미치는 세 가지 경우의 수 가운데 어느 것이 가장 설명력이 높은지는 보다 깊은 연구가 필요한 숙제이다. 정치체제, 경제발전, 인권의식, 그리고 국제질서까지 여러 요소들이 영향을 줄 것이다. 이 네 요소를 오늘의 남북한 인권상황의 격차를 설명하는데 적용해볼 때 북한의 경우 일원적 정치체제, 저발전, 인권의식의 부재, 그리고 제한적이고 갈등적인 대외관계 등이 열악한 인권 상황을 설명하는데 알맞을 것이다. 이는 분단체제가 인권에 미치는 영향이 정치체제의 차이를 통해 남북한에 각각 다르게 나타남을 의미한다. 그럼에도 남북한을 막론하고 인권 상황을 전반적으로 논할 때 분단체제를 누락시키고는 완전한 설명이 불가능하다. 남북한 체제의 차이에도 불구하고 분단체제는 남북에 인권의 최대치를 한정하기 때문이다. 그러면 북한인권문제의 성격과 범주를 살펴보고 거기에 분단체제의 관련성을 논의해보자.

3. 북한인권의 다면성과 분단체제

1) 북한인권문제의 성격과 범주

북한인권문제의 성격은 시각에 따라 여러 견해로 나뉠 수 있다. 우선, 북한인권문제＝북한문제＋인권문제로 볼 수도 있다. 이때 북한문제

---

263) 김봉호, 『선군으로 위력 떨치는 강국』 (평양: 평양출판사, 2005); 전덕성, 『선군정치에 대한 리해』 (평양: 평양출판사, 2004).

는 핵개발, 마약, 권력 세습, 군사적 긴장, 대남 도발 등과 같이 북한발 위협 요소와 비민주적 통치를 통칭하는 용어로 사용될 수 있다. 북한의 인권문제 역시 그런 북한문제의 일부이다.264) 그렇지만 남북한의 입장에서 북한문제란 위와 같은 내용으로만 이해되지 않고, 분단 극복을 통한 통일 민족국가 수립과 그 과정에서 평화, 화해, 인도주의 구현 등 민족 차원에서 보편가치를 실현하는 문제를 포함시켜 이해할 필요가 있다.

한편, 북한인권문제를 인권의 시각에서 볼 때 세계 최악의 상황으로 평가되는 북한인권 상황에 대한 특별한 관심을 부각시키는 의미가 있다. 이때 인권문제는 당연히 국제사회에서 통용되는 보편적 논리와 인권 메커니즘에 의해 이해되는 것이다. 특히, 국제인권법의 목록과 평가 기준에 따라 북한의 인권 상황을 평가하는 것은 개선 방안을 마련하는 근거가 된다.265) 가령, 국제시민정치적권리규약(ICCPR)과 국제사회경제문화적권리규약(IESCR) 등에 의해 북한인권 범주를 설정하고 그 상황을 평가할 수 있다. 그러나 이 경우에도 국제사회 일반의 시각을 북한인권의 범주에 기계적으로 적용하는 것은 문제가 될 수 있다. 분단 및 정전 체제 하에서 놓인 북한의 인권을 북한 내의 인권문제로 환원해 논의하는 것은 사실의 온전한 이해를 저해할 수 있다. 북한인권은 국제인권법 상의 목록과 함께 한반도의 특수성에서 연유하는 인도적 문제와 난민/이주자 관련 인권, 그리고 평화권, 발전권, 민족자결권 등의 문제를 포함한다. 말하자면 북한인권문제는 아직 국제인권법으로 성문화되지 않은 최신 인권까지 포함해 국제인권레짐 발전의 맥락에서 파악할 유용한 사례이다.

그러나 위와 같은 조합적 이해보다 북한인권문제를 보다 적극적으

---

264) 이대우 편, 『탈북자와 함께 본 북한사회: 북한문제의 딜레마와 해법』 (서울: 오름, 2012).

265) OHCHR, *Human Rights Indicators: A Guide to Measurement and Implementation*, 2012. 2018년 11월 현재 북한은 국제시민정치적권리규약, 국제경제사회문화적권리규약, 아동권리협약, 여성차별철폐협약, 아동매매 · 매춘 · 포르노그라피협약, 장애인권리협약에 가입하고 있다.

로 파악하는 견해는 논의 주제보다는 행위자를 중심에 놓는 접근이다. 즉, 북한인권문제를 1) 인류보편 가치를 북한 사람들이 어떻게 향유하도록 하느냐에 대한 논의로 정의하고, 2) 보편적 가치를 구체적 맥락에서 구현하는 문제로 접근하는 태도이다.[266] 북한인권에 관한 이런 인식은 1) 북한인권문제＝북한 내의 인권문제＝북한정권의 책임 같은 단순 논리에 수반되는 정치적 휘발성을 완화시켜 주는 대신 북한사람의 인권 신장을 목표로 한 인권친화적인 정책 수립에 주목하고, 2) 인권의 보편성에 바탕을 두면서도 관련 대상 및 상황에 대한 이해에 주목함으로써 보편성에 대한 기계적 적용과 상대주의적 시각을 동시에 지양하는 대신[267] 맥락적 보편주의(contextual universalism)의 합리성을 보여준다. 맥락적 보편주의는 국제인권규약의 보편성을 전제하되 관련 조건과 배경을 고려해 실효적 인권 개선을 추구하는 태도를 말한다. 이 글에서 북한인권문제는 이 시각에 따르고 있다. 본 논의에서 맥락적 보편주의는 북한인권문제를 보편성 하에 국제협력과 남북협력을 조화시키고 분단 극복과 인권개선을 호환시키는 쌍방향의 접근으로 나타난다.

이 글에서 북한인권문제는 북한'사람'의 인권에 관한 문제로 정의하고, 크게 보아 북한 내의 인권, 탈북자 인권, 남북간 인도적 문제 등 세 범주로 파악한다. 이는 북한을 여느 국민국가의 하나로 간주하고 대내적 인권문제에 집중하는 국제사회의 주류 인식과 차이가 있다. 탈북자 인권, 남북간 인도적 문제가 암시하듯이 북한인권문제는 속지주의적 정의보다는 속인주의적 정의가 더 타당해 보인다. 북한인권을 북한 내의 인권으로 환원해 파악할 경우 북한인권의 객관적 실체를 온전하게 파악

---

266) 여기서 문화인류학이 '이행기 정의'를 인권, 민주주의, 법치와 같은 보편가치의 법적, 절대적 적용이 아니라 지역성(locality)의 맥락에서 지역사회, 국가, 국제, 초국가 등 다차원적인 구체화 과정으로 파악하는 시각을 참고할 만하다. Alexander L. Hinton, (ed.), *Transitional Justice: Global Mechanism and Local Realities after Genocide and Mass Violence* (New Brunswick, NJ.: Rutgers University Press, 2011).

267) Jack Donnelly, *International Human Rights* (Boulder, Co.: Westview Press, 1993), pp. 35－36.

하지 못할뿐더러 개선방법에 편향과 오류를 내장하는 셈이다. 또 남북한에게 북한인권문제는 보편성의 문제인 동시에 통일과 관련된 분단 민족의 '특수문제'이기도 하다. 나아가 북한인권문제는 남북을 아우르는 분단체제 및 정전체제와 관련된 한반도 차원의 성격을 띠고 있다.

2) 북한인권 침해 요인

북한인권 상황에 대한 국제사회의 인식은 2000년대 "대규모적이고 체계적인 인권 침해가 계속해서 발생하고 있다는 보고가 있다"에서 2010년대 들어서는 "대규모적이고 체계적인 인권 침해가 계속해서 발생하고 있다"로 변화한다. 추정에서 단정으로 바뀐 평가를 뒷받침하듯, 새천년 들어 부상한 보호책임(Responsibility to protect: R2P)론268)에 따라 반인도적 범죄 책임자에 대한 국제형사재판소(International Criminal Court: ICC) 제소 캠페인이 일어나기 시작했다.269) 2013년 3월, 제22차 유엔 인권이사회의 북한인권 결의에 따라 북한인권 조사위원회(Commission of Inquiry: COI)가 1년간 설치 가동되었고 동 위원회는 2014년 제25차 인권이사회에 북한인권 보고서를 제출했다. 이 보고서는 북한에 정치범 수용소, 탈북자, 식량권 등 7가지 영역에서 반인도적 범죄가 일어났다고 평가하고 관련 책임자들을 국제법에 의해 처벌할 것을 권고하였다. 보고서는 북한의 광범위한 인권 침해 상황이 폭넓은 원인과 배경을 갖고 있고 그에 따라 인권개선 노력도 북한의 책임을 비롯해 다방면에서

---

268) "Resolution adopted by the General Assembly: 2005 World Summit Outcome," A/RES/60/1, Distr.: 24 October 2005, para. 138−140; "Implementing the responsibility to protect: Report of the Secretary−General," A/63/677, Distr.: 12 January 2009; 조정현, 『보호책임(R2P)의 이론 및 실행, 그리고 한반도에의 함의: 리비아 및 코트디부아르 사태를 중심으로』(서울: 통일연구원, 2011).

269) 이 운동을 전개한 단체가 북한반인도범죄철폐국제연대(ICNK)이고 이 단체가 주도한 유엔 내 북한 반인도범죄 조사위원회의 설립 운동의 결실로 제22차 유엔 인권이사회에서 채택된 북한인권결의를 통해 북한인권조사위원회가 설립되었다. "Situation of human rights in the Democratic People's Republic of Korea," A/HRC/RES/22/13, Distr.: 9 April 2013.

전개돼야 한다고 밝히고 있다.270) 그 연장선상에서 여기서는 북한인권 침해 원인을 북한체제, 북한인들의 의식·관행, 분단체제 등 크게 셋으로 생각해보고자 한다.

북한체제 요인은 가장 먼저, 가장 강력하게, 그리고 가장 널리 언급되는 북한인권 침해 원인이다. 이때 북한'체제'는 논자에 따라 북한의 정치사회 체제(system) 혹은 정권(political regime)을 지칭하는데, 여기서는 둘을 통칭한다. 왜냐하면 북한인권 침해에 이 둘은 한 몸이 되어 관여하기 때문이다. 그렇기 때문에 둘 중 어느 하나, 가령 정권 교체로 인권 개선이 가능하다는 사고는 단순하다. 미국·영국 주도의 군사공격에 의한 이라크 후세인 정권, 리비아 카다피 정권의 붕괴와 같은 선례를 보면 오히려 그 반대일 수도 있다.271) 사회주의 이념과 초기 현실 사회주의는 유산자 계급의 소유권 중심의 제한된 인권을 비판하고 시민정치적 권리를 확대하고 경제사회문화적 권리를 강조하는 방식으로 인권의 지평을 확대했다고 평가되기도 한다.272) 그러나 스탈린식 현실 사회주의체제의 고착은 그런 평가를 중단시키기에 충분했고, 관료적이고 위계적인 정치사회 시스템은 인민을 역사의 객체로 전락시켰다. 비민주적인 정책결정과정과 부족경제(shortage economy) 하의 차별과 부패는 인권 친화적인 공공정책 시스템 구축과 거리가 멀었다. 그런 비인권적인 정치사회 체제 속에서 북한정권이 자유와 생존을 찾아나선 사람들과 그 가족을 탄압하는 처사는 스스로가 반인권 권력이라는 점을 증명하는 셈이다. 정치범 수용소를 예로 들어보면 다원주의와 의사표현의 자유를

---

270) "Report of the detailed findings of the commission of inquiry on human rights in the Democratic People's Republic of Korea," A/HRC/25/CRP.1, 7 February 2014.

271) 2003년 이라크 전쟁, 2011년 리비아 사태 그 이후 두 나라의 인권 악화에 대해서는 "Report of the International Commission of Inquiry on Libya," A/HRC/19/68, Distr.: 8 March 2012; "Human rights in post-invasion Iraq," <http://en.wikipedia.org/wiki/Human_rights_in_post-invasion_Iraq> (검색일: 2015년 1월 2일).

272) Micheline Ishaya, "The Socialist Contributions to Human Rights: An Overlooked Legacy," The International Journal of Human Rights, 9:2 (2005), pp. 225-245.

인정하지 않는 북한 체제의 속성을 잘 알 수 있다. 좁은 의미로 북한체제는 강제송환, 가혹한 폭행 등 탈북자들에 대한 인권침해와 이산가족 상봉 등 인도적 문제 해결에 대한 소극적 태도도 보이고 있다.[273] 북한 정부는 외부의 인권침해 비판과 인권개선 요구를 체제와 제도, 최고존엄에 대한 적대시 여부로 구분해 대응해오고 있다.[274]

이렇게 북한체제가 인권침해의 제일 원인이라는 데에는 광범위한 공감대가 형성돼있다. 북한정권의 인권침해 중단과 정치사회 시스템의 개혁은 국제사회의 기본적인 인권개선 전략으로 제시돼 있는 보호와 역량강화(empowerment)에 상응한다. 그렇지만 아래 두 원인을 함께 검토하지 않는다면 북한인권 개선의 길은 어려울 것이다. 왜냐하면 북한체제가 아래 두 원인을 이용해 인권 침해를 정당화하고, 나아가 아래 두 원인과 북한체제 요인을 종합 고려해야만 실질적 개선의 길을 닦을 수 있기 때문이다.

둘째, 북한인들의 의식과 관행도 북한인권 상황을 악화시키는 원인으로 꼽을 수 있다. 의식은 체제 요인에 비해 관측이 어렵지만, 관행은 체제 요인만큼 관측 가능하다. 일반적으로 의식·관행은 사회 구성원들의 판단과 행동을 무비판적이고 자연스럽게 만들어주는 역사와 문화의 산물이다. 그렇기 때문에 의식·관행은 당대의 정치사회 시스템의 영향을 받지만 그 연원은 더 오래되고 더 깊다. 또 의식·관행은 체제 담당자들은 물론 대중에게도 발견할 수 있다. 북한의 경우 상명하복 문화가 체제 담당세력의 기득권과 대중의 신민성(臣民性)을 유지시키는 일종의 인전대(transmission belt) 역할을 한다. 북한에서는 유교문화, 한국전쟁, 집단주의, 관료주의, 심지어는 식민주의 잔재가 북한인들의 의식·관행을 형성하는데 영향을 미쳐왔다.[275] 이는 전반적으로 인권의식, 인권문

---

273) 한동호 외, 『북한인권백서 2014』 (서울: 통일연구원, 2014) 참조.
274) 조선인권연구협회, "조선인권연구협회 보고서," 2014년 9월 13일.
275) 서동만저작집간행위원회, 『북조선 연구: 서동만 저작집』 (파주: 창비, 2010), pp. 199–245, 269–331.

화 형성과 반대된다. 탈북자들이나 북한에 체류한 경험이 있는 사람들의 증언에 따르면 이런 현상은 지속되고 있다. 정치범 수용소 재소자들과 송환된 탈북자들에게, 북한정부가 허용하지 않은 관리자들의 각양의 폭행에는 인권교육을 받아본 적이 없는 반인권적 관행이 크게 작용하고 있다. 물론 북한의 반제국주의 담론과 근래 시장의 확산은 자결권과 생존권, 이동의 자유, 정보 접근 등에 유용한 측면이 있다.276)

위 두 가지 인권침해 원인은 북한에만 적용되는 특수 요소가 아니라 모든 국가의 인권상황을 평가하는 일반적인 요소들의 일부이다. 그러나 남북한 인권의 경우 분단체제를 특수한 원인으로 함께 다루어야 한다. 분단체제는 1) 한반도에 거주하는 모든 사람들의 평화권277)을 위협하고, 2) 특히 이산가족을 비롯해 분단과 전쟁으로 파생된 인도적 문제의 당사자들의 행복추구권을 침해해왔고, 3) 자유권과 사회권을 망라해 전반적인 인권 향유를 제약하는 구조적 폭력의 실체이자 문화적 폭력의 근거이다. 그런 점에서 남북한 각각의 온전한 인권 개선을 위해서도 분단체제의 극복이 요청된다. 물론 이런 지적이 남북한 체제 각각이 인권 개선에 진력해야 함과 그 과정에서 체제간 차이가 존재함을 무시하는 것으로 오해될 필요는 없을 것이다.

정치체제, 의식·관행과 결부지어 볼 때 분단체제가 직접적으로 인권에 미치는 영향은 남한보다 북한에서 상대적으로 더 크다고 할 수 있다. 남한 사람들과의 접촉 혹은 남한행을 알선, 시도한 사람들은 '조국반역죄'로 사형에 직면하거나 강제이주 및 구금을 당한다는 사실278)은 분단체제가 북한인들의 인권 침해에 직접적 요인임을 잘 보여주고 있다. 북한의 일상적인 "반통일 분열주의자들"에 대한 비판 담론은 북한

---

276) 서보혁, "북한의 시장화가 식량권에 미친 영향," 북한인권연구센터 편, 『북한의 시장화와 인권의 상관성』 (서울: 통일연구원, 2014), pp. 77–81.

277) 이경주, 『평화권의 이해: 개념과 역사, 분석과 적용』 (서울: 사회평론, 2014); Douglas Roche, *The Human Right to Peace* (Ottawa: Saint Paul University, 2003).

278) 한동호 외, 『북한인권백서 2014』, pp. 91, 506–510.

체제에 대한 무조건적인 옹호 담론과 결합해 체제의 무오류성을 합리화
하고 대중의 신민화를 재생산 하는 식으로 인권 침해 구조를 형성한다.
그러나 이런 경우도 정도의 차이는 크다고 할지라도 남한에서도 발견할
수 있다. 국가보안법과 '친북', '종북' 낙인 등 분단체제로 정당화하는 인
권침해가 사라지지 않고 있다. 이는 분단체제 극복이 남북한 인권 개선
에 차지하는 위상을 말해주는 동시에 분단을 넘는 길이 민족주의의 완
성을 넘는 일임을 암시해준다. 물론 분단 현대사는 분단체제가 남북한
의 상이한 발전의 길에 상이하게 투영되었음을 말해주고 있다. 다만, 그
상대적인 차이는 분단체제의 제약 하에서는 궁극적으로 해소되기 어려
울 것이다.

4. 분단 극복과 인권 개선

분단체제가 북한인권의 성격과 범주에 영향을 미치는 주요 요소라
고 한다면 북한인권 개선과 분단체제 극복 사이에 깊은 상호연관성이
있다고 볼 수 있다. 이에 관해 아래에서는 두 방향으로 살펴보고자 한
다. 물론 분단체제 극복은 북한인권만이 아니라 한반도 전체의 인권 개
선에 긍정적인 영향을 줄 것이다.

1) 분단 극복을 통한 인권 개선

먼저, 분단 극복을 통한 인권 개선을 생각해볼 수 있다. 분단 극복
노력을 통해 북한인권을 개선할 수 있는 방법으로는 ① 인도주의 및 개
발 지원을 통한 생존권 및 발전권 개선, ② 각종 민간교류를 통한 정보
접근 및 비교 관념 촉진, ③ 경제협력을 통한 사회권 개선을 전개할 수
있다. 그리고 남북대화는 그런 과정을 촉진하거나 그와 병행해 추진하
며 상호 신뢰구축을 확대해나갈 수 있다. 남북대화의 진전은 남한이 북
한인권 개선에 관여하는 고유의 정책 채널이자 공간이 확대됨을 의미한

다. 그런 점에서 남한의 입장에서 남북대화와 북한인권은 선후 혹은 대립관계가 아니라 상호 보완적인 관계로 병행 추진할 성질의 문제이다. 김대중, 노무현 정부(1998–2007년) 시기 남북 교류협력사업이 활발하게 전개되었고 대북 인도적 지원, 이산가족 상봉, 납북자 송환 등 부분적으로 인권 개선에 이바지했다.[279] 그럼에도 당시 남한정부의 대북정책은 남북간 오랜 적대관계의 전환, 북핵문제의 평화적 해결에 중점을 두었기 때문에 분단 극복 노력을 북한인권 개선과 적극 연계지어 접근했다고 보기는 어렵다.[280] 북한인권 상황의 심각성, 그에 대한 국제사회의 깊은 우려와 적극적 개입 의지, 그리고 북핵문제와 인권문제를 병행 접근하는 전략의 유용성 등을 감안한 정책 개선이 요청된다.

분단 극복을 통한 북한인권 개선 노력이 갖는 의의는 첫째, 남북관계를 활용해 남한이 북한인권 개선을 위한 환경을 조성하는데 있다. 분단 극복은 남북간 공통 관심사이다. 분단 극복을 위한 상호 접촉과 교류, 그리고 각종 협력사업은 적대의식을 줄이고 신뢰를 증진시킨다. 둘째, 남북간 교류협력과 인도적 문제 해결은 상호 신뢰 형성에 기여하는 동시에 북한인권 개선을 촉진한다. 물론 남북간 분단 극복 노력이 북한인권 상황을 직접적으로 개선시키느냐에 대한 회의가 있을 수 있다. 이런 접근은 남북간 동의, 특히 북한이 수용할 만한 범위에 한정됨으로써 북한인권 전반에 기여한다고 말하기 어려울 수도 있다. 그럼에도 분단 극복 노력은 북한인들의 생존권, 행복추구권, 사회권 개선에 기여할 수 있고, 그 과정에서 축적되는 상호 신뢰는 중장기적으로 남한이 북한인권 개선에 보다 적극적으로 관여할 발판이 될 것이다. 이런 접근이 갖는 전략적 의의는 남한이 비록 제한적이고 점진적이지만 북한인권에 장기적 관점을 갖고 지속적으로 관여한다는 점에 있다. 말하자면 분단 극복을

---

279) 통일부, 『통일백서 2008』, pp. 205–242.

280) 서보혁·박홍서, "통일과 평화의 우선순위에 대한 사례연구," 『북한학연구』, 제7권 제2호 (2011), pp. 48–53; 김병로, "실용주의 대북정책 구상: 대북지원과 인권의제를 중심으로," 『통일과평화』, 제1권 제1호 (2009), pp. 210–213.

통한 북한인권 개선은 상호 신뢰를 기반으로 사회권과 인도적 문제를 중심으로 접근하는 의의가 있다. 이런 접근은 반대방향, 곧 인권 개선을 통한 분단 극복 노력으로 보완될 때 그 의의가 극대화될 수 있다.

2) 인권 개선을 통한 분단 극복

남한의 입장에서 북한인권 개선을 통한 분단 극복은 크게 두 길이 있다. 하나는 유엔을 비롯한 국제사회의 북한인권 개선 움직임에 동참하며 남북 화해협력을 추구하는 방법이다. 다른 하나의 길은 주로 남북 접촉을 통해 북한인권 개선을 전개하는 방안이다. 두 길은 국제공조와 남북협력의 상대적 비중에 따른 분류이다. 두 방법이 각각 유용성이 있다고 전제하되 '분단 극복'과 연계한 인권 개선을 생각하는 이 논의에서는 두 번째 방법을 놓고 생각해보고자 한다. 인권 개선을 통한 분단 극복의 방법은 이산가족, 납북자, 국군포로의 생사확인 및 상봉, 남북 인권대화 개최, '북한인권법' 제정 등을 포함하는데, 남북 화해와 인권 개선의 선순환 효과를 추구한다. 여기서 인도적 문제 해결을 위한 남북대화는 '분단 극복을 통한 인권개선'과 같다. 남북 인권대화와 북한인권법 제정은 각각 남북간 그리고 남한 내에서 추진할 수 있는 방법이다. 인권 및 정치대화는 북한이 서방 국가 및 인권기구와 1990년대 말에서 2000년대 초에 가진 바가 있다.[281] 2014년 10월 제69차 유엔 총회 기간 중에는 남북의 외교 수장들이 각기 그 필요성을 인정하였고, 남한 시민단체 일각에서 제기해온 바이다.[282] 그러나 북한이 반발하고 있는 북한인권법 제정이 인권대화와 조화를 이룰 수 있는지는 의문이다. 그런 점을 감안해 대안적으로 '남북인권협력법' 제정을 검토해볼 필요가 있다. 남북인권협력은 북한인권을 협력적, 평화적, 호혜적 시각에서 접근하자는 발상이다.

---

281) 서보혁, 『북한인권: 이론 실제 정책』 (파주: 한울아카데미, 2014), p. 237.
282) 참여연대, "북한인권법안 등에 관한 의견서," 2014년 12월 3일.

인권 개선을 통한 분단 극복의 발상은 분단 극복 방향이 보편가치의 구현이고, 그동안 인권문제에 소홀했던 남북협력을 업그레이드(upgrade) 하는 데 그 의의가 있다. 말하자면 이 접근은 '보편주의 통일'론을 제기하고 있다.[283] 이는 탈민족주의 경향 등 새로운 국내 여론을 반영하고 있고 국제사회의 시각과 상통하는 장점이 있다. 국민여론조사 결과 통일의 제일 이유로 꼽힌 단일민족에 대한 응답은 2008년 58.4%에서 2017년 40.3%로 크게 줄어들었다. 북한의 잇달은 핵실험과 남북관계 악화가 작용한 탓이다. 2018년 들어 관련 응답이 45.1%로 약간 상승한 것은 문재인 정부 등장으로 남북관계 개선에 대한 기대가 반영되었기 때문이다. 한편, 2018년 설문에서 통일 달성을 위한 시급한 사안으로 북한 비핵화(90.7%), 긴장해소(86.3%), 북한인권 개선(84.3%), 평화협정 체결(81.4%) 등으로 나타나 남북관계 발전보다는 보편가치 증진에 높은 응답을 보였다.[284] 물론 인권 개선을 통한 분단 극복의 발상이 그 참신성에도 불구하고 기존 민족주의에 바탕을 둔 통일론과 상충하는 면이 있어 여론 갈등의 소재로 작용할 우려도 있다. 다양한 통일론의 소통과 경쟁을 통해 융합적 통일론의 정립이 요청되는 바이다.

3) 분단 극복과 인권 개선의 관계

위에서 분단 극복과 북한인권 개선의 길을 두 방법으로 살펴보았는데, 둘 모두 각각의 의의와 한계가 있다는 점을 확인하였다. 특히 수단이 목적을 제약하는 딜레마가 나타났다. [그림 10-1]에서 '분단 극복을 통한 인권 개선'(①)에서 수단으로서의 분단 극복이 목적으로서의 인권 개선을 제약하고 있다. 이는 남북관계를 전제로 일방이 타방의 인권문

283) 서보혁, "보편주의 통일론과 인권·민주주의 친화형 남북관계의 탐색," 『세계지역연구논총』, 32집 1호 (2014), pp. 7-32.
284) 송영훈, "통일에 대한 인식," 서울대학교 통일평화연구원 주최 『2018 통일의식조사: 대전환기 한반도 국민의 생각은?』 자료집, 서울대학교 아시아연구소(2018년 10월 2일), pp. 17, 19.

제를 다루는 틀이 갖는 원천적 한계에서 연유한다. '인권 개선을 통한 분단 극복'(②)을 제시한 것은 ①의 한계를 보완하려는 의도에서 나왔다. 그러나 ②도 수단의 목적 제약성은 마찬가지여서 ①을 보완하는 의미는 한계가 있다. 물론 국제협력의 가능성이 열려 있어 남북협력의 한계를 보완할 수 있을 것이다. 그러면 ①과 ②를 합하면 각각의 한계를 극복할 수 있는가? 이 질문은 아래 그림에서 C와 관련되지만 현실적인 방안은 C를 확대하는 노력과 함께 (A−C)와 (B−C)를 각기 존중하며 보완하는 관계를 형성하는 데서 구할 수 있을 것이다.

①, ②의 관계 유형이 북한인권 개선에 주는 의미 외에도 남는 문제가 있다. 이 글은 분단체제를 배제한 북한인권 논의의 문제점에 주목하였다. 그런 문제의식을 재차 강조하면서도 그에 초점을 둔 논의가 자칫 북한인권에 관한 다른 요소, 즉 북한체제와 북한인들의 의식·관행의 문제를 소외시킬 개연성에도 유의해야 한다. 두 요소에 대한 기본적 대안은 인권친화적인 체제로의 변화와 인권교육이다. 이 두 과제 역시 북한정부의 태도 변화를 전제로 하는데, 이를 위해 남북협력과 북한과 국제사회의 관계증진이 동시에 요청된다. 말하자면 분단체제에 주목한 북한인권 논의는 북한체제와 의식·관행을 중시한 기존 북한인권 논의를

[그림 10-1] 분단 극복과 인권 개선의 관계

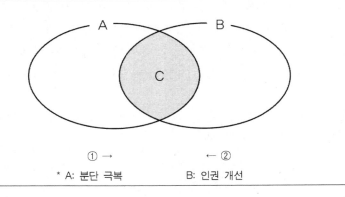

① →   ← ②

* A: 분단 극복   B: 인권 개선

대체하는 것이 아니라 보완하는 의미를 갖고 있는 것이다.

5. 평가와 결론

본문의 논지를 두 측면에서 평가하고 간략히 결론을 맺어보고자 한다. 분단체제가 두 분단사회의 인권상황에 다양한 방식으로 영향을 미친다는 명제는 자명해 보인다. 분단의 결과로서 남한과 북한, 분단체제하에서 타자와의 관계로부터 자신의 정체성을 규정하는 일방, 그 연장선상에서 양측의 인권문제는 여느 국가와 같이 해당 정치사회체제 내의 문제로만 파악하기 어려운 특수한 측면이 있다. 북한인권문제를 그런 특수 상황을 누락시키고 특정 체제의 문제로 환원하는 논리와 그 실천적 문제점에 유의할 필요가 크다. 물론 북한인권문제는 북한체제 요소가 가장 크게 영향을 미치고 있음을 부인할 수 없다. 분단체제이지만 분단이 상호 이질적 체제를 형성해 70년을 경과하면서 국가 대 국가의 관계와 같은 성격이 커지고 있다. 분단체제론을 확립해온 백낙청도 분단체제가 독재의 토대가 되어 왔다고 하면서도, 남한의 경우 87년 민주화 이후 민주주의 부침 속에서도 그것이 87년 이전으로 후퇴하지 않고 있음을 지적하며[285] 정치체제 효과를 인정하고 있다. 말하자면 분단체제가 두 분단사회의 인권에 미치는 구조적 제약을 인정하되 남북간 현저한 인권상황의 격차는 정치체제와 사회문화적 요인으로 설명할 수 있는 것이다. 그러므로 본문의 논의는 북한인권문제에 관한 구조적 이해의 일단으로 봄이 타당하고, 나아가 북한인권에 관한 기존의 체제 위주의 분석에 대한 보완적인 의미를 갖는다.

또 하나 평가할 바는 분단체제론을 남북 특수관계론에 바탕을 둔 점진적인 인권개선을 시사하는 것으로 이해할 필요는 없다는 점이다. 남

---

285) 백낙청, "광복 70주년, 다시 해방의 꿈을," 『프레시안』, 2014년 12월 31일; 백낙청, 『2013년 체제 만들기』 (파주: 창비, 2012).

북 특수관계가 남북관계 및 북한문제에 관한 보편적 시각과 맞서는 것이라는 인식이 한국사회에서 통념처럼 자리잡고 있다. 그러나 달리 볼 수도 있다. 특수관계 일반이 문제에 대한 보편적 인식을 배제하지는 않는다. 특수성은 특정 사물의 보편성이 발현되는 구체적인 성질을 말한다. 말하자면 보편성과 특수성은 대립하기 보다는 본질의 두 발현 양상으로 이해할 수 있다. 남북관계는 분단의 작동양태이기도 하지만 동시에 두 분단 사회에서 보편성이 굴절돼 나타나는 영역이기도 하다. 남북에 걸쳐 요청되는 긴장완화, 신뢰조성, 이산가족 상봉, 경제협력, 인권개선 등은 오늘날 인류가 공유하는 보편가치들이 모두 관련된 문제들이다. 그렇다고 남북 특수관계가 허구라고 주장할 필요는 없다. 민족동질성 회복과 민족통일국가 수립은 남북간 특수문제임에 틀림없다. 그러나 그것도 자결권, 화해, 인도주의 견지에서 바라본다면 남북관계에는 특수성과 보편성이 공존함을 확인할 수 있다. 동서독은 1972년 기본조약을 맺을 때 유엔 헌장 준수, 특히 인권존중을 포함시켰다. 남북은 1991년 12월 13일, 기본합의서를 채택할 때 인권 조항을 포함시키지 못했다. 독일과 달리 동족상잔을 겪고 깊어진 불신과 긴장을 해소를 위한 노력이 더 중요했기 때문일 것이다. 그러나 그해 8월 8일 남북은 유엔에 동시 가입하며 유엔 헌장의 준수 의무를 스스로 짊어졌다. 그로부터 20여 년이 지난 오늘 인권에 대한 국제사회의 관심과 개입은 더 높아졌다. 분단 현실과 국제 동향 양 측면에서 봐도 남북 특수관계는 보편적 시각과 관련지어 파악할 성질의 문제이다.

인권법에서 국가는 인권 신장의 의무자이고 시민은 인권의 향유자로 간주된다. 북한인권문제의 일차적 책임은 북한체제이다. 북한은 반(半)봉건 및 저발전 상태에서 스탈린주의식 사회주의체제를 답습해 오늘날과 같이 정체된 현실을 벗어나지 못하고 있다. 같은 출발선상에 있었던 남한과 비교하면 북한인권문제에는 명백히 체제 요소가 크게 작용하고 있다. 그럼에도 불구하고 남·북한 인권문제를 체제 요소로만 볼 수 없는 측면이 명백히 존재한다. 체제 우위에 있는 남한조차도 오랫동안 권위주의 통치가 있었고 민주화 이후에도 각종 인권침해 현상이 발생하는 현상은 분단 요인을 제외하고 설명하기 어렵다. 북한의 경우 이 두 요소가 매우 강력하게 상호작용하며 국제사회의 특별한 우려를 사고 있는 것이다. 10년이 지나고 있는 유엔에서의 북한인권 결의가 북한체제에 의한 인권침해와 함께 남북 분단과 한반도에서의 군사적 긴장을 언급하며 남북 화해와 평화체제 수립을 촉구하고 있는 점은 시사하는 바가 크다. 지난날 남한에서 민주화와 통일의 우선순위를 둘러싼 논쟁이 있었지만 결국 그 둘은 함께 가야할 관계로 인식된다. 분단의 반쪽에서의 인권 개선도 그 정치체제의 변화와 분단체제의 극복을 병행 추진하는 것이 역사적인 교훈이자 현실타당한 길이다.

이 장에서는 북한인권문제에 대한 협소한 인식을 포괄적(holistic) 시각으로 전환할 것을 제기하며 북한인권 신장은 북한체제와 분단체제, 즉 이중 체제의 변화를 필요로 한다는 점을 강조하고 있다. 이런 북한인권 논의는 통일의 방향을 보편가치 구현의 관점에서 재설정할 기회를 제공한다. 이를 위해 인권의 보편성을 절대성으로 오독하지 않고, 대신 인권이 불가분할 뿐만 아니라 다른 보편가치들과 상호 강화하는 관계라는 국제인권원리를 한반도에 적용하는 지혜가 요청된다.

11
남북한 인권에서 코리아 인권으로

1987년 민주화 이후 한국 사회의 인권은 크게 신장되었다. 1990년
대 들어서서는 북한인권에 대해서도 관심을 갖게 되었다. 그러나 분단
으로 인해 남북은 상대방의 인권 문제를 제기하는 데 한계를 지닐 수밖
에 없다. 상대를 비난하는 소재로 인권 문제가 쉽게 이용되어온 것도
사실이다. 여기서는 상호 인권관의 차이를 바탕으로 남북관계에서 인권
문제가 어떻게 다루어져 왔는지 검토하고, 그 속에서 북한인권 문제가
부각되어온 맥락을 살펴볼 것이다. 이어 남한에서 북한인권 문제를 둘
러싼 입장 대립과 그 배경을 생각해본 뒤 남북한이 다함께 인권개선을
추구할 수 있는 길을 모색해보고자 한다.

1. 체제경쟁의 변용: 남북한 인권에서 북한 인권으로

한국전쟁은 동아시아 냉전질서를 확립한 결정적 사건이었고 전쟁의
결과 한반도는 분단되었다. 냉전의 최전선에서 남북한은 상대를 적대시
하였다. 때문에 서로 다른 이념과 체제를 가진 쌍방이 상대를 부정하고
비난하는 데 인권 문제를 이용해왔을 것이라고 어렵지 않게 생각할 수
있다.

남북한의 상호 인권 비난은 체제경쟁의 산물이기는 하지만 그 저변에는 인권관의 차이가 작용하고 있다.[286] 먼저, 인권을 대하는 관점에서 남한은 보편주의적 시각을, 북한은 상대주의적 시각을 보이고 있다. 물론 남북한은 추상적으로는 인권을 사람으로서 마땅히 누려야 할 권리라고 정의한다. 남한은 인권이 천부적이고 체제와 환경을 불문하여 누구나 향유할 성질이라고 본다. 반면 북한은 인권을 신장하는 데 단일한 기준은 존재하지 않고 해당 국가의 정치경제적 조건을 고려하여 다양하게 접근할 수 있다고 본다. 또 북한은 인권을 계급적 시각에서 보고 있다. 예를 들어, 근대 인권 개념은 신흥자산계급이 봉건통치체제의 억압에서 벗어나는 투쟁에 근로인민대중을 끌어들이려고 하면서 등장하였다고 하면서 당시 인권에 대한 논의에서 '인간'은 근로인민대중이 아니라 유산계급이었다고 보고 있다.

둘째, 남한이 개인주의적 인권관을 갖는 데 비해 북한은 집단주의적 시각을 보이고 있다. 남한은 건국 때부터 미국식 민주주의, 곧 자유민주주의 이념을 내세우고 있다. 자유민주주의는 집단의 목표달성을 위해 개인의 이익이 훼손되는 것을 인정하지 않고, 오히려 개인의 자유와 창의를 최대한 존중할 때 그 사회도 발전할 수 있다고 본다. 그에 비해 북한에는 "하나는 전체를 위하여, 전체는 하나를 위하여"라는 구호가 말해주듯이 집단주의 사고가 팽배해 있다. 북한의 이른바 사회주의적 집단주의는 개인의 이익 자체를 반대하지 않는다고 주장하지만 국가와 사회의 이익을 개인의 이익에 앞세우고 있는 것이 사실이다.

셋째, 남한이 시민정치적 권리를 중시하는 데 비해 북한은 사회경제적 권리를 중시하고 있다. 시민정치적 권리에는 평등권, 생명권, 안전권, 여행 및 거주의 자유, 종교의 자유, 참정권 등이 포함되는데 국가권력과 멀어질수록 권리가 더욱 신장되는 경향이 있다. 남한의 민주화운동 과정에서도 국가권력에 의한 인권 침해, 특히 시민정치적 자유에 대

---

286) 북한의 인권관은 서보혁, 『북한인권』, pp. 139-143.

한 탄압에 항거하는 경우가 많았다. 그에 비해 북한은 사회경제적 권리를 인권으로 이해하는 경향이 높다. 노동권, 교육권, 생존권, 건강권, 사회보장권 등이 여기 해당된다. 사회경제적 권리는 시민정치적 권리에 비해 국가의 더 많은 관여를 필요로 한다.[287] 북한은 "우리나라에서와 같이 로동에 대한 권리로부터 먹고 입고 쓰고 살 권리, 배우며 치료받을 권리에 이르기까지 사람의 모든 권리가 철저히 보장되고 있는 나라는 세상에서 찾아보기 힘들 것"이라고 선전해왔다. 나아가 북한은 냉전 붕괴와 경제난으로 체제의 안정이 위협받게 되자 "국권을 잃은 나라의 인민은 인권도 유린당하게 된다"고 주장하며 인권＝국권이라는 새로운 이론을 제시하였다.

이와 같이 서로 다른 남북한의 인권관은 체제경쟁의 소용돌이 속에서 자신의 체제 우월성을 선전하고 상대방을 비난하는 데 이용되었다. 때문에 전면적인 인권 이해와 포괄적인 인권 신장을 위해 두 인권관을 상호보완할 필요성을 생각할 여유는 없었던 것이다. 북한은 남한 정권을 반통일적이고 미국에 종속된 정권으로 간주하고 그런 정권 아래서 대중의 정치적 자유와 생존권이 유린당하고 있다고 주장해왔다. 북한은 남한의 인권 상황을 거론할 때 주한미군의 남한 여성에 대한 성적 착취와 미군기지 인근 지역 주민들의 안전권과 생존권 침해를 부각시켰다. 북한은 남한이 미국의 식민지이므로 남한 정권이 권력을 유지하려면 대중의 민주화 및 통일 열망을 탄압하고 생산계층을 착취·수탈하는 것이 필연적이라고 인식하였다. 반면 남한은 북한이 처음부터 인권을 탄압하는 전체주의체제였기 때문에 자유민주주의체제가 보장하는 각종 시민정치적 자유는 부정되고, 세습 독재권력의 영구화를 위해 대중의 삶은 피폐할 수밖에 없었다고 보았다. 남한에서 북한 공산당은 뿔이 달린 야수와 같은 집단으로 묘사되었고, 북한 동포는 자유대한의 품으로 넘어

---

287) 이런 구별은 현상적인 논의에 불과하고 시민정치적 권리와 경제사회문화적 권리를 막론하고 국가의 모든 인권 보호 및 신장의 의무는 동일하다는 점에 유의할 필요가 있다. 인권들 사이의 상호의존성에 근거한 통합적 접근도 인권 증진에 고려할 바이다.

오지 않으면 죽을 때까지 감시와 탄압에 시달린다고 가르쳐왔다.

이런 상호 비난 속에서도 공통적인 것은 남북한 둘 다 상대의 인권 상황이 열악하고 그것은 그 체제의 근본적인 모순 때문이라고 주장하였다는 점이다. 그리고 인권 담론이 정권에 의해 만들어져 대중에게 주입되면서 상호비난이 과장된 측면은 있지만, 인권 상황이 열악했다는 점도 부인할 수 없는 사실이다.

그러나 남북관계의 변화에 따라 인권 문제가 체제경쟁의 수단으로 이용되는 정도는 변천하였다. 냉전시기 뜨거운 체제경쟁과 달리 1988년부터 1992년 사이 남북대화와 교류가 활발해지자 인권 문제를 이용한 상호 비난은 크게 줄었다. 남·북한은 유엔에 동시 가입하는 한편, 남북기본합의서를 채택해 내정불간섭에 합의하였다. 물론 그 시기에도 각기 대내적으로는 상대방의 인권 상황이 열악하고 이는 체제의 근본적 결함 때문이라고 교육되었다.

탈냉전 초기 남북대화가 이루어지면서 인권 문제를 둘러싼 상호비방이 줄어들었지만, 국제사회에서는 핵무기 확산과 인권 문제 같은 초국가적 관심사에 대해서는 내정불간섭 원리가 적용될 수 없다는 여론이 높아지기 시작하였다. 또 냉전 붕괴는 자유민주주의의 승리, 사회주의의 종말로 받아들여지면서 현존 사회주의국가의 대내 상황이 국제적 관심으로 부각되었다. 1989년 중국의 톈안먼(天安門) 사태로 빚어진 대규모 인권 침해가 큰 계기가 되었다. 1992년 말로 접어들면서 북한의 핵개발 의혹이 국제사회의 우려를 불러일으켰다. 일련의 위기상황을 거친 뒤 1994년 북한과 미국 사이에 제네바 기본합의(Agreed Framework)가 타결되어 북한의 핵동결이 이루어지자 북한의 인권 문제가 국제적 관심사로 떠올랐다. 극심한 식량난으로 발생한 대규모 탈북자들을 통해 북한 인권상황이 외부에 알려지기 시작하였다. 당시 북한인권은 생존권을 중심으로 이해되었고 식량 및 의료품 등 인도적 지원운동이 전개되었다. 1990년대 후반부터 북한인권 문제는 남북관계 차원을 벗어나 국제인권기구에서 다루어졌다. 그에 따라 정치범수용소, 공개처형, 종교의 자유 등 북한인권에 대한 관심범위가 시민정치적 권리로 확대되어 갔다. 2000년대 들어서서는 유엔 인권위원회(2006년 이후는 인권이사회)와 총회에서 북한인권 결의안이 잇달아 채택되었다.

이 시기 북한 인권상황에 대한 국제사회의 우려는 남북관계 개선을 통해 점진적인 인권개선을 추구한 남한 정부의 대북정책과 대조를 보였다. 김대중, 노무현 정부의 대북포용정책은 북한 인권개선에 소극적이라는 여론을 초래하였고, 특히 남한에서 북한인권 문제는 대북정책을 둘러싼 사회 갈등의 중심에 서게 되었다. 그 과정에서 북한인권 문제에 관해 일부 인권단체들의 비판과 국제인권기구의 관심이 있었지만 남한의 인권 문제는 함께 다루어지지 않았다. 이제 북한인권만 비판의 도마에 오른 것이다.

2. 북한인권 실태에 대한 우려

북한인권 문제는 좁게는 북한에서 발생하는 시민정치적 권리와 경제사회적 권리 침해에 관한 문제, 넓게는 거기에 탈북자의 인권과 이산가족, 납치자, 전쟁포로 등 전쟁과 분단으로 발생된 인도적 문제까지 포함된다. 유엔 인권이사회와 총회에서 북한인권 문제는 광의로 다루어지고 있지만, 북한이 가입한 국제인권협약기구나 일부 비정부기구에서는 특정 분야를 다루기도 한다.

북한의 인권실태에 대해서는 국내외에서 많은 보고서가 나오고 있지만, 통일연구원이 매년 발간하는 『북한인권백서』가 대표적이다. 아래에서는 이 백서를 기본으로 하여 북한인권 실태를 개괄해보고자 한다.[288]

먼저, 생명권과 관련해 북한 형법상 사형은 "범죄자의 육체적 생명

---

288) 이하 내용은 서보혁 외, "김정은 집권 이후 북한의 인권상황— 북한의 대내외환경과 인권정책변화를 중심으로," 2017년도 통일부 연구보고서에서 발췌한 것이다. 최근 북한인권 실태는 한동호 외, 『북한인권백서 2018』 (서울: 통일연구원, 2018)을 보라.

을 박탈하는 최고의 형벌"이며, "범죄를 저지를 당시 18살에 이르지 못한 자에 대하여서는 사형을 줄 수 없으며 임신 여성에 대하여서는 사형을 집행할 수 없다"고 규정되어 있다. 김정은 집권 이후 형법은 총 8차례 개정되었는데,[289] 2015년 7월 개정된 형법에 따르면 사형의 대상이 되는 범죄에는 '국가전복음모죄'(제60조), '테러죄'(제61조), '조국반역죄'(제63조), '파괴, 암해죄'(제65조), '민족반역죄'(제68조), '비법아편재배 마약제조죄'(제206조), '마약 밀수, 거래죄'(제208조), '고의적 중살인죄'(제266조)가 있다.[290] 사형과 관련된 형법 개정의 특징 중 하나는 2013년 개정 형법 이후부터 아편재배나 마약제조와 관련한 범죄에 대해 사형이 추가되었다는 것이다. 이는 마약 제조, 아편 재배 등이 확산되는 현상을 막기 위한 북한 당국의 사법적 통제 조치로 볼 수 있다.[291] 2015년을 경과하면서 한국의 녹화물을 시청하거나 유포한 자는 사형에 처한다는 포고문이 게시되기도 하였다고 한다.[292]

북한에서 사형과 함께 생명권과 직결된 대표적인 것은 공개처형인데, 북한 당국은 반체제 행위(북한체제에 대한 저항 행위, 보안원 및 국가안전보위부 지도원 살인 행위, 외부정보 유통 관련 행위, 화폐개혁 실패 관련 행위 등), 경제사범(마약 밀수 및 밀매 행위, 국가재산 탕진 행위), 사회일탈(인신매매, 살인, 강간) 등에 대한 공개처형을 2000년대 후반 이래로 지속해 왔다.[293] 사형 집행에 있어서 중요한 점 중의 하나가 적법한 절차에 따라서 재판 및 형 집행이 실시되는가의 여부이다. 2010년 평양시 재판소의 사형 판결에 대한 최고재판소의 형 집행 승인 요청은 공개처형에 대

---

289) 2012년 이후 북한의 형법은 2012년 4월 24일, 2012년 5월 14일, 2013년 6월 19일, 2013년 9월 26일, 2013년 11월 21일, 2014년 4월 24일, 2015년 1월 21일, 2015년 7월 22일 총 8차례 개정되었다.

290) "조선민주주의인민공화국 형법: 2015년 7월 22일 최고인민회의 상임위원회 정령 제578호로 수정보충," 국가정보원, 『북한법령집 上』(서울: 국가정보원, 2017), pp. 138 −176.

291) 통일연구원, 『북한인권백서 2017』(서울: 통일연구원, 2017), p. 42.

292) 통일연구원, 『북한인권백서 2016』(서울: 통일연구원, 2013), p. 53.

293) 통일연구원, 『북한인권백서 2013』, pp. 78−87.

한 형사절차 규정이 인신의 자유와 관련해서 정치범수용소가 북한인권 침해 관심사 중 가장 큰 관심을 끌고 있다. 김정은 시대에 들어와서도 북한 당국은 체제에 위협이 되는 적대세력과 잠재적인 위협세력을 사회와 격리하는 정치범수용소 제도를 유지하고 있다.294) 특히, 북한체제를 비판한 사람, 수령을 모독한 사람, 한국행을 시도한 사람, 종교 활동을 한 사람 등에 대해서는 법적 절차를 거치게 하지 않고 정치범수용소에 수용케 하고 있다고 알려지고 있다.295) 김정은 후계구도가 구축되는 과정에서 북한 당국은 주민통제를 강화하였다는 증언도 있다.296)

한편, 북한 당국의 평등권에 관해서는 오랜 기간 계층과 성분으로 주민들을 분리하고 차별해온 점이 지적되어 왔다.297) 북한의 주민등록 제도 연구에 따르면, 북한 당국은 '기본군중', '복잡한 군중', '적대계급 잔여분자' 3대 계층으로 구분하고 있다. 그리고 성분의 종류는 혁명가를 포함해 일제관리에 이르기까지 총 25개에 달한다.298) 김정은 시기에 들어와 주목할 점으로는 2012년 3월에 전격적인 주민등록문건 '개혁(재정리)' 사업이 단행되었다는 사실이다. 기존까지 토대에 대한 평가의 범주가 남녀 모두 증조부와 그 형제들까지였는데, 재정리 사업 이후에는 남자의 경우 사촌형제들까지, 여자의 경우 남자형제의 기록까지로 축소되었고 이는 차별 제도에 대한 일부분 완화라고 볼 수 있다.299)

북한주민의 입장에서 가장 필수적인 식량권 상황과 관련해서도 김정은 정권 등장 시기 흥미로운 현상이 발생한다. 국경지역에서 탈북 행렬이 증가하면서 이를 억제하려는 차원에서 북한 당국이 일시적으로 배급을 지급하는 사례도 있었는데, 그 시기가 김정은 정권 등장 초기라

---

294) 통일연구원, 『북한인권백서 2013』, p. 124.
295) 통일연구원, 『북한인권백서 2016』, p. 75.
296) 통일연구원, 『북한인권백서 2013』, pp. 168−169.
297) 통일연구원, 『북한인권백서 2013』, p. 174.
298) 현인애, "북한의 주민등록제도에 관한 연구," (이화여자대학교 석사학위논문, 2008), pp. 31−35.
299) 통일연구원, 『북한인권백서 2016』, p. 192.

는 점에서 정권 승계와 국경지대 주민들의 식량권의 상관관계가 주목을 끈다.

건강권과 관련해서 북한은 무상의료제도를 자랑하고 있지만 그 현실은 빈약하기 짝이 없다. 의료전달체계와 의약품에 대한 계층별 접근성이 불균형적이고, 입원 및 수술이 극히 제한적으로 시행되고 있다. 뿐만 아니라 예방접종이 미흡하고 호담당의사제도가 제 기능을 하지 못하고 있는 것도 김정은 정권 들어서 개선되지 않고 있다.[300]

근로권과 직결된 직업선택에 있어서 북한은 '무리(집단)배치'를 통해 공장, 탄광, 건설장, 공사장 등 인원이 부족한 곳에 필요한 노동력을 공급하는 조치를 취하기도 하였다. 이는 북한당국이 말하는 근로자의 능력과 선호에 따른 직업 선택과는 거리가 먼 이야기다. 이러한 당국에 의한 직장배치에 근로자들이 순응하지 않고 결근 등의 문제가 발생하자 이를 근절하기 위해 2012년 '4·14 상무조'가 조직되기도 하였다.[301] 국외적으로는 '외화벌이'를 위해 노동자들을 중동, 러시아, 중국 등에 파견하고 있는데 이들의 근로조건도 그 수익에 대한 근로자의 권리가 국제적인 우려를 사고 있다.[302]

교육권과 관련해 김정은 정권은 2012년 9월 25일에 개최된 최고인민회의 제12기 6차 회의에 에서 결정된 법령 '전반적 12년제 의무교육을 실시함에 대하여'를 통하여 학제개편을 단행했다. 북한은 이를 통해 의무교육의 성과적인 실시와 학교교육의 정상화 및 양적·질적 발전을 도모하기 위해 교육을 중시하는 사회적 분위기를 조성하는 한편, 전 사회적으로 교육부문에서의 대중운동을 유도하고자 했다.[303] 그러나 북한 당국의 교육정책에서 나타나는 특징 중 하나는 정치사상교육의 비중

---

300) 통일연구원, 『북한인권백서 2016』, pp. 215–230.

301) 통일연구원, 『북한인권백서 2014』, p. 392.

302) 통일연구원, 『북한인권백서 2013』, pp. 300, 304.

303) 차승주, "김정은 시대 북한 교육부문에서의 대중운동," 『통일과평화』, 8집 1호 (2016), pp. 79–106.

이 과도하다는 점이다. 김정은 관련 과목이 2013년 교육과정 개정으로 신설된 점도 그런 최근의 예이다. 정치사상교육의 주요 학습 내용은 당과 수령의 위대성, 주체사상원리, 당의 정책, 혁명전통, 혁명 및 공산주의 교양 등 다섯 가지가 있다.[304]

이상과 같이 북한의 인권상황은 전반적으로 열악하고 그런 상황이 지속되고 있고, 국가권력에 의한 침해가 심각하다고 평가되고 있다. 예를 들어, 2018년 봄 제37차 유엔 인권이사회에서 채택된 북한인권 결의문에는 다음과 같은 문장으로 인권 상황을 평가하고 있다. "Deeply concerned at the systematic, widespread and gross human rights violations in the Democratic People's Republic of Korea…."(A/HRC/RES/37/28) 이런 평가는 2003년부터 채택된 유엔에서의 북한인권 결의문에서 반복되고 있다. 그에 따라 국제인권기구에서는 적극적인 개입의 필요성과 북한정부의 책임을 강조하고 있다. 그 연장선상에서 국제사회 일부에서는 김정은 국무위원장을 위와 같은 수준의 인권 침해 책임을 물어 국제형사재판에 회부해야 한다는 의견까지 일고 있다. 또 북한인권을 우려하는 측에서는 과거 6자회담이나 최근 남북·북미 (정상)회담에서 북한인권문제를 의제로 다뤄야 한다고 주장하기도 한다. 그 정도로 북한인권 문제는 국제사회로부터 심각하게 인식되고 있다. 다만, 그런 주장을 하는 경우 북한인권 문제는 북한체제의 책임에 기인한 것이고 그에 따라 북한인권의 전반적 개선을 위해서는 북한체제의 근본적 변화가 불가피하다는 시각으로 연결된다.

3. 북한인권 논쟁에 대한 성찰

위와 같은 북한인권 침해실태에 대해서 탈북자의 증언이나 관찰자의 분석방법에 따라 일부 내용과 평가에서 다른 의견이 나올 수 있다.

---

304) 통일연구원, 『북한인권백서 2017』, pp. 327-328.

과장과 삭제의 우려도 제기되었다. 각 분야별 정확한 인권실태를 밝히기 위해서는 정밀조사가 필요하겠지만, 북한인권이 전반적으로 열악하다는 데는 공감대가 형성되었다. 시간이 지나면서 북한인권에 관한 논의의 중심은 실태파악에서 개선방안으로 이동하였다.

그동안 북한 인권개선방안을 둘러싸고 국내외에서 다양한 제안과 접근이 시도되었다. 그런데 남한에서는 다양한 의견과 접근이 존중되거나 상호 역할분담으로 이해되지 않고 심각한 갈등으로 번지는 경우도 나타나고 있다. 남한에서 북한인권을 둘러싼 논쟁이 심각한 정치사회적 갈등을 초래하는 것은 북한인권이 다음 세 가지 측면을 포함한 민감하고 복합적인 주제이기 때문이다.

먼저, 북한인권 자체를 둘러싼 쟁점들이다. 북한인권에 대한 주요 관심사는 종교의 자유, 정치범 수용소 등 일부 시민정치적 권리에 초점을 두는 쪽과 생존권을 우선시하는 쪽으로 나뉜다. 다른 한쪽에서는 북한 인권침해의 주요 원인을 놓고 치열한 논쟁을 벌인다. 즉 북한의 열악한 인권 상황을 사회주의체제의 근본적 결함과 폭력에 의존한 정권의 통치행위와 같이 대내적·행태적 측면으로 볼 것이냐, 아니면 미국의 경제봉쇄 및 군사적 위협, 북한과 미국 사이의 적대관계, 남북간 대결을 재생산하고 있는 분단체제와 같은 대외적·구조적 요인을 중시할 것이냐 하는 논쟁이 그것이다. 또 북한인권을 개선하기 위한 최선의 방법이 무엇이냐 하는 점에 대해서도 강력한 압박 혹은 북한 정권의 교체나 체제 붕괴로 보는 입장과, 고립된 북한의 대외관계 및 남북관계 개선을 통한 인도적 지원과 점진적 개혁개방을 추구하는 입장으로 나뉘어진다. 이런 입장 차이는 인권개선 과정에서 북한정권의 역할에 대한 입장 차이와 관련되는데 북한 정권의 역할을 부정하는 한쪽 극단과, 현실적으로 북한 정권의 역할이 가장 클 수밖에 없다고 보는 입장으로 나뉜다. 여기서 하나 추가할 사실은 남한에서 북한 인권개선에 나서는 단체들을 남북한 인권 문제를 모두 다루는 그룹과 북한인권만 다루는 그룹으로 나눌 수 있다는 점이다. 이런 현상을 인권의 보편성의 견지에서 어떻게 판단할 수 있을까?

그런 입장이 대립하는 가운데 북한과의 일면 협력, 일면 비판을 통해 북한 정권의 태도 변화와 국제사회의 영향력 확대를 동시에 추진하며 인권개선에 나서는 실용적·중도적 움직임이 많다고 판단된다. 그러나 북한인권을 둘러싼 논쟁, 나아가 정치적 갈등에서 중도적 입장은 목소리가 크지 않다는 이유로 무시당하는 경우가 적지 않다.

두 번째 측면으로서 북한 인권개선을 둘러싼 논쟁은 결국 북한에 대한 인식과 남한 정부의 대북정책 방향과 긴밀히 연관되어 있다. 대북인식의 차이는 동포이자 적으로서의 북한에 대한 이중적 이미지의 분열 현상에 다름 아니다. 동포의 이미지를 강조하는 쪽은 남한 정부가 북한을 포용하면서 인권개선에 나서야 한다고 생각한다. 반면 북한을 적의 이미지로 대하는 쪽은 남한 정부가 북한을 고립시키고 압박하고 나아가 자유민주주의체제로 흡수통일하는 것이 북한인권 문제의 근본적 해결책이라고 본다. 이런 입장 차이를 두고 어떤 사람은 앞의 입장을 이상주의, 뒤의 입장을 현실주의라고 평가하는데 그 반대로 볼 수도 있을 것이다. 적대적 대북인식과 대북 강경정책을 추구하는 입장은 북한 인권개선을 제일 목표로 하는 대신(혹은 그것을 명분으로) 남북관계 개선과 한반도 평화정착에 대해서는 소홀할 수 있다. 반면에 동정적 대북 인식과 포용정책을 추구하는 쪽은 북한 인권개선도 중요하지만(혹은 실효적 인권개선을 위해서도) 남북관계 개선과 한반도의 평화정착이 중요하다고 주장한다. 이처럼 분단체제라는 맥락 하에서 그 일부의 문제, 즉 북한인권 문제는 정치화되고 있다. 또 같은 상황에서 인권은 평화와 조화를 이루지 못하고 충돌하는 기이한 현상이 발생한다.

북한인권을 둘러싼 논쟁이 국내정치적 갈등으로 번지는 가장 큰 이유는 대북 인식과 정책을 둘러싼 명분으로서의 북한인권 문제가 결국 정치적 이익을 추구하는 수단으로 활용되기 때문이다. 이 사실은 그동안 공공연한 비밀처럼 공개적으로 거론되지 않았다. 이제 북한인권 문제는 대북정책을 둘러싼 정치적 공방의 단골메뉴가 되어버렸다. 지난 2007년 대통령 선거 유세 과정에서도 나타났지만 '퍼주기' 논란이 그 예다. 10년간 대북 포용정책을 일관되게 전개하며 그 과정에서 정상회담을 하고 인도적 지원을 하고 경제협력에 나서, 남북간 신뢰를 조성하고 긴장을 완화하고 상생의 경제공동체를 예비해온 것이 북한 인권개선과는 무관한 '친북좌파'로 매도되었다. 그리고 나서 가끔씩 북한인권을 비판하는 발언을 내놓는다. 그것이 유권자들의 보수심리를 자극하는 것인지, 아니면 실효성 있는 정책 대안을 제시하지 못하는 처사를 덮으려는 것인지는 알 수 없다. 분명한 것은 단발적이고 자극적인 발언은 대중의 반북정서를 활용해 정치적 이익에 잠시 유용할지 모르지만 북한인권의 실질 개선과는 거리가 멀다는 사실이다. 최근 다시 불거지고 있는 중국 소재 음식점 북한 여종업들의 탈북도 국내정치적인 요소가 작용해 발생하였다. 이 사건은 북한인권 문제의 정치화를 잘 보여주는 사례인 동시에 북한인권 개선을 위해서는 (북한체제 비판만이 아니라) 분단과 남북관계 등 한반도 차원의 접근이 긴요함을 웅변해준다.

4. 북한 인권에서 코리아 인권으로

이상 살펴본 것처럼 북한인권을 둘러싼 국내의 논쟁은 여러 이유로 정치적 갈등의 소용돌이에 휩싸여 있다. 그렇다면 북한인권을 실질적으로 개선하는 방법은 없는가? 나아가 남북한 인권을 함께 개선할 방법은 없는가? 여기서는 그 방안의 하나로 '코리아 인권'을 제시하고자 한다.[305]

코리아 인권이란 "남북한이 국제인권협약을 준거로 하고 상호존중 및 협력을 통해 인권개선을 추구하는 일체의 노력"을 말한다. 이는 남

---

305) 서보혁, 『코리아 인권: 북한 인권과 한반도 평화』 (서울: 책세상, 2011) 참조.

북한이 상대의 인권 문제를 도구화·대상화하지 않고 한반도 차원의 공동 협력과제로 인식하는 것을 말한다. '코리아 인권'이라는 접근을 제안하는 데는 몇 가지 배경이 있다.

첫째, 냉전시기 체제경쟁 차원에서 쌍방의 인권을 비난해온 것을 반면교사로 삼아 협력적인 인권개선의 길을 찾을 필요성이다. 인권을 체제경쟁의 수단으로 삼아온 경험은 오히려 남북의 인권 개선을 억제하는 결과만 초래하였다. 냉전기 남북관계에서의 인권 공방은 상호 적대적이고 이질적인 체제들이 상대의 인권 문제에 개입하는 것이 어렵다는 것을 보여주었다. 그러나 상호협력을 통한 인권개선이 불가능하다는 것은 아니다. 코리아 인권의 길은 그런 관계에 놓여있던 남북한이 어떻게 함께 인권개선에 나설 수 있는지를 말해주고 있다. 이와 관련하여 10여 년 간의 토의 끝에 2016년 3월 2일 제정된 북한인권법은 북한인권 개선 방안의 하나로 남북인권대화(제7조)를 제시하고 있는데, 이는 협력적인 북한인권 개선 방안으로 볼 수 있다.

둘째, 북한인권을 둘러싼 논쟁 이면에는 서로 화해할 수 없을 것처럼 보이는 인권을 둘러싼 보편성·특수성의 논쟁이 있다. 대북 인식과도 관련 있는 이 문제는 북한 인권개선을 위해 국제인권규범을 무조건 적용하자는 입장과 북한이 놓인 안보불안, 저발전, 정치경제제도, 분단과 같은 점을 고려하여 개선의 길을 찾아야 한다는 두 입장이 대립하고 있다. 코리아 인권의 길은 국제인권협약을 준거로 삼고 상호 협력하는 방법을 통해 두 입장을 수렴하는 접근을 모색한다.

셋째, 앞서 살펴본 북한인권 문제의 발생요인, 개선방법, 북한 정부의 역할은 물론 대북 인식 및 정책을 둘러싼 논쟁의 비생산성을 극복해야 한다. 코리아 인권의 접근법은 그런 논쟁이 정치적 갈등으로 비화되는 것을 차단하고 모든 논의와 방안이 실질적 인권개선에 이바지하도록 한다는 실사구시의 관점을 견지한다.

넷째, 북한인권을 북한 내의 인권만이 아니라 이산가족, 납북자, 국군포로 등 분단과 전쟁으로 파생된 남북간 인도적 문제와 탈북자들의 인권까지 포함하여 이해할 수 있다. 그럴 경우 이 문제들을 해결하기 위해서는 북한인권을 협의로 간주하고 북한 정권을 압박하는 접근보다는 코리아 인권의 관점이 훨씬 타당할 것이다. 말하자면 북한 인권개선과 남북관계 개선은 선후 혹은 선택의 문제가 아니라 동전의 양면인 것이다.

코리아 인권의 길은 실질적 인권개선 방안을 제시하지 못한 채 북한 정권의 교체를 추구하는 위험한 접근이나 평화·통일이 우선이라며 인권개선을 등한시하는 무관심한 태도와 분명한 차이를 둔다. 인권개선을 위해서는 비판과 압력, 지원과 대화, 교류협력 등 다양한 방법을 적시에 조화롭게 활용할 수 있어야 한다. 특정 방법만을 고집하고 다른 방법을 배제하는 태도는 경계한다. 또 코리아 인권의 접근은 인권 문제를 상호 비방에 이용하지 않고, 남북이 서로 존중하고 대등한 협력자로 대하며 쌍방의 인권개선에 힘쓴다. 남북한이 상대 체제를 존중하고 교류협력한다는 남북기본합의서상의 합의를 이행하는 한편, 상대 체제를 부정해온 관련 법제도ー대표적으로 북한은 노동당 강령 및 형법, 남한은 헌법 및 국가보안법 등ー를 개폐한다면 남북 화해협력과 함께 시민정치적 권리도 신장할 수 있다. 이런 기대를 불러일으키는 점이 2007년 10·4남북정상선언 제2항에 포함되어 있다.306) 코리아 인권의 활성화를 위해 남북은 남북기본합의서와 6·15 공동선언 등 기존 남북간 합의를 최대한 이행하고, 그 과정에서 일정한 신뢰가 조성되면 가령 '남북(북남) 인권협력합의서'를 채택하여 대내외적으로 지속적인 인권개선 의지를 천명하고 국제사회의 지지와 협력을 구할 수 있다. 이를 위해 우선 남북은 국제기구를 통한 다자적 협의나 비정부기구를 통한 남북 민간 인권대화

---

306) 10.4 정상선언의 제2항의 첫째 문장과 관련 내용은 다음과 같다. "남과 북은 사상과 제도의 차이를 초월하여 남북관계를 상호존중과 신뢰 관계로 확고히 전환시켜 나가기로 하였다.… 남과 북은 남북관계를 통일 지향적으로 발전시켜 나가기 위하여 각기 법률적·제도적 장치들을 정비해 나가기로 하였다."

를 전개하며 인권 증진을 향한 상호 이해를 도모할 수 있다.[307] 남북한 당국 차원에서도 아동, 장애인, 여성 등 사회적 약자 보호와 교정행정 개선과 관련한 기능적 논의는 어렵지 않게 시작할 수 있을 것이다.

5. 코리아 인권 실행의 조건[308]

코리아 인권 구상이 현실화 되려면 무엇보다 북한 정부의 긍정적 반응이 관건이다. 남북관계가 경색되어 있거나 갈등 상황에 있는 경우 이 구상은 실현 가능성을 잃게 된다. 이런 점에서 코리아 인권이 남북관계 발전과 별개의 문제가 아니라 상호 보완적이라는 앞의 전제가 현실적 의미를 가진다. 즉 상호 신뢰 구축을 통한 우호적인 남북관계의 형성이 북한의 실질적 인권 개선, 나아가 코리아 인권에 필수적인 조건이다. 신뢰 구축을 위해서는 상호 체제 존중을 전제로 한 교류 협력이 활성화되어야 한다. 이것은 남북기본합의서와 2018년 판문점 선언을 비롯한 남북 간 기존 합의 사항을 충실히 이행하면 될 일이다.

남북 인권협력의 또 다른 조건으로는 북한의 대외 환경 개선을 꼽을 수 있다. 북한인권 개선을 위한 남한의 건설적 역할에는 국제 협력을 이끌어내는 것도 포함된다. 김대중 전 대통령이 미국, 일본은 물론 유럽 연합 측에 북한과의 관계를 정상화할 것을 촉구해 북한의 개혁 개방을 위한 국제 협력을 이끌어낸 것이 좋은 예이다. 안보 및 경제 분야를 포함한 북한의 전반적인 대외 환경 개선은 북한이 남한과 국제사회의 인권 개입에 긍정적으로 반응하는 데 긴요하다. 그 대표적인 것이 미국, 일본의 북한과의 국교 정상화와 대북 경제 제재의 해제일 것이다. 물론 이 두 조건을 충족시키기 위해서 북한이 한반도 비핵화 공약을 이행하는 일이 수반되어야 한다. 그런 점에서 2018년 일련의 남북·북미정상

---

307) 이대훈, "비갈등적 북한 인권 개입," 한국인권재단 주최 2008 제주인권회의 발표문 (2008년 6월 28일).
308) 이하는 서보혁, 『코리아 인권』, pp. 178-180을 수정 보완한 것이다.

회담으로 조성된 남북미 3자간 신뢰를 비핵화–평화체제 병행 추진의 동력으로 삼고, 그 과정에서 인도적 협력에서 시작해 인권 협력을 추구할 수 있을 것이다. 남북간 이산가족상봉과 북미간 미군 유해 발굴 및 송환 작업은 남북·북미관계 개선과 북한의 대외환경 개선을 가져옴으로써 북한인권 개선에 유용하게 작용할 것이다.

이 두 가지 조건은 북한이 본격적인 개혁 개방을 추진하는 촉매제가 될 수 있고, 그때 남한의 북한인권 개선 노력은 실효를 보기 시작할 것이다. 이는 과거 소련과 동구 사회주의 국가들이 겪었던 역사적 경험과 부합한다. 물론 사회주의 진영의 개혁 개방 이전에도 서독을 포함한 서방 국가들이 사회주의 국가들의 인권 문제를 헬싱키협정 이행 과정에서 제기한 것은 사실이지만, 그것이 가능했던 것은 동서 양 진영이 헬싱키협정에서 쌍방의 이해관계 특히, 공산진영의 경우 주권 존중, 내정 불간섭, 경제·기술 협력을 약속받았기 때문이다. 헬싱키협정 체결 후에도 본격적인 인권 논의를 위해 인적 접촉(human contact)과 지원을 통한 동서 간 신뢰 구축과 동구 진영의 대외 환경 개선이 있었음을 상기할 필요가 있다. 물론 그 과정에서 서방의 인권 단체들이 난민과 망명자를 보호하고 사회주의 정권의 인권 침해를 감시한 것은 오늘날 북한 인권 단체들의 활동과 같다.

사회주의 경제의 비효율성이 야기한 경제 성장의 침체와 노동 의욕 감퇴, 그리고 북한의 경우 특히 과도한 군사비 지출은 개혁개방을 필요로 한다. 다만, 북한이 대외 개방 속도에 신중한 것은 체제의 안전 문제 때문이다. 과거 냉전 시대에는 미소 간 세력 균형이 있었고 유럽의 경우 헬싱키협정을 통해 동서 양 진영의 35개 국가들이 국가주권 존중, 내정불간섭에 합의했다. 동시에 양측은 인권 존중에도 합의했다. 그런데 냉전 해체 후 북한의 입장에서 보면 그런 여건이 사라져버렸다. 즉 상호 이익을 균형 있게 충족시킬 국제정치적 조건으로서의 세력 균형이 무너진 것이다. 북한이 그동안 빠른 속도로 핵무장의 길을 걸어온 것은 이런 이유 때문이다. 그러나 김정은 정권이 2017년까지 추진해온 '경제·핵 병진노선'은 핵에 집중하면서 문제를 노출했다. 2018년 초 평창 동계올림픽 참가를 계기로 북한이 핵 포기 대신 체제 안전보장을 얻어 경제건설에 매진하기로 하였다. 북한에 대한 안전보장은 북한의 대외 개방을 촉진하고 인권 문제에 대한 국제사회의 합법적이고 활발한 관여를 증진시켜줄 필요조건으로 작용할 것이다. 요컨대, 인권의 보편성에 입각해 열악한 북한인권을 개선한다는 당위론을 북한의 수용 가능성과 연결하는 전략이 일차적 관건이다. 북한인권 문제에 대한 구조적 인식과 포괄적 접근이 중요한 이유가 여기에 있다.

신뢰구축과 대외 환경 개선이 이루어진다면 코리아 인권이 구상하는 다차원·다방면의 대북 인권협력은 효과를 볼 것이다. 다만, 구체적인 인권협력 방안은 북한의 수요와 기대효과 등을 고려하여 유연하고 점진적으로 실행해나갈 수 있을 것이다. 코리아 인권의 접근은 북한인권 개선을 위한 남한의 건설적 역할을 보장할 뿐만 아니라 남북한 인권 개선과 남북관계 발전을 병행할 수 있게 한다. 그럼으로써 '국제인권협약의 대내적 이행'을 한반도 차원에서 추구할 수 있고, 남북이 평화를 정착하고 통일의 길을 걸어가면서 아시아 인권 신장을 이끌어갈 수 있다. 끝으로 남북한 공동의 인권 신장을 추구하는 코리아 인권의 길에서 한쪽이 다른 한쪽의 인권에 적극적인 역할을 하려면 자체의 인권을 신장하는 데 힘써야 한다는 상식적 교훈을 강조해두고자 한다. 대내 인권침해가 일어나는 가운데 상대의 인권을 거론하는 것은 시대착오적일 뿐만 아니라 인권의 보편성에도 어긋나기 때문이다. 코리아 인권의 길은 인권에 대한 근본주의, 선택주의, 상대주의, 도구주의 등 각양의 오류를 경계하며 인권간 상호연관성과 인권과 타 보편 가치들의 상호의존성을 추구하며 남북한 공동의 인권 개선에 이바지할 하나의 대안이 될 수 있다.

12
한국형 인권도시 구상

1. 인권도시 선포 유행

한국의 모든 제도가 그렇지만 지방자치제도(이하 지자제) 역시 정치 사회적 조건을 반영하며 서서히 발전해왔다. 분단과 권위주의 체제의 영향을 받으며 형식적인 지방자치제도가 한국전쟁 시기와 4.19 혁명 직후에 출범하였다. 1952년에는 기초 및 광역 의회 선거가 이루어졌지만 대단히 형식적이었다. 4.19 혁명 직후에는 기초 및 광역 단체장도 주민들이 직접 선출하도록 지방자치법이 개정되었지만, 5.16 군사쿠테타로 폐기되고 그 이후 민주화가 이루어지기까지 20여 년 동안 지방자치는 한국정치에서 사라졌다. 1991년 다시 기초 및 광역 의회 의원 선거가 부활하였다. 4년 후에는 기초 및 광역 단체장까지 주민들이 선출할 수 있게 됨으로써 본격적인 지자제 시대가 열려 오늘에 이르고 있다. 본격적인 지자제 시대가 전개된 지 30년이 가까워지고 있지만 아직도 참여 민주주의와 의사(疑似)민주주의가 혼재하고 있고 공익과 사익의 경계도 모호한 측면이 있다.

그렇지만 지자제는 민주주의를 지역사회까지 확장시키면서 시민들의 정치의식을 제고시킨 의의를 간과할 수 없다. 그 연장선상에서 기초 혹은 광역 단위를 막론하고 '인권도시' 붐이 일어나고 있다.[309] 소수의 지방정부 혹은 지방자치단체(이하 지자체)에서 인권조례를 만들고 이어 인권행정을 담당하는 부서나 직원을 두기 시작하였다. 2010년대 들어 이런 움직임은 하나의 유행처럼 번져나갔다. 인권조례를 제정하지 않거나 인권 담당관이 없는 지자체는 도시의 품격이나 지자체 장의 인권감수성을 의심할 수 있는 지표가 되는 듯한 현상도 일어났다. 그렇다보니 인권도시가 지자체의 실질적인 정체성으로 잡아가기보다는 형식적이거나 전시행정으로 전락할 수 있다는 우려도 제기되었다. 그 하나의 증좌가 천편일률적인 인권조례 제정이다. 해당 지역사회의 조건과 특성을 조사하고 거기에 알맞은 인권도시로서의 지향과 과제를 설정하기보다는 기존에 만들어진 인권조례를 복제하는 현상이 나타났던 것이다. 그런 현상 속에서 한국의 인권도시 만들기가 처한 공통된 조건인 분단체제와 그 극복 방향으로서의 통일지향성이 지자체 인권조례에서 찾기 어렵다는 점은 주목할 만하다. 이는 인권이 평화와 어떤 관계를 맺고 어떻게 상호보완적으로 추구할 수 있는가 하는 이론적 질문과 맞닿아 있다.

인권과 평화 역시 연관성이 크고, 분쟁 당사자가 관련된 인권 문제를 다룰 때는 더욱 그렇다. 평화가 기본권을 보장하는 필수 조건이란 인식은 유엔 헌장, 세계인권선언, 국제인권협약 등에서 찾아볼 수 있다. 테헤란 세계인권대회에서 채택된 선언은 "평화는 인류의 보편적 염원이고, 평화와 정의는 인권과 근본적 자유의 전면적 실현에 필수적인 요소임을 인정한다"라고 밝히고 있다. 나아가 평화가 하나의 권리라는 인식도 점차 생겨나기 시작했다. 평화권(right to peace)은 안전하고 비폭력적인 세상에서 살아갈 대중의 권리로 정의할 수 있다. 구체적으로 국가에 의한 침략 전쟁의 부인, 집단적 자위권의 부인, 군비 보유의 배제, 국가에 의

---

309) 이에 대한 반동적 사례의 하나로 2018년 2월 충청남도 의회가 인권조례를 '성적 지향, 성별 정체성에 따른 차별 금지' 조항을 문제 삼아 폐지하기로 결의한 바 있다. 그러나 6.12 지방선거 결과 도의회 의석 분포가 변화해 인권조례를 다시 시행하기로 하였다. 『내일신문』, 2018년 7월 24일; 『노컷뉴스』, 2018년 9월 14일.

한 평화 저해 행위(침략 전쟁 참여, 무기 수출 따위)의 배제, 국가에 의한 평화적 생존 저해 행위(징병제 등)의 배제, 군사적 목적의 기본권 제한(재산 압류, 표현의 자유 제한 등) 금지, 전쟁의 위험에 처하지 않을 권리 등을 평화권에 담을 수 있다. 그리고 평화권은 헌법에 명시되어 있지 않다 하더라도 생래적 권리로 인정받을 수 있다. 평화권은 냉전 시기를 포함해 오랫동안 기대한 만큼의 진척을 보이지 못했지만, 조지 W. 부시 정부가 반테러전의 일환으로 전개한 아프가니스탄, 이라크 전쟁을 겪으면서 그 중요성이 다시 주목받기도 했다. 그래서 유엔 인권이사회는 평화권의 재정립을 위해 평화권 신장을 위한 행동 계획을 검토한 바도 있다.[310]

이상과 같은 문제의식과 전제 하에서 이 장에서는 한국의 지자체가 인권도시를 지향할 때 고려하고 반영할 필요가 큰 정책 방향과 과제를 제안하고자 한다. 그와 관련해 국제사회에서 논의되어온 인권도시 논의와 국내외 인권도시 행정 사례를 소개할 것이다. 이를 통해 분단체제 하에서의 인권도시 만들기가 인권도시로서의 보편성과 특수성을 동시에 추구함을 확인할 수 있을 것이다.

2. 국제인권 논의에서 지자체

2015년 8월 유엔인권이사회 제30차 정기세션에서 발표된 인권의 증진과 보호에 있어서 지자체의 역할에 관한 최종보고서(A/HRC/30/49)[311]에 따르면 지자체의 교육, 보건, 환경 정책 및 조례 등 법규는 주민들의 일상적인 인권 향유에 있어 상당한 영향을 미친다. 보고서는 인권증진과 보호에 있어 국가의 책임에 관한 원칙을 언급하고 있다. 그것은 인

---

310) 서보혁, 『코리아 인권』, pp. 43−44; 이경주, 『평화권의 이해: 개념과 역사, 분석과 적용』 (서울: 사회평론 2014) 참조.

311) "Role of local government in the promotion and protection of human rights − Final report of the Human Rights Council Advisory Committee," Human Rights Council, Distr. (7 August 2015).

권 보호에 중앙정부, 지방정부의 구별이 없고, 지방정부 역시 국가기관으로서 인권보호에 책임이 있다는 것이다.

위 유엔인권이사회 자문위원회가 제출한 보고서는 아래와 같은 내용들로 인권 신장와 관련한 지자체의 역할을 구체적으로 밝히고 있다. 첫째, 인권 증진과 보호에 대한 지자체의 의무이다. 인권 증진 및 보호에 대한 우선적인 책임이 중앙 정부에 있다고 하나, 지자체는 그 책임을 보완하는 역할이 있음을 명확히 하고 있다. 국가의 일부로서 지자체는 국가의 국제 인권 의무에 기인하는 의무를 준수해야 할 책임이 있다. 실상 국가인권정책을 실생활에 적용하는 것은 지자체의 역할이기 때문에 국가인권정책 기본계획(NAP: National Action Plan for the Promotion and Protection of Human Rights) 수립단계에서부터 지자체 대표자의 적극적인 참여가 필요하다.

둘째, 지자체의 책임에 대한 법률이다. 지자체의 인권 증진 및 보호 책임에 관한 법률 조항을 만드는 것은 지자체의 인권 의무를 촉진하기 위한 좋은 방법이 될 수 있다. 예컨대 일부 민주국가들은 헌법 또는 기타 법률에서 지자체의 인권 보호 의무를 명백히 명시하고 있다. 지자체의 책임을 법률로 정함으로써 지방 당국은 인권이행 책임을 인지하게 되고, 그 책임을 다하지 못하는 것은 국가의 국제적 책임 뿐 아니라 지자체 역시 국내법 하에서 인권 불이행에 관한 법적 책임을 수반하게 된다는 사실을 이해하게 된다.

셋째, 지역 차원에서의 인권 신장 메커니즘 운용에 관한 사항이다. 위 보고서는 지역 옴부즈맨(Ombusman), 소비자 불만 위원회, 반차별 기관 등 인권증진 메커니즘의 설립을 제안하고 그런 메커니즘이 인권보호 및 시민들의 불만을 처리하는 주요 수단으로 활용될 수 있다는 점을 강조했다. 현재 스위스나 네덜란드 등 소수의 국가들만이 지역적 차원에서 인권보호제도를 시행하고 있는데, 스위스의 몇 개 도시들의 경우 독립된 기관으로서 개인과 국가 간의 갈등을 중재하는 옴부즈맨 제도를 시행하고 있고 네덜란드는 옴부즈맨이나 지자체 차원의 고충 해결 메커니즘을 통해 인권 침해 사항에 관한 소송을 제기할 수 있다.

이 밖에도 위 인권이사회 자문위 보고서는 인권에 관한 지자체의 역할, 지자체의 인권보장 의무, 인권 증진과 보호에 관한 지자체의 주된 어려움, 지역사회 차원의 인권 개념(인권도시, 도시에 대한 권리)[312] 등을 다루고 있다. 보고서에서 인상적인 점은 지자체의 인권 의무 이행에 관한 모범 사례를 다루면서 한국의 지자체도 다루고 있다는 것이다. 가령, 광주는 인권헌장, 인권 이행계획, 옴부즈맨과 같은 프로그램으로 자격을 갖춘 뒤, 2010년 한국과 아시아 내에서 처음으로 인권도시를 선언했다. 성북구와 충청남도도 인권도시체제를 채택했다. 서울시 또한 인권도시를 선언하며 2012년 인권조례를 채택했다. 조례는 적절한 주거를 보호하고 강제철거로부터 시민을 보호하는 가이드라인 뿐 아니라, 시 정부 내에 인권교육 프로그램을 시행하고 시민사회와 협력하는 인권 전담 부서, 인권 정책, 인권 옴부즈맨을 설립했다는 것이다.

이상에서 본 바와 같이 국제인권 논의에서 중앙정부가 대표해온 국가 단위의 인권 담론에서 인권도시가 등장하고 있음을 알 수 있다. 이제 민주국가에서는 중앙정부만이 아니라 지방정부도 인권 신장에 있어서는 대등한 위상과 역할을 부여받고 있다. 그렇다면 이상의 논의가 지자체의 인권정책에 주는 함의와 시사점은 무엇인가?

첫째, 국제인권 보호 및 증진의 의무자로서의 지자체에 관한 사항이다.[313] 국제인권규범은 인권 증진 및 보호에 관한 국가의 일차적 책무

---

312) '인권도시'란 인권의 증진과 보호에 있어 도시를 주된 행위자로 인식하는 개념이다. 인권도시는 일반적으로 지자체와 지역 주민들이 인권 원칙들 하에 도덕적, 법적으로 통치되는 도시를 의미한다. 따라서 지자체, 지방 의회, 시민사회, 취약 계층 등 모든 이해 당사자의 참여와 독립적이고 효과적인 인권 보호 모니터링 메커니즘을 필요로 한다. 인권도시와 유사한 개념으로 '도시에 대한 권리'가 있는데, 이 개념은 도시 거주자들이 지역 행정에 참여하여 자기 결정권을 행사하는데 목표를 두는 것을 의미한다.
313) 국제인권론에서 국가는 인권을 신장시킬 의무를 지닌 당사자(duty holder)이고, 국민은 국가에 인권 신장을 요구할 권리가 있는 주체로 간주된다(right holder).

를 확인하고 있는데 이러한 책무는 입법, 사법, 행정 모든 영역에서 공유되어야 하며 '국제인권규범의 대내적 이행'을 위해 노력해야 한다. 마찬가지로 지자체는 국가의 일부로 국제인권규범에서 연유하는 의무를 준수해야 할 책임을 공유한다. 중앙정부 차원의 인권보호 의무가 지자체와 긴밀하게 공유되지 않으면 실질적인 인권 신장은 요원할 수밖에 없다. 지자체는 국가의 일부이자 이들의 정책이 주민들의 인권향유에 절대적인 영향력을 미치는 점을 전제한다면, 지자체도 국제인권규범의 이행 주체로 보고 적극적으로 국제인권규범의 이행을 위한 역할을 주문해야 할 것이다.

둘째, 국가인권정책 기본계획 수립시 지자체 참여이다. 국가는 국가인권정책 기본계획 수립을 통해 기본적 인권을 보호하고 증진할 국가의 책무를 시행할 전반적인 인권정책방향을 제시해야 한다. 국가인권정책 기본계획이 바람직하게 수립되기 위해서는 국제인권협약 기구의 권고를 성실하게 반영하여야 하고, 분야별 국제인권 권고가 갱신될 때마다 이를 반영해 정기적인 인권정책을 개발하여 국가인권정책 기본계획 그 자체가 일상적인 인권정책 영향평가로서 활용될 수 있어야 한다. 하지만 중앙정부는 국가인권정책 기본계획의 수립 초기 단계에서부터 지자체 장들과의 논의 및 협의 과정을 충분히 담보하지 못하고 있다. 국가 구성원들의 인권 향유에 있어 지자체의 막중한 역할을 인식하고 국가인권정책기본계획 수립시 지자체의 참여를 보장하기 위한 절차를 확보해야 한다.

셋째, 실질적인 인권 신장을 목표로 한 인권조례의 제정 및 시행이다. 지자체의 인권 의무를 촉진하기 위한 유용한 방법은 많이 제시되어 있다. 인권 보호 의무에 관한 지자체의 책임을 법률로 정함으로써 지방당국은 인권이행 책임을 인지하게 되고, 그 책임을 다하지 못하는 것은 중앙정부뿐 아니라 지자체 역시 법적 책임을 수반하도록 하여 이들이 실질적인 인권 증진과 보호의 주체가 될 수 있도록 한다. 지역 공동체 주민들이 인권을 보호받고, 지자체가 인권적 관점에서 정책수립과 집행을 담

당하기 위해서는 그 전제 조건으로서 인권조례의 제정이 필요하다.314)

지자체의 인권 보호 및 증진에 관한 의무와 책임은 정치적 의지와도 상당히 결부되어 있어 이를 법률로 정해 그 책무를 확인시키고 촉진하는 것이 중요하다. 법률은 지역사회 구성원의 인권상황과 그 개선 조건에 대한 구체적인 진단을 바탕으로 인권정책 목표와 중점과제를 제시하여야 한다. 또한 국제인권기준에 입각하여 조약기구의 권고사항에 대한 후속조치 및 이행에 관련된 절차 마련, 인권교육의 제도화, 지역기구 설치, 시민사회의 참여 등을 포괄하여 제정하여야 한다.

3. 국내외 인권행정 사례

오늘날 민주주의 국가에서 국가는 시민의 인권을 신장시킬 의무 담지자임을 인정하고, 효율적인 인권정책을 시행하기 위해 중앙정부와 지방정부의 역할분담과 상호협력을 위해 노력한다. 중앙정부는 인권과 관련된 법·제도·관행의 개선을 목표로 하는 국가인권정책 기본계획을 수립한다. 이 과정에서 독립 국가기구인 인권위원회 혹은 인권 옴부즈만 제도는 광범위한 자문과 정책권고를 담당한다. 국가인권정책 기본계획은 정부 내 각 부처가 개별적으로 수행하던 인권과 관련된 업무를 인권의 보호와 증진이라는 가치를 중심으로 종합함으로써 인권을 국가정책의 주요한 지향점으로 설정한 공식적인 범정부 계획이다.

한편, 지자체는 NAP를 참조하되 지역사회의 현황과 수요를 반영해 자체 인권정책을 수립·시행할 수 있다. 그러나 민주국가의 경우에도 민주주의 발달 단계가 낮은 경우 지자체 차원의 인권정책이 제도화되지 않거나, 제도화된 경우에도 실질적 성과를 거두기까지는 해결해야 할 과제들을 안고 있다.

---

314) 노현수, "지자체의 인권조례에 관한 연구: 국제인권레짐의 지역화를 중심으로," (영남대학교 박사학위 논문, 2012).

한국의 경우 일부 지자체가 인권 기본조례를 제정하고 있지만, 인권 정책 기본계획 및 집행계획을 수립하고 내실 있는 정책을 시행하고 있는 경우는 많지 않다. 2016년 9월 현재, 인권조례는 243개 광역 및 기초 지자체 중 91곳에서 제정되어 37.1% 수준이다. 그중 광역 지자체의 경우 인천시를 제외한 모든 지자체가 인권조례를 제정하였다. 인권위원회를 구성·운영하고 인권정책 기본계획 및 집행계획을 수립·시행하고 있는 곳은 인권조례 제정 지자체 수보다 적다. 이와 같은 양적 현황이 얼마나 내실 있는 인권정책을 담고 있는지와 같은 질적 현황과 일치하는 것은 아니다.315) 국내 지자체의 인권정책은 그 여건과 수요 등을 고려할 때 다양할 것으로 예상되지만 인권조례는 대동소이하다. 이것이 무엇을 말하는지 생각해볼 일이다.

일부 지자체의 경우 초기 실태조사 및 인프라 구축을 꾸준히 실시하고 지역사회의 특성을 반영한 정책 개발로 모범으로 평가되는 사례가 나타나고 있다. 서울특별시, 광주광역시, 서울시 성북구, 울산광역시 동구, 수원시 등 경기도 일부 기초 지자체 등이 그런 사례로 꼽힌다. 서울시는 광범위한 인적 자원과 높은 인권수요, 서울시장의 의지, 국제네트워크 개척 등을 활용하고 있다. 광주광역시는 5.18 광주민주화운동의 정신과 역사를 계승하는 인권도시로서 국내에서 최초로 인권기본조례를 제정하는 등 국내 인권도시 운동을 선도해왔다. 서울시 성북구는 기초자치단체로서는 처음으로 인권도시를 정책의 주요 기조로 채택하여 인권영향평가 등 인권도시 정책을 추진해왔다. 울산광역시 동구는 대표적인 중공업 도시로서의 특성을 반영하여 노동권 보장을 주요 목표로 한 인권도시 정책을 수행하고 있다. 경기도의 경우는 경기도보다 기초 지자체인 수원시와 광명시가 인권도시를 향한 정책을 활발하게 추진해왔다. 수원시는 경기도 최초로 인권 전담부서를 설치하여 인권행정 역

---

315) 한국인권재단, "지자체 인권제도 현황과 개선과제 연구," 2016년 국가인권위원회 연구용역보고서 (2016년 10월) 참조.

할을 부여하고, 인권도시 구축을 위한 인권조례 제정 및 인권위원회를 구성하여 인권도시를 위한 정책 추진기반을 마련하였다. 광명시는 민관 협동의 가교 역할을 하는 인권센터 등 다양한 정책으로 인권도시 만들기 사업을 전개하고 있다.

해외 인권행정 사례로는 먼저, 아르헨티나의 대표적인 인권도시 로사리오가 벤치마킹 대상으로 꼽힌다. 로사리오는 1989년 설립된 국제비영리기구(NPO)인 인권교육민중연합(PDHRE)에 의해 세계에서 처음으로 인권도시로 선정된 바 있다. 이 도시는 시 정부 산하에 인권국을 설치해 인권 부서와 협력하는 한편, 학생과 교사, 경찰, 의료종사자, 일반 시민들을 대상으로 인권교육을 시행하고 있다. 또 과거의 인권 유린을 기억하고 성찰하자는 의미에서 2010년 기억박물관을 만드는 등 세계적 인권도시로 성장해가고 있다.

다음으로 세계의 인권행정과 관련하여 스페인의 바르셀로나, 독일의 뉘른베르그, 캐나다의 몬트리올도 모범 사례로 꼽을 수 있는데, 지역사회의 역사적·문화적 특성을 살리고 지자체와 주민의 협력, 그리고 지속적인 특성화 노력이 공통의 교훈이다. 바르셀로나는 1998년에 세계인권선언 50주년 기념회의를 주관하면서 "도시 인권보호를 위한 유럽헌장"을 발의해 이 헌장이 2000년 유럽연합에서 채택되는데 결정적인 기여를 했다. 바르셀로나는 이 헌장에 기반을 두고 '인권에 대한 투자가 곧 도시에 대한 투자'라는 인식 아래 인권사업을 전개하고 있다. 뉘른베르그는 바르셀로나가 피해의 도시였던 것과는 정반대로 가해자의 위치에 있던 도시였다. 그러나 어두운 과거를 감추기보다는 드러내고 성찰하면서 인권도시로 나아가고 있는 모범사례라 할 수 있다. 인종 차별이 가장 심했던 곳인데 이제는 피해자였던 유대인뿐만 아니라 여러 민족의 이민자들이 이주해 살고 있어 포용적인 인권도시가 되었다. 캐나다 몬트리올은 개별 도시 차원에서 도시권을 헌장의 형식으로 담은 "몬트리올 권리와 책임 헌장(Montreal Charter of Rights and Responsibilities)"을 제정하고 그에 근거해 시민의 대리인이 되어 차별 시정을 독립적으로 운영하는 옴부즈맨 제도를 운영하고 있다.

해외 인권도시 사례로 일본과 프랑스의 지자체도 거론할 수 있다. 일본은 '부락차별철폐 조례'로부터 시작하여 인권도시를 향한 인권기본 조례를 발전시킨 국가이다. 대표적으로 시 차원에서 인권기본계획을 수립하고 인권센터를 운영하고 있는 오사카부 사카이시와 1994년부터 인권센터를 설립 운영하고 있는 미에현을 꼽을 수 있다. 프랑스는 법적으로 유럽평의회(Council of Europe)에서 발의하여 1953년부터 시행한 유럽인권조약을 따른다. 프랑스 일부 지자체의 경우 "도시 인권보호를 위한 유럽헌장"을 채택해 실행하고 있다. 대표적으로 낭트와 생드니의 인권행정 사례를 살펴볼 가치가 있다.

이상의 국내외 인권행정 사례들을 통해 인권도시는 우선, 여성이나 이주민, 원주민 등 사회적 약자들의 차별 문제에 깊이 개입해 이를 적극적으로 개선해나가려 하며, 시민의 경제적 불평등 해소와 빈곤문제 해결을 위해 지자체가 직접 나선다는 것을 알 수 있다. 나아가 과거 인권 유린의 어두운 과거사가 있다면 이를 감추기보다는 기억하고 성찰할 뿐만 아니라, 이로부터 인권을 적극적으로 배워나가려 한다. 한국의 지자체의 경우도 산업, 인구, 향토사 등 지역사회의 제반 특성을 반영하는 한편, 분단과 권위주의체제의 경험을 반면교사 삼아 보편성과 특수성을 겸비한 인권도시의 컨텐츠(contents)를 갖출 수 있을 것이다.

4. 지역 인권정책 비전과 목표

1) 정책 비전

지역사회의 인권증진 기본계획은 인권을 증진할 목적으로 지방정부가 법률이나 조례에 의거하여 필요한 정책 목표, 과제 및 실행 방안을 종합적이고 체계적으로 제시하는 것을 말한다. 인권증진 기본계획을 수립·제시하는 것은 인권증진을 향한 각급 정부의 관심과 노력을 장려할 뿐만 아니라, 그것을 위한 타당하고 실행가능한 정책 방향 및 수단을 제시함으로써 인권증진을 향한 정부의 역할과 시민의 참여를 제고시키는 데 목적이 있다. 한국의 경우 인권증진에 관한 국가의 기본계획(NAP)은 5년 단위로 수립되는데 시민과 전문가들의 의견을 폭넓게 수렴한 후 국가인권위원회가 기본계획을 정부에 권고한다. 정부는 권고를 참고하고 공청회를 열어 의견 수렴 후 법무부를 주무기관으로 하는 정부 차원의 기본계획을 수립한다. 지금까지 기본계획은 2007년, 2012년 두 차례 수립된 바 있고 2018년 8월 7일, 정부는 3차 기본계획을 공표했다.[316] 지자체의 경우 서울특별시, 광주광역시, 서울시 성북구, 울산광역시 동구와 북구, 광명시, 수원시, 고양시 등 일부 지자체에서 인권조례를 제정한 후 인권증진 기본계획을 수립하고 인권도시로서의 위상을 확립하려고 노력하고 있다. 지자체의 인권조례는 '인권증진 기본계획 수립'을 포함하고 있는데 그 주요 내용은 다음 네 가지로 요약할 수 있다. ① 인권보호 및 증진의 기본방향, ② 인권취약계층 보호를 위한 분야별 목표 및 이행전략, ③ 인권정책 추진을 위한 재원 조달 방안, ④ 그 밖에 시민의 인권보호 및 증진에 필요한 사항.

인권도시는 해당 지자체의 품격을 높이고 지역주민의 삶의 질을 제고하고, 나아가 대한민국 시민 모두가 인간으로서의 존엄을 누리도록 하는 근간이다. 지자체의 인권도시 프로젝트는 대한민국의 민주주의를 높은 수준으로 발달시키는 비전을 갖는다. 분단체제 하에 있는 지역사회 차원의 인권 신장 노력은 북한정권이 인권 개선에 나서도록 하는 부드러운 압력으로 작용해 결국 한반도 차원의 인권 신장을 도모하는 효과도 기대해볼 수 있다.

한국이 지자제를 본격 도입한 지 20년이 지나면서 광역 및 기초 단

---

316) 3차 인권정책 기본계획(2018−22년) 수립 과정에서 인권경영, 성소수자 및 난민 보호 등이 뜨거운 쟁점으로 부상하였고, 정부(법무부)는 전례보다 늦게 3차 계획을 공표했다.

위 의원, 단체장, 교육감 등에 대해 직선제를 실시하면서 지자제가 자리를 잡아갔다. 지역 시민운동과 지자체와 시민 간 소통으로 시민의 의사와 참여를 증진하며 지자제를 정착시키려는 움직임이 활성화되었다. 그럼에도 다른 한편으로 주민의 시정 참여는 제한적이고 계속되는 부정선거, 낮은 재정 자립도, 일방적 시정 등 개선할 점들도 적지 않다. 인권도시 프로젝트는 지자제 20여 년의 공과를 균형적으로 성찰하고 새롭게 도약하는 큰 발걸음이다. 시민의 참여 없는 시정(市政)은 무의미하고, 시민의 권리 신장을 도모하지 않는 지자제 역시 공허하다. 그런 점에서 일부 지자체가 인권도시를 선언하고 조례를 제정하고 '인권 시정'을 표방하고 시행착오를 거듭하고 있는 현상은 고무적이다.

2) 정책 목표

일반적으로 인권증진 기본계획은 각급 정부에서 일정 기간[317] 인권을 증진시키는 일과 관련된 제반 과제와 계획을 말하는데, '기본'계획의 특성상 해당 지역에서 일정 기간 일관성 있게 전개할 인권증진 방향과 주요 실행방안을 담는다. 인권증진 기본계획은 일정 기간 내 당해 연도의 구체적인 계획이나 특정 영역의 인권증진 계획의 틀과 방향을 포함한다. 또 기본계획은 아무리 해당 지역의 여건 혹은 특정 영역의 인권 실태를 적절히 고려해 수립했다고 하더라도 구체적인 시행 과정에서 수정에 직면할 수 있다. 기본계획은 단기적이거나 사안별 세부계획이 아니라 그 추진 방향과 목표를 제시하기 때문에 영역별 혹은 연간 세부계획은 기본계획을 준거로 수립·시행하는 것이다.

각급 정부가 추구할 인권정책 기본계획의 목표는 다음 네 가지 측면을 포함하고 있다. 첫째, 인권 증진을 위한 정부의 책무를 명시하는 것이다. 가령, 한국정부가 2012년 3월 발표한 '2012－2016 국가인권정책'에 보면 국가인권정책 기본계획의 목표로 "인권 보호 및 증진을 위한

---

317) 대체로 3~5년 정도의 중기간을 상정할 수 있다.

국가의 책무 확인"을 제시하고 있다. 헌법과 우리나라가 가입한 국제인권협약에 명시된 모든 인간의 존엄과 가치 및 기본적 인권을 보호하고 증진할 국가의 책무를 국가정책 추진에 투영함으로써 이를 확인한다는 것이다. 기본계획상에 포함될 수 있는 정부의 책무는 ① 국가 인권정책 방향의 천명, ② 인권을 기준으로 한 다양한 정부정책의 연계 및 종합, ③ 국제인권 기준 및 조약기구의 권고를 고려한 인권정책 개발 등이다.

둘째 목표는 전반적인 인권증진 방향과 주요 방안을 제시하는 것이다. 이 목표는 원칙적으로 모든 인권, 현실적으로 해당 국가 혹은 지자체가 인식하고 있는 범위에서 인권증진을 위한 종합계획과 그 이행방안을 천명하는 것을 말한다. 민주화 이후 한국사회의 인권의식 제고와 인권관의 발전으로 한국인들이 사고하는 인권의 범위는 국제사회의 그것에 거의 다다르고 있다.[318] 한국은 비준한 9개 국제인권협약 이행에 관한 심사와 모든 유엔 회원국들이 받고 있는 각국 인권상황에 대한 보편정례검토(UPR)를 받고 있다. 물론 그에 대해 한국 정부는 국내의 정치적·경제적·사회적 여건 및 이행 가능성 등을 고려하여 인권에 관한 국제기준 및 국제인권협약기구의 권고를 적극 검토하여 국내 인권 수준의 향상을 도모한다고 밝히고 있다. 기본적으로 국제적 기준을 존중하고 있다. 한국이 민주국가이고 지자제 20년 이상의 역사를 갖고 있기 때문에 향후 국제사회의 평가에는 지자체 차원의 인권 정책 결과도 포함할 수밖에 없을 것이다.

셋째, 사회적 약자 보호 등 핵심 인권 증진 목표인데, 이는 해당 정부의 해당 시기 인권증진 기본계획 수립시 가장 중요한 도전 과제다. 한국사회 전체적으로 가장 중대한 인권 현안은 무엇인가? 실직, 미취업, 비정규직 노동자, 사회 양극화 등으로 나타나고 있는 바와 같이 노

---

318) 2018년 8월 현재, 한국은 9개 국제인권협약과 4개 선택의정서 포함 중 7개 협약과 2개 선택의정서에 비준하고 있다. 이주노동자권리보호협약, 강제실종자보호협약, 고문방지협약 관련 선택의정서, 사형제폐지 관련 자유권규약 선택의정서에는 가입하지 않은 상태이다.

동권과 사회경제적 차별 해소에 관한 관심이 높다. 이는 결국 시민적 권리, 건강권 등 다른 인권과 상호의존관계를 형성한다. 또 어떤 사람들은 어르신, 장애인, 아동, 탈북민 등 사회적 약자들이 한국의 높은 생활수준에도 불구하고 미흡한 인권교육과 가족이기주의, 그리고 불안한 미래 등이 겹쳐 더욱 차별받고 있다고 보고 있다.

2017년 북한과 미국이 연출한 한반도 위기 상황에서 한국 국민들은 물론 전세계가 전쟁 위험에 깊은 우려를 갖고 있었다. 이는 한반도에 살고 있는 모든 사람들이 평화롭게 살 권리, 곧 평화권을 침해당하고 있음을 말해준다. 바로 이 점이 중앙 및 지방정부가 다같이 관심을 두어야 할 인권인 것이다. 적어도 한국에서는 중앙정부는 물론 지방정부의 인권정책이나 인권도시 프로젝트에서 평화권은 필수 공통 과제이다. 한국사회의 민주주의가 아무리 깊어진다고 해도 그것으로 인권이 저절도 신장되지 않는 이유가 여기에 있다.

분단정전체제 하에 있는 한반도의 모든 거주민들에게 평화권은 있으면 좋은 부수적인 권리가 아니라 기본권(basic right)에 해당한다. 평화가 권리가 아니라 인권 신장을 위한 조건이라는 통념이 있다. 그 말이 잘못된 것은 아니지만 평화를 인권으로 인식하고 권리 담지자로서 시민이 국가에 당당하게 요구하지 않는 이상 평화는 권력집단의 손에서 벗어나지 못할 것이다. 더욱이 핵전쟁을 포함해 전쟁 위험이 상존해 있는 데서는 두말해 무엇하랴! 그런데도 정부는 말할 것도 없고 평화·통일, 심지어는 인권단체에서도 평화권을 공론화하지 않는 것은 시민단체 역시 분단정전체제의 가위에 눌려 있다는 지적에서 자유롭지 못하다. 2018년 위기가 진정되고 대화국면이 조성되자 (접경지대) 지자체에서는 평화도시, 평화교육, 남북교류협력의 전진기지 등 새로운 희망을 말하고 있다. 그러나 그런 논의 속에서 지역주민들이 평화롭게 살 권리를 어떻게 보호하고 보장할지 진지한 고민을 하는 곳은 나타나지 않고 있다. 2015년 11월 실시된 '고양시 인권의식조사'에서 고양시민들은 평화권이 표현의 자유와 함께 매우 열악하다고 응답하였다. 접경지대의 도시는 물론 한국의 모든 지자체와 국가 차원의 인권기본계획에는 전쟁을 반대하고 평화롭게 살아갈 권리를 천명하고, 이를 보호 신장하기 위한 정책을 수립할 책임과 의무가 있다. 궁극적으로 한반도 평화체제 수립을 향해 남북 화해협력과 공동번영을 위한 각종 남북 교류사업을 장려하고 그 연장선상에서 접경지역 도시간 공동의 평화권 선언 및 평화교육 사업, 북한과 도시교류사업, 세계 평화도시와 자매결연사업 등을 통해 평화권을 함양하고 평화문화를 확산시켜나갈 계획을 다져나가야 한다.

넷째 목표는 지속가능한 인권증진을 위한 법제도 확립이다. 민주국가에서 모든 정책은 법치에 기반한다. 법치는 지속가능성과 예측가능성을 보장한다. 민주공화국 한국에서 인권은 헌법(재판소), 국제인권협약, 국가인권위원회(법), 국민권익위원회(법), 지자체 단위 인권조례 혹은 인권센터 등 다양한 법제도로 보장받을 수 있다. 물론 인권 법제도가 인권증진 그 자체는 아니다. 그러나 인권 법제도 없이 사안별, 지도자별, 심지어는 임기응변식 접근으로는 지속가능하고 예측가능한 인권증진을 기대할 수 없다. 인권 법제도의 확립은 또 인권정책 거버넌스(governance)의 틀을 마련함으로써 정부의 책임성, 민의 참여, 민관 협력, 정책 결정의 민주성, 투명성, 효율성, 그리고 정책 결과의 효과성을 기할 수 있다.

이상 일반적인 인권증진 기본계획의 목표는 각 국가와 지자체 단위에서 여건과 관심사에 따라 목표들 사이에 상대적 중요도가 다를 수 있지만 본질적인 차이는 크지 않다. 인권이 서로 나뉠 수 없고 상호의존하는 것처럼, 인권증진을 위한 이들 목표들 사이에도 불가분성과 상호의존성이 성립한다. 따라서 이와 같은 목표들이 선순환관계를 맺고 통합적으로 추구할 수 있는 정책체계를 수립하는 것, 그것을 관련 주체들이 대등하고 민주적 관계를 형성해 충분한 협의로 만들어내는 것이 관건이다. 특히 지방정부는 한편으로는 중앙정부, 다른 한편으로는 지방의회, 시민사회와 양방향의 소통을 인권도시 발전의 두 동력으로 삼아야 한다. 최근에는 지방정부가 해외의 지방정부나 국제인권기구와 교류하는 인권외교 현상도 일어나고 있다.

5. 인권도시 수립 과제와 방안

지자체가 인권도시로서의 정체성과 품격을 확립하는 일은 지역 주민들이 삶의 현장에서 실질적인 존엄을 누리는 것과 다르지 않다. 이제 지자체는 주민들의 직간접적인 시정 참여를 바탕으로 인권도시로 나아가고 있다. 여기서는 인권도시로 평가되고 실제 주민들의 인권이 신장되는데 필수적인 요건을 인권 법제 및 행정체계 확립, 인권문화 확산, 인권협력체계 구축 등 크게 세 분야로 제시하고 그 방안을 소개한다.

1) 인권 법제 및 행정체계 확립

우선, 인권정책을 수립·시행할 법제도적 근거와 추진체계를 확립해 놓아야 한다. 이것 없이 인권을 옹호하는 미사여구가 아무리 많아도 그것은 사상누각에 불과하다.

첫째, 법제도적 인프라 구축과 관련한 과제로는 인권실태조사를 비롯해 인권헌장 제정, 인권조례 제정, 인권증진 기본계획 및 연차별 집행계획 수립, 인권지표 개발 적용, 인권영향 평가제 도입 등이다. 이 중 가장 기본적인 것이 인권실태조사이고 지속가능한 인권정책을 위해서는 인권증진 기본계획 및 연차별 집행계획 수립이다.

타당한 인권정책 수립은 객관적이고 구체적인 실태조사에서 출발한다는 점을 감안할 때, 인권실태조사는 인권정책의 출발이다. 인권실태조사는 기본적으로 분야별 실태조사, 사회적 약자의 인권별 실태조사, 이들에 대한 전반적인 평가 등으로 구성되고, 필요시 특정 사안에 대한 긴급조사를 포함한다. 실태조사는 정기적으로 실시해 그 추세와 특징을 파악하는 것이 바람직하지만, 정책 여건 및 우선순위 등을 고려해 단계적으로 실시할 수도 있다.

인권증진 기본계획은 인권도시로서의 비전과 목표, 사회적 약자 보호, 인권문화 확산, 인권행정 추진체계, 인권협력 네트워크, 예산 수립 등을 담는다. 연차별 집행계획은 기본계획에 의거해 구체성과 현실성을 가진 인권정책을 수립함을 말한다.

둘째, 인권행정 추진체계 구축이다. 이를 구축하기 위해서는 인권위원회를 지자체와 지역시민단체 관계자, 인권전문가 등으로 구성해 인권정책 방향 수립과 정책 조정을 수행하는 노력이 관건이다. 실무적으로는 인권위원회의 결의 사항을 시행할 인권 부서를 지자체 내에서 설치 운영하는 것이 과제이다. 또 지역사회 내 인권 관련 모든 기관 및 단체가 참여하는 인권정책협의회를 설치해 인권 증진 민관협력을 증진하는 노력도 필요하다.

[그림 12-1]은 지자체의 인권정책 추진 체계를 보여주고 있다. 이 그림은 이상적인 하나의 범례이다. 이를 참고해 각 지자체는 여건과 규모, 인권정책 발달 단계 등을 고려해 적합한 모델을 창출할 수 있을 것이다. 이때 가장 중요한 것은 지방 정부, 의회, 시민사회 등 3자간 충분한 소통을 가지면서 비전을 형성하고 실행가능한 우선 과제를 도출해내는 민주적 공론화 과정이다.

지역사회의 인권정책을 심의 결정할 인권위원회는 해당 지자체의 여건을 고려해 적정 인원으로 구성하되 폭넓은 의사수렴과 실행가능한 정책 방향 수립에 책임을 진다. 책임 있는 인권정책 실행을 위해서는 인권위원회의 정기적이되 내실 있는 운영을 전제로 효율적인 인권정책 기구가 필요하다. 물론 정책 실행기구 역시 해당 지자체의 여건과 의지에 따라 그 형태가 정해질 것이다. 다만, 지자체의 인권 실행기구는 기본적으로 인권침해 및 차별 구제, 정책기획, 교육·협력 사업을 관장할 수 있어야 한다.

[그림 12-1] 지자체의 인권정책 추진 체계

○○시(도) 인권위원회

영역별 담당부서

◆ 참정권	시민소통관
◆ 정보 · 통신권	시민소통관, 공보담당관, 자치행정실
◆ 노동권	민생경제국
◆ 복지권, 생존권 장애인 권리	시민복지국
◆ 여성권, 이동 · 청소년권리, 건강권	여성가족국
◆ 교육권, 문화권	교육문화국, 도서관센터
◆ 건강권	보건소, 상하수도사업소
◆ 안전권, 주거권, 이동권	시민안전교통실, 도시주택국
◆ 환경권	푸른도시사업소, 상하수도사업소
◆ 식량권	농업기술센터

인권담당관

인권침해 · 차별구제 / 인권정책팀 / 인권협력팀

인권교육센터

중앙정부기관

국가인권위원회

시민 / 인권단체 / 당사자단체

2) 인권문화 확산

두 번째로 다룰 과제는 인권문화 확산이다. 이는 앞의 인권 법제도 확립과 성질이 다르다. 이 과제를 단기적으로 접근할 때 난관에 부딪힐 수 있다. 이는 사람의 마음과 태도, 지역사회 전체적인 분위기와 점진적인 변화와 관련되는 문제이므로 중장기적인 목표를 갖고 인내심을 갖고 서서히 접근할 일이다. 인권문화 확산이야 말로 지자체만의 사업보다는 지자체 – 지역사회 – 대외협력이 어우러져 전개할 분야이다.

인권문화 확산을 위한 주요 과제로는 인권교육 확립을 통한 인권의식 함양이다. 인권교육의 확립을 위해서는 인권교육기본계획 수립, 공무원, 교사 등 인권 관련 기관 종사자들의 인권교육 의무화, 민관 합작 인권교육 등을 실시해나가야 할 것이다.

인권교육 기본계획은 해당 지자체의 인권정책 기본계획의 일부로 포함시켜 의무적이고 그래서 지속가능한 근거를 확보해둘 필요가 있다. 2017~18년 들어 남북관계와 통일교육에 있어서 지자체의 위상과 역할을 높이는 법제도와 남북간 합의가 있어 고무적이다.319) 같은 맥락에서 인권정책의 효과를 극대화하는데 있어서 지자체의 역할은 재론할 필요가 없다. 이는 민주주의와 지자제가 서로를 강화하는 관계임을 입증해 준다. 특히, 공무원과 인권 관련 기관 종사자들의 인권교육 의무화와 내실 있는 시행은 인권문화 창달에 관건이다. 이 점은 국가인권위원회법은 물론 지자체의 인권조례에도 반영되는 추세이다.

이 밖에도 인권의식 함양을 위한 과제로 ① 시민의 삶의 질과 연계한 인권의식 함양, ② 사회적 약자에 대한 우선적 배려, ③ 시민참여형 프로그램 개발 등을 꼽을 수 있다. 이 중에 시민의 삶의 질과 연계한 인권의식 함양의 중요성을 부연할 필요가 있다. 실질적 인권 증진과 인권의식 함양은 동전의 양면과 같은 관계이다. 만질 수 없는 인권의식은 만질 수 있는 시민의 삶의 질 신장으로 확인할 수 있다. 추상적이고 교과서 같은 캠페인을 지양하고 특정 집단의 주요 인권 관심사와 연계한 인권의식 함양 노력이 요구된다. 여기서 특정 집단은 먼저 사회적 약자를 꼽을 수 있고 점차 모든 지역사회 주민들로 확대해나갈 수 있다. 이때 인권의식 함양은 시민 참여형 프로그램과 맞닿아 있고 인권교육과 함께 갈 것이다.

---

319) 통일교육지원법 제4조(국가 및 지자체의 책무) 관련사항: ③ 지자체는 국가의 시책과 지역적 특성을 고려하여 지역별 시책을 수립·시행하여야 한다. 이 경우 그 시책의 수립·시행에 필요한 사항은 조례로 정할 수 있다. ④ 지자체는 지역주민을 대상으로 통일교육을 하는 자에게 예산의 범위에서 필요한 재정적·행정적 지원을 할 수 있다. ⑤ 국가 및 지자체는 이 법에 따른 시책을 효율적으로 수행하기 위하여 상호협력체제를 구축하여야 한다.
판문점 선언(2018. 4. 27) 관련 사항: ④ … 안으로는 6.15를 비롯하여 남과 북에 다 같이 의의가 있는 날들을 계기로 당국과 국회, 정당, 지자체, 민간단체 등 각계각층이 참가하는 민족공동행사를 적극 추진하여 화해와 협력의 분위기를 고조시키며, ….

3) 인권협력체계 구축

마지막으로 인권협력체계 구축은 인권정책의 실효를 극대화하는데 필요한 효율적인 정책추진 방식과 협력의 조직화를 말한다. 이는 인권 거버넌스(governance)의 확립과 지역사회 안팎의 광범위한 협력을 이끌어내는 작업으로 나타날 것이다. 지자체 차원의 인권 거버넌스는 민주적 거버넌스를 말하는데 이와 관련해 다음 두 가지 정책과제를 제시할 수 있다. 하나는 다양한 행위자들의 민주적 참여를 보장하는 일이고, 다른 하나는 책임성과 효율성을 바탕으로 인권 네트워크를 조직하는 것이다.

지자체 인권정책의 효과와 관련 행위자들의 참여와 협력은 비례관계를 형성한다. 인권 법제도와 인권행정 체계에 관내 다양한 인권 주체의 참여를 보장하는 것이 관건이다. 특히, 사회적 약자의 참여를 우선적으로 보장하도록 하여 필요시 일정한 크기의 할당(quota)도 추진할 만하다. 무엇보다 사회적 약자를 포함한 다양한 인권 주체의 참여, 이해당사자 집단의 의견 수렴을 필수적인 절차로 도입하고 관련 시민단체와 전문가의 자문도 제도적으로 확립하도록 한다.

민주적 참여는 책임성, 효율성과 결합해야 권한 주장, 책임 회피의 문제를 해결할 수 있고, 참여 주체들의 역할을 조화롭게 엮어내는 조정(coordination)을 통해 주체들의 단순 합 이상의 시너지 효과를 만들어낼 수 있다. 지자체 차원의 인권협력체계 구축은 다차원에서 이루어진다. 그것은 가령, 지자체 내 부서 간 협력에서부터 지자체와 관련 당사자 집단, 시민단체 사이에서도 가능하고, 지자체와 중앙정부 및 국가인권위원회, 지자체와 해외 지자체 혹은 인권기구 간에서도 네트워킹이 전개될 수 있다. 인권의 보편성과 지자체의 인권정책의 확대 추세를 반영해 지자체의 인권정책 네트워크는 복잡해지는 양상을 띤다. 이때 논의 방향 혹은 평가 기준은 그런 협력체계와 관계망이 지역 주민들의 인권 신장에 얼마나 기여하느냐이지, 얼마나 많은 협력 기회를 가졌느냐가 아니다.

6. 맺음말

민주주의 제도의 심화 발전은 첫째, 그 방향으로 나아가는 민주주의 영역이 확대하고 둘째, 그 주체 간 차별을 지양하는 대신 취약지대에 있는 약자를 보호하고 셋째, 중앙과 지방이 수평적인 협력관계로 전환함을 의미한다. 전쟁 이후 평화를 정착하고 전쟁이 재발할 조건을 폐지하는 일은 민주주의와 인권을 신장하고 남녀, 주류 민족과 소수 민족 등 집단 간 평등과 궁극적으로 사회적 연대를 추구하고, 나아가 평화지향적인 국가를 구성할 때 가능하다. 평화국가의 정체성이 평화도시의 정체성을 요청하듯이, 인권국가의 지향은 인권도시의 지향을 요구한다.

분단정전체제 하에서도 한국은 역동적인 사회 변화를 통해 산업화는 물론 민주화를 이룩하고 이제 심화 발전된 민주화의 길로 나아가고 있다. 그 과정에서 인권도 중앙정부 차원의 법제도적 확립만이 아니라 지역사회 차원에서 주민들이 체감하는 수준으로 뿌리를 내려가야 할 것이다. 그러나 인권과 민주주의의 공고화 및 내면화는 전쟁 위험이 사라질 뿐만 아니라 평화권이 인권 담론 및 법제 안에 들어갈 때 가능할 것이다. 한반도에서 인권도시 프로젝트는 인권과 평화가 갈등하는 현실을 상호 조화하는 방향으로 전환시키는 의의를 갖는 보편사적인 실험인 것이다.

제 V 부
적극적 평화와 보편주의 통일

13
통일문제의 평화학적 재구성

1. 문제의 제기: 통일문제를 평화의 눈으로 본다?

한국사회에서 통일문제는 대단히 휘발성 높은 이슈라는 점은 널리 알려진 사실이다. 분단사회의 숙명이다. 그 저변에는 통일의 당위성과 현실성, 그리고 동포이자 적이라는 북한에 대한 모순된 인식이 자리하고 있다. 휘발성이란 정권을 포함한 정치세력이 통일문제를 정략적으로 활용해온 관행과 파당적 대북접근으로 남북대결은 물론 전쟁 위험까지 치달을 개연성을 의미한다. 한편, 통일의 필요성에 대한 국민들의 여론에서 변화가 나타나고 있는 점도 주목할 만하다. 여전히 통일의 필요성에 대한 지지 응답이 1위를 차지하고 있지만, 이는 60~70% 수준으로 응답하던 10여 년 전에 비해 크게 줄어든 현상이다. 여기에는 전후 세대의 등장, 북한에 대한 부정적 인식 증가, 통일 논의에 대한 피로감, 그리고 사회 갈등과 경제적 부담감 등이 복합적으로 작용한 결과이다. 통일의 필요성에 대한 상대적 지지의 축소와 대조적으로 눈에 띄는 현상은 전쟁위협 제거, 북한인권 개선, 북한주민의 삶의 질 개선 등 보편 가치에 대한 관심의 부상이다.[320] 또 통일을 전망함에 있어서 남·북한

---

320) 정근식 외, 『2017 통일의식조사』 (서울: 서울대학교 통일평화연구원, 2018) 참조.

사회, 남북관계, 한반도 주변 국제정세 등 3차원의 변수에 있어서도 새천년 들어 큰 변화가 동시에 일어난 점도 통일 논의에 고려할 요소들이다. 여기에 국가와 지역을 초월하는 기후변화, 이주 및 난민증가 등 비전통적 안보 이슈들의 등장도 기존 통일 논의를 성찰하고 창의적으로 재구성할 것을 요청하고 있다.

그럼에도 국내 학계에서의 통일 논의는 기존의 관성을 크게 넘어서지 못하고 있는 것 같다. 기존의 관성이란 통일을 분단 민족의 재결합으로 정의하고, 통일 방안을 특정 체제로의 통합으로 보고, 통일 국가상을 국가권력의 구성 차원에서 접근하고, 그러면서도 통일을 미래의 과제로 판단하는 것 등을 말한다. 물론 지난 몇 년 사이 북한사회의 변화와 대북 제재라는 국제 환경을 결합해 통일의 가능성이 운위되기도 했지만, 그것은 현실과 거리가 먼 희망적 사고에 불과해 보인다. 전반적으로 학계에서의 통일 논의는 한국 안팎의 물질적·정신적 변화를 적극 반영하지 않은 채 위와 같은 관성적 논의를 반복해왔고, 그 결과 국민 여론에 부응하고 세계질서 변화에 대응하는 새로운 통일론을 제시하는 데 한계를 보여왔다. 특히 주목할 바는 전쟁위기까지 거론될 정도의 한반도 불안정에 의해 국민들의 높아진 평화 의식이 통일 논의에 적극 반영되지 않고 있다는 점이다. 그 결과 한반도 문제의 핵심 두 축인 통일과 평화가 서로 별개로 작동하는 양상이다.

이러한 문제의식을 갖고 이 장에서는 통일문제를 평화(학)의 시각에서 재구성해보고 그것이 통일 논의에 어떤 의미를 주는지를 도출해보고자 한다. 본문에서 다루겠지만 여기서 평화는 중층적인 의미로 쓰인다. 하나는 전쟁이 없는 전통적인 평화 개념이다. '소극적 평화' 개념에서 볼 경우 통일은 평화 다음의 과제로 간주할 수 있다. 한반도 비핵화, 군비통제 관련 논쟁이 재현될 수 있기 때문이다. 그렇지만 평화를 제반 폭력이 재생산되는 구조적·문화적 차원의 극복으로 확대해 파악할 경우 통일과 평화는 별개의 개념이거나 선후의 문제가 아니라, 상호 결합되어 있는 동시 병행의 관계로 파악할 수 있다. 즉, 세계화 시대 지구적 문제가 한반도의 맥락에서 해석되는 방향과 그 내용을 평화라 할 수 있고, 그것은 통일의 내용과 형식을 재구성할 수 있다. 이런 전제 하에서 아래에서는 기성 통일론을 민족주의론의 변용과 세계시민주의론의 부상으로 나누어 살펴본 뒤, 통일과 평화의 관계를 존재론과 인식론의 측면에서 토론함으로써 둘의 상호의존성을 논증하고자 한다. 이상의 논의를 바탕으로 통일문제의 평화학적 재구성을 '한반도발 평화학'이란 이름으로 제안하고 그 정의와 연구 범위, 그리고 과제를 토의할 것이다. 결론에서는 본문을 요약하고 거기서 도출되는 함의를 생각해보고자 한다.

2. 기성 통일론의 특징과 한계

기성 통일론은 민족주의 통일론이 가장 대표적이고 거기에 국가주의 통일론이 결합되어 전개되어 왔다. 민주화와 세계화의 영향으로 민족주의 통일론은 기존의 위계적, 폐쇄적 성격에서 열린 민족주의론과 국가주의적 민족주의론으로 분화하며 변용하는 양상이다. 또 탈냉전 이후, 특히 새천년 들어서는 새로운 통일론으로서 세계시민주의론이 부상하고 있다. 아래에서는 이 두 현상을 나누어 살펴볼 것이다.

1) 민족주의 통일론의 변용

민족주의 통일론이 기성 통일론의 주류인 것은 당연해 보인다. 분단이 외세에 의해 이루어졌으니 단일민족, 민족자주, 민족동질성과 같은 테제들이 통일 논의에 자주 회자된 것도 민족주의론의 영향력을 잘 보여준다. 물론 이때 민족주의는 혈연, 언어, 지역, 문화 등에 걸친 동질성을 바탕으로 오랜 시간 생활을 함께 하며 만들어진 공동체의 정서적 유대감을 강조하고 있다. 즉, 문화민족321)의 시각에서 정의된 민족주의라

---

321) Alexander Motyl (ed.), *Encyclopedia of Nationalism 1* (San Diego: Academic

하겠다.

그러나 냉전이 붕괴하고 경제의 세계화가 가속화되고, 무엇보다 민주화의 영향으로 민족주의에 의한 단일 통일담론에 대한 회의가 일어나기 시작했다. 여기에는 아래서 살펴볼 세계시민주의론도 포함되고 심지어는 통일 무용론, 평화공존론도 제기되기 시작한다. 이에 대해 민족주의 통일론은 '열린 민족주의'론으로 국내외적인 변화상을 포섭하며 논리를 단장하며 민족주의론을 견지한다. 말하자면 열린 민족주의는 세계화, 민주화, 정보화, 다원화 등과 같은 냉전 해체 이후 점증하는 현상들이 민족주의를 침식하기 보다는 민족 자주, 평등의 가치를 재확인해주며 그럴 때 세계적 상호의존과 평화공존이 가능하다고 대응한다.[322] 즉 민족 고유의 가치와 정향이 자유, 평등, 평화 등 세계 보편가치와 상충하지 않는다는 입장이다. 열린 민족주의론의 대표적인 논거로 호명되는 것이 김구 선생의 문화민족론이다.

> "내가 원하는 우리 민족의 사업은 결코 세계를 무력으로 정복하거나 경제력으로 지배하려는 것이 아니다. 오직 사랑의 문화, 평화의 문화로 우리 스스로 잘 살고 인류 전체가 의좋게 즐겁게 살도록 하는 일을 하자는 것이다."[323]

김구의 문화민족론은 개방적 민족주의론에 가장 부합한다. 문제는 그의 논지가 분단 이후 오랫동안 사장되었고 그 사이 냉전 논리와 권위주의 정치문화에 의해 민족주의가 폐쇄적, 위계적 성격에서 벗어나지 못했다는 점이다. 그래서 탈냉전 이후 개방적 민족주의론이 변화하는 대내외 질서에 적응하며 민족주의 통일론을 견지할 때, 기존 담론의 한계와 문제점을 얼마나 극복하며 새로운 민족주의 통일론을 제시하고 있

Press, 2001), p. 251.

322) 조민, 『한국 민족주의 연구』 (서울: 민족통일연구원, 1994); 박종철, "민족주의의 개념 및 한국 민족주의의 특성," 『통일이념으로서 민족주의』, 민족통일연구원 개원 2주년 기념 국내학술회의 (1993년 4월 8일).

323) 김구, 『백범일지』 (서울: 돌베개, 2002), p. 426.

는지에 대해서는 회의가 없지 않다. 다만, 개방적 민족주의론의 하나로 부상한 자유주의적 민족주의론은 주목할 만하다. 자유주의적 민족주의론은 민주화와 다원화의 경향을 적극 인정하고 민족주의론에 개인의 자유와 인권을 수용함으로써 기존 민족주의론의 한계를 지양하려는 모습을 보이고 있다. 민족주의와 민주주의의 소통을 바탕으로 다문화 시대에 들어 민족주의 통일론이 시민의 권리, 국제적 교류와 협력, 민주주의 발전에 관심을 갖는다는 것이다.[324]

이와 같이 민족주의론은 시대 변화에 적응하며 통일이 민족의 재결합에 그치지 않고 대내적으로 민주주의, 인권, 다원화를 수용하고, 대외적으로 국제협력과 보편가치 증진에 동참하는 방향으로 변용을 시도하고 있다. 그럼에도 불구하고 기성 민족주의 통일론이 문화민족론에 근거하고 있는 점이 사실이다. 또 약소민족의 자결권 및 자주성 추구 등과 같은 민족주의론의 요점, 그리고 권위주의 문화와 결합한 민족주의론의 논지 등을 어떻게 지양할지는 남아 있는 과제이다. 사실 이런 점들이 민주화 세대, 새천년 청년 세대들에게는 민족주의 통일론이 시대 착오적이고 매력적으로 보이지 않는 이유로 거론된다.

세계화, 민주화 이후 민족주의 통일론의 변용은 두 갈래로 나타나는데 하나는 위에서 본 열린 민족주의론이고, 다른 하나는 국가주의적 민족주의 통일론이다. 국가주의적 민족주의론은 두 가지를 논리적 배경으로 삼고 있다. 먼저, 민족을 문화민족보다는 국가민족으로 정의한다. 다시 말해, 민족을 정서, 문화적 동일성으로 파악하기보다는 근대 민족국가(nation state)체제의 수립을 향한 정치적 기획으로 민족을 주조한다.[325] 즉 민족이 있어 민족주의가 필요한 것이 아니라, 민족주의

---

324) 장동진·황민혁, "외국인노동자와 한국 민족주의: 자유주의적 민족주의를 통한 포용 가능성과 한계," 『21세기정치학회보』, 제17권 3호 (2007), pp. 231-256; 이경식, "통일의 구체적 작동 메커니즘으로서의 민족주의," 『한국시민윤리학회보』, 제15권 (2002), pp. 239-268.
325) 김동춘, 『근대의 그늘─한국의 근대성과 민족주의』 (서울: 당대, 2000).

를 활용한 근대 국민국가(nation state) 수립의 동력으로 민족을 호명하는 것이다. 둘째, 그 연장선상에서 국가주의적 민족주의론에서 민족은 그 자체로 선이라기보다는 부국강병, 국가발전을 위해 도구로 활용되는 성격이 농후하다.

국가주의적 민족주의 통일론은 현실적으로 냉전 시기 반공 권위주의 정권의 공식 통일담론으로 기능했다. 국가주의적 민족주의론이 냉전 해체 이후 처음 나타난 것은 아니다. 체제경쟁을 자양분으로 하는 이 통일 담론은 분단 이후부터 시작되었고 냉전 시기 권위주의 정권 주도로 국가와 사회의 통일 담론을 이것으로 통일시켜왔기 때문이다.326) 민주화와 세계화 시대에 들어서서는 이런 담론이 과거와 같이 국가와 사회를 지배하는 것은 아니지만, 남한 체제의 우월성과 북한의 고립, 그리고 흡수통일에의 기대감 등을 바탕으로 정치권과 시민사회 일부에서 강력한 지지를 형성하고 있다. 이명박, 박근혜 정부의 통일담론은 정확히 국가주의적 민족주의 통일론에 바탕을 두고 있었다고 할 수 있다.

국가주의적 민족주의 통일론에서 국가는 민족통일의 도구로 그치지 않고 통일의 주체이고, 심지어는 통일국가의 존재이유로 부상할 수도 있다. 국가 주도의 민족주의 통일론이 아니라 국가주의적 민족주의 통일론인 이유가 여기에 있다. 국가주의적 민족주의론은 본질적으로 국가가 민족을, 국가주의가 민족주의를 이끌어간다. 실제 남한체제 주도의 통일국가 수립이라는 국가주의 프로젝트가 익숙하고 통용되어온 민족주의 통일론을 활용해 자신을 정당화하는 것이다. 결국 국가주의적 민족주의 통일론은 민족 단일성 회복, 민족 재결합이 아니라 남한체제로 북한을 흡수하고 그 결과로 남한체제의 이념과 자본이 한반도 전역을 지배하는 목적을 추구하는 공격적인 통일담론의 일종이다.

그러므로 세계화, 민주화, 다원화 시대에 국가 주도 및 국가 목적의

---

326) 전재호, "박정희 체제의 민족주의: 담론의 변화와 그 원인," 『한국정치학회보』, 32집 4호 (1998), pp. 89－109.

통일론은 시대 조류에 부합하지 않고, 적어도 아래로부터, 혹은 밖으로부터 강력한 견제가 필요하다는 비판에 직면하고 있다. 시민사회의 자율성과 국제사회의 보편규범이 국가의 주도성을 무력화하지 못하면 통일의 가능성이 낮아질 뿐만 아니라, 새로운 양상의 남북 체제경쟁을 초래할 가능성이 높아질 것이다. 국가주의적 민족주의 통일론이 세계시민주의 통일론을 포함해 다양한 대안적 논의와 소통하고 경쟁해야 할 필요가 여기에 있다.

2) 세계시민주의론의 부상

1990년대 탈냉전의 세계사적 변화의 흐름 속에서 한국사회는 대내적으로 민주주의 공고화의 길로 들어서는 양상이었다. 그 결과 2000년대 들어 한반도에서 분단체제가 약화되는 한편,[327] 다문화사회의 양상을 보이며 다원주의사회로 진입하기 시작하였다. 통일문제에도 민족, 국가, 이념 같은 경계를 넘어서는 새로운 논의가 일어나기 시작했다. 새로운 논의란 통일문제를 세계 보편사의 차원에서 바라보는 세계시민주의론을 꼽을 수 있다.

세계시민주의는 세계화 현상을 초국민, 초국가적 관점에서 파악하고 그 차원에서 경험적인 문제를 재구성하는 일종의 방법적 대안으로서 간주할 수 있다.[328] 실제 세계화가 진행되면서 테러, 다국적 기업의 횡포, 환경파괴 등 다양한 지구촌 문제가 발생하게 되면서, 개인의 삶과 세계의 미래는 더욱 깊은 상호의존관계를 띤다. 세계시민주의는 이런 현상에 주목하여 국가 혹은 민족 단위로 경계 지어 개인의 삶을 규정해온 사유와 정치를 벗어나 세계적 문제 해결과 개인의 삶을 연계 짓는 사고이기도 하다.[329]

---

327) 백낙청, 『흔들리는 분단체제』 (파주: 창작과비평사, 2015).
328) 허영식, "다문화·세계화시대를 위한 세계시민주의의 담론과 함의,"『한독사회과학논총』, 제22집 3호 (2012), pp. 57−86.
329) 세계시민주의의 유형과 반응에 대해서는 김석수, "세계시민주의에 대한 현대적 쟁

세계시민주의는 다원주의 사회에서 세계시민이 추구하여야 할 덕목을 제시하는데, 소통, 공감, 관용, 참여, 그리고 보편가치의 추구 등이 그것이다.[330] 민족주의, 국가주의와 비교할 때 세계시민주의의 특징은 시민을 민족의 대의나 국가이익을 실현할 의무 실행자, 곧 동원의 대상이 아니라 권리와 의무를 동전의 양면으로 품은 사회와 역사의 평등한 주체로 간주한다는 점이다. 말하자면 세계시민주의는 민족주의와 국가주의의 위계에서 시민을 해방시킨다. 다른 한 특징은 세계시민주의가 시민의 삶을 국가나 민족의 틀을 초월해 보편가치를 실현하는 것과 동일시하고, 개인을 세계와 연결지어준다는 점이다.

세계시민주의의 기원은 고대 그리스까지 거슬러 올라가지만 전후 유럽에서 구체화되어 왔다.

하버마스(J. Habermas)는 의사소통에 의한 합리적 동의를 전제하는 입헌적 애국주의를 기반으로 하는 세계시민적 질서를 전망했는데,[331] 이는 유럽통합 과정에서 세계시민권 논의로 나타난다. 한국에서도 세계시민주의론의 등장과 다문화사회로의 진입은 국가, 이념 중심의 기존 윤리교육, 시민교육, 나아가 통일교육에 영향을 미치기 시작했다. 다문화사회로의 진입은 통일의 의미와 주체, 그리고 민족공동체의 범주 등 기존 통일론에 대한 비판적 논의, 나아가 창의적인 발상을 요구한다. 이런 쟁점에 대해 김창근은 다문화주의가 주는 함의를 이렇게 정리한 바 있다.

> 첫째, 우리 사회의 다양한 구성원들이 통일을 추구해 가는 과정에서 우선 새로운 문화적 정체성의 필요를 인정하고 이를 위해 문화간 상호이해와 대화를 이루는 것이 중요하다. …… 둘째, 통일을 위한 다중적 주체들의 시민권을 확장해 가는 것이 필요하다. …… 다중적 주체들은 민족국가 단위

점과 칸트," 『칸트연구』, 제27권 (2011), pp. 151-182.
330) 노찬옥, "다원주의 사회에서의 세계시민성과 시민 교육적 함의에 관한 연구," (서울대학교 대학원 박사학위 논문, 2003), pp. 49-80.
331) 양해림, "세계시민주의와 세계시민권-하버마스의 논의를 중심으로," 『동서철학연구』, 제74권 (2014), pp. 423-450.

내에서 민주주의를 잘 이루어 사회적 통합과 한반도 통일에 기여하며, 나아가 세계시민주의적 시민권에 대한 인식도 가질 수 있도록 해야 할 것이다. 셋째, 한반도 통일을 위한 민족·민족주의 담론이 보다 개방된 논리로 재구성되어야 한다.332)

이상과 같은 배경에서 통일교육이 다변화되는 현상은 필연적인지도 모른다. 2000년대 들어 통일교육에서 북한이해교육의 방향과 교육의 도구화 문제, 통일교육과 민주시민교육·평화교육간의 관계, 통일에서의 민족주의 문제 등과 같은 쟁점이 부각되었다. 이들 쟁점 모두 세계화, 민주화, 그리고 남북관계 개선과 같은 대내외적인 현실 변화를 한편으로 하고, 다른 한편 탈국가주의와 세계시민주의의 부상에 영향받았다고 할 수 있다.333) 구체적으로 통일교육을 민주시민교육, 갈등해결교육, 다문화교육, 인문학교육 등과 연계지은 논의가 일어났는데,334) 이는 통일문제를 국가, 민족의 틀에서 논의해온 기존의 접근을 극복 혹은 초월하는 다양한 접근이다.

이런 흐름 속에서 통일(교육)을 평화(교육)의 관점에서 접근하는 논의는 세계시민주의의 문제의식과 깊이 맞닿아 있다. 박보영은 "변화하는 세계의 흐름에 대한 인식을 바탕으로, 1민족 1국가 체제에 대한 닫힌 태도를 버리고 지나친 민족주의적 사고를 극복하여야 한다."고 하면서, "통일은 남한과 북한이라는 두 체제만의 관계의 문제가 아니라, 개인적 차원으로부터 전지구적 차원의 문제를 포괄하고 있는 다차원적인 평화의 문제이다."고 주장한다.335) 이제 민족주의와 국가주의는 세계사적 변화와 그에 편승한 세계시민주의의 도전에 직면한 것이다. 말하자

---

332) 김창근, "다문화주의와 한반도 통일론," 『윤리연구』, 제88권 (2013), p. 252.
333) 조정아, "통일교육의 쟁점과 과제, 『통일정책연구』, 제16권 2호 (2007), pp. 285－306.
334) 조정아·박영자 외, 『통일교육 컨텐츠 개발 Ⅳ(2)』 (서울: 통일연구원, 2014).
335) 박보영, "평화교육의 관점에서 본 통일교육," 『미래교육학연구』, 제17권 2호 (2004), pp. 64, 66.

면 통일이 보편가치를 어떻게 대할 것인지의 문제가 부상하기 시작한 것이다. 물론 통일문제가 강력한 정치적, 이념적 자장을 형성하는 한반도에서 세계시민주의가 민족주의와 국가주의를 비판하는 입장으로만 지속가능성을 획득할 수 있을지는 의문으로 남는다.

3. 통일과 평화의 존재론과 인식론

1) 하나의 전체로서 통일과 평화

통일과 평화는 서로 떨어져 있는 별개의 실체인가? 한국사회에서 많은 경우 통일은 민족문제로서 민족 재결합의 의미를 띤 민족주의 관심사로 간주되어 왔다. 그에 비해 평화는 국제문제로서 긴장완화와 정전체제의 평화적 전환을 의미하는 문제로 이해되어 왔다. 물론 이 둘의 구분은 상대적인 견지에서 가능할 것이다. 그럼에도 통일은 분단 극복, 평화는 분단관리 혹은 평화체제의 의미로 개념적으로 구분될 뿐만 아니라 현실 국내·국제정치에서 별개의 영역으로 다뤄져온 경향을 부정할 수 없다.

통일과 평화는 위와 같은 개념적 구분에다가 이 둘을 둘러싼 정책 논의가 더해져 개별성이 더해지는 양상이다. 정책연구집단에서는 통일과 평화의 관계는 목표 달성의 우선순위, 곧 둘의 선후 문제로 파악되는 경우가 많다. 남북간 이질성이 심화되고 적대감이 지속되는 이른바 분단체제의 장기지속성으로 인해 통일은 먼 미래의 과제, 심지어는 통일 회의론이 일어날 정도이다. 그에 비해 평화는 불안정한 정전체제 하에서 남북 간 상호 대결과 군사적 충돌의 위험으로 인해 당면한 과제로 인식되고 있다. 이처럼 선 평화, 후 통일이라는 정책 우선순위가 통일과 평화의 존재론적 관계를 모호하게 하거나 대체하는 착시효과를 일으킬 수 있다. 여기에 북한의 핵능력 고도화로 평화 논의 내에서도 선 비핵화, 후 평화체제라는 여론이 형성되고 있으니 그런 착시현상은 불가피한 면도 없지 않아 보인다. 지금까지 분단체제 극복과 정전체제 전환에 관한 논의가 각각 개별적으로 진행되어 온 경향이 정책적 유용성에 따른 것이었는지도 불명확하다. 통일과 평화에 관한 개별 논의는 논자의 시각과 선호에 따른 개별적 논의가 축적되어 하나의 관행을 형성해왔다.

여기서 문제제기 하고자 하는 바는 통일과 평화, 혹은 그 출발점으로 분단과 정전에 대한 존재론적 이해이다. 위에서 살펴본 바와 같이 이 문제에 관한 기존의 대다수 논의는 통일과 평화, 혹은 분단과 정전을 개체론적으로 파악해왔다. 그러나 개체론적 이해는 하나의 실체인 한반도를 나누어 봄으로써 필요에 의한 선별적 이해에 유용할지는 모르나, 있는 그대로의 실체를 객관적으로 파악하는데 근본적인 한계가 있다. 그에 비해 통일(분단)과 평화(정전)에 관한 전체론적(holistic) 이해는 한반도 문제를 하나의 실체로 파악함은 물론 종합적 분석과 전망에도 효과적이다. 한반도의 오늘과 내일을 전체론적으로 접근한다면 분단과 정전, 통일과 평화가 아니라 분단정전, 통일평화로 명명할 수 있을 것이다.

한반도의 현실을 본질적이고 종합적으로 말할 때는 '분단정전체제'라 부르는 것이 타당할 것이다. 한반도가 동전이라면 그 양면이 분단체제와 정전체제다. 그 둘이 별개가 아니라는 것은, 그 기원과 현실 양 측면에서 분단체제와 정전체제가 상호의존하고 있다는 사실에서도 알 수 있다. 분단체제는 전쟁을 통해 굳어졌고 정전체제는 분단으로 지속되고 있다. 분단 과정이 정전의 기원인 전쟁 발발 시점과 거의 일치한다는 것은 분단정전체제 형성의 증좌이다.

분단정전체제는 물질적, 정신적 두 측면을 띠고 있다.[336] 물질적 측면은 군사력, 경제력 같이 만질 수 있고 관찰 가능한 요소들로서 나의 생존과 번영, 그리고 타자의 공격을 분쇄하거나 공격할 수 있는 능력을 말한다. 외부의 위협을 강조하며 끊임없이 군사비를 증대시키는 현상도

---

336) 이하 두 문단은 서보혁·나핵집, 『지속가능한 한반도 평화를 향하여』(서울: 동연, 2016), pp. 34–35, 37–40.

좋은 예이다. 군비증강은 잠재적이든 현재적이든 적대세력의 공격으로 부터 안보를 위한 조치인데, 다른 나라도 같은 이유로 군비증강을 하는 소용돌이를 만들어낸다. 이른바 안보딜레마(security dilemma)가 그것이다. 경제력도 한 사회 구성원들의 번영은 물론 체제경쟁의 수단으로 쓰이고, 그래서 경제정책은 군사력 증강과 연관 지어 추진되어 왔다. 이런 물질적 측면은 정신적 측면과 한 쌍을 이룬다. 분단정전체제의 정신적 측면의 예로는 내가 옳고 타인이 틀렸다는 이분법적 사고, 잘못됐다고 단정한 타인을 공격하는 것이 옳고 심지어는 그런 타인을 변호하는 내 주변의 사람도 타자화 하는 군사주의 문화 등을 꼽을 수 있다. 한국사회에서 반공반북 이데올로기나 종북(從北) 담론, 북한에서 반미반제국주의 이데올로기와 분열주의자 낙인이 전형적인 예이다. 물질적, 정신적 측면은 서로를 강화시킨다. 군비증강은 군사주의 문화를 촉진하고, 군사주의 문화는 억압과 차별을 정당화한다.

둘째, 분단정전체제는 남북관계, 동아시아, 그리고 남·북한 사회 등 세 차원으로 이루어져 있다.[337] 먼저, 남북관계 차원이다. 한반도 비평화 구조[338]로서 분단정전체제의 중심에 남북관계가 있는 것은 당연해 보인다. 남북관계는 적대와 불신을 본질로 하지만, 경우에 따라서는 대화와 교류가 일어나는 공간이자 남북이 상호작용하는 채널이기도 하다. 그러나 분단정전체제가 남북관계로만 이루어져있다고 보는 것은 현상의 일부를 본질로 오독하는 꼴이다. 분단정전체제는 동아시아 차원에서도 볼 수 있다. 미국이 고고도미사일방어체계(THAAD)를 한국에 배치하는 문제는 북한의 핵미사일 요격을 명분으로 하고 있지만, 사실은 미국의 중국 봉쇄전략에 한국이 참여하는 문제로 인식되기도 한다. 중국이 북한의 도발에 대한 국제사회의 제재에 동참하는 문제는 북중관계, 한

---

337) 신종대, "'짧은 화해, 긴 대립'의 남북관계: 원인, 과제, 전망," 경남대학교 극동문제연구소 편, 『분단 70년의 남북관계』 (서울: 선인, 2016), pp. 60−61.
338) 서보혁, "한반도 비평화 구조와 그 동학," 서울대학교 평화인문학연구단 편, 『평화인문학이란 무엇인가』 (서울: 아카넷, 2013), pp. 295−325.

중관계에 직접적인 영향을 미칠 뿐만 아니라, 동아시아 국제정치의 두 패권국인 중국과 미국의 관계로부터 영향을 받기도 한다. 나아가 한반도 통일문제도 미국과 중국을 비롯해 한반도 주변 강대국들의 국가이익과 그것들이 엮어내는 역내 국제정치와 긴밀히 연관되어 있다. 물론 한반도 비평화 구조는 남·북한 대내적 차원에서도 생각해볼 수 있다. 분단정전체제는 남·북한의 정치경제구조, 사회문화 등에 대개 부정적인 영향을 미친다. 국가 재정에서도 안보·정보 분야는 투명성 없는 성역으로 간주되는 경향이 있다. 이들 한반도 비평화 구조의 3차원은 분단정전체제 극복의 길이 일차원이 아님을 말해주고 있다.

이상과 같은 측면과 차원에서 볼 때 분단정전체제는 일종의 거대 폭력이라 할 수 있는데, 그것을 '분단폭력'이라고 말할 수도 있다. 분단폭력, 곧 분단을 폭력과 연결시켜보는 것은 분단이 하나의 거대한 체제로서 이 체제가 만들어내는 물리적 강제력과 적대적 구조 및 담론이 폭력적 성격을 지니고 있음을 의미한다. 지리적 분단 자체가 한반도 구성원들의 의사에 반하여 강대국에 의해 일방적으로 행사된 것이고, 그 때문에 주민들의 자유로운 왕래와 소통이 차단되고 수백만 가족의 이산이 발생하였다. 자본주의와 공산주의라는 대립적인 체제의 분단은 결국 수백만의 목숨을 앗아가는 전쟁으로 귀결되었고 그 이후에도 무장공격과 납치, 테러 등 폭력적 행동을 그치지 않고 있다. 분단폭력은 이런 물리적 폭력과 함께 구조적, 문화적 차원의 폭력 양상을 띠기도 하고, 결국 3차원에서 동시에 작동한다.[339]

한반도의 현실 너머의 한반도를 전망함에 있어서도 전체론을 견지할 경우 분단정전체제 혹은 분단폭력은 선 평화, 후 통일 같은 선후관계가 아니라 하나의 총체적 대안으로서 통일평화를 전망할 수 있다. 통일평화는 한반도의 궁극적인 평화는 통일을 반드시 통과해야 하고, 그

339) 김병로, "한반도 비평화와 분단폭력," 김병로·서보혁 편, 『분단폭력: 한반도 군사화에 관한 평화학적 성찰』 (서울: 아카넷, 2016), pp. 31-53.

후에도 평화공동체 수립을 향해 지속적인 노력이 요청된다는 뜻이다. 여기서 통일평화는 기존의 평화통일과 다른 의미다. 평화통일은 평화를 수단으로, 통일을 궁극적인 목표로 간주한다. 그에 비해 통일평화는 평화를 궁극적인 목표로, 통일은 평화로 가는 길에 달성해야 할 중간 목표로 본다. 또 통일평화는 분단평화론을 비판한다. 분단평화론이 통일을 권력정치로 파악하는데 공감하지만, 분단은 통일보다 더 심각한 권력정치의 자장(磁場)에 빠져들 수 있기 때문이다. 분단평화론이 체제공존, 상생·호혜를 추구하지만 그것이 얼마나 지속가능한지는 의문이다. 통일평화론은 권력정치의 소용돌이에 빠져들 통일문제가 결국 어떤 방식으로, 언젠가는 해결될 것이라는 역사적 필연성과 통일 없이는 한반도 평화는 오지 않는다는 현실적 당위 위에 서있다.

통일평화론은 평화통일론에 비해 통일보다는 평화에 더 관심이 있다. 그래서 통일국가의 권력 구성 문제에 집착하지는 않는다. 통일이 남북간 적대관계를 해소하고 그 전에(혹은 그 과정에서) 정전체제의 평화체제로의 전환을 수반하는데 관심이 크다. 그렇다고 통일이 곧 한반도에 궁극적인 평화를 가져다준다고 말하기는 어려울 것이다. 통일국가 내에서 계층간 차별, 새로운 지역주의, 배타적 민족주의, 북한 지역에 대한 난개발과 주민들에 대한 차별, 그리고 통일코리아와 주변국들의 갈등, 동아시아 차원의 패권경쟁 등 한반도 안팎에서 비평화적인 요소들이 도사리고 있을 것이다. 냉전시대 서유럽국가들이 이념적 동질성을 바탕으로 '안보공동체'를 지향한 바 있다.[340] 통일 코리아는 통일을 바탕으로 한반도 전역이 평화, 인권, 화해, 지속가능한 발전을 조화롭게 전개하는 '평화공동체'를 꿈꾼다. 그 과정에서 한반도는 동아시아 평화의 발신지이자 촉진자 역할을 수행할 수 있을 것이다. 현행 대한민국 헌법은 전문에 "평화적 통일의 사명"을 언급하고 있지만 통일평화

---

340) Karl W. Deutsch et al., *Political Community and the North Atlantic Area: International Organization in the Light of Historical Experience* (Princeton: Princeton University Press, 1957).

론을 반영해 통일국가가 평화주의를 지향함을 포함시키는 문제를 검토할 가치가 있다.[341]

2) 상호 구성하는 통일과 평화

둘째, 통일과 평화에 관한 인식론이다. 통일과 평화에 관한 존재론은 기존에 개체론 위주로 논의되어온 데 비해, 인식론 차원의 논의는 거의 이루어지지 않았다.[342] 아래에서는 보편성과 특수성 관계 측면에서 통일과 평화에 관한 인식론을 전개해보고자 한다.

평화와 통일은 보편성과 특수성의 대당관계를 형성하는가? 다시 말해 평화는 보편적 성격을 띠고, 통일은 특수한 성격을 띠어 둘은 대립관계인가? 상식의 눈으로 볼 때 일견 그렇다고 대답할 수도 있을 것이다. 왜냐하면 평화는 세계 각지에서 모든 인류가 공감하는 보편가치인 데 비해, 통일은 한반도의 분단 극복을 염원하는 한민족 구성원들의 관심사이기 때문이다. 만약 한국사회에서 이런 통념을 용인한다면 평화와 통일은 보편성과 특수성의 대당관계를 형성하게 된다. 나아가 그런 관계를 법적, 정책적으로 인증한다면 이 둘은 대립관계를 형성하게 된다.

실제 통일과 평화의 대립관계는 국민들의 통념만이 아니라 구체적인 법제와 정책에서도 발견할 수 있다. 현행 대한민국 헌법에서 '평화'는 2회 언급되고 '통일'은 6회 언급되고 있다. 여기서 횟수를 갖고 둘의 비중을 말하려는 것이 아니다. 헌법은 통일을 구체적으로 언급하고 있다. 헌법에서는 그 자체 목표인 통일과 통일 방향이 언급되고 있다(헌법 제4조). 그에 비해 평화는 "세계평화", "국제평화"와 같이 추상적으로 언급되고 있을 뿐이다. 대통령 취임 선서 내용(헌법 제69조)[343]에는 통일

---

341) 서보혁, "분단폭력의 본질과 그 너머," 김병로·서보혁 편, 『분단폭력』, pp. 289–290.
342) 다만, 평화체제와 북한연구 방법과 관련한 인식론적 논의가 없지 않았다. 김학성, 『한반도 평화체제에 대한 이론적 접근 – 현실주의, 자유주의, 구성주의의 비교』 (서울: 통일연구원, 2000); 고유환, "북한연구 방법론의 현황과 과제," 『통일과 평화』, 1집 1호 (2009), pp. 29–71.
343) 헌법 제 제69조 대통령은 취임에 즈음하여 다음의 선서를 한다. "나는 헌법을 준수

이 언급되고 있는 반면 평화는 누락되어 있다. 이렇게 통일과 평화는 헌법적 가치와 그 비중에 있어서 상대적인 차이를 보이고 있다.

통일과 평화의 대립관계는 현실에서 더 뚜렷하게 나타난다. 박정희 정권의 베트남 파병과 노무현 정권의 이라크 파병 결정은 비록 국회 동의를 거쳤지만 위헌 논란을 초래하였다. 두 파병은 '더러운 전쟁' 혹은 '침략전쟁'이라 불린 전쟁에 국군을 헌법의 평화주의 원리와 군의 임무 범위를 위반하면서 파견한 것이기 때문이다.[344] 박정희 정권은 베트남 파병을 인도차이나반도의 공산화 도미노 저지, 노무현 정권은 이라크 파병을 북핵문제의 평화적 해결을 명분으로 삼아 강행했다. 이들 파병에는 공통적으로 한미동맹관계 강화가 목표로 언급되었다. 두 사례는 국제사회의 보편가치인 평화에 반하는 결정으로서, 대신 대북 통일정책과 직접 관련이 있다. 베트남 파병의 경우는 남북한 체제 경쟁과 관련이 있는데 결국 추상적인 평화가 구체적인 승공통일정책에 압도되었다. 이라크 파병의 경우는 공존공영의 남북관계를 염두에 두고 단행되었는데, 노무현 정권이 추진한 미국의 대북 강경정책 전환을 통한 북핵문제의 평화적 해결과 직접 관련이 있다. 이는 추상적인 평화는 아니지만, 보편가치인 평화가 특수한 국가이익 ─ 그것이 비록 평화조성이라고 하더라도 ─ 에 의해 훼손당했다고 볼 수 있는 사례다.

이상과 같은 법·정책 사례로 볼 때 평화와 통일은 보편성과 특수성의 대당관계를 형성하는 것처럼 보인다. 그렇지만 평화와 통일을 보편성과 특수성의 관계로 파악하는 것은 이론과 실천, 양 측면에서 위험한

하고 국가를 보위하며 조국의 평화적 통일과 국민의 자유와 복리의 증진 및 민족문화의 창달에 노력하여 대통령으로서의 직책을 성실히 수행할 것을 국민 앞에 엄숙히 선서합니다."

344) 헌법 제5조 참조. ① 대한민국은 국제평화의 유지에 노력하고 침략적 전쟁을 부인한다. ② 국군은 국가의 안전보장과 국토방위의 신성한 의무를 수행함을 사명으로 하며, 그 정치적 중립성은 준수된다. 현행 헌법 제5조 ①항은 박정희 정권의 베트남 파병 결정 당시 헌법(1962. 12. 26 개정)에는 제4항에 적시되어 있었고, 현행 헌법 제5조 ②항은 당시 헌법에는 없었다.

오류를 초래할 수 있다.345)

　　이론적 측면에서 평화와 통일은 한반도라는 하나의 사물을 구성하는 두 측면이지만, 그것을 보편성과 특수성으로 오인하는 것은 곤란하다. 왜냐하면 평화와 통일―정전과 분단도 마찬가지이지만―이 각각 보편성과 특수성을 내장하고 있기 때문이다. 여기서 평화와 통일은 한반도를 맥락으로 하고 있는 점을 염두에 둘 필요가 있다. 평화는 추상적이거나 초월적인 규범이 아니다. 이때 평화는 휘발성 높은 전쟁의 공포와 인간의 존엄성이 억압받는 상태와 그런 구조의 극복을 의미한다. 이 평화에는 보편적인 의미와 한반도 역사에서 노정된 특수한 내용이 동시에 용해되어 있다. 그렇다면 적어도 통일은 특수성의 발현이 아닌가? 비록 시각은 단일하지 않지만, 정부간행물이나 민간 책자에서 공통적으로 통일은 민족 재결합으로 민족구성원이 자유, 행복, 복리를 누리는 공동체를 실현하는 것으로 정의하고 있다.346) 도식적으로 말하자면 통일은 분단 극복이라는 한반도의 맥락에서 보편가치를 구현하는 특수한 방식으로 정의할 수 있다. 통일 안에서도 보편성과 특수성이 공존하는 것이다. 평화와 통일의 차이는 전쟁과 분단이라는 그 기원의 차이에 있을 뿐 그 현실, 성격, 그리고 정향에서는 동질성이 크다. 평화 보편주의 대 통일 특수주의란 대당은 이론적으로 성립하지 않는 허구에 불과한 셈이다.

　　위에서 평화와 통일을 보편성과 특수성의 관계로 파악하면 '위험한 오류'를 초래할 수 있다고 했는데, 그 위험성은 현실에서 더 두드러진다. 만약 평화와 통일을 보편성과 특수성의 관계로 파악하면 현실에서는 둘 사이의 우선순위를 둘러싼 선택의 문제로 전도된다. 앞에서 그 예로 파병을 꼽았다. 이는 한반도의 특수한 현실에 따른 특수한 목표 달성

---

345) 지면 제약상 여기서 한 사물이 보편성과 특수성을 동시에 품고 이 둘이 상호작용하면서 그 사물의 사물됨, 곧 보편―특수성을 만들어낸다는 철학적 논의를 상세하게 진행하지는 않는다.

346) 통일교육원, 『2017 통일문제 이해』(서울: 통일교육원, 2017); 황보근영·구옥경 외, 『고등학교 평화시대를 여는 통일 시민』(파주: 경기도교육청, 2017).

을 우선해 보편가치를 방기한 경우이다. 한반도 맥락에 한정해서 평화와 통일을 대립관계로 접근하는 경우는 더 쉽게 찾아볼 수 있다. 이 경우 보편성과 특수성의 문제는 선택적 문제로 전락한다. 북한 붕괴와 흡수통일 후에 한반도 평화는 자연스럽게 도래한다는 소위 선 통일, 후 평화의 시각이 일정한 여론을 형성해왔다. 이와 반대로 북한 핵문제의 해결 없이 평화협정 체결을 비롯해 어떠한 평화 논의도 무익하다는 입장이 있다. 선 북핵 해결, 후 평화체제 수립 구상은 현상적으로는 평화정착을 위한 두 목표 사이의 우선순위가 부각되어 있지만, 그 저변에는 선 평화, 후 통일이라는 인식이 전제되어 있다. 절대적 평화주의[347]와 평화공존론은 선 평화, 후 통일론의 극단에 위치해있다.

보편성과 특수성의 대당관계로 평화와 통일문제를 접근할 경우, 현실에서 선후·경중의 문제로 치환되어 둘 중 하나를 포기하는 우를 범할 수 있다. 단기적인 견지에서 세계 보편가치를 외면하고 한반도 문제에 집착하는 것이 불가피한 면이 있겠지만, 세계화 시대 국가 위신과 지위가 국제사회의 공동선에 기여하는 정도에 의존하는 것도 사실이다. '기여외교'가 한국을 포함해 민주주의 국가들의 주요 외교 과제로 부상한 것이 그 예이다. 한반도 문제에 있어서 평화와 통일을 우선순위의 관점에서 접근하는 것은 어느 입장을 취하든, 결국 둘을 잃는 결과를 초래할 수 있다. 북핵문제 우선 해결의 관점에서 취한 대북 압박은 남북한 대결과 북한의 핵능력 고도화를 초래했다. 또한 남북관계 개선에 치중한 접근은 북핵의 고도화를 직시하지 못했다는 비판을 초래해 결국 남북관계를 경색시킨 사례를 지켜보았다. 평화와 통일은 선후·경중의 문제가 아니라 일괄적으로 접근할 하나의 세트(set)이다. 분단정전체제의 속성,[348] 그 장기지속성과 복합구조 등을 감안할 때 한반도 비핵화,

---

347) 절대적 평화주의는 개인 차원은 물론 국제정치 차원에서도 무력은 절대 사용하지 않는다는 입장으로서, 방어를 위한 최소한의 무력을 용인하는 조건부 평화주의와 구분된다.
348) 분단정전체제의 속성에 관해서는 본격적인 연구가 필요하지만 다양한 경험연구를

정전체제의 평화체제로의 전환, 그리고 남북관계의 발전은 선순환관계를 형성해 포괄적으로 추진할 성질의 대과제이다. 이는 통일과 평화가 상호구성적 관계에 있음을 증명하고 그럴 때 통일평화를 전망할 수 있음을 말해준다.

이 밖에도 통일과 평화의 인식론에서 통일과 평화 각각을 구조와 행위자의 관계로 접근하는 논의도 가능할 것이다. 이때 둘 중 하나의 규정력을 강조할 경우 통일과 평화를 구조주의 혹은 주의주의(主意主義)로 인식할 수도 있다. 그러나 위 보편성과 특수성의 관계와 마찬가지로 구조와 행위자는 상호 구성하는 관계로 파악함이 타당하다.[349] 통일과 평화에 관한 구성주의적 인식론은 통일과 평화를 향한 국제협력과 남북협력의 조화라는 실천적 함의를 이끌어낸다.

요컨대, 평화와 통일은 존재론의 견지에서 볼 때 한반도를 맥락으로 형성된 하나의 전체 내의 두 측면이고, 인식론적으로는 보편성과 특수성을 각각 내장하고 있는 상호구성적 관계이다. 그러므로 실천적으로 평화와 통일은 관련 이해당사자들이 일괄타결해 병행 추진할 포괄적인 과제이다.

4. 한반도발 평화학의 범위와 과제

1) 한반도발 평화학이란?

평화학은 말 그대로 폭력을 근절, 예방하고 평화를 조성, 확립하려

통해 군사주의, 권위주의, 식민주의를 꼽아볼 수 있다. 임지현 외, 『우리 안의 파시즘』(서울: 삼인, 2016); 정근식·이병천 외, 『식민지 유산, 국가 형성, 한국 민주주의 1, 2』(서울: 책세상, 2012); 문승숙 지음, 이현정 옮김, 『군사주의에 갇힌 근대: 국민 만들기, 시민 되기, 그리고 성의 정치』(서울: 또하나의문화, 2007); 권인숙, 『대한민국은 군대다』(서울: 청년사, 2005).

349) Alexander Wendt, *Social Theory of International Politics* (Cambridge: Cambridge University Press, 1999); Nicholas Onuf, *World of Our Making: Rules and Rule in Social Theory and International Relations* (Columbia: University of South Carolina Press, 1989) 참조.

는 인류의 염원에 이바지하는 일련의 논의 체계와 그 내용을 말한다. 그러므로 평화학은 순수학문이나 분과학문과 달리 규범적이고 초학제적이기도 하다. 학문으로서 평화학이 확립되는 데는 1, 2차 세계대전의 참화와 핵전쟁 및 성장주의의 위험 속에서 전쟁을 예방하고 평화를 달성하려는 다양한 정치적, 경제적, 종교적 구상과 실천이 자양분이 되었다. 평화학이 보편성과 특수성, 세계성과 지역성, 현재성과 미래성이란 3층 이중성은 비평화적 현실에서 길어올린 평화의 속성이다.

21세기의 한반도는 평화문제의 전지구적 보편성과 관련하여 두 가지 점에서 매우 중요하다. 우선, 한반도는 전쟁과 평화의 경계, 국민국가와 민족공동체의 맞물림과 어긋남, 소극적 평화와 적극적 평화의 연계, 비평화적 조건과 평화지향성의 동거, 평화의 구조적 측면과 문화적 차원의 긴장 등 평화학과 관련한 모든 이론적 논의들을 점검하고 평가하는 데 매우 유용한 지역이다. 현재의 한반도는 일반적으로 논의되는 전쟁/평화 이분법으로는 충분한 설명이 어렵다. 전지구적 시장통합, 국민국가의 역할 변화, 경계의 재조정, 다문화적 혼합 등이 예상되는 21세기 상황에서 한반도의 사례는 미래 인류가 감당해야 할 쟁점들이 농축된 사례로 보는 것이 이론적으로나 실천적으로나 유용하다. 둘째로는 한국사회는 서구와 비서구, 발전과 저발전, 근대와 탈근대의 경계를 넘어 새로운 미래구상과 평화 형성의 과제를 통합적으로 모색하는 과정에서 반드시 검토해야 할 핵심 사례라 할 수 있다. 한국은 지난 60년간 성공적으로 서구형 근대화를 성취한 곳이면서 그로 인한 문제들도 급증하고 있는 사회다. 안보국가의 틀을 바탕으로 산업화와 민주화, 개방화와 세계화를 성공적으로 성취한 것은 많은 제3세계 국가들과 비교할 때 매우 의미 있는 역사적 성취이다. 하지만 한국사회가 성취한 이 평화는 동시에 잠정성, 불안정성, 위험성을 내장하고 있는 것이어서 21세기에도 지속가능할지는 장담하기 어렵다. 한국사회의 이런 변화와 긴장은 전지구적 근대성과 근대화의 전형을 드러내는 사례라 해도 좋은데 이런 변화가 평화와 관련하여 어떤 성과와 한계를 드러내는지를 검토하는 것은 매우 중요한 세계사적 의미를 지닌다.350)

다른 한편, 한반도 평화문제는 한반도를 둘러싼 역내 국제관계사와 관련 국가, 민족, 종교, 경제, 문화의 자기 전개과정을 특수한 배경으로 갖고 있다. 동북아시아351)는 19세기 후반까지 중국 유교문화권에 속해 있었지만 이후 제국주의, 근대화 시대를 거치면서 다양한 정치·경제체제와 문화, 종교가 혼합되어 특수한 양상을 띠고 있다. 오늘날 동북아 지역은 경제적 역동성이 가장 높으면서도 동시에 군사적 갈등도 높은 모순된 상황을 연출하고 있다. 거기에 민주주의와 비민주주의의 동거가 겹쳐지는 지역이다. 특히, 세계 냉전구조의 해체에도 불구하고 역내 냉전구조가 건재한 지역으로 남아있다. 그 중심에 한반도 분단정전체제가 있다.

이런 역내 특수성은 21세기 평화의 보편성과 결합해 한반도에서 평화를 궁구함이 한반도형(型)이 아니라 한반도발(發)임을 말해주고 있다. 한반도형 평화학이란 한반도 평화구축에 관한 논의에 집중하는 특징이 있지만, 그 한정성으로 인해 평화학의 보편성을 담지하지 못하는 한계가 있다. 그에 비해 한반도발 평화학은 평화학 일반의 과제를 한반도 및 동북아의 맥락에서 다루고, 그 연장선상에서 한반도 평화 문제를 다룬다. 요컨대, 한반도발 평화학에서도 평화학의 3층 이중성을 발견할 수 있다.

2) 한반도발 평화학의 범위

평화학의 범위는 좁게는 전쟁과 평화이다. 이것도 세부 분류를 하면

---

350) 박명규·백지운, "21세기 한반도발 평화인문학," 서울대학교 평화인문학연구단 편, 『평화인문학이란 무엇인가』 (서울: 아카넷, 2013), pp. 408–410.
351) 여기서 동북아시아는 잠정적으로 한반도, 중국, 일본, 내몽고, 대만과 주변 서태평양을 일컫는 다문화 생활권으로 간주한다. 동아시아는 동북아시아와 동남아시아를 합한 공간적 개념이다.

수많은 연구 영역이 있지만, 탈냉전 이후 지구화 시대 평화학의 범위는 환경파괴와 생태평화, 군사문화와 평화문화, 차별과 다문화, 나아가 획일성과 다양성 등으로 확장되어 간다. 이를 묶어 갈퉁(Johan Galtung)은 평화학의 범위를 직접적/구조적/문화적 폭력과 직접적/구조적/문화적 평화로 제시한 바 있다.352) 평화학의 범위는 또 개인, 사회, 지역, 국가, 국제, 우주 등의 차원으로 분류할 수도 있고, 정치, 경제, 사회, 문화, 군사, 이념, 예술 등의 영역에서 논의할 수도 있다.

한반도'발' 평화학이 평화학 일반의 3층 이중성을 내장하고 있다고 한다면 그 연구 범위는 어떻게 말할 수 있을까? 연구 범위의 설정에서 그런 복합적 성격이 투영될 것이되, 각 영역에 따라 이중성의 상대적 측면에 차이가 있을 수 있다. 아래에서 반전평화, 생태평화, 민주평화, 연대평화, 통일평화 등 다섯 가지를 제시하고 있는데,353) 이 중 앞의 네 영역은 평화학 일반의 분류와 유사하다. 그에 비해 통일평화에서는 특수성과 지역성이 보편성과 세계성에 비해 커 보이지만 이는 상대적인 것에 불과하다. 통일평화에도 보편성과 세계성이 있다는 점은 앞에서 강조한 바와 같다.

첫째, 반전평화는 평화학의 전통적인 연구 영역이다. 사실 평화학이 정립되기 전, 사유제가 나타나는 인류 역사부터 반전은 평화의 일차적 관심사였다. 오늘날 반전평화는 핵전쟁 위험을 포함하고 있어 '반전반핵평화'로 부를 수도 있다. 한반도의 경우 반전평화는 재래식 전쟁과 핵전쟁 위험 모두 상존하고 있어 한반도발 평화학의 첫 번째 연구 범위로 삼는 바이다.

두 번째 영역으로서 생태평화는 전쟁뿐만 아니라 인간의 소외와 물신

---

352) Johan Galtung, *Peace by Peaceful Means: Peace and Conflict, Development and Civilization* (Oslo: International Peace Research Institute, 1996).

353) 아래 5가지 평화학의 연구 범위 중 생태평화, 민주평화, 연대평화, 통일평화는 박명규·백지운, "21세기 한반도발 평화인문학," pp. 436-441; 서보혁·정욱식, 『평화학과 평화운동』(서울: 모시는사람들, 2016), pp. 121-131.

화를 초래하는 인간 자신과 자연에 대한 각양의 착취, 파괴에 주목하고 그 극복을 탐구하는 영역이다. 오늘의 세계 현실을 보아도 자연파괴와 그 결과 기후변화의 영향으로 생태평화의 의미가 급부상하고 있다. 한반도에서도 남한의 무한성장주의와 북한의 원시적 자연파괴 등 생명 경시, 생명 도구화의 폭력문화가 만연해있어 생태평화의 의미가 크다.354)

세 번째 영역은 민주평화이다. 민주평화 하면 민주주의 정치체제에 의한 평화를 생각하게 된다. 이를 위해서는 국제사회를 구성하는 주권 국가가 입헌공화제를 채택하고 그 연합으로 세계평화를 가져올 수 있지만, 그 과정은 민주국가와 비민주국가 간의 전쟁 가능성으로 인해 평화를 기약하기 어려울 수도 있다.355) 여기서 민주평화는 특정 이론이나 정체(polity)로 한정되지 않고, 지속가능하고 안정적인 평화공동체 건설을 위해 필요한 가치, 문화, 제도, 정책 등을 평화주의에 입각해 재구성한다는 의미다. 민주평화를 이와 같이 이해하고 접근한다면 두 분단 사회 내의 자기 성찰과 남북 상생을 함께 추진해갈 수 있을 것이다.356)

네 번째 연구영역은 연대평화이다. 일반적으로 연대는 공통의 목적을 추구하는 과정에서 뜻을 함께 하는 사람들 사이의 협력과 우애로 정의할 수 있다. 산업화 이후에 연대는 일국적, 세계적 차원에서의 불평등 관계를 폭로하고 혁명과 해방을 추구하는 세력 내의 전투적 단결을 의미하기도 했다. 동아시아는 제국주의와 전쟁을 겪었고 오늘날까지 역내 안보협력이 제도화되어 있지 못하다. 그런 점에서 역내 국가 간에, 그리고 시민들 사이에 공존공영을 향한 연대평화가 절실하다. 한반도 평화

---

354) 박명규·김성철 외, 『녹색평화란 무엇인가』 (서울: 아카넷, 2013).

355) 임마누엘 칸트 지음, 이한구 옮김, 『영구 평화론: 하나의 철학적 기획』 (서울: 서광사, 2008); Michael W. Doyle, *Liberal Peace: Selected Essays* (New York: Routledge, 2011).

356) 물론 북한의 비민주적, 반인권적 상황을 전환시키는 방안으로 민주화를 대안으로 제시하는 담론과 실천이 전개되고 있는데, 이는 여기서 정의하는 민주평화와 거리가 있다. 민주평화론의 오용에 관해서는 이혜정, "민주평화론의 패러독스 ─ 칸트 평화사상의 왜곡과 오용," 『한국정치외교사논총』, 제29권 제2호 (2008), pp. 129─153.

와 동아시아 평화의 연대성에 주목할 가치도 충분하다. 한반도의 민주화, 산업화가 동아시아의 미래에 주는 의미가 적지 않고, 동시에 한반도의 분단정전체제가 동아시아 대분단체제의 극복 과정에서 차지하는 위상 또한 작지 않다.

마지막으로 통일평화는 한반도발 평화구축의 특수성과 보편성의 결합이 두드러진 영역이다. 사실 위 네 가지 평화가 상호보완적이고 총체적으로 한반도에 실현된다면 그것을 통일평화의 실체라고 볼 수도 있을 것이다. 그럼에도 통일평화를 별도의 영역으로 설정한 것은 분단 극복이라는 특수한 과제가 존재하기 때문이다. 통일평화는 한반도에서 진정한 평화는 통일 없이 불가능하고, 동시에 통일 그 자체가 한반도 평화를 완전히 보장하지 않는다는 인식을 전제로 하고 있다. 분단정전체제가 통일평화가 아니라 통일폭력으로 전이될 경우를 배제할 수 없기 때문이다. 분단정전체제의 극복을 평화학의 시각에서 전망해야 하는 이유를 여기서도 확인할 수 있다.

위 통일과 평화의 존재론적, 인식론적 논의를 전제로 한다면 이상 다섯 가지 한반도발 평화학의 연구 범위는 [그림 13-1]과 같이 묘사할 수 있다.

[그림 13-1] 한반도발 평화학의 범위

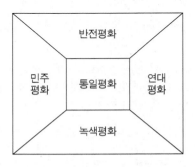

3) 한반도발 평화학의 과제

마지막으로 한반도발 평화학의 과제를 생각해보자. 이와 관련해 기존에 ① 한국 평화학의 정체성 확립, ② 폭력연구와 평화연구의 결합, ③ 인본주의와 생태주의의 만남, ④ 통일평화론의 정립, ⑤ 평화국가론의 확립 등 다섯 가지 과제가 제시된 바가 있다.357) 여기에 반전평화론을 반영해 지속가능한 평화체제 제시를 추가할 수 있을 것이다. 이 중 ①~③이 이론적 논의라고 한다면, ⑤와 지속가능한 평화체제 제시는 실천적 과제라 할 수 있다. 그 사이에 있는 통일평화론의 정립은 이론과 실천, 두 측면을 모두 띤 과제라 할 수 있다.

그러나 국내 평화학의 발전이 걸음마 단계인 점을 감안할 때 이런 연구과제를 제시하는 것으로 만족할 수는 없다. 평화학 일반에서 볼 수 있는 특징과 연구방법이 융해된 연구를 진행하는 동시에, 한반도 문제를 통해 평화학의 지평을 확대하는 사례연구도 활발하게 전개할 필요가 있다. 아래에서는 이를 좀 더 논의해보고자 한다.

평화학의 특징으로 학제간 혹은 초학제적 학문, 다차원성, 비판성과 포괄성, 현장성과 윤리성 등을 꼽는다.358) 이는 평화학이 분과학문과 다르고 현실에 착목하면서도 바람직한 미래를 종합적으로 궁구하는 학문임을 말해준다. 한반도발 평화학은 분단정전체제가 초래한 다차원, 다측면의 폭력성을 있는 그대로 드러내고 그 평화적 전환의 필요성과 가능성을 제시하는 지적 작업에 다름 아니다. 이는 학문으로서의 평화학이 권력으로부터 독립하고 학문사상의 자유를 행사함을 전제로 한다. 연구 범위를 선별적으로 선정하고 연구 대상을 비등가적으로 설정하는 것은 연구목적의 편향성과 관련이 있다. 정책/전략연구를 명분으로 한

---

357) 서보혁, "한국 평화연구의 현황과 과제,"『한국과 국제정치』, 제31권 제3호 (2015), pp. 131–140.
358) 박명규, "지금 왜 평화학인가," 서울대학교 평화인문학연구단 편, 『평화인문학이란 무엇인가』 (서울: 아카넷, 2013), pp. 31–45.

이와 같은 연구 관행으로 인해 한반도발 평화학이 발육부진 상태에서 벗어나지 못하고 있다. 지금까지 한반도 문제에 관한 연구는 권력으로부터 자유롭지 못해 연구 범위는 물론 그 정향에서 평화학이라 하기 어려울 정도로 그 한계가 뚜렷하다. 연구집단이 독립적인 자세를 취하고 자유롭고 객관적인 연구를 수행하는 것이 한반도발 평화학의 전제이자 출발이다.

평화학의 특징의 연장선상에서 평화학의 방법도 생각해볼 수 있다. 거기에는 비판적 문헌 독해, 그리고 현장조사와 참여관찰 같은 연구방법도 포함된다. 프로그램 평가와 창의적 상상도 가능하다. 한반도발 평화학의 지체 현상은 연구집단이 한반도의 폭력질서인 분단정전체제의 지속을 정당화하고 그 재생산에 이해관계를 가진 기성 집단을 옹호하는 입장에 크게 노출되어왔기 때문이다. 그 결과 위에서 말한 평화학의 연구방법을 적용한 양질의 연구결과가 절대 부족하다. 다행히 최근 들어 논의된 한반도발 평화학을 자극하는 연구들은 위와 같은 연구방법을 적용한 집단지성의 산물이다.[359]

한반도발 평화학은 한반도 문제를 사례로 평화학의 연구방법을 적용해 평화학의 특징을 드러내는 동시에 한반도 평화 증진에 기여할 때 그 존재의의가 있다. 본문 아래 각주 358)에서 한반도 평화 문제에 관한 사례연구를 소개하고 있지만, 그런 연구가 일반적인 현상은 아니다. 한반도발 평화학의 활성화를 위해서는 한반도 문제에 관한 미시(사) 연구를 장려할 필요가 크다. 분단과 전쟁이 개인의 삶과 지역사회에 미친 영향에 주목하는 것은 한반도발 평화학의 공백을 메우는 작업에 그치지 않고 그 방향과 내용을 확립하는데도 의의가 크기 때문이다. 또 평화학이 평화운동, 평화교육과 어떤 영향을 주고받는지를 한반도 문제를 사

---

359) 진실의힘 세월호 기록팀, 『세월호, 그날의 기록』 (서울: 진실의힘, 2016); 밀양구술 프로젝트 지음, 정택용 사진, 『밀양을 살다: 밀양이 전하는 열다섯 편의 아리랑』 (서울: 오월의봄, 2014); 김병로·김면 외, 『한반도 분단과 평화 부재의 삶: 성찰과 치유를 위한 이산가족 이야기』 (서울: 아카넷, 2013).

례로 연구하는 것도 한반도발 평화학이 수행할 주요 과제이다.360)

5. 결론과 함의: 평화통일에서 통일평화로

이 글은 통일문제를 평화학의 시각에서 재구성하여 그 함의를 도출하고자 하였다. 이렇게 생각하게 된 배경은 통일문제에 관한 한반도 안팎의 질서 변화이다. 한국사회 내 통일 여론의 변화, 한반도 안보 상황의 악화, 그리고 자본주의 발전과 세계질서 변화가 초래한 다방면의 충격이 그것이다. 그에 따라 민족 재결합으로 정의하고 체제통합으로 접근해온 기존 통일논의의 한계가 뚜렷해졌다. 그 방향은 다르지만 2018년 들어 조성된 한반도 대화국면도 민족주의론의 부활은 아니다. 기성 민족주의 통일론과 그 변용은 시대착오적으로 보이고, 새로 부상한 세계시민주의론은 그 참신성에도 불구하고 한반도 현실을 가벼이 여긴다는 지적을 살 수 있다. 여기서 통일문제를 평화학의 시각에서 재구성한다고 함은 한반도 현실의 지역적 특수성과 세계사적 보편성을 통합적으로 사유한다는 의미이다.

기존에 한반도 문제는 분단과 정전, 혹은 그 지향으로서 통일과 평화를 각각 구분해 논자의 선호에 따라 선별적으로 다뤄온 것이 사실이다. 그 결과 한반도 문제는 선택적으로 인식되어 왔고, 실천적으로는 둘의 선후 문제를 둘러싼 논란을 초래하기도 했다. 이는 현실을 왜곡하고 미래 전망을 오도할 우려를 안고 있다. 본문에서 논의한 통일문제의 평화학적 재구성은 통일과 평화가 한반도 문제를 구성하는 하나의 실체이

---

360) 강순원, "북아일랜드 또래조정활동의 평화교육적 의미,"『국제이해교육연구』, 제9권 1호 (2014), pp. 1–36; 김남철, "역사교육에서의 평화교육의 모색,"『역사교육연구』, 제2권 (2005), pp. 139–176; 임재성, "평화권, 아래로부터 만들어지는 인권: 한국 사회운동의 '평화권' 담론을 중심으로,"『경제와사회』, 제91호 (2011), pp. 167–210; 이남석, 『양심에 따른 병역거부와 시민불복종』(서울: 그린비, 2004); 서보혁, "사드배치 반대운동과 평화권," 원광대 원불교사상연구원·서울대 통일평화연구원 주최 『평화, 종교 그리고 공공성 공동학술대회』 발표문, 성주삼동연수원(2018년 3월 23일).

고 이 둘을 구성주의적으로 인식할 것을 제안하고 있다. 그 연장선상에서 '한반도발 평화학'을 제안하며 학문체계의 기본 구성요소들을 제안하였다.

한반도발 평화학은 학술적으로 한반도 문제의 특수성을 평화학의 보편이론으로 파악함으로써 그 보편—특수성을 획득하고, 실천적으로는 통일과 평화를 포괄적 틀에서 병행 추진할 근거를 제공하는데 그 의의가 있다. 이런 맥락에서 통일문제를 평화학적으로 재구성함으로써 도출할 수 있는 함의를 다음 몇 가지로 정리해보고자 한다. 첫째, 통일과 평화를 하나의 유기적 총체로 파악함으로써 분단정전체제로서의 한반도 문제 해결을 포괄적으로 접근할 수 있다. 둘째, 통일과 평화를 상호 구성적인 관계로 인식함으로써 한반도 문제를 지구적 문제와 연결 지어 사유의 창을 확대할 수 있다. 셋째, 통일문제를 평화학적으로 재구성함은 한반도 문제 해결을 세계 보편사적 시각에서 접근함으로써 이를 위한 국제협력과 남북협력을 균형 있게 전개하는데도 기여할 수 있다. 무엇보다 이런 접근은 북한의 위협 인식을 객관적으로 파악하고 평화정착을 위한 한반도 안팎의 협력을 함께 추구하도록 안내해줄 것이다.

물론 통일문제를 평화학적으로 재구성한다고 해도 분단이 존속하는 한 민족주의 담론을 활용한 국가주의 기획이 사라지지 않고, 그 반작용으로 세계시민주의의 시각도 공존할 것이다. 또 현실적으로 북핵문제의 지속 등으로 한반도 위기상황이 계속돼 선 평화, 후 통일과 같은 이분법적 담론이 재연될 개연성도 크다. 이는 걸음마 단계에 있는 한반도발 평화학의 발전을 제약하는 도전 요소들이다. 그럼에도 통일문제를 평화학적으로 재구성함은 한반도 문제에 대한 대안적이고 창의적인 논의를 촉발하고 한반도발 평화학의 발전을 견인할 도전적인 과제임에 틀림없다.

14
보편주의 통일론과 신남북관계 구상

1. 문제제기

대한민국 헌법은 대한민국이 한겨레의 대표로서 "자유민주적 기본 질서에 입각한 평화적 통일"을 지향함을 밝히고 있다. 분단의 배경을 고려할 경우 민족주의를 통일 이념으로 삼는 것은 자연스러워 보인다. 그러나 분단 후 적지 않은 시간이 흘렀다. 대내외적으로 시대사조와 통념에서 적지 않은 변화가 있었다. 통일의 이념으로 호명되어 온 민족주의조차 시대 변화에 적응하며 명맥을 유지하는데 힘들어 보인다. 국가주의는 분단과 반공 이데올로기에 힘입어 민주화 이후에도 일정한 지지를 받고 있지만 그 폭력성은 경계 받고 있다. 냉전 해체와 민주화를 거치고 북한의 시대착오적인 현상을 목도하면서 민족주의 대신 보편가치에 바탕을 둔 북한·통일 논의가 대두하고 있다. 같은 이유로 북한에 대한 체제 우월의식이 한국사회에 상존하고 있는 것도 사실이다. 이와 달리 통일문제 자체에 대한 관심도 줄어들고 있다. 통일문제에 대한 정략적 이용 관행, 북한에 대한 혐오감 증대, 세계화 정보화 시대의 도래, 세대 변화 등이 그 요인들로 거론된다. 이상과 같은 대내외적 환경 변화는 기존의 통일론에 대한 근본적인 성찰을 요구하고 있다.

통일이 분단의 종식이자 한반도 냉전구조의 극복이라고 의미 부여한다고 해도 통일은 민족공동체의 실현이라는 비전 외에 뚜렷한 대안은 제시되지 않고 있다. 그러나 통일=민족공동체 실현은 동어반복이거나 형식논리를 넘어서지 못하는 것처럼 보인다. 최근 한반도 정세 변화와 남한의 체제 우위를 감안할 때 기존 통일론을 재검토할 필요가 있다는 지적이 일어나고 있다. 다만, 권력 구조나 통일 단계와 같은 구체적인 방법론보다는 통일의 당위와 그 정향에 대한 충분한 논의가 우선되어야 할 것이다. 이에 대한 폭넓은 여론 형성과 그 과정에서 국민통합 노력 없이는 새로운 통일방안도 사상누각에 불과할 것이다.

이런 문제의식에서 이 글은 위로부터의 기존 통일 논의의 문제점을 밝히고 새로운 통일 담론으로서 보편주의 통일론을 제시하고자 한다. 동일한 문제의식을 갖고 앞장이 한반도발 평화학을 제창했다면, 이장은 대안적 통일론을 제안하는 것이다. 담론으로서 제시하는 보편주의 통일론의 현실성을 부여하기 위해 인권·민주주의 친화형 남북관계를 검토할 것이다. 아래에서는 기존 통일 논의를 하이브리드(hybrid) 통일론으로 지목해 그 특징과 문제점을 검토할 것이다. 이어 보편주의 통일론이 제기되는 배경을 대내적 차원, 대외적 차원, 남북관계 차원에서 살펴보고 그 연장선상에서 보편주의 통일론의 방향을 3차원에서 다룰 것이다. 그 다음에는 인권·민주주의 친화형 남북관계의 상을 그려보고 그것을 구체화할 수 있는 환경조성 및 정책과제에 대해 각 차원에서 논의할 것이다. 이 연구는 문헌연구방법에 의존하고 있는데 정부의 통일방안과 관련 2차자료에 대한 분석을 포함하고 있다.

2. 하이브리드 통일론과 그 문제점

1) 하이브리드형 통일론

민족 개념은 크게 오랜 시간을 거치며 자연스럽게 형성된 문화적 동질성의 측면과 하나의 민족으로 하나의 국가를 건설해 부국강병을 추구하는 정치적 기획의 측면으로 구성되어 있다. 전자를 중시하면 문화민족, 후자를 중시하면 국가민족이란 용어를 만들어낼 수 있다. 문화민족은 언어, 혈통, 생활풍습의 동질성을 강조하는데 비해, 국가민족은 강력하고 질서 있는 정치체제와 대외팽창적인 정책 성향을 띤다.

탈근대로 진입한 지 오래인 오늘날의 세계적 추세 앞에서 문화민족 측면에 선 통일은 시대착오적으로 보일 수도 있다. 민족 동질성에 바탕을 둔 민족통일 테제는 남북간 많은 차이를 감출 뿐만 아니라 분열적이고 갈등유발적일 수 있는 통일에 대한 환상을 불어넣을 위험마저 있다.[361] 물론 통일이 될 때까지 문화민족의 측면을 발동시킬 대중적 정서와 정치적 필요는 지속될 것이다. 그렇다면 문화민족 대신 국가민족 측면을 강조한 통일은 대안적 통일론으로 삼을 만한가? 특정 체제의 우월성, 곧 타 체제에 대한 차별과 배제를 전제로 한 국가주의 통일론은 그 위험성과 함께 시대착오적으로 보일 수도 있다. 요컨대, 민족주의 혹은 국가주의에 기반한 통일의 담론을 지속적으로 재생산할 수 있을까 하는 의문이 든다. 정기적인 전국 단위의 설문조사 결과를 보면 국민들 사이에서 문화민족의 재결합으로서의 통일의 당위성이 줄어들 뿐만 아니라 통일국가의 상으로서 국가민족의 근거도 약해지고 있음을 알 수 있다. 민족재결합으로서의 통일의 당위성은 2007~17년 사이 50%에서 40%로 줄어들었다. 또 통일국가의 상에 관한 설문에서 남한체제로의 통일이 1순위의 응답을 나타내고 있지만, 그 크기는 남북한 체제의 절충과 유지를 합한 것보다 큰 경우가 없었다는데 유의할 필요가 있다.[362]

그럼에도 지금까지의 남한 정부와 여론에서 통일은 민족주의와 국가주의, 혹은 문화민족주의와 국가민족주의 등 여러 요소들이 혼재해 있다. 민족과 국가, 한국과 세계, 그리고 당위와 현실, 개인과 민족(국

361) 신기욱, 『한국 민족주의의 계보와 정치』(파주: 창비, 2006), pp. 283–284.
362) 정근식 외, 『2017 통일의식조사』(서울: 서울대학교 통일평화연구원, 2018), pp. 37–38, 55.

가)이 동거하고 있고, 주어진 상황과 정향에 따라 각 대당관계의 구성 요소들 사이의 상대적 비중이 달라지기도 한다. 현실적으로 통일 담론은 위와 같은 통일 요소 및 이념적 구성물들의 복합체이다. 통일의 정당성과 가능성에 이롭다면 특정 이념이나 측면에 경도되지 않고 필요한 바를 채택하는 전략적 태도가 필요한지도 모른다. 이를 실용주의 통일론이라 이름 붙일 수 있을 것이다. 실용주의 통일론은 특정 이념적 정향보다는 통일에의 유용성을 기준으로 입론을 시도하는데, 따라서 여러 조류들이 혼재하는 하이브리드(hybrid)형이라 할 수 있다.

[표 14-1]에서 보듯이 통일 원칙과 통일국가의 구성 요소에서 민족주의와 보편규범은 공존하고 있고, 둘의 상대적 비중이 민족주의에서 보편규범으로 이동하는 경향이 있다. 특히, 노태우 정부 시기 '한민족공동체 통일방안'은 우리 정부의 통일방안을 가장 체계적으로 제시한 것이라 하겠는데, 그 이유 중 하나로 통일 원칙과 통일국가 상을 뚜렷하게 제시한 점을 꼽을 수 있다. 이 통일방안은 통일의 원칙으로 기존의 '민족대단결' 원칙을 삭제하고 '민주'의 원칙을 삽입했고, 통일국가의 상을 인권을 비롯한 보편규범으로 제시하고 있다. 나아가 '민족공동체 통일방안'을 발표한 김영삼 정부는 자유민주주의를 통일 원칙 및 통일국가 상으로 동시에 제시하고 있다. 김대중 정부는 민주주의와 시장경제를 통일국가의 상으로 언급했으나, 노무현 정부, 현 문재인 정부와 함께

[표 14-1] 한국정부의 통일방안의 추이

구 분	내 용
통일 원칙	민주·평화(전두환) → 자주·평화·민주(노태우, 김영삼) → 자주, 평화, 민족대단결(김대중, 노무현) → 민주·평화(이명박, 박근혜) → 자주·평화·민족대단결(현재)
통일국가상	민족·민주·자유·복지(전두환) → 자유·인권·행복(노태우) → 자유민주주의(김영삼) → 민주주의, 시장경제(김대중) → 자유민주주의(이명박, 박근혜) → 민주주의(현재)

7.4 남북공동성명에서 밝힌 통일 3원칙(자주, 평화, 민족대단결)을 견지하였다. 그러나 공식적으로 김영삼 정부 이후 지금까지 자유민주주의는 통일로 가는 과정이나 절차에서뿐만 아니라 통일국가에서도 일관되게 추구되어야 할 가치여야 한다는 점을 확고히 하였다.[363] 박근혜 정부가 천명한 '한반도 신뢰 프로세스'는 남북관계의 정상화를 일차적 과제로 하는데 그것은 "상식과 국제적 규범이 통하는 남북관계"를 말하고, 거기서 "무엇보다 중요한 것은 북한의 변화된 모습과 행동이다."[364] 이때 북한 변화의 근거와 방향은 국제규범의 준수, 즉 보편가치의 구현을 말한다. 그러나 이명박, 박근혜 정부 시기 통일정책은 남북관계 및 북핵문제의 악화로 말로서의 목표와 실제가 크게 달랐다. 두 시기에 정권의 일부는 북한을 압박해 붕괴시킬 기대를 갖고 대북정책을 추진했다는 의혹을 받기도 하였다. 한편, '촛불시민혁명'으로 들어선 문재인 정부 들어 대북정책 방향은 김대중, 노무현 정부 시기의 그것으로 되돌아가는 듯하다. 기존 남북간 합의를 존중·이행한다는 입장을 취하고 있기 때문에 7.4 공동성명상의 통일 3원칙을 지지함은 물론 기존 남북 합의 이행을 통해 화해협력의 제도화를 도모하고 있다. 다만, 문재인 정부는 '평화로운 한반도 구상'을 현실화하는데 중점을 두어 평화 우선의 대북정책을 전개하고 있다.

전반적으로 남한 정부의 통일방안은 국가주의를 바탕으로 보편주의와 민족주의가 동거하고 있는 양상을 보인다. 그런 가운데 민족주의보다는 보편주의, 민족주의의 경우에도 문화민족 측면보다는 국가민족 측면이 더 부각되는 추세를 보여주고 있다. 통일문제가 민족문제임을 완전히 부정하지 못하지만 혈연적 동질성보다는 통일 민족국가가 가져다줄 유무형의 효과에 거는 기대를 읽을 수 있다. 남한 정부의 통일론에서 발견되는 보편주의와 민족주의의 동거는 불가피한 면이 있고, 필요

---

363) 통일교육원, 『2013 통일문제 이해』 (서울: 통일교육원, 2013), p. 88.
364) 박근혜, "제68주년 광복절 경축사," 청와대 홈페이지, 2013년 8월 15일 (검색일: 2014년 3월 7일).

에 따라 그 둘 중 하나를 호명할 수 있는 편리함이나 전략적 가치가 있을 것이다. 그러나 국가주의의 폭력성, 보편주의와 민족주의의 긴장으로 하이브리드형 통일론은 불완전하고 불안전함을 안고 있다.

2) 기존 통일론의 특징과 문제점

기성 통일론은 그 특징과 함께 문제점도 몇 가지 측면에서 노정하고 있다. 민족주의 통일론, 국가주의 통일론, 그 혼합으로서의 하이브리드 통일론이 각각 시대적 배경을 갖고 있는 것이 사실이다. 그럼에도 향후 통일론이 미래지향적이고 대내외적인 지지를 극대화하는 방향으로 정립해야 한다고 할 때 기성 통일론의 문제점을 냉정하게 살펴볼 필요가 있다.

먼저, 보편성의 측면에서 기성 통일론은 큰 문제점을 안고 있다. 여기서 보편성은 통일의 필요성과 지향성이 국가나 민족의 틀에 갇혀 있지 않고 세계적인 규범을 반영하고 국제적인 지지를 담고 있다는 의미이다. 그런 점에서 민족주의, 국가주의 통일론은 보편성과 큰 거리가 있고, 실용주의 통일론도 보편성의 견지에서 볼 때 한계를 안고 있다. 물론 열린 민족주의, 국가민족주의, 실용주의 통일론이 보편성을 가미하려는 시도인 것은 사실이지만, 그것은 여전히 국가주의, 민족주의의 틀에서 모색된 것이다. 다만, 실용주의 통일론이 민족주의보다는 보편주의 측면을 강조하는 면이 있지만 국가주의의 영향력이 작지 않다. 향후 통일론에서 보편성을 강조하지 않으면 대내외적 지지를 확대하기 어려울 것이다.

둘째는 포용성이다. 기성 통일론에서 북한은 통일의 동반자와 대상, 두 가지 의미로 파악되어 왔다. 7.4 남북공동성명 이후 우리정부의 통일방안에서 북한은 통일논의에서 동반자로 간주되어 왔다. 우리정부의 현 통일방안인 '민족공동체 통일방안'에서 제시된 남북연합은 남북합작에 의해 실현되는 단계적 통일이다. 그렇지만 체제경쟁 과정에서 북한

체제가 통일의 일부가 될 수 있느냐에 대한 근본적인 회의는 우리사회에 상존한다. 그런 통념은 민주화를 거치면서도 헌법과 국가보안법에 의해 제도적으로 지지받아 왔다. 김대중 정부, 노무현 정부를 거치면서 흡수통일 반대, 남북 화해협력 혹은 평화번영 담론이 부상했다. 그러나 이명박 정부 들어서면서 북한붕괴, 급격한 통일이 거론되었다. 오늘날에 이르러 자유민주주의는 통일 원칙 및 통일국가의 상으로 공식화 되었다. 자유민주주의가 북한 변화의 방향 혹은 국제규범 준수의 근거 중 하나로 주장돼 왔지만, 그것을 남한체제로의 흡수 혹은 동화로 파악한다면 평화적 통일 원칙과 상충할 수 있다. 그런 점에서 기성 통일론은 포용성이 미흡했다고 할 수 있어 향후 통일론은 이를 보완할 필요가 있다.

셋째, 일관성이다. 기성 통일론이 보편성과 포용성이 불충분하거나 통일론에 따라 그 경중을 달리 했다는 점은 일관성의 문제와 관련이 있다. 각 정권의 대북정책이 정책 정향과 주요 수단에서 일관성이 부재했다는 지적은 우리사회에서 공감대를 얻는 성찰 지점이다. 이는 우리정부의 대북정책에 대한 대내외적 지지와 대북 협상력 제고에 역행할 뿐만 아니라, 통일의 잠재적 지지 기반인 북한주민에 대한 영향력 확대 노력에도 부정적일 수 있다는 점에서 유의할 필요가 있다. 따라서 향후 통일론은 보편성, 포용성, 일관성 등 적어도 세 가지 측면을 보완하며 정립할 때 그 지지도와 타당성을 극대화할 것으로 전망된다.

3. 보편주의 통일론의 필요성과 방향

1) 보편주의 통일론의 제기 배경

지금까지 기존 통일론의 유형과 변천을 살펴보면서 그 특징과 함께 문제점도 살펴보았다. 이상의 논의는 새로운 통일론의 방향을 설정하는 데 기초가 된다. 세 가지로 요약된 기존 통일론이 모두 민족주의를 바탕으로 하고 있다는 점에서, 그것이 어떤 변용을 보이더라도 민족주의의 폐쇄성에서 자유로울 수 없을 것이다. 그래서 여기서는 그에 대응하는 통일론으로 보편주의 통일론을 제시함으로써 향후 통일론이 대내외적 지지를 확대하고 인류 보편가치의 실현에 기여하는 방향으로 나아갈 길을 탐색해보고자 한다.

보편주의 통일론은 한반도 통일을 인류 보편가치를 한반도 전역에 달성하는 과정으로 정의할 수 있다. 간단히 말해 보편주의 통일은 민족통일이라는 형식에 보편가치를 내용으로 담는다. 이 통일론에 담길 보편가치는 물론 한 가지가 아니다. 오늘날 국제사회에서 통용되는 민주주의, 평화, 인권, 정의와 화해, 인도주의, 지속가능한 발전 등이 그것들이다. 따라서 이들 보편가치들 사이의 상호의존성에 유의해 그것들을 통일 과정에서 조화롭게 담아내는 노력이 중요하다. 따라서 보편주의 통일론에서 보편가치에 역행하는 형식은 인정되지 않는다. 이때 민족동질성 회복, 민족공동체의 실현과 같은 민족주의 통일론의 합리적 핵심은 보편주의 통일론에 융해된다.

보편주의 통일론이 제기되는 배경을 먼저 대내적 측면에서 살펴보면 민주화 효과를 들 수 있다. 민주화 효과란 1987년 이후 우리사회가 민주화 과정에서 성취한 결과와 한계를 통일 논의에 반영되는 것을 말한다. 여기에는 긍·부정적인 면이 함께 있다. 시민의 각성과 힘으로 권위주의 체제를 종식시킨 경험과 그 이후 시민권의 확대, 그리고 그 연장선상에서 북한을 민주주의 방향으로 변화시킬 필요성은 긍정적 측면의 민주화 효과이다. 그에 비해 부정적 측면으로 '민주화 이후 민주주의'가 공고화 되지 않고 역진하는 경우와 불평등이 심화되는 현상은 성찰할 부분이다. 이와 같은 민주화 효과의 두 그림자는 북한·통일문제를 둘러싼 우리사회의 여론 분열(소위 남남갈등)[365]과도 관련 있다. 민주화의 이중 효과는 우리사회 전반에 민주주의를 확대·발전시킬 것을 요

365) 경남대학교 극동문제연구소, 『남남갈등 진단 및 해소방안』(마산: 경남대학교출판부, 2004); 강원식, "남남갈등의 스펙트럼과 논점들: 현실론적 고찰," 『통일정책연구』, 제13권 제1호 (2004), pp. 283-309.

구하고 있고 그럴 때 남한의 민주화 성취가 보편주의 통일론의 확립에 이바지할 수 있을 것이다.366)

보편주의 통일론이 제기되는 대내적 배경의 또 다른 면은 통일문제에 관한 여론 지형의 변화를 꼽지 않을 수 없다. 서울대학교 통일평화연구원이 수행한 여론조사에 따르면 국민들의 통일의식은 적지 않는 변화를 보여주고 있다. 민족주의보다는 보편주의적 통일 정향이 국민들 사이에 높아가고 있음을 알고 있고, 여기에 세대 변수를 개입시키면 그런 추세는 더 뚜렷하게 나타나고 있다. 예를 들어 통일의 필요성에 대해 위 설문조사에서 '통일이 필요하다'는 응답이 2007년 63.8%에서 2017년 53.8%로 줄어든 반면, '통일이 필요 없다'는 응답은 2007년 15.1%에서 2017년 22.1%로 높아졌다. 특히, 통일의 필요성에 대해 세대별로 큰 차이를 보였다. 2017년 설문에서 20, 30대는 통일의 필요성에 41.4%, 39.6% 각각 응답한 데 비해, 50, 60대는 각각 62.0%, 67.0%로 큰 차이를 보였다. 그런 가운데 통일의 이유에 대한 응답에서도 같은 민족이기 때문이라는 응답은 2007년 50.6%에서 2017년 40.3%로 줄어들었다. 대신 전쟁위협 해소를 통일의 이유로 응답하는 비율이 2007년 19.2%에서 2017년 32.5%로 증가하였다.367) 통일을 위한 시급한 과제에 대한 응답을 보면 통일을 단순히 민족의 재결합보다는 보편가치의 구현으로 보는 시각이 압도적으로 높은 것임을 알 수 있다. 2018년 서울대학교 통일평화연구원이 한국갤럽에 의뢰한 통일의식조사에서 통일을 위한 시급한 과제는 북한 비핵화(90.7%), 긴장해소(86.3%), 북한인권개선(84.3%), 평화협정 체결(81.4%) 등으로 나타났다.368) 이런 결과는 통일정책의 우선순위에 교류, 협력, 지원 보다는 평화, 인권, 인도주의와 같은 보편가치에 대한 관심이 높음을 보여준다. 그리고 그런 현상은

366) 통일과 민주주의의 상관관계에 대한 국민들의 의식에 관해서는 정근식 외, 『2017 통일의식조사』, pp. 51–54.
367) 위의 책, pp. 34–39.
368) 송영훈, "통일에 대한 인식," p. 19.

점증하는 추세를 나타내고 있다.

민주화와 세계화 이후 나타나는 이와 같은 국민들의 통일의식 추이는 대내적 측면에서 보편주의 통일론의 정립 필요성을 말해준다. 말하자면 민주화와 세계화가 파생시키는 다양성에 대한 존중과 민족 정체성에 대한 약화는 통일을 남북을 넘어서 다양한 주체와 영역의 복합 네트워크로 접근할 여지를 만들어주고 있는지도 모른다.369)

둘째, 대외적 측면에서도 보편주의 통일론은 그 당위성이 높아가고 있다. 오늘날 국제사회에서 북한은 안보 위협자, 인도적 지원 대상, 인권침해국 등의 세 얼굴로 비춰지거나,370) 악마, 동정의 대상, 비정상적 행위자와 같은 이미지를 자아내고 있다.371) 이는 국제사회에서 한반도 문제는 북한문제로 환원될 수 있고, 그것은 분단 민족의 아픔에 대한 공감보다는 평화와 안보, 인권, 인도주의 등 보편가치에 대한 관심으로 모아진다고 하겠다. 물론 북한·통일문제에 대한 국제사회의 보편주의적 시각에 관련국들의 이익이 투사되어 있음을 간과해서도 곤란하고, 한국의 민족주의적 입장을 무시할 필요도 없다. 다만, 통일에 관한 민족주의적 입장도 국제사회를 향해서는 그 역사적 맥락에 대한 설명과 함께 보편가치와 맺는 관련성으로 설득할 필요가 있다는 점이다. 통일을 보편주의 시각으로 접근할 경우 한국의 통일정책에 대한 국제사회의 공감과 지지를 확대해낼 수 있다. 나아가 보편주의 통일론은 한국의 통일론이 한반도에 보편가치를 실현함으로써 인류문명의 발전에 기여하는 의의를 갖는다.

셋째, 남북관계 측면에서 보편주의적 통일론이 필요한 것은 남북한 정부의 통일정책이 체제경쟁의 성격을 띠었다는 성찰에서 연유한다.

---

369) 박명규·이근관·전재성 외, 『21세기 통일방안구상, 연성복합통일론』(서울: 서울대학교 통일평화연구원, 2012), pp. 23−24.

370) 백태웅, "북한의 변화를 희구하며," 『한겨레』, 2014년 3월 9일.

371) Hazel Smith, "Bad, Mad, Sad or Rational Actor? Why the 'Securitization' Paradigm Makes for Poor Policy Analysis of North Korea," *International Affairs*, 76:3 (July 2000), pp. 593−617.

1972년 7.4 공동성명에서 밝힌 통일 3원칙은 남·북·해외의 모든 민족 구성원들에게 통일의 희망을 불러일으켰지만 그 3원칙에 대한 남북의 해석은 각기 달랐다.[372] 남북간 체제경쟁은 국제정세와 남북간 역관계의 변화에 따라 그 행태를 달리해왔다. 냉전 해체 이후 북한은 퇴행적인 민족주의 담론에 의존하고 있고, 남한은 7.4 공동성명의 통일 3원칙 중 '민족대단결' 원칙을 빼고 대신 '민주'의 원칙을 넣어 그것을 자유민주주의로 풀이하고 있다. 이는 탈냉전 이후 나타난 새로운 유형의 체제경쟁으로 볼 수도 있다. 이런 악순환을 끊고 보다 보편타당성을 갖고 대내외적으로 폭넓은 지지를 획득할 대안적 접근으로 보편주의 통일론을 검토해볼 필요가 있다는 것이다.

보편주의 통일론을 수립하는 과정에서 대내·외적 차원보다 남북관계 차원이 더 어려움이 있다. 세계적 냉전 해체 이후에도 한반도에는 냉전구조가 가시지 않고 있고 남북간 체제경쟁은 그 양상을 달리하며 지속되고 있기 때문이다. 그럼에도 남북이 1991년 국제연합(UN)에 가입해 국제사회의 규범과 가치를 준수할 것을 공약했다. 남북은 몇 차례 국제무대에서 협력하기로 공약한 바도 있다. 이런 사실은 남북이 보편가치의 증진 차원에서 협력할 필요성은 물론 그 가능성이 존재함을 말해준다. 그럴 경우 민족담론을 활용한 체제경쟁을 지양하는 대신 통일문제에 관해 남북이 보편주의적 공감대의 단초를 마련할 수 있을 것이다.

2) 보편주의 통일론의 방향

보편주의 통일론은 ① 보편가치 구현과 분단 극복 노력의 조화, ② 보편가치들 사이의 상호조화, ③ 이 양자의 대·내외 및 남북관계 차원에서의 포괄적 추진 등 적어도 세 가지 의미를 담고 있다.[373] 한국의 통일정책은 대내적 지지, 대외적 협력, 북한 선도 등 3차 방정식과 같은

---

372) 김형기, 『남북관계 변천사』 (서울: 연세대학교 출판부, 2010), pp. 74-76.
373) 이 세 가지는 보편주의 통일론을 정립(鼎立)하는데 필요한 세 축이지만 여기서는 그 중 세 번째 문제에 한정해서 논의하기로 하고 전반적인 논의는 차후로 남겨둔다.

성격을 갖고 있다. 같은 맥락에서 보편주의 통일론도 이 세 차원에서 그 방향을 수립해나가야 할 것이다.

첫째, 보편주의 통일론을 정립하기 위한 대내적 방향은 역시 '민주주의의 공고화'이다. 물론 민주주의의 공고화란 민주주의만큼이나 정의하기가 쉽지 않다.[374] 한국은 최소주의적, 법제도적, 절차적 측면에서는 민주주의 공고화 단계에 진입하였다고 할 수 있다. 그렇지만 나머지 측면으로까지 공고화를 확대시키고 그것이 역진하지 않도록 하는 노력이 중요하다. 임혁백의 언급처럼, 민주주의 공고화를 엘리트와 대중이 다함께 사회 모든 면에서 민주적 절차와 규범을 제도화, 내면화, 습관화하는 과정으로 파악한다면,[375] 민주주의도 평화와 인권과 같이 부단한 정진을 요구받는다. 이와 같이 민주주의에 대한 과정론적 이해와 민주주의 공고화에 대한 포괄적 인식은 남한의 민주주의 발전을 한반도 전역에 파급효과를 가져오는데 유용할 것이다. 남한에서의 민주주의 공고화는 사람·정보·통신을 통해 북한에 전달되고, 그것은 남한에 대한 북한 주민들의 선호를 증대시키고 북한정권에 '민주적' 정책을 확대하도록 압박할 것이기 때문이다. 남한의 민주주의 공고화가 북한을 민주주의에 친화적인 방향으로 선도하는 모범이 되는 것이다. 나아가 민주주의가 21세기 모든 사회의 통합 자원이라 할 때 민주주의는 통합형 통일

---

374) 박경미, 『한국의 민주주의: 공고화를 넘어 심화로』 (서울: 오름, 2012); 박기덕, 『한국 민주주의의 이론과 실제: 민주화·공고화·안정화』 (파주: 한울, 2006); Yun-han Chu, Larry Diamond, and Doh Chull Shin, "Holting Progress in Korea and Taiwan," *Journal of Democracy*, 12:1 (January 2001), pp. 122-136; Juan J. Linz and Alfred Stepan, *Problems of Democratic Transition and Consolidation: Southern Europe, South America, and Post-Communist Europe* (Baltimore: Johns Hopkins University Press, 1996); Adam Przeworski, *Democracy and the Market: Political and Economic Reforms in Eastern Europe and Latin America* (Cambridge: Cambridge University Press, 1991); Laurence Whitehead, "The Consolidation of Fragile Democracies: A Discussion with Illustrations," In Robert A. Pastor (ed.), *Democracy in the Americas: Stopping the Pendulum* (New York: Holmes and Meier, 1989).

375) 임혁백, "민주주의 공고화 연구서설," 한배호 편, 『한국의 민주화와 개혁』 (성남: 세종연구소, 1997), p. 32.

원리로 기능하며 '연성복합통일'의 근간의 하나라는 논의도 주목할 필요가 있다.376)

둘째, 보편주의 통일론 정립을 위한 대외적 방향은 국제사회가 지향하는 보편가치의 준수 및 구현을 목표로 하는 대외정책을 전개하는 것이다. 최근 우리사회에서 회자되고 있는 중견국 외교도 이런 맥락에서 이해할 수 있다. 중견국 외교는 기본적으로 국력 크기를 반영하지만 대내적으로 민주주의 사회의 안정성과 자긍심을 바탕으로 평화, 지속가능한 발전 등 국제사회의 지향에 발맞추면서 국가이익과 보편가치를 조화롭게 추진하는 새로운 외교를 말한다.377) 한국이 민주화와 산업화를 동시에 달성한 경험과 국제사회와의 높은 상호의존도를 반영해 '기여외교'를 더 확대할 것을 대내외적으로 요구받고 있다. 그런 요구에 수동적으로 반응할 것이 아니라 한국의 외교정책 방향에 보편가치 구현의 의미를 보다 강조하고 그 연장선상에서 통일방안에서도 보편가치를 보다 확대 반영할 필요가 있다. 그럴 때 한국의 대외정책 일반과 통일외교는 선순환할 수 있고, 한국의 통일정책에 대한 국제적 지지는 보다 커질 것이다.

세 번째 가장 어려운 측면인 남북관계에서 보편주의 통일론을 정립할 방향이다. 불리해진 안보환경에 따라 북한은 인권과 같은 연성이슈를 안보와 같은 경성이슈와 분리해 유연하게 대응하지 못하고 연성이슈도 경성이슈와 같이 취약성의 관점에서 민감하게 반응한다. 소위 이슈 위계(issue hierarchy) 현상이 발생하는 것이다. 예를 들어 북한은 국제사회의 인권개선 요구를 "반공화국 모략 책동"으로 간주하고 있다. 그렇지만 동시에 북한은 국제사회의 지속적인 인권 개선 요구에 대응해 탈북자들에 대한 부분적 처벌 완화, 인권 관련 법률의 제·개정 등 일부 전향적인 행동을 보이기도 한다. 그런 이중 현상은 남한을 포함한 국제사회가 북

---

376) 박명규·이근관·전재성 외, 『21세기 통일방안구상, 연성복합통일론』, pp. 27-28.
377) 김상배·이승주·배영자 공편, 『중견국의 공공외교』(서울: 사회평론, 2013); 김우상, 『신한국책략Ⅲ: 대한민국 중견국 외교』(서울: 세창출판사, 2012), 제2장.

[그림 14-1] 보편주의 통일론 구상

효과	일관성	보편성	포용성
	↑	↑	↑
방향	민주주의 공고화, 보편가치와 국익 조화, 미래지향적 남북관계 정립		
배경	민주화 효과, 통일여론 변화, 국제요인 부각, 북한변화 유도		

한에 보편가치를 증진하는 일에 시사점을 준다. 보편가치의 위반에 대해서는 관련 국제 규범을 갖고 일관된 모니터링과 비판을 하는 동시에, 개선책은 북한체제와 직결시키기보다는 해당 사안별로 제시하는 것이 효과적이라는 점이다. 이때 남북관계는 통일이 한반도 전역에 보편가치를 구현하는 과정임을 북한에 설득하는 채널이자, 그것을 위해 남북이 협력하는 장으로 발전해나가야 한다. 그럴 때 남북관계와 북한인권 사이의 우선순위를 둘러싼 소모적 논쟁은 소멸하고 양자간 선순환 관계를 형성할 수 있다. 이상 제시한 보편주의 통일론 정립을 위한 세 측면에서의 방향은 기존의 통일론에서 노정되었던 문제점들을 극복하고 일관성, 보편성, 포용성을 제고하는 효과를 기대할 수 있다(그림 14-1).

4. 인권 · 민주주의 친화형 남북관계 구축

분단의 장기화와 세계질서 변화라는 상이한 두 흐름이 한반도에 교차하면서 남북관계의 특수성과 세계 보편가치가 자연스럽게 소통하지 못하고 있다. 그런 점에서 남북관계를 인권·민주주의에 친화적인 방향으로 탐색하는 작업은 한반도 문제의 모순적 성격을 지양하고, 남북관계를 시대정신과 보편규범 속에서 재구성 하는 의의가 있다. 인권·민주주의 친화적인 남북관계 구축은 미래지향적인 남북협력의 새로운 컨텐츠를 보여줄 수 있을 뿐만 아니라 보편주의 통일론의 정립에도 기여할 수 있다.

1) 인권 · 민주주의 친화형 남북관계 상

남북한의 인권·민주주의관은 상호 체제 및 경제발전 수준의 차이로 차이점이 적지 않고,[378] 그 실태에서도 큰 격차를 보이고 있다.[379] 물론 남북이 유엔 회원국으로서 인권·민주주의 신장을 공약하고 있는 것은 다자틀에서 그에 관한 남북대화의 가능성을 열어놓고 있다.

보편주의 통일론은 유망한 잠재적 통일론의 하나이지만 아직 우리 사회에서 충분한 공감대가 형성되지 않은 소수의 의견이다. 그렇기 때문에 그 전망을 제시하고 그에 부응하는 컨텐츠를 담아낼 필요가 있다. 인권·민주주의 친화형 남북관계는 보편주의 통일론의 발판이다. 인권·민주주의 친화형 남북관계 상을 그리기 위해서는 적어도 그 근거, 방향, 기본 내용, 방법을 검토해보아야 할 것이다.

첫째, 인권·민주주의 친화형 남북관계를 그릴 수 있는 근거는 국제사회에서 통용되는 인권·민주주의 규범이다. 오늘날 인권은 국제인권규약의 제정, 가입, 비준을 통해 국제법적 지위를 갖고 있고, 민주주의는 법 앞의 평등, 자유, 법치 등을 골자로 그 범위가 확대되고 있다. 세계인권선언이 주권재민의 원리와 참정권을 포함시키는 것을 시작으로 비엔나 세계인권대회 선언문을 거쳐 인권과 민주주의는 상호보완적 관계를 맺고 있다.[380] 유엔 인권기구에서 채택된 수많은 결의들이 이점을 재확

378) 김정일, "우리나라 사회주의는 주체사상을 구현한 우리식 사회주의이다(1990년 2월 27일)," 『김정일 선집 10』 (평양: 조선로동당출판사, 1997), pp. 471－472; 조정현·김수암·손기웅·이규창·이금순·임순희·한동호, 『2013 북한인권백서』 (서울: 통일연구원, 2013), pp. 59－65; 김찬규·이규창, 『북한 국제법 연구』 (파주: 한국학술정보, 2009), pp. 161－166.

379) Freedom House, "Freedom in the World 2014," <http://www.freedomhouse.org/report/freedom－world/freedom－world－2014#.Ux6pCj－SzJU> (검색일: 2014년 3월 11일); The Economist Intelligence Unit, *Democracy index 2012: Democracy at a standstill* (London, 2013), p. 22.

380) Shadrack Gutto, "Current concepts, core principles, dimensions, processes and

인하고 있고 양자의 구현 방법이 발전해오고 있다. 인권과 민주주의의 상호의존성은 양자의 상호 중첩성에서 출발한다. 국제 자유권규약과 사회권규약은 정치적 민주주의와 경제적 민주주의와 많은 부분 겹친다.

남북한 사이에 인권·민주주의에 관한 합의는 거의 없다. 1972년 체결된 동서독 기본조약에 인권 존중 조항이 있는데 비해 남북기본합의서에는 없다. 시민사회의 형성 경험 없는 상태에서 전쟁과 냉전을 치른 한반도의 현실을 반영하는 대목이다. 따라서 인권·민주주의 친화형 남북관계 상의 근거는 국제사회의 관련 규범에서 찾을 수 있다. 이는 인권·민주주의 친화형 남북관계 수립을 위한 남북 대화가 다자 틀을 통해 시작하고, 그런 대화 틀 안팎에서 북한이 국제규범을 보다 준수하도록 격려할 필요성을 불러일으킨다.

둘째, 인권·민주주의 친화형 남북관계의 방향은 궁극적 목표로 보편주의 통일임은 말할 나위 없다. 물론 남북한 사이에 차이가 뚜렷한 인권·민주주의관을 감안할 때 이 두 주제를 놓고 남북대화가 가능할지는 궁리할 문제이다. 남북이 신뢰 프로세스를 활발하게 가동시켜 관계가 제도화 단계에 접어드는 시기에 민간 혹은 1.5트랙의 대화가 가능할 것이다. 그런 경험을 축적시켜 가면서 상호 필요와 이해의 기반 위에서 남북 정부 차원의 협력 프로그램을 모색할 수 있을 것이다. 이때 남한은 우선 대내적으로는 인권·민주주의 친화형 남북관계의 비전과 기대효과에 공감대를 이루고 국제사회로부터 지지를 이끌어낼 필요가 있다. 그리고 나서 북한에 인권·민주주의 친화형 남북관계가 남한체제로의 흡수통일이 아니라 남북 상생과 민족번영을 보장하는 통일의 초석임을 설득해나가야 할 것이다.

셋째, 인권·민주주의 친화형 남북관계의 내용은 관련 유엔의 권고

institutions of democracy and the inter−relationship between democracy and modern human rights," Seminar on the Interdependence between Democracy and Human Rights held by Office of the High Commissioner for Human Rights, Geneva (25−26 November 2002), pp. 2−3.

를 준거로 할 수 있다. 특히, 인권문제와 관련해 유엔은 이중기준 논란을 불식시키기 위해 2006년 UN 보편정례검토(UPR) 제도를 도입해 모든 유엔 회원국들이 인권실태를 평가받고 있다. 또 각국이 비준한 특정 국제인권규약위원회의 검토보고서(Concluding observation)에서 건설적인 인권개선 안이 제시되어 있다. 남북한도 예외가 아니다. 여기에 북한은 심각한 인권침해로 특별절차381)의 적용을 받고 있다. 이 보편정례검토와 검토보고서에 따라 남북은 각각 인권개선 노력을 취하고 그 과정에서 유엔인권최고대표부(UNHCHR)와 기술협력을 할 수도 있고, 신뢰증진에 발맞춰 인권대화에 나설 수도 있다. 보편정례검토와 검토보고서는 인권의 보편성을 구체적인 정책으로 발전시킨 것으로 유엔 헌장기구의 인권결의 채택에 반발하는 북한도 응하고 있는 제도이다.

넷째, 인권·민주주의 친화형 남북관계를 구축할 방법은 크게 남북협력과 국제협력, 두 가지 접근이다. 두 협력도 정부 차원과 비정부 차원, 그리고 1.5트랙으로 나눠 접근할 수 있고, 그런 협력 방법도 남북관계의 수준과 한반도 정세 등와 같은 맥락을 고려해 단계적으로 모색해 볼 수도 있을 것이다.382) 인권·민주주의 친화형 남북관계 구축은 북한의 인권·민주주의 증진 역량강화에 초점을 두어야 한다. 인권 분야에서는 유엔인권최고대표부(OHCHR), 민주주의 분야에서는 체제전환국 중 북한과 국교가 있는 나라의 연구기관이 북한과 적절한 기술협력 파트너가 될 수 있다.

2) 인권·민주주의 친화형 남북관계 구축 과제

이상 인권·민주주의 친화형 남북관계의 상을 현실화 하기 위해서는 그에 우호적인 정책환경 조성과 실제 정책 집행이 필요하다. 아래에서는

---

381) UNHCHR, *Directory of Special Procedures Mandate Holders* (Geneva, 2013) 참조. 북한인권 관련 유엔 특별절차로 국가인권특별보고관, 조사위원회 등이 가동되어 왔다.
382) 이대훈, "비갈등적 북한 인권 개입," 한국인권재단 주최 2008 제주인권회의 발표문 (2008년 6월 28일).

두 종류의 과제를 대내, 대외, 남북 등 세 차원에서 생각해보고자 한다.

(1) 정책 환경조성 과제

첫째, 대내적 측면에는 국민들에게 통일의 비전을 제시하고 통일 관련 여론을 통합해내는 일이 우선 과제이다. 민족분단 극복으로서의 통일은 우리사회의 분열 극복으로서의 통합과 함께 가야 한다. 통일에 대한 기대가 과거에 비해 낮아진 오늘날 국민 설득을 위해 분단 비용 최소화, 통일 편익 극대화의 관점에서 통일 여론을 조성할 필요가 있다. 다만 남한의 사회경제적 문제를 통일로 해결하겠다는 접근은 북한을 설득하기 어렵고, 통일 민족국가 수립을 통한 민족 웅비의 꿈은 주변국들의 경계를 살 수 있다는 점에 유의해야 할 것이다. 따라서 국민의 다양한 통일 의견을 수렴하면서 북한을 설득하고 국제사회의 지지를 함께 이끌어낼 공통분모는 인권, 민주주의, 평화, 인도주의 등 보편주의 통일론에서 찾을 수밖에 없을 것이다. 이런 대내적 정책 환경상의 과제는 대외정책, 대북정책의 근간이 된다는 점에서 그 중요성을 재확인할 필요가 있다.

둘째, 대외적 측면에서 정책 환경조성 과제는 한국의 본격적인 통일외교 전개와 한반도 평화정착이다. 북한·통일문제의 국제적 비중이 높아짐에 따라 통일외교의 중요성도 높아가고 있다. 통일외교는 단기적, 사안별 협력은 물론 중장기적, 종합적 협력을 병행해나갈 성질의 과제이다. 정부가 추진하는 대외정책은 중장기적, 종합적 수준에서 전개할 필요가 있다. 특히 한국은 역내 안보와 협력 증진에는 촉진자 역할을, 한반도 평화정착에는 당사자 역할을 적극 수행해 나가야 할 것이다. 한반도 평화정착은 보편적인 평화외교와 맞닿아있고 통일외교의 보편성을 지지하는 주요 정책과제이다. 현실적으로 북한의 위협과 북한이 의식하는 안보 불안을 동시에 해소하지 않는 이상 보편주의 통일을 추진할 평화적 환경은 난망할 것이다.

셋째, 남북관계 측면에서 정책환경 상의 과제는 남북관계의 복원 및 제도화이다. 이명박, 박근혜 정부 들어 남북간 합의가 파기되고 북핵문제의 악화와 상호 불신으로 남북대화가 중단된 것은 물론 한반도는 전쟁 위험까지 치달았다. 10년 후인 2018년 들어 4.27 판문점 선언 등 남북정상회담이 잇달아 열려 대화가 복원된 것은 물론, 군사 분야를 포함한 다방면에서 남북협력을 제도적으로 발전시켜 나가기로 하였다. 남북한 정상은 비핵화－평화체제－남북관계의 선순환적 발전과 그것을 이행할 구체적인 방법에도 합의해 남북관계는 새로운 차원으로 발전할 토대를 마련하였다. 남북관계의 정상화는 중단된 대화의 복원이나 과거 남북 합의의 이행에 그치지 않고 보편 규범과 원칙이 준수되는 의미를 포함시킬 필요가 있다. 이는 보편주의 통일론과 맞닿아 있다. 미 오바마 행정부와 같이,383) 비핵화 문제와 인권 문제를 별도의 채널에서 병행 논의하는 유연성이 요청된다. 이때 남북 대화와 합의를 보편가치와 대립시키기보다는 대화 의제와 합의 이행을 보편가치 이행의 관점에서 이끌어낼 수 있는 지혜는 더욱 훌륭한 남북관계 전략이 될 것이다.

(2) 3차원의 정책 제언

대내적인 차원에서 인권·민주주의 친화형 남북관계 구축에 유용한 정책 중 하나는 '국제인권규범의 국내적 이행'을 성실하게 계속 전개하는 일이다. '국제인권규범의 국내적 이행'은 독립적 국가인권기구 설치에 관한 '파리 원칙'에서 명문화된 것이다.384) 이것은 한 나라의 인권을 국제적 수준까지 신장하도록 하자는 취지로서 유엔인권기구는 각국의 인권 상황 모니터링, 평가, 정책권고 등의 임무 수행을 위해 국가인권기

---

383) 킹(R. King) 미 국무부 북한인권 특사는 "북한과는 비핵화를 논의하는 채널과 인권 문제를 논의하는 채널이 별도로 있으며 두 사안은 서로 연계돼 있지 않다"고 밝혔다. 『연합뉴스』, 2014년 3월 15일.

384) '파리원칙'은 1991년 국가인권기구 관련 국제워크숍에서 초안이 마련되어 1993년 유엔 총회에서 채택되었다.

구 설치를 요청하고 있다. 남한은 2001년 국가인권위원회가 설립되었지만 북한은 설립 되지 않았다. 국가인권기구는 정부기구가 아니라 독립적 국가기구로서의 위상을 갖지만 실제 인권개선정책은 국가인권기구의 권고[385]를 받아 범정부 차원에서 시행된다. 남한이 국제인권규범의 국내적 이행을 적극 시행해나가는 것은 국민들의 인권 증진을 바탕으로 국제적 지지 확대 및 위상 제고, 대북 인권 개선 유도, 그리고 남한의 통일정책에 보편성 제고 및 북한 주민의 지지 확대 등 다각적인 효과를 창출해낼 수 있다. 남한이 국내외 인권기구의 인권개선 요구[386]에 응하며 인권신장을 선도해나갈 경우 북한의 인권개선은 물론 남북관계를 보편가치의 구현 차원에서 업그레이드 해 보편주의 통일의 기반을 구축하는데 이바지할 것이다. 그런 맥락에서 정부가 인도적 문제 해결과 북한 인권 개선을 인내심을 갖고 전개한다면 위와 같은 기대효과를 창출할 것이다.

대외정책 차원에서 인권·민주주의 친화형 남북관계 구축에 유용한 정책은 기여외교와 다자협력을 적극 추진하는 일이다. 기여외교의 양대 축이라 할 수 있는 공적개발원조(ODA)와 평화유지활동(PKO)에 한국은 경제규모와 국제적 위상을 반영해 관련 예산 및 인력을 지금보다 확대하는 한편, 공적개발원조의 경우 북한 개발을 포함시켜 국제협력을 선도해나가는 방안을 검토할 필요가 있다. 한국의 공적개발원조는 그 기금이 국제사회의 기준에 미치지 못하고[387] 대북 개발원조는 그와 별도

---

385) 예를 들어 국가인권위원회는 정부에 37개 분야에 걸쳐 중기 인권정책 권고안을 통보한 바 있다. 국가인권위원회, 『2012~2016 국가인권정책기본계획 권고안』(서울: 국가인권위원회, 2012).

386) Margaret Sekaggya, "Report of the Special Rapporteur on the situation of human rights defenders— Mission to the Republic of Korea." The United Nations Human Rights Council, Geneva (23 December 2013); 민주화를위한변호사모임 등 163개 시민사회단체, "유엔인권이사회 제2차 국가별 인권상황정기검토(UPR) 권고에 따른 유엔인권권고 이행계획에 대한 시민사회 제언," 2014년 1월 14일.

387) 한국은 2016년 현재 국민총소득(GNI) 대비 ODA 비율은 0.14%(19.65억 불)로 여전히 경제협력개발기구 개발원조위원회(DAC) 회원국 평균 0.32%의 절반에도 미치지

로 진행되고 있어 재검토가 필요하다. 민주주의 신장의 경험은 산업화 성과와 함께 한국의 연성국력(soft power)으로서, 다자외교를 통한 확산 과정에서 북한에 전파하는 일도 가능할 것이다. 이 작업에 남북 동시수 교국이면서 개발도상의 국가가 적합해 이들 국가들을 활용한 대북 기여 외교 수립이 새로운 과제이다. 기여외교는 통일외교와 선순환할 필요가 있고 그런 정책 혁신을 위해서는 관련 정부 부처간 협조체제를 확립하 는 것이 우선 과제이다.388)

마지막으로, 인권·민주주의 친화형 남북관계 구축의 주 영역인 남 북협력의 과제는 국내에서 여러 방안들이 제시되어 있다.389) 현실적으 로 인권·민주주의 친화형 남북관계를 일거에 구축하기는 어렵다. 점진 적 접근이 요청된다. 국제레짐이 확립돼 있고 남북이 가입하고 있는 인 권분야부터 협력을 강구할 수 있을 것이다. 인도적 지원 및 개발협력을 통한 사회권 증진을 위한 협력도 가능하다. 그러나 전반적인 북한인권 개선은 북한체제의 개혁개방, 남북관계, 한반도 안보환경 등 여러 측면 들이 영향을 미치기 때문에 관련 변수들을 대입시켜 단계적인 로드맵 수립이 요청된다.390) 또 남북협력의 경우에도 정부, 민간단체, 국가인권 기구가 역할분담을 할 수도 있다. 서독의 대동독 인권정책도 교훈으로

못하고 있다. 정부 ODA를 GNI의 0.25%로 확대하겠다는 공약했지만, 연도별 계획 달 성이 여의치 않은 것으로 알려져 있다. 외교부, "ODA 추진·지원," 외교부 웹사이트; <http://www.mofa.go.kr/www/wpge/m_3840/contents.do> (검색일: 2018년 10월 14일).

388) 황병덕·박영호·임강택 외, 『한반도 통일공공외교 추진전략(II): 한국의 주변4국 통 일공공외교의 실태 연구(총괄보고서)』 (서울: 통일연구원, 2013) 참조.

389) 이규창·김수암·이금순·조정현·한동호, 『인도적 지원을 통한 북한 취약계층 인권 증진 방안 연구』 (서울: 통일연구원, 2013); 임강택, 『대북경제제재에 대한 북한의 반 응과 대북정책에의 함의』 (서울: 통일연구원, 2013); 이원웅, "북한인권개선: 정책자원 과 접근전략," 『신아세아』, 제19권 1호 (2012), pp. 84-100; 김정수, "인도적 대북지 원과 북한체제의 존속력에 미친 영향," 『통일정책연구』, 제19권 1호 (2010), pp. 209 -236.

390) 서보혁, 『국내외 북한인권 동향 평가와 인권개선 로드맵』, KINU 정책연구시리즈 2006-06 (서울: 통일연구원, 2006).

삼을 가치가 크다. 서독의 대동독 인권정책은 대결적 정책에서 실용적 정책으로 변화했고 그런 흐름 속에서 정책 내용이 확대해갔음을 알 수 있다. 특히 양독관계를 이용한 인권정책에서 국제채널을 활용한 정책으로 나아간 점과 콜(H. Kohl) 보수 정권이 이전의 브란트(W. Brandt) · 슈미트(H. Schmidt) 정권의 실용적 정책을 계승한 점, 그리고 서독이 지역 안보협력의 제도화 과정 속에서 양독관계 개선을 병행추진한 점은 시사하는 바가 크다.[391] 이산가족 상봉, 인도적 지원 등 인도적 관심사를 병행 추진함으로써 보편가치를 호혜적으로 증진해나가는 지혜가 필요하다. 그런 상호 인권 증진사업의 성과를 축적시키고 그 과정에서 남북관계가 정상화 궤도에 오를 때 인권 · 민주주의 친화형 남북관계를 본격적으로 구축해나갈 수 있을 것이다.

5. 맺음말

기성 통일론의 주요 이념적 공급원이 되어 온 민족주의는 시대 변화에 따라 변용을 거쳐 왔다. 급기야 민족주의의 속성과 모순되는 내용이 '개방적 민족주의'로 유통되어 왔다. 물론 민족주의 통일론은 분단 극복을 통한 민족공동체의 실현이라는 역사적 당위에 의해 그 유용성이 완전히 사라지지는 않을 것이다. 또 통일을 추진하는데 국가와 시민사회의 역량이 결집돼야 하겠지만 국가가 주된 역할을 담당할 것이다. 그런 점에서 과거 오명에서 벗어나 국가민족주의의 건설적 잠재력은 존재하고 있다. 국가 차원의 통일론이 논리적 일관성보다는 정책적 유연성 차원에서 실용주의적 성격을 띠고 있는 것도 이해할 만하다. 그렇지만 위로부터의 기존 통일 담론으로 담기 어려운 새로운 환경과 통일의 정향이 부상하고, 다른 한편 통일에 대한 관심이 약화되는 이중적 현실에

391) 안지호 · 손기웅 · 김대경 · 베른하르트 젤리거, 『서독의 대동독 인권정책』 (서울: 통일연구원, 2013); 박경서 · 서보혁 엮음, 『헬싱키 프로세스와 동북아 안보협력』 (파주: 한국학술정보, 2012).

상응하는 통일론의 개발은 시의적절한 문제의식이라 하겠다. 보편주의 통일론은 그에 관한 시론적 논의로서 새로운 통일 담론 개발의 단초가 되기를 기대한다.

보편주의 통일론은 인류 보편가치를 한반도 전역에 구현하는 과정으로 통일을 새롭게 정의한다. 간단히 말해 통일의 형식에 보편가치를 내용으로 담는다는 발상이다. 이런 발상은 열린 민족주의 통일론에서 모색되었지만 민족주의 담론이 보편주의 정향을 담기에는 내적 모순과 외적 도전을 이겨내기에는 역부족이다. 물론 이때 공동체 문화, 화해, 평화주의 등 한국 민족주의의 건강한 요소는 보편주의 통일론에 융해되어 폐쇄성, 위계성과 같은 부정적 요소들을 지양할 잠재력을 안고 있다. 이때 민족은 시민의식을 함양한 세계 공동체의 한 단위로의 위상을 가진다. 보편주의 통일론은 민주화와 탈냉전, 세계화를 계기로 급변해온 대내외 환경 변화와 시대적 요청을 적극 반영한 대안적 담론으로서 기존 통일론의 문제점을 극복할 것으로 기대된다. 실제 대내적으로 통일 여론 수렴, 대외적으로는 국제사회의 지지를 바탕으로 인류문명의 발전에 기여할 통일 담론으로 발전해나갈 잠재력이 크다. 그러나 보편주의 담론이 추상적 기대로 그치지 않기 위해서는 현실성 있는 남북관계 확립이 관건이다. 인권·민주주의 친화형 남북관계의 상을 제기하고 그것을 구체화할 환경 조성과 정책 제언을 각각 3차원에서 제시한 것은 그런 필요에 대한 해답의 모색이다.

물론 이상의 논의가 시론에 불과하다고 하고 이상주의로 평가될 소지가 없지 않다. 이상의 논의가 현실성을 갖기 위해서는 보편주의 통일론을 민족주의 통일론을 경계하면서도 서로 보완하는 관계로 파악하고, 인권·민주주의 친화형 남북관계가 평화, 인도주의, 발전 등 다른 보편가치들과 조화를 이루며 추진할 정책 인프라 확립과 북한 선도전략 수립이 우선 과제이다.

15
중견국가의 평화주의 노선: 통일·안보·외교정책의 전환

1. 한반도 평화 프로세스와 한국

세계적 차원에서 냉전체제가 붕괴되고 미국 중심의 단일패권체제가 형성된 지 25년이 지나가고 있지만, 오늘날 세계 안보 및 경제 질서는 여전히 불안정하고 불확실하다. 2000년대 들어 급격히 증대하고 있는 기술·문화 교류, 통상·금융의 세방화(Glocalization) 및 인적 소통의 급증은 20세기 후반까지 지배적이었던 국민국가의 장벽이 급격히 약화되면서 세계가 말 그대로 하나가 되어가는 듯한 인상을 던져 주었다. 하지만 이러한 세계화의 이면에서 국가간, 지역간, 계층간 불균형은 해소되지 못하고 오히려 심화되고 있다. 소위 신자유주의적 세계화는 일국적 차원뿐만 아니라 세계적 차원에서 양극화 현상을 가져왔으며, 이에 따라 세계적 차원에서 민중의 저항도 함께 일어나고 있다. 세계질서는 경제적 차원뿐만 아니라 안보 차원에서도 안정을 찾지 못하고 있으며, 인류는 지속가능한 미래에 대해 확실한 전망을 내어놓을 수 없는 상황에 처해 있다.

이런 다소 비관적인 전망은 2018년 들어 더 뚜렷해졌다. 트럼프 정권과 시진핑 정권 등장 이후 미국과 중국은 안보와 경제 등 대부분의 영역에서, 그리고 세계와 동아시아 양 차원에서 협력보다는 갈등 양상을 빚고 있다. 다만, 북핵문제에 있어서 양국은 협력을 취하는 모양새를 보이는 경우도 있으나 그 이면에서는 북핵 이후 한반도 질서 변화를 둘러싸고 치열한 경쟁을 벌이고 있다.

동북아 지역경제는 중국 경제의 지속적 성장과 역내 상호의존성 증대에 힘입어 총 규모나 경제협력체 형성 가능성의 측면에서 유럽, 북미주와 함께 세계 3대 경제권을 형성하고 있고 그 규모에서는 세계 최대이다. 하지만 성장 위주의 경제정책 때문에 중국에서 일어나고 있는 지역·계층 불평등과 역내 환경오염, 그리고 한국, 일본, 대만 등 성장주의 발전전략을 채택해 온 국가들에서의 성장 둔화 및 사회경제적 양극화 심화는 동북아의 협력과 발전을 위해 반드시 해결해야 할 공동의 과제로 부상하고 있다.

정치·군사 분야에서 평가할 때, 동북아에는 영토 분쟁, 역사인식 차이, 대량살상무기 확산, 취약한 해양 안전, 각종 불법 활동 등 다양한 불안 요소가 상존하고 있다. 특히 북한 핵문제의 장기화와 역내 군비 증강은 주요 불안정 요인으로 작용하고 있다. 동북아 역내 국가들인 중국, 일본, 한국의 군비 증강은 세계에서 가장 두드러진 현상이다. 또 동북아는 협력의 관행이 일천하고 다자안보협력기구가 존재하지 않기 때문에 역내 군비 증강을 억제하지 못하고 있으며, 그로 인해 지역경제 성장의 성과가 역내 공동번영의 제도화로 전환되지 못하고 있다. 이상과 같은 동북아 경제 및 안보 상황이 동북아의 미래에 어떤 영향을 미칠지는 단정하기 어렵지만, 지역의 안보·경제 분야 협력과 관련한 낙관적 전망은 쉽지 않다.

시야를 한반도에 맞춰 본다면, 냉전체제의 유산인 분단정전체제의 지속으로 인해 한반도에는 두 개의 시간이 공존하고 있다. 남북한은 상호의존의 세계화 시대에 놓여 있으면서도 적대적 관념과 행동양식이 지배하는 냉전구조를 지속해 왔다. 달리 말하면 한반도는 탈근대화가 야기하는 도전에 직면해 있으면서도 동시에 통일국가 수립이라는 근대적 과제를 안고 있다.392) 그런 점에서 2018년 한반도에 나타난 비핵평화의 기운은 기대할 만하지만 그 전도(前途)는 낙관하기 어렵다. 거시적 관점에서 볼 때 한반도는 냉전구조 해체의 길로 접어들고 있지만, 그 과정은 남북관계의 유동성, 불안한 역내 세력균형 때문에 순탄하지 않을 것이다. 앞으로 한반도 냉전구조 해체는 비핵화와 평화체제 수립의 병행 접근을 통과할 것인데, 그 방식은 한반도 안팎에서 누적된 대립과 갈등을 해소하는 지도력과 인내력의 크기에 달려 있다고 해도 과언이 아니다.

한반도의 내부 상황에 좀 더 초점을 맞추어 보면, 냉전구조 해체는 군사적 측면에서 북한의 "완전한 비핵화", 남북간 군비통제, 북한과 미국 간 안보 사안의 해결 및 관계정상화, 그리고 이상의 내용을 제도적으로 뒷받침할 한반도 평화체제로 이루어질 것이다.393) 정치·외교적 측면에서 한반도 냉전구조 해체는 결국 1980년대 후반부터 추진된 한반도 주변국들의 남북한 교차승인의 완성으로 가능하다. 또한 남북에서 냉전구조를 재생산하는 이념, 제도, 관습의 청산도 요구된다.

한반도의 주변 환경에 주목하면 냉전구조 해체는 동북아 차원의 군비 경쟁이라는 구조적 제약의 극복을 필요로 한다. 한반도 냉전구조 해체는 동북아 안보협력의 주요 구성 부분이고, 동북아 안보협력 증진은 한반도 냉전구조 해체로 촉진된다.394) 한반도 냉전구조 해체는 동북아 역내의 군사적 대립 해소 및 경제적 공동 이익 증진과 병행 추진될 때 완성될 수 있다. 바로 이 점 때문에 북핵문제 해결을 위한 6자회담에서

---

392) 박명림, "한반도 정전체제: 등장, 구조, 특성, 변환," 『한국과 국제정치』, 22권 1호 (2006), pp. 1−32.

393) 박종철, "한반도 비핵화와 평화체제 전환," 『한국과 국제정치』, 22권 1호 (2006), pp. 103−136.

394) 구갑우·박건영·최영종, "한반도 평화체제 수립과 동아시아 다자간 안보협력에 관한 연구," 『한국과 국제정치』, 21권 2호 (2005), pp. 31−64; 박건영, "한반도 평화체제 구축을 위한 동북아 다자간안보협력 전략," 『한국과 국제정치』, 22권 1호 (2006), pp. 199−224.

관련국들은 "동북아시아의 항구적인 평화와 안정을 위해 공동 노력할 것을 공약"하였고(9·19 공동성명 4항), 동북아 평화·안보 체제와 관련한 실무그룹의 설치에 합의하였다(2·13 합의문 3항). 그러나 역내 다자안보협력의 제도화를 기약하려면 적어도 한반도에서 비핵화와 평화체제 수립이 결정적인 단계를 지나야 한다. 6자회담의 시도와 최근 남북·북미 정상회담을 비롯한 일련의 정상외교가 부흥하는 것은 이런 사실을 웅변해준다.

한반도에서 냉전구조의 해체는 분명 당면한 일차적 과제이지만, 그 자체로는 한반도의 평화와 발전을 보장하는 긍정적 환경일 뿐 평화체제의 완성이라고 말할 수 없다. 한반도 냉전 구조를 구성해 온 핵심 양자관계는 남북관계와 북미관계이다. 남북·북미관계 정상화, 비핵화, 평화체제 수립은 한반도 냉전구조 해체의 징표이자 동북아 다자안보협력의 관문이다. 이 세 축이 선순환할 때만이 그런 기대를 현실화 할 수 있다. 2018년 시작된 평화 프로세스가 지속되어야 하고 그를 위해 한국이 평화외교의 지도력을 지속해야 하는 이유가 여기에 있다.

2018년 세계는 불안정한 한데 비해 한반도는 안정을 찾아가는 비대칭적인 형국이다. 한국은 산업화, 민주화를 거의 동시에 달성하면서 세계적인 주목을 받았지만 여전히 분단정전체제로 전쟁의 위협이 높은 곳으로 인식되고 있다. 한국의 세계적 위상은 중진국을 넘어 국제사회의 발전에 기여할 능력과 의지가 높은 '중견국가(middle power)'로 불리기 시작하였다. 그런 역할을 충실히 하기 위해 남아있는 유일한 전제조건이 한반도에서 지속가능한 평화를 정착시키는 일이다. 아니 그 자체가 중견국가로서의 한국의 고유 과제라고 보는 것이 타당하다. 이 장에서는 불확실한 국제정세 속에서 한국이 한반도 평화를 정착하고 국제사회의 발전에 기여할 방향을 탐색하는데 목적을 두고 있다. 그에 관한 구체적인 대안을 제시하기에 앞서 그동안 한국의 대외정책을 성찰하고 한국의 위상과 역할을 재점검할 필요가 있다. 이를 위해 '중견국가의 평화외교'를 주요 개념으로 설정하고 있다.

2. 탈냉전 이후 한국 대외정책의 평가와 교훈

1) 대외정책 환경

냉전 해체와 세계화 현상이 동시에 진행되고 경제는 물론 외교·안보 분야에서도 상호의존성이 발생하면서 국가를 주요(혹은 유일) 행위자로 하고 군사안보를 주 관심사로 해온 국민(민족)국가 체제 하의 대외정책395) 관행은 한계에 부딪치게 되었다. 상호의존의 확대는 경제와 안보 영역들이 서로 중첩하고, 특히 기후변화, 식량, 난민, 테러리즘, 우주 개발 등 초국적 협력 분야의 증대로 촉진되고 있다. 전통적인 국가/군사 안보 개념으로는 평화를 증진하기 힘들게 되었다. 여기에 덧붙여 사회 주의국가 및 권위주의국가들의 민주화로 대부분의 국가들에서 대외정책의 투명성에 대한 요구가 높아졌으며 안보의 중심이 국가가 아니라 시민이라는 인식도 나타나기 시작했다.

이와 같은 국제질서와 그에 관한 인식 변화는 안보관과 일국의 대외정책에 일대 전환을 요구한다. 전통적 안보 개념은 국제문제의 포괄적 해결, 공동 이익의 증진, 분쟁의 비폭력적 예방 및 해결을 강조하는 포괄안보, 공동안보, 협력안보와 같은 개념들과 경쟁이 불가피하게 되었다. 그 연장선상에서 모든 안보문제는 인류사회 전체 구성원들의 생명 보호와 삶의 질 개선에 기여해야 한다는 인간안보(human security) 개념이 등장하였다.396) 이러한 새로운 안보개념은 국제사회의 모든 행위자들 사이의 상호 존중과 공동 협력을 전제로 한다. 따라서 특정 강대국

---

395) 모든 나라의 대외정책은 경제, 안보, 기타 영역으로 구성되지만 한국의 경우는 통일정책을 대외정책의 한 영역으로 추가해 논의할 수 있다. 물론 모든 통일정책이 대외정책에 속한다는 말은 아니다.

396) Human Security Unit, Office for the Coordination of Humanitarian Affairs, United Nations, "Human Security in Theory and Practice," New York: 2009; 전웅, "국가안보와 인간안보," 『국제정치논총』, 제44집 1호 (2004), pp. 28-35.

에 의존하거나 특정 국가를 적대시하는 냉전적 대외정책 관행은 그 의미와 효력을 상실하게 되었다. 물론 새로운 대외정책에 대한 요구에도 불구하고 기존 방식에 익숙해 있거나 그로부터 이익을 누리는 국가 혹은 지역의 경우 정책 전환이 지연될 수 있다. 동북아시아가 그런 지역으로 남아있다고 할 수 있고 그 가운데 한반도의 분단정전체제가 지속하고 있다. 한국과 미국 사이의 비대칭적 동맹관계도 냉전형 대외정책에 익숙하다. 새로운 대외정책으로의 전환은 국내정치적 변화나 시민사회의 압력이 작용할 때 나타나게 된다.

2) 역대 정부의 대외정책

한국의 대외정책은 지정학적 특수성과 상대적으로 약한 국력 때문에 국제질서의 변화에 민감하게 반응할 수밖에 없다. 1970년대 초 데탕트 시기와 1980년대 말 냉전 해체 시기 대북정책의 변화가 단적인 예이다. 특히 1980년대 말부터 한국은 대외적으로는 냉전 해체와 세계화 진전에 따라, 대내적으로는 민주화와 경제성장을 바탕으로 유엔 동시 가입, 북방정책 및 남북대화 동시 전개, 경제외교의 다변화 등을 추진하였다. 그러나 '외교의 발견'이라고도 할 만한 이러한 정책 추진은 대북 적대의식과 타자화 된 북한이라는 관념 위에서 이루어졌다는 점에서 근본적인 한계를 갖고 있었다. 1990년대 초 일련의 남북대화 뒤 김일성 주석 조문파동을 계기로 한 남북대화 단절과 1차 북핵위기, 그리고 2000년대 초중반 남북 화해협력 뒤 악화된 남북관계가 그런 예들이다. 1990년대 들어 확인된 대북 세력관계에서의 우위, 국가능력 증대 및 대내·외적 정책 환경의 변화를 고려할 때, 한국은 특정 강대국에 의존하거나 편승하는 약소국 외교에서 탈피할 기회를 맞이하였다. 하지만 북한 핵문제의 등장과 대외정책에 대한 시민사회의 약한 통제력, 위계적 한미 군사동맹관계의 관성 등으로 전면적인 대외정책 전환은 불가능하였다.

김대중 정부가 출범하면서 대북·통일 정책 분야에서는 획기적 전환이 일어났다. 김대중 정부는 민주개혁세력에 의한 '평화적 정권교체'의 성과와 대통령의 지도력을 바탕으로 외환위기를 극복하고 북한의 개방과 북핵문제의 평화적 해결을 위한 국제사회의 지지를 이끌어냈다. 2000년 6월 15일, 남북정상회담은 남북관계를 대립과 불신에서 화해와 협력으로 전환시키는 계기로 작용하였고, '햇볕정책'은 북한을 국제사회로 나오게 만들었다.397) 물론 김대중 정부가 추진한 신자유주의적 경제정책과 대북 관여정책 사이의 부조화가 발생해 정치사회는 물론 시민사회 내에서 논쟁을 촉발하였다.398) 분단 이후 최초로 열린 남북정상회담 이후 남북관계는 급속도로 발전하기 시작하였다. 하지만 부시 정권의 등장과 2002년 9월 2차 북핵위기의 발생으로 남북관계는 그동안의 양적 성장에도 불구하고 군사적 불안정을 해소하지 못한 상태에 놓이게 되었다.

노무현 정부는 북핵문제의 평화적 해결과 한반도 평화체제 수립, 한·미 동맹과 자주국방의 병행 발전, 남북한 공동번영과 동북아 협력 주도 등을 안보정책의 전략과제로 설정하였다.399) 노무현 정부의 '평화번영정책'은 북핵문제가 북한과 미국의 대립 속에서도 6자회담을 통한 평화적 해결의 길로 들어서게 하는 데에 중요한 역할을 하였고, 전시 작전통제권 환수 합의 등 동맹관계의 정상화를 추진하였다. 그런 성과에도 불구하고 노무현 정부의 대외정책은 각 분야별로 적지 않은 문제점을 보여 왔다. 대북·통일 정책에서 정부는 사회문화교류와 경제협력을 중심으로 남북간 정치·군사적 한계를 돌파하려는 기능주의적 접근을 전개하였다. 수많은 인적·물적 교류의 증대에도 불구하고 남북 사이에 군사적 신뢰구축은커녕 사회·경제 분야 교류·협력의 제도화도

397) 김근식, "남북정상회담과 6.15 공동선언: 분석과 평가," 『북한연구학회보』, 제10권 2호 (2006), pp. 39-57.
398) 박순성, "분단체제의 미래와 동북아질서," 『창작과비평』, 103호 (1999), pp. 313-331.
399) 국가안전보장회의, 『평화번영과 국가안보 - 참여정부의 안보정책 구상』 (2004), p. 29.

임기 말년인 2007년 10.4 정상선언 이후 모색해 실기(失機)하였다. 이러한 부진은 일차적으로 북한 핵문제의 장기화 때문에 나타났다고 할 수도 있겠지만, 대북송금 특검으로 인한 남북 최고 지도부 사이의 신뢰 부족과 대북정책을 둘러싼 정치적 갈등(혹은 정략적 이용)이 극성을 부렸다. 그럼에도 불구하고 노무현 정부는 부시 정부와 이라크 파병, 자유무역협정(FTA) 체결, 미군기지 이전 협상을 진행하면서 미국의 대북 강경 정책을 완화시키는데 성공하였다.

'참여정부'는 외교 분야에서 경제외교, 친선외교를 펼쳐 한국의 국제적 지위를 높여 왔지만, 핵심 전략으로 내건 '동북아균형자론'을 구체적으로 실천하지는 못했다. 다시 말해 한반도의 '평화·번영'에 가장 큰 영향을 미치는 동북아 주변 강대국들과의 균형적인 선린외교에는 실패한 것이다. 자주외교와 동북아균형자론은 구체적인 청사진과 여건을 마련하지 않은 채 구호로 시작하였다가 사라졌고, 그 후 노무현 정부는 대미의존 외교를 답습하였다는 비판에 직면하기도 했다. 북핵 대응 외교를 제외하고 중국, 러시아와의 협력외교는 찾아보기 힘들었고, 미국의 요청에 따른 이라크 파병과 한미FTA 추진은 '평화번영정책'과 '참여정부'라는 수사를 무색하게 만들었다.400) 결국 한국의 대외정책은 미국을 비롯한 서방의 일부 주요 국가들에 편중됨으로써 다양한 인간안보 증진을 위한 국제협력, 자원 도입선의 다변화, 세계 각지 재외동포의 생명 보호 및 지위 향상 등에서 한계를 보여 왔다.

한편, 노무현 정부의 안보·국방 정책은 '자주국방', '국방의 현대화', '국군의 정예군화' 등과 같은 구호 속에서 의욕적으로 추진되었지만,401) 약소국 편승외교의 관행과 군사안보 중심의 냉전적 안보관에서 크게 벗

---

400) 한미FTA 추진으로 한미동맹은 군사동맹에서 포괄적 동맹으로 전환되기 시작했다. 포괄적 동맹으로의 전환은 한국의 경제주권을 포함한 포괄 안보를 위협할 뿐만 아니라 동북아 세력 불균형의 심화를 통해 지역협력의 장애물이 될 가능성이 높아졌다는 지적도 일어났다.

401) 국방부, 『국방개혁 2020』(2005).

어나지 못하였다. 한국군의 대북 억지력 증강을 위한 첨단무기 도입, 주한미군의 전략적 유연성 확보를 위한 기지 재편 작업 및 그 과정에서 발생한 평택시민에 대한 강제철거 조치는 군사·안보 정책의 반평화성, 대외의존성, 비민주성을 유감없이 노출시켰다. 더욱이 노무현 정부는 변화하는 국제안보환경 속에서 비군사적 수단을 통한 공동안보 및 공동이익 증진 노력과 그를 위한 다자간 협력을 멀리하고, 미국의 세계안보전략에 따라 한국군을 한반도 밖으로 내보냄으로써 국민의 생명을 위협하고 평화국가로서의 이미지를 실추시켰다. 이런 현상은 비대칭적 한미동맹관계와 북핵문제의 평화적 해결을 위한 고육지책으로 평가되기도 하지만, 노무현 정부에 대한 기대가 높아진 시민사회에서는 그만큼 비판도 컸다.

김대중, 노무현 정부에 비해 이명박, 박근혜 정부가 보인 대외정책은 평가가 불필요할 정도로 낙제점이라는 지적이 높다. 이명박 정부는 한미일 남방 3각 동맹 대 북중러 북방 3각 동맹 사이의 해묵은 대결 구도를 부활시키는데 기여하였다. 이는 근본적으로 북한붕괴론에 기반한 대북 압박정책에 근거를 두고 있었고, 결과적으로 미중 협력구도를 훼손하면서 진영 대결과 유사한 갈등구도를 조성한 것이다. 또 '한미관계의 전략동맹화' 및 한미일 3국간 군사협력 강화는 동북아 평화안보체제를 추구한다는 6자회담 합의를 위반한 것이다. 다른 한편, 이명박 정부의 대북정책 구호였던 '비핵·개방·3000'은 부시 행정부의 북한의 선(先) 핵포기 정책의 재판이었다. '비핵·개방·3000'은 북핵문제를 대북정책의 전체 혹은 제일순위로 설정함으로써 다른 대북정책이 북핵문제에 가로막혀 추진되지 못하는 문제를 초래하였다. 또 이명박 정부의 자원외교는 일부 정치인들의 이권에 이용되었을 뿐 실효를 거두지 못하고 국가 자원만 낭비하였다.[402]

박근혜 정부와 이명박 정부의 정치 성향을 이념보수와 시장보수로 구분하기도 한다. 그렇지만 '결과의 논리'에 서서 대외정책 전반을 살펴

---

402) 코리아연구원, "민주진보진영의 대외정책 구상," IDP 연구용역보고서 (2012).

볼 때 질적인 차이를 발견하기 어렵다. 오히려 동맹의존주의, 대북 압박 일변도의 접근, 무원칙한 동북아 외교, 민주주의 후퇴와 관련된 국제협력 및 기여외교의 저조함 등에서 공통점을 찾을 수 있다. '한반도 신뢰프로세스'로 명명된 박근혜 정부의 대북·통일정책은 북한과의 신뢰를 조성하지 못해 처음부터 실패를 예고했다. 대북 압박을 향한 한미공조를 제외하고 다른 한미관계는 전개되지 못하였고, 일본, 중국 등 주변국들과의 우호관계는 종군 위안부, 사드 문제 등을 계기로 악화되어 버렸다.

촛불시민혁명으로 등장한 문재인 정부는 5대 국정목표 중 하나로 '평화와 번영의 한반도'를 제시하였다. 그리고 관련 국정전략으로 ① 강한 안보와 책임국방, ② 남북간 화해협력과 한반도 비핵화, ③ 국제협력을 주도하는 당당한 외교 등을 제시하였다. 실제 문재인 정부는 악화일로를 걷던 북한과 미국에 대화를 통한 비핵화와 평화체제 수립의 병행에 관한 일관된 메시지를 전달하였다. 그 과정에서 한국의 적극적 역할을 실행하면서 2018년 들어 위기를 전환시켜 한반도 평화 프로세스의 기틀을 닦았다. 그렇지만 중국, 일본 등 일부 주변국들과의 관계개선, 경제외교 등에서 분발을 요구받고 있다. 특히 미중 무역전쟁이 확대 지속할 경우 한국의 대외정책은 큰 도전을 받을 것이다.

3) 평가와 함의

이상 탈냉전 이후 역대 정부의 대외정책을 개괄하면서 국제정치 현실에서 한국이 처한 구조적인 한계와 해당 정부의 정책 역량을 함께 파악할 수 있었다. 다만, 구조적 한계가 고정불변이 아니라 정부의 역량에 따라 가변적이라면 대외정책 방향과 추진 능력에 주목하지 않을 수 없을 것이다. 한국 정부가 노정한 대외정책의 불철저성과 비일관성은 정책 추진 능력의 한계에서 비롯되었다기보다는 새로운 정책 비전과 방향을 요구하는 시대적 변화를 반영하지 못한 데서 찾을 수 있다. 냉전적 안보관, 동맹외교의 관행에 안주한 점을 부인할 수 없다. 산업화와 민주화의 병행 달성으로 이제 한국은 강대국은 아닐지라도 약소국에서 벗어나 '중견국가(middle power)'의 지위에 올랐지만 그것을 인식하지 못해 기존 관성에서 탈피하지 못하고 있는지도 모른다. 이제 군사안보, 국가안보 시대는 지나가고 있고 안보의 범위는 확장되고 그 달성 방법도 다변화되었다. 국가만이 안보의 주체가 아니다. 안보 영역에서도 시민들의 민주적 참여와 다양한 국제 행위자들 사이의 협력이 필요하다.403) 안보의 목적은 국가가 아니라 시민이고 그 결과도 시민들에게 돌려줘야 한다. 실제 한국사회는 9.11 이후 반테러전쟁을 명분으로 한 미국의 해외침략과 그에 동조하는 한국군의 파병, 그리고 북핵실험 등을 목도하면서 남북 통일과 한반도 평화 그리고 세계 평화를 함께 생각하게 되었고, 평화와 통일이 시민들의 삶의 질에 연결되어야 함을 인식하게 되었다.404)

요컨대, 이제 한국 사회는 대외정책의 방향을 획기적으로 전환해야 할 시점에 도달했다. 민주주의의 진전과 국제적 지위의 상승으로 이러한 방향 전환은 필요할 뿐만 아니라 가능하게 되었다. 더욱이 최근 한반도에서는 북핵문제 해결에 국한되지 않은 커다란 역내 지각 변동이 시작되고 있다. 그 변동은 한국사회의 미래에 기회와 도전을 동시에 제공하고 있다. 이런 가운데 한국의 대외정책이 능동적인 역할을 수행하려면 정책 방향을 굳건히 하되 그 수단은 폭넓고 유연하게 다루는 지혜가 요청된다. 상황 추종적인 정책 방향 탐색과 특정 수단(동맹)에 의존하는 경색된 정책 집행으로는 국제사회의 기대에 부응하기는커녕 한국의 생존조차도 기약하기 어려울 수 있다. 이제 한국은 중견국가로서의 지위와 능력에 걸맞게 창조적인 정책으로의 전환을 추진할 시점에 서 있다. 우리는 이러한 대외정책의 전환을 '중견국가의 평화외교'라는 이름 하에 제시하고자 한다.

---

403) 구갑우, 『비판적 평화연구와 한반도』 (서울: 후마니타스, 2007) 참조.

404) 박순성, "이라크파병 논란─ 국익, 국가정체성, 평화운동," 『창작과 비평』, 122호 (2003), pp. 360-369; 박순성, "북핵실험 이후, 6·15시대 담론과 분단체제 변혁론," 『창작과 비평』, 134호 (2006), pp. 333-345.

3. 중견국가의 평화외교노선

아래에서 제시될 중견국가의 평화외교는 지금까지의 논의로부터 세 가지 교훈을 끌어내 비전으로 삼고자 한다. 첫째, 군사동맹 위주의 대외 정책 노선에서 벗어나 인간안보 개념에 기반을 둔 다자안보협력을 위시 하여 다양하고 유연한 정책을 추진한다. 둘째, 평화외교를 일관성 있게 전개함으로써 존경받고 매력적인 국가 이미지를 획득하고 이를 창조적 외교력과 결합함으로써, 국가이익 보호와 세계평화 증진이 상호 보완적 으로 달성될 수 있도록 노력한다. 셋째, 동북아 안보협력의 제도화와 통 일을 대비하는 차원에서 주변 강대국들을 대상으로 균형적인 선린외교 를 강화한다.

1) 중견국가의 개념

중견국가405)란 이론적으로 강대국과 약소국의 중간에서 세계체제에 서 응집과 안정을 추구하는 경향을 나타내는 국가를 가리킨다.406) 일반 적으로 중견국가는 국가 역할, 국력, 지역성이라는 세 요소로 정의해 볼 수 있다. 중견국가는 가교역할, 제도 창출, 중재 역할 등을 주로 수행하

---

405) 중견국가란 영어의 middle power에 대응하는 용어이다. middle power의 우리말 번역은 중급국가, 중간국가, 중견국가 등으로 불린다. 여기에서는 이 용어의 의미를 국가간 위계나 발전 수준으로 이해하기보다는 한 국가가 지정학적으로 중간의 위치에 있으면서도 대외정책에서 유연성과 창조성을 발휘한다는 점을 강조하기 위해 '중견국 가'로 부르기로 한다.

406) Eduard Jordaan, "The concept of a middle power in international relations: Distinguishing between emerging and traditional middle powers," *Politikon*, 30:2 (2003), p. 165; Jeffrey Robertson, "South Korea as a Middle Power: Capacity, Behavior, and Now Opportunity," *International Journal of Korean Unification Studies*, 16:1 (2007), pp. 153–154에서 재인용. 중견국가론을 적용한 대외정책 사례 연구로는 김상배 엮음, 『제3세대 중견국 외교론: 네트워크 이론의 시각』(서울: 사회 평론, 2015); Jan Rudengren, Peter Gisle and Karin Brann, *Middle power clout: Sweden and the development banks* (Ottawa: North–South Institute, 1995); J. L. Granatstein (ed.), *Canadian foreign policy since 1945: middle power or satellite?* (Toronto: Copp Clark Pub. Co., 1969).

는데, 이러한 역할을 대개 단독으로 하기보다는 소그룹 형성이나 기존 국제기구를 통해서 한다. 대표적으로 중견국가는 역내 정치군사적 갈등을 타개하고 안보딜레마 상황을 공동협력으로 전환하는 데에서 중요한 외교적 역할을 수행한다.[407] 경제적, 군사적 측면에서 중견국가는 너무 크지도 작지도 않은 나라들이다. 그런 국력에 기초해서 중견국가들은 공적개발원조(Official Development Assistance: ODA), 평화유지활동(Peace Keeping Operation: PKO), 평화창출 활동(Peace Making Operation: PMO), 재해구난 및 난민구원, 전염병 치료·예방 등 국제사회 발전과 인간안보 증진에 적극적으로 참여한다. 지역 차원에서 볼 때, 중견국가는 국제적·지역적 영향력을 어느 정도 갖고 있으면서도 특정 지역을 지배하려고 하지 않는다. 한국의 국력과 위상, 대외정책 성향 등은 한국이 중견국가의 이런 역할을 하기에 충분하다.[408]

2) 중견국가의 대외정책과 한국

중견국가를 능력과 행동 양 측면에서 파악할 수도 있다. 실제 중견국가에 해당하는 국가는 종종 자신의 능력과 행동 양 측면에서 일관성을 보이지 않기도 한다. 지금의 한국이 정확히 그런 예라고 볼 수도 있다. 한국은 능력에서 중견국가의 지위에 있으면서도 중견국가의 외교에 익숙하거나 그런 모습을 확립한 상태는 아니다. 능력과 행동의 불일치 현상이 한국의 대외정책에서 나타나고 있는 것이다.

중견국가는 북유럽의 사회민주주의국가들과 같은 전통적 중견국가와 탈냉전과 함께 민주화를 거쳐 나타난 신흥 중견국가로 나눠볼 수 있다. 이 두 유형의 중견국가는 민주제도의 정착, 사회적 균열, 사회정치

---

407) Joshua B. Spero, *Bridging the European Divide: Middle Power Politics and Regional Security Dilemmas* (Oxford: Rowman & Littlefield Publishers, 2004).
408) 김우상, 『신한국책략 3: 대한민국 중견국 외교』 (서울: 세창, 2012); 조성렬, "한국형 평화국가는 어떤 모습일까: 중급평화국가론의 모색," 『시민과 세계』, 제10호 (2007), pp. 80-100.

적 가치의 성숙 정도, 세계경제에서의 지위 등으로 구별할 수 있다. 이러한 분류는 중견국가들이 중견국가로서의 능력을 갖춘 후에 점차 중견국가의 외교적 행태를 보이는 진화 과정을 거친다는 사실을 말해준다. 대부분의 중견국가의 경우, 민주제도가 정착하고 사회적 균열이 줄어들고 사회정치적 가치가 성숙되고 세계경제에서의 지위가 높아짐에 따라 중견국가로서의 대외정책 행태도 발전한다.[409]

이상의 논의에 따를 경우 한국은 신흥 중견국가로서 남북한의 군사적 긴장과 동북아의 안보딜레마 상황을 한반도 평화체제 구축 및 동북아 안보협력의 제도화로 전환하는 데 주요 역할을 할 평화외교노선을 모색할 만하다. 이러한 신 대외정책을 통해 한국은 능력과 행동 사이의 일치가 이루어지는 명실상부한 중견국가가 될 수 있을 것이다. 물론 한반도의 군사적 긴장과 동북아의 지정학적 여건, 대외정책을 둘러싼 대내적 갈등 등은 한국이 중견국가로서의 역할을 해 나가는 데에 도전 요소로 작용할 것이다. 하지만 역으로 판단하면, 바로 그런 제약 조건들 때문에 한국은 중견국가의 평화외교노선을 취해야만 한다. 더욱이 현재 한국은 경제적·군사적 능력이나 민주화의 진전 정도, 국제적 지위 등의 측면에서 볼 때 중견국가의 대외정책을 전개할 필요조건을 갖추고 있다. 문제는 중견국가 특유의 자율적이고 창의적인 대외정책을 추진할 발상의 전환과 정책 의지이다. 또한 한반도 평화·통일과 동북아 협력·발전이 밀접하게 연관되어 있다는 사실을 직시할 때, 중견국가의 평화외교노선은 한국이 앞으로 선택할 수 있는 유력한 외교노선으로 검토할 만하다. 아래에서는 한국 평화외교노선의 기본방향과 주요 영역에서의 정책 과제를 토의해볼 것이다.

---

409) Robertson, "South Korea as a Middle Power," pp. 154–155.

4. 한국의 4대 평화외교노선

한국이 중견국가의 평화외교노선에 입각하여 중기적으로(10-20년) 추진할 평화주의적 대외정책을 4대 기본 방향, 10대 정책 과제로 제시해 보고자 한다(그림 15-1).

평화외교노선은 한반도 비핵화 및 평화체제 수립뿐만 아니라 동북아 및 세계 평화 증진에 이바지하는 대외정책 방향과 관련 실행을 통칭한다. 이는 한국의 평화주의적 대외정책의 색깔과 모양을 담고 있다. 모든 형태의 잠재적 혹은 명시적 폭력을 배제하고 관련 당사자간 협상 혹은 국제사회와의 협력을 통해 국가이익과 보편가치를 조화롭게 추구하는 것이다. 평화외교노선은 통일·외교·안보 정책영역에서 이상과 현실의 차이, 정책영역간 목표의 부조화를 보였던 폐단을 극복하고 일관된 방향과 창조적인 방법으로 목표를 달성해나가는 철학과 지혜를 포함한다. 평화외교노선을 보다 효과적으로 추진하기 위해서는 냉전 시기 적대적 남북관계에 적용해온 군사안보 중심의 동맹외교를 21세기 국제

[그림 15-1] 한국의 평화외교노선 개요

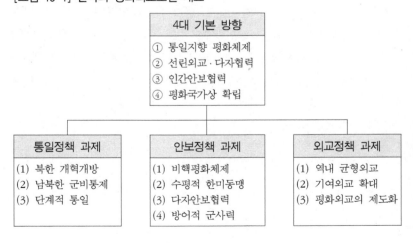

정세 및 남북관계의 변화에 부응하는 방향으로 변화·발전시키고, 국제 사회와의 다자안보협력을 확대하는 등 균형적이고 실용적인 정책을 추진해야 한다.

한국의 평화외교노선은 당면한 북핵문제 해결을 추구하면서 한반도 평화체제 수립과 동북아 안보협력을 병행 추진하고, 민주적 평화국가의 상을 수립하여 대외정책을 안정적이고 지속적으로 전개할 기반을 구축하는 데에도 역점을 둔다. 나아가 평화외교노선은 한반도 평화체제 정착이 소극적 평화에 그치지 않고 지속가능한 평화공동체 수립까지 전망한다. 이제 한국은 평화체제 → 평화통일 → 평화공동체 수립의 단계를 밟아가면서 세계평화에 기여하는 평화주의 대외정책 방향을 확립하여야 한다.

1) 통일지향적 평화체제 수립

한반도의 냉전구조 해체 작업은 종국적으로 한반도에 항구적인 평화공동체를 건설하는 것을 목표로 한다. 이는 물론 비핵평화체제 수립을 지나 평화통일을 달성한 이후에 가능한 장기 전망이다. 6자회담에서의 비핵화 합의와 그 실패 이후, 판문점 및 평양 남북정상회담과 싱가포르 북미정상회담으로 다시 비핵평화 프로세스가 가동되기 시작하였다. 비록 순탄하지 않겠지만 이렇게 다시 시작한 한반도 냉전구조 해체는 비핵화 실현, 정전체제 청산, 평화협정 체결, 역내 군비통제 등을 경과하면서 한반도는 안정적인 평화공동체의 길을 닦아갈 수 있을 것이다. 한반도 비핵평화체제 구축 없이는 평화통일과 역내 다자안보협력의 제도화가 불가능하다는 점에서 이것이 최우선적인 정책 목표이다.

한반도 평화공동체는 한편으로 전쟁 재발 방지와 평화정착을 위한 제도적 장치를 기반으로 하면서, 다른 한편으로 사회구성원들의 의식 변화를 요구한다. 한반도 평화공동체는 남북한이 각각 전쟁을 불법화하고 평화를 합법화하는 행동규범과 의식을 내면화하고 그것을 상호관계의 근간으로 삼아 통일 이후 평화로운 한반도를 전망하는 것이다. 또한 평화공동체가 한반도 모든 구성원의 인간다운 삶을 지향한다고 할 때, 그 물리적 근거는 분단정전체제 유지 비용을 민주·인권·복지 비용으로 전환하는 것을 말한다.

한반도 평화공동체를 지향할 때 구체적으로 남북관계는 어떻게 변화할 것인가? 그 출발은 가능한 범위에서 남북 교류협력을 제도화하는 것으로서, 이는 기존 남북간 합의 사항 중 실행가능한 협력을 전개하는 것을 말한다. 제도적으로는 낮은 단계의 연합제를 실시하는 것이다. 이로써 '사실상의 통일'에 진입하게 된다. 남북연합은 정치·군사적 신뢰를 바탕으로 평화번영을 만들어내며 평화통일을 추진하는 말 그대로 남북 간의 제반 협력과 그 결과를 말한다. 상호 갈등과 대립을 재생산해온 법적, 제도적, 정신적 요소를 청산하고 남북이 공존공영을 본격화하는 것을 말한다. 이때 통일은 특정 제도나 체제를 기준으로 한 '결과 개념'이 아니라 행위자간 상호작용에 바탕을 둔 '과정 개념'임을 교류협력 과정에서 확인할 수 있을 것이다.

한반도 평화체제 구축을 평화통일 → 평화공동체 형성으로 발전시켜 나가지 못할 경우, 그러한 평화체제는 분단고착형 평화체제가 될 수도 있다. 그런 상태는 외형상 전쟁 재발 방지 공약에도 불구하고 한반도에서 구조적 폭력을 지속시키고 한반도 구성원들의 지속가능한 삶을 저해한다는 점에서 경계할 바이다. 한반도 평화를 평화체제 → 평화통일 → 평화공동체라는 3단계 연속 과정으로 발전시키려는 이유가 여기에 있다. 한반도 평화체제가 궁극적인 단계까지 발전할 때 한반도에서 평화와 통일은 동전의 양면임을 증명하는 셈이다. 따라서 우리는 한반도 비핵화 과정과 함께 모색할 평화체제 논의에 주도적으로 참여하여 그것이 통일지향형 평화체제 수립의 길로 나아가도록 할 책무를 띠고 있다.

2) 균형 선린외교와 다자안보협력의 확대

지속가능한 한반도 평화공동체가 수립되려면 남북한 협력이 일차적으로 필요하지만, 동북아 주변 국가들의 지지와 역내의 안정도 반드시 필요하다. 이런 점에서 한국의 평화외교노선은 동북아의 안정과 협력을 품어야 한다. 이는 일차적으로 미국, 중국, 일본, 러시아 등 주변 4개국과의 균형적인 선린외교를 의미한다.

군사동맹에 기반을 둔 한국의 대미 의존 대외정책은 냉전기 대북 억제 기능을 수행했지만 탈냉전 이후 안보 환경의 변화와 평화주의적 대북 관여정책의 필요에 의해 변화의 필요성에 직면해왔다. 그런데 지난 20여 년 동안 한국은 미국과의 동맹외교 관행에 젖어 동북아에서 획득 가능한 국가이익을 스스로 제한해왔는지도 모른다. 대미 일변도의 외교관계는 한국의 대외 협상력과 국제적 지위 제고를 스스로 제한하고 장기적으로 필요한 한국외교의 창조력과 상상력을 위축시키는 결과를 초래한지도 모른다. 동북아 협력시대를 대비하고 그것을 한반도 평화정착 및 통일로 연결시키기 위해서는 계속되어온 일본과의 갈등을 청산하고, 중국·러시아와 전략적 동반자관계를 강화해야 한다. 기존의 동맹외교는 지역 선린외교의 주요 부분으로 재구성할 필요가 있다.

한편, 동북아 차원에서 볼 때 역내 다자안보협력의 제도화는 역내 경제적 상호의존 확대와 군비 경쟁 심화 및 영토 분쟁 등과 같은 다양한 잠재적 갈등 요인의 공동 통제 필요성 때문에 증대되고 있다. 물론 정치·군사 분야에서 동맹관계를 비롯한 양자주의적 접근이 우세한 편이다. 최근에 들어서 경제 분야에서조차 FTA방식의 양자관계가 대두하고 미중간 무역 갈등으로 역내 공동이익 증진을 위한 다자적 접근이 제약을 받고 있다. 그럼에도 일부 국가들 사이에 소다자주의, 그리고 특정 초국가적 비전통적 안보문제에 관한 다자주의적 접근이 지속되고 있어 역내 다자안보협력의 제도화 필요성이 낮아진 것은 아니다.

따라서 우선은 동북아 안보협력체 건설을 위한 다자주의적 접근의 필요성과 동맹관계에 좌우되고 있는 현실 사이의 격차를 좁히는 노력이 요청된다. 국가간 불신과 갈등이 존재하고 협력의 습관이 낮은 역내 환경을 고려할 때, 당면한 공동 관심사에 대한 협력의 기회를 포착하고 그 성과에 기초하여 협력의 범위를 넓히는 사안별 다자주의적 접근이 타당할 것이다. 2000년대 중반 6자회담에서 참여국들이 한반도 비핵화 및 평화체제 수립이 가시화될 경우 동북아 안보협력의 제도화를 추구하기로 합의한 것을 상기하는 것도 유용하다. 2018년 들어 판문점 남북정상 선언 등 일련의 정상외교로 재추진되는 비핵평화 프로세스가 본 궤도에 오를 경우 그 성과를 활용해 역내 다자안보협력 기구 설립을 위한 논의를 가질 수도 있다. 사안별 다자협력은 역내 국가간 정치적 불신 해소, 안보 이슈에 관한 일국 차원의 기회비용 최소화, 다자협력의 학습 등 전면적인 다자안보협력의 발판을 마련하는 데에 유용하다.

이처럼 비확산, 환경, 식량 등의 분야에서 역내 다자협력의 중요성은 점점 높아지고 있다. 그런 상황에서 한국은 '중견국가'의 지위를 살려 공동협력의 기회를 제공하고 협력 과정을 선도하는 노력을 기울여야 한다. 특히 한국이 다자안보협력을 한국의 평화외교노선의 일환으로 추진할 경우, 기존 동맹관계는 보완적 역할로 재편될 수 있을 것이다. 군사안보 중심의 한미동맹관계는 다자안보협력의 발전 속도에 맞춰 다양한 분야를 포괄하는 양국간 대등한 협력관계로 점차 전환할 수 있을 것이다. 이는 동맹이 다자안보협력으로 대체되는 것이 아니라, 기존의 비대칭적 군사동맹을 대등한 정치동맹으로 전환하면서 다자안보협력과 보완관계를 형성하는 것을 의미한다. 아울러 다자안보협력의 현실화를 위해, 한국은 우선적으로 절대안보 개념을 포기하고 합리적 충분성의 개념에 기초하여 안보전략을 재정립해야 한다.[410] 문재인 정부 들어 발표한 '국방개혁 2.0'은 국방운영, 병영문화 분야에서는 개선된 점이 있

---

410) 국방부, "보도자료: 문재인정부의 '국방개혁 2.0'" (2018년 7월 27일).

지만, 군구조 분야에서는 여전히 절대안보 개념에서 벗어나지 못하고 있다. 한반도 긴장완화로 축소가 예상돼던 대북 억지·보복전략으로서의 3축 체계(킬체인, 한국형 미사일방어, 대량응징보복 체계)를 그대로 추진하고 2019~23년 국방비를 연평균 증가율을 7.5%(총 270.7조 원)로 산정하고 있다. 이런 정책 방향이 문재인 정부의 '평화로운 한반도 구상'에 부합하는지 의문이다. 한국은 적의 정체성을 벗어나 상호의존과 공동운명에 바탕을 둔 협력적인 집합 정체성을 만들어나가는 노력을 기울임으로써 역내 안보협력을 선도해나갈 수 있을 것이다.[411]

3) 인간안보 국제협력

오늘날 위협의 성격과 유형은 다양해지고 민주화의 진전으로 안보 개념에도 변화가 일어나고 있다. 평화외교노선의 궁극적 지향은 국가안보가 아니라 인간안보이다. 물론 외부의 침략으로부터 국가를 방어하는 일이 인간안보를 위해 필요하지만 그것으로 충분하지는 않다. 국가의 안전보장이 자동적으로 인간의 안전보장을 의미하지 않을 뿐만 아니라 국가안보의 궁극적인 목표는 국가 그 자체가 아니라 그 구성원이기 때문이다. 여기서 근현대 세계사에서 자국의 국가폭력에 희생당한 시민의 규모가 타국의 침략에 의한 희생보다 결코 작지 않은 것을 상기하는 것도 의미가 있다.

한국의 평화외교노선은 국가의 보호 그 자체가 아니라 국가 구성원 개개인을 외부의 침략은 물론 억압, 가난, 질병, 재난, 차별 등 각종 위협으로부터 인간의 존엄을 지키는 데에 초점이 맞춰져야 한다. 국가안보의 우위는커녕 시민의 안전과 존엄 보호에 국가안보와 인간안보의 구별이 불필요하다는 것이다. 한국이 인간안보를 추구하는 것은 민주국가로서의 지위와 중견국가로서의 역할과 상응한다. 이러한 인간안보 추구는 평화외교노선 하의 여타 정책의 바탕이 됨으로써 폭넓은 지지를 획

---

411) 구갑우, 『비판적 평화연구와 한반도』 (서울: 후마니타스, 2007), p. 54.

득하여 한국 대외정책의 대내외적 지지도와 신뢰성을 제고할 수 있다. 나아가 인간안보의 관점에서 한반도 평화를 접근할 때 평화공동체의 내용과 그 추진 과정은 보다 내실 있고 견고해질 수 있고, 북한의 호응을 이끌어내는데도 유용하다.

인간안보를 추구하는 한국 대외정책의 최대 특징이자 장점은 평화외교를 수행하는 국가의 이익과 세계 공통의 가치가 일치한다는 데에 있다. 물론 현실에서 그런 현상이 처음부터, 언제나 보장되는 것은 아니겠지만, 중견국가로서의 지위와 능력을 활용하고 정책 일관성을 보일 때 그런 효과는 높아질 것이다. 실제 1980년대 후반 노태우 정부의 '북방정책'과 김대중 정부의 '햇볕정책'은 그런 가능성을 보여주었다. 한국의 입장에서 평화외교노선은 단순히 한국의 대외 이미지 제고를 위한 수사(修辭)적인 조치가 아니라 한반도 평화공동체 수립과 동북아 안보협력의 제도화와 같이 매우 현실적인 목표 달성의 촉진제로 작용할 것임을 강조하고자 한다.

4) 민주적 참여에 의한 평화국가의 확립

평화외교노선은 한국 대외정책에서 발상의 전환을 전제하고 있지만 그것은 단지 정책효과의 극대화에만 초점을 두는 것은 아니다. 평화외교노선이 밝히고 있는 중견국가의 대외정책은 한국을 민주적 참여와 통제에 기반을 둔 평화국가로 전환하는 것을 포함하고 있다. 시민이 안보의 주체이자 목표라 한다면 그 국가의 정체성은 안보국가가 아니라 평화국가, 힘센 국가가 아니라 편안한 국가로 전환된다. 그때 민주적 참여와 통제는 평화국가의 필요불가결한 요소이다.

평화국가는 군사력에 절대적으로 의존하는 안보국가와 달리, 물리적 폭력은 물론 구조적·문화적 폭력을 지양하고 적극적 평화(positive peace)를 추구하는 민주적 정치체를 말한다.412) 대내 정치·경제적 토대가 미

---

412) 평화국가론은 2006년 8월 참여연대 평화군축센터에 의해 공식 제기되었는데, 이는

비한 가운데 추진하는 평화외교는 불안정하고 일시적이다. 평화외교노선은 평화외교를 국익 증진의 대안적 방안으로만 간주하지 않고, 안보관 및 국제관계 질서의 변화와 함께 국가 성격의 전환을 추구한다. 그럴 때 일국의 국가이익은 세계 보편가치와 조화를 이룰 수 있다. 민주적 평화국가가 추진하는 일관되고 적극적인 평화외교노선은, 중견국가의 대외정책이 그 국가의 국제적 지위는 물론 대내적 정치·사회·경제 발전에 상응하여 진화한다는 이론적 논의와 일치한다. 이것이 현실화되려면 한국사회에 평화문화가 확산되고 시민의 평화의식이 높아져 배려와 포용, 세계 분쟁문제들에 대한 관심과 기여, 평화적 수단에 의한 갈등 해결의 제도화가 이루어져야 한다.

그러므로 한국의 평화국가로의 변신은 한국의 국가 성격 변화에 기초해 한반도의 특수성과 세계사적 보편성을 묶어내는 대기획이다. 남한 시민사회를 주동력으로 하고 세계평화 세력 및 여론을 지지 기반으로 하는 평화국가 건설은 평화를 정책 수단이자 목표로 동시에 간주하면서 지속가능한 발전, 협력 속의 번영을 지향한다. 구체적으로 평화국가는 북한의 국가 형태 변화에 영향을 미쳐 평화통일과 통일평화를 거쳐 항구적인 평화공동체를 추구하는 거대 전략이다. 다른 한편 평화국가론은 동북아 역내 국가들의 국가정체성에도 영향을 미쳐 역내 공존공영을 촉진할 수 있다. 그런 기반 속에서 한국은 세계의 평화와 지속가능한 발전에도 기여할 수 있을 것이다.[413]

아래에서는 평화외교노선의 10대 과제와 관련하여 그 추진 방향을

부시 미 행정부의 군사주의적 대외정책과 북핵실험, 다른 한편으로 남북관계 발전을 배경으로 하고 있지만 한국 시민사회운동이 운동에 그치지 않고 대안적 국가상을 수립하는 단계로 발전하고 있음을 보여준다. 참여연대 평화군축센터, "평화국가 구상과 시민사회운동," 『참여연대 평화군축센터 발족 3주년 기념 심포지엄』(2006년 8월 10일).

413) 평화국가의 기본 원칙은 세 가지이다. ① 평화국가는 정당한 방법을 통해 물리적 폭력 수단의 적정규모화 및 최소화를 추구한다. ② 평화국가는 평화외교와 윤리외교를 지향한다. ③ 평화국가는 구조적 폭력이 제거된 적극적 평화를 지향하는 축적 체제에 기초한다. 위 글, pp. 31–32.

통일·외교·안보 등의 영역에서 다룬다.

5. 통일정책 과제

1) 적극적 관여로 북한의 개혁개방 지원

대북 통일정책은 관여정책을 전개한 지난 정부들의 정책방향을 계승하면서도 지금까지 드러난 정책의 한계와 문제점을 개선하는 '원칙 있는 관여정책'을 추진한다. '원칙 있는 관여정책'은 상호신뢰와 평화공존을 바탕으로 남북관계를 적극 발전시켜 나가지만, 동시에 상호 합의사항의 이행과 국제규범의 준수를 강조한다. 기존의 남북대화에서는 이 점이 소홀했던 것이 사실이다. 이러한 통일정책 목표는 남북간 군사적 긴장 완화 및 경제협력 확대, 북한의 국제협력 촉진을 통한 남북관계의 질적 발전, 곧 '사실상의 통일' 진입이다.

1990년대 이후 20여년 동안 북한은 정상적인 국가로 판단하기에는 매우 어려운 현실을 노출하였다. 특히, 경제생활을 자력으로 할 수 없는 상황에 이르렀다. 물론 김정은 정권 들어서 국가 시스템과 경제생활에 정상화가 이루어지고 있다고 평가할 수 있지만, 과도한 군사비와 대외적 고립 및 갈등은 정상국가화를 제약하는 근본 요인들이다. 따라서 북한의 개혁개방은 경제재건과 국제협력을 위한 필수 과제이다. 그런데 국제사회는 북한이 국제사회와 협력하며 변화해나가는 것을 지지할 도덕적 책임이 있지만, 북한에게 인위적 변화를 강제하기 위해 일방적으로 개입할 권리는 갖고 있지 않다. 물론 북한이 스스로 변화를 추구하면서 국제사회의 가치와 규범을 수용할 때 국제사회의 지원과 협력이 배가될 것임을 인식시키는 일은 중요하다.

남한의 입장에서 북한의 개혁개방을 지원하는 것은 보편주의 통일[414]의 실현이라는 목표에 입각해야 한다. 남북한은 지난 시기 교류협력을

---

414) 이 책 14장 참조.

통해 쌓은 신뢰를 바탕으로 협력의 제도화 혹은 심화 단계로 나아가야 하는데, 이 단계에서 목표는 한반도 비핵평화체제에 기반을 둔 남북 경제공동체 건설이다. 이때 각 분야에 걸친 남북협력의 구체적인 추진 방향은 '남북기본합의서'에서 합의한 분야별 남북공동기구를 활용하고 이를 4.27 판문점 선언 이후 개소된 남북공동연락사무소가 조정해나갈 것이다.

북한의 개혁개방 지원 방안으로 시장경제 도입 관련 기술협력, 비수교국과의 국교 수립 중개, 국제금융기구 가입 지지 및 차관 제공, 해외시장 남북한 공동 진출, 남북 경제특구 개설·운용, 가칭 한반도농업개발기구(KADO) 설립 등을 검토할 만하다.

2) 남북한 군비통제

4.27 판문점 선언에서 남북한 정상은 "남과 북은 군사적 긴장이 해소되고 서로의 군사적 신뢰가 실질적으로 구축되는 데 따라 단계적으로 군축을 실현해 나가기로 하였다." 그리고 평양 공동선언과 부속 군사합의서 채택으로 본격적인 군사적 신뢰구축의 길을 열었다. 군축은 남북기본합의서 채택 이후, 그리고 남북정상회담 합의에서는 처음으로 언급되는 것이다. 이 합의는 그 실현 단계를 제시했다는 점에서도 의의가 있다. 이런 남북 정상간 합의에 담은 일련의 군비통제가 확대·발전해 나간다면 그것은 항구적인 평화공동체 수립의 거보(巨步)를 내딛는 일이 될 것이다. 지금까지 군비통제에 관한 인식과 입장에서 남북한은 큰 차이를 보여 왔다. 또한 군사적 신뢰구축도 미진한 형편이다. 다행인 것은 4.27 선언 이후 상호 비방 중단 및 관련 시설 철거, 군통신선 회복 등을 이행하고 비무장지대의 평화지대화와 서해 북방한계선(NLL) 일대의 평화수역화에 합의하였다. 평양 공동선언 이후에는 구체적인 신뢰구축 작업이 개시되었다. 남북한은 2000년 이후에도 초보적이지만 상호비방 중지, 남북경제협력의 군사적 보장 등 일부 군사적 신뢰구축

을 실시한 바 있다. 따라서 일단은 판문점 합의를 기본 틀로 해 군비통제의 로드맵(roadmap)을 수립하고 합의한 평화 지대 및 수역화 방안을 이행해나가는 것이 우선적인 과제가 될 것이다. 이를 위해서는 남북군사공동위원회를 정례적으로 개최하여 구체적인 실천 방안을 논의해야 한다. 군사 분야 협력은 북한의 "완전한 비핵화" 이행 의지와 대북 제재에 영향을 받겠지만 남북간 신뢰와 공동이익에 대한 기대가 촉진제로 작용할 것이다.

군비통제의 발전을 전제로 평화협정은 북핵 폐기의 완결 단계에 들어서 남북한과 관련 국가들의 참여로 체결될 것으로 예상된다. 중요한 것은 평화협정을 평화체제 확립으로 발전시키는 일이다. 복잡한 평화체제 프로세스를 감안할 때 관련 협상을 지속시키고 관련국들의 이탈을 막기 위해 평화협정 체결에 앞서 정상외교와 종전선언을 적절히 배치하는 것이 필요하다. 평화협정 체결 후 휴전선의 평화적 관리를 맡게 될 남북한은 평화체제 정착을 위한 실질적인 조치를 공동으로 추진할 수 있다. 비무장지대의 평화적 관리에서 시작하여 군사적 신뢰구축을 발전시킨 후 구조적 군비통제를 확립할 때 항구적 평화체제가 정착할 수 있다. 현 단계에서 논의할 수 있는 군비통제는 군사적 신뢰구축과 휴전선 배치 군사 태세의 후방이동과 같은 운용적 군비통제가 목표라고 판단된다. 또한 군비통제의 사회경제적 효과 제고를 위해 남북한이 과잉 국방산업의 민수분야로의 전환도 적극 검토할 가치가 있다.

3) 남북연합 진입

2000년대 들어 남한 정부의 대북 관여정책이 지속되면서 남북한은 화해협력의 심화를 통해 신뢰 형성과 협력을 통한 이익 확대를 학습해 왔다. 그러나 2008년 이후 화해협력의 남북관계는 10년 동안 사라졌다. 2007년 2차 남북정상회담의 합의 사항이 이행되었다면 지금은 남북연합 단계에 들어선 통일 시대를 열어갔을 것이다. 2000년 6.15 공동선언에서 남북한 정상은 "남측의 연합제 안과 북측의 낮은 단계의 연방제 안이 서로 공통성이 있다고 인정하고 앞으로 이 방향에서 통일을 지향시켜 나가기로 하였다." 남북연합은 일종의 국가연합(confederation)으로서 쌍방의 국가가 각기 국체를 유지하고 외교·안보정책에서는 각기 독자적인 정책을 전개하는 가운데 다른 정책 영역에서는 공동기구를 통해 제도적 협력을 실시하는 협력관계를 말한다. 남북연합 실현을 위해 남북한이 해결해야 할 각 분야별 과제를 간략히 검토해 보자.

정치 분야에서 남북한은 정상회담 또는 고위급회담을 정례화하고 실천 가능한 분야부터 남북공동기구를 설치·운영함으로써 통일 시대를 점진적으로 준비할 수 있다. 먼저, 남북한은 상대방을 부정하고 적대시하는 법·제도와 관행을 청산하고 상호신뢰 증진을 위한 대안을 공동 마련해야 할 것이다. 이를 위해 1991년 남북기본합의서 채택시, 남북화해 관련 부속협의서에서 언급된 남북화해공동위원회 내 법률실무협의회를 설치·가동하는 것도 고려할 만하다. 이러한 화해 작업의 효과 증진과 참여 범위의 확대를 위해 국회와 시민사회의 참여를 적극 검토할 필요가 있다. 남북연합 관련 법제 연구를 위한 남북공동기구를 설치·운영하고 입법기관 차원의 교류도 이루어져야 한다. 남북관계의 정치적 민감성을 감안할 때 정치분야에서의 교류는 남북관계 전체에 긍정적 영향을 미칠 것이다. 2018년 9월 14일 개소한 남북공동연락사무소가 남북관계 발전에 촉진제가 될 것이다.

경제 분야에서 남북한은 금강산관광 및 개성공단 등 작지 않은 협력을 진행한 바 있다. 그 과정에서 남북한이 국제사회의 안정적인 대북투자 유도, 북한의 경제 능력 신장을 위해 한 단계 높은 경제협력을 추진할 필요가 제기되기도 하였다. 이를 위해 대북 인프라 건설 지원, 자원 공동개발, 남북 철도·도로의 실질적 운행 및 대륙철도와의 연결, 국제기구와의 협력 등을 추구해야 한다. 그러나 이런 전향적인 과제는 북한의 핵·미사일 개발에 따른 국제사회의 강력한 대북 제재로 답보 상태에 가로막혀 있어 역시 북한의 전향적인 태도가 경제 분야에서 남북연합을 전망하는 관건이다.

사회문화 분야에서도 지난 대북 관여정책 시기 교류협력 참가단체의 증가, 협력사업의 다변화, 신뢰조성 등 양질의 성과를 거두어 왔다. 하지만 분단으로 인해 직접 고통을 받고 있는 사람들의 문제는 여전히 해결되지 못하고 있다. 특히 이산가족, 납북자, 국군포로의 생사확인 및 가족상봉 등에 관하여 북한의 긍정적 반응을 유도하기 위한 노력을 경주해야 한다. 탈북민 문제는 인도주의 원리에 입각하여 강제송환 중단, 자유의사에 따른 정착지 선택을 위해 외교적 협력에 힘쓰고, 북한의 경제 회복 및 인권 상황 개선 등 탈북 발생 원인을 줄이는 예방활동에도 주력하여야 할 것이다. 박근혜 정부 시기 부적절한 방식으로 이루어진 베이징 소재 북한 여종업원 한국 입북사건은 비인권적인 행태로서 이 문제 해결을 국제인권 기준에 입각해 해결함으로써 국내적으로 북한인권문제의 정략적 이용을 경계하고, 북한을 향해서도 탈북민들의 자기 운명 결정권을 존중할 수 있는 계기를 조성해나가야 할 것이다. 이 밖에 경제협력과 사회문화교류 활성화를 위해 통상·통항·통신 등 3통문제의 전면 해결도 추진 과제이다.

6. 안보정책 과제

1) 비핵평화체제 확립

한국은 북한 핵 위협의 일차적 당사자로서 평화적 해결 원칙에 입각하여 적극적인 역할을 수행해오고 있다. 북핵문제의 평화적 해결을 위해서는 북한의 완전한 핵 포기는 물론 관련 당사국의 이해관계를 균형적·포괄적으로 조정하여야 한다. 이를 반영한 것이 2005년 6자회담상의 9.19 공동성명과 2018년 싱가포르 6.12 북미정상회담상의 공동성명 전문이다.[415] 이는 북한의 핵문제와 미국의 대북 (핵)공격 태세가 닭과

계란의 문제와 같은 것이라서 일차적인 상호 관심사에 대한 상호주의적 접근이 중대함을 웅변해준다.

북핵문제가 한반도 평화와 관련하여 제기하는 보다 근본적인 문제는 핵무기를 이용한 어떠한 목적 추구도 용인할 수 없으며, 따라서 궁극적으로 한반도가 핵무기로부터 완전히 자유로운 지역이 되어야 한다는 점이다. 이와 관련하여 남북 정상간 4.27 판문점 선언에서 "완전한 비핵화를 통해 핵 없는 한반도를 실현한다는 공동의 목표를 확인"하고 이를 6.12 북미 정상회담 결과의 공동성명에서 재확인한 점은 그 의의가 크다. 항구적인 한반도 평화공동체를 수립하기 위해서는 장기적으로 한반도 비핵지대화를 실현하여 핵무기의 공포, 핵전쟁의 위험을 근원적으로 제거하여야 한다. 그러나 현실적으로 당면한 북핵문제는 '북한의 완전한 비핵화' 과정을 통해 해결하기로 되어 있는 만큼 북한의 모든 핵개발 시설·프로그램과 핵무기는 폐기되어야 한다. 북한의 비핵화를 유도하기 위해서는 그에 상응한 미국의 동시행동 조치가 있어야 하는데, 이를 둘러싼 북미간 협상이 녹록지 않은 것이 싱가포르 북미정상회담 이후 북미관계의 특징이다.

결국 한반도 비핵화는 항구적인 평화체제 수립과 병행 추진해나가야 할 것이다. 이 두 과제 사이의 우선순위를 둘러싼 관련국들 간 토의와 논쟁이 전개되었으나 6자회담상의 일련의 합의－9·19 공동성명과 2·13 합의－와 6.12 북미정상회담 결과를 통해 일괄타결 및 동시이행의 과제임을 확인하였다. 이 둘에 선후의 순서를 매겨 접근하는 것은 그 둘 모두가 중단되어 버릴 우려가 높다. 이 두 문제가 해결되어 가는 과정에서 정전체제의 평화체제로의 전환과 함께 북미·북일 국교정상화도 전망할 수 있을 것이다. 평화체제 수립 과정에서 남한은 한반도 문제의 당사자로서 모든 역할을 다해야 할 것이며, 궁극적으로 한반도 평

---

415) 다음은 싱가포르 6.12 북미정상회담 결과 공동선언 전문의 일부이다. "트럼프 대통령은 조선민주주의인민공화국의 안전보장을 제공하기로 약속했고, 김정은 위원장은 한반도의 완전한 비핵화를 향한 흔들리지 않는 확고한 약속을 재확인했다."

화체제의 관리는 남북한이 책임을 지는 형태가 되어야 할 것이다.[416]

2) 수평적 한미 정치동맹

세계적 차원에서 상호의존이 증대하고 안보위협 양상이 다양해진 오늘날, 한국의 안전보장 방안도 새롭게 모색해나가야 한다. 냉전시대 남북한 적대관계 하에서 한국의 안보는 대북억지에 초점을 둔 한미 군사동맹에 전적으로 의존해왔다. 그러나 현 국제질서 및 남북관계의 변화와 한국의 경제성장 및 지속가능한 발전으로의 전환 필요성 등을 종합해 볼 때 향후 한국의 안보도 전환의 길을 밟아야 한다. 그 길은 절대안보에 기초한 무한 억지전략에서 방어적 충분성에 입각한 거부적 억지전략으로 전환하는 것이다. 그러나 이런 군사전략의 변화로는 안보가 완전하지 않다. 적대국과의 관계정상화를 향한 신뢰구축과 공동협력의 노력 없이 군사전략 변화로 안보를 구하는 것은 한계가 있다.

이상 두 측면에서 볼 때 기존 한미 동맹관계도 두 측면으로 변화가 필요하다. 그것은 군사동맹에서 정치동맹으로의 확대와 비대칭 동맹에서 대칭 동맹으로의 발전을 말한다. 그리고 미국은 북한과 상호 안보 관심사를 상호주의 원칙에 입각해 일괄 타결하고 관계정상화를 추진해나가야 하고, 그 과정을 한국이 적극 촉진하는 역할을 감당할 필요가 있다. 2018년 남북·북미 정상회담으로 시작된 한반도 비핵평화 프로세스는 결북 북미관계 정상화와 한미동맹관계의 발전적 전환을 종착지로 하고 있다. 또 위와 같은 한미 동맹관계 변화는 역내 다자안보협력과 보완적 관계를 형성할 때 실효를 나타낼 것이다.

한미 동맹관계의 발전적 모색은 양국간 군사동맹관계의 전제조건이었던 대북 억지전략의 환경이 근본적으로 변화한 것을 배경으로 한다.

---

416) 평화협정이 체결되면 기존 정전체제 관리·유지기구인 군사정전위원회, 중립국감독 위원회, 유엔통합군사령부는 해체될 가능성이 높다. 한반도 평화관리는 평화협정 체결 직후에는 남북한과 적정 범위의 국제사회가 함께 감당할 수 있겠지만, 평화체제의 공고화 단계에 상응하여 남북한 관리로 이양해야 할 것이다.

한국의 민주화와 국제적 위상 증진으로 군사동맹에 편중되고 그것도 불평등한 동맹관계의 지속은 불합리하다. 미국의 입장에서도 동아태 군사전략의 유연화와 동맹의 비용 절감 차원에서 한미동맹의 변화가 유용할 것이다. 그런 점에서 한미상호방위조약은 유지하더라도 행정협정(SOFA)은 개정하고 합동군사연습은 방어적 수준으로 조정할 필요가 있다. 그러나 지난 10년 가까이 한국과 미국이 제주해군기지 건설, 사드 배치, 한미일 합동군사연습, 한일 군사정보보호협정 체결 등 일련의 군사협력은 위에서 제안한 방향과 반대로 나아가 역내 갈등을 초래할 우려를 사고 있다. 오히려 한미 군사협력은 인간안보에 기초한 양국간 혹은 역내 공동 관심사 공동 대처와 예방외교를 뒷받침하는 방향으로 재편할 필요가 있다. 21세기형 동맹으로 변화하는 한미동맹관계는 다자안보협력과 배치되지 않고 오히려 상호보완관계를 이룰 수 있다.

장기적으로 한미관계는 군사동맹 위주의 불평등 관계에서 탈피하여 호혜주의에 입각하여 양국 공동의 이익을 추구해나가는 일반적인 우호협력관계로 변화해 나가야 한다. 물론 기존의 군사동맹관계의 지양은 북핵 폐기의 진전 및 남북관계의 발전 속도를 반영하여 점진적으로 진행하는 것이 합리적이다. 예를 들어 북한의 핵 포기, 평화협정 체결, 남북한 군비통제 진전 등을 고려해 한미합동군사연습 중단, 첨단무기 도입 축소, 주한미군 축소 혹은 역할 전환 등을 추진할 수 있을 것이다. 다만, 양국은 한반도와 동북아 지역의 공동의 안보관심사에 대한 정보협력은 계속할 수 있다. 그러나 한국군의 전시 작전통제권 반환을 '자주국방'을 향한 국방비 증액론으로 연결짓는 것은 평화외교노선의 방향과 배치되므로 경계할 바이다.

3) 동북아 다자안보협력의 제도화

앞에서도 논의한 것처럼, 동북아시아는 세계 주요 군사 강대국 사이에 군비경쟁이 가장 높은 지역이면서 동시에 경제적으로는 역내 상호의존이 대단히 높은 지역이다. 이런 모순된 현상 속에서 역내 다자안보협력이 미약한 것은 동북아 안보 환경의 불안정성과 함께 지역안보협력의 발전가능성을 동시에 보여준다.

한반도 평화체제 구축과 동북아 안보협력은 상호보완적이며, 남북간 경제협력의 증진과 긴장 완화는 해양경제권과 대륙경제권을 연결하여 동북아의 공동번영을 촉진할 것이다.[417] 동북아 국가들은 2005년 9.19 공동성명에서 이미 한반도의 평화정착과 동북아 안보 및 공동번영이 상호 긴밀히 연관되어 있음을 공동 인식하고, 그 방향에서 협력을 하기로 공약하였다. 그런 점에서 한국은 북한의 핵포기는 물론 북한과 관련 국가들 사이의 경제 · 에너지 협력을 촉진하고 남북철도와 대륙철도의 연결에 외교적 역량을 집중시켜야 할 것이다. 이 공약이 이제 10여 년이 지나 가능성이 현실로 발전할 기회를 맞이하고 있는 것이다.

동북아 다자안보협력을 위한 구체적인 방법은 ① 북핵문제 해결 이후 6자회담의 발전적 전환을 통한 역내 다자안보협력기구 설립, ② 동북아협력대화(NEACD) 등 기존 다자협의체의 활성화, ③ 비군사안보 분야에서 출발하는 사안별 역내 다자기구 설립 운용 등을 검토해 볼 수 있다. 그러나 안보 영역 및 주체의 확대와 선이후난(先易後難)의 관점에서 볼 때 기후온난화, 해상 구호, 식량안보, 보건안보 등 인간안보 분야와 반테러리즘에서 다자협력의 제도화를 우선 추진함이 현실적이라고 판단된다. 군축, 비핵지대화 등 전통적인 군사안보 이슈도 위와 같은 방식으로 접근하며 적대국 및 경쟁국들 사이의 신뢰구축과 관계정상화를 추진할 바이다. 그러나 일정 단계의 신뢰구축과 관계개선이 이루어지면 전통적 · 비전통적 안보 이슈의 구별 없이 주제별 다자협력의 제도화를 적극 추진할 일이다.

4) 방어 수준의 군사태세 확립

---

417) 박순성 · 이기호, "한반도 평화와 동북아시아 시민연대," 『아시아의 새 질서와 연대의 모색』, 한겨레통일문화재단 주최 세미나 (2005년 11월 11 – 12일).

노무현 정부 말기인 2007년 국방부는 '국방개혁 2020'이 완료되는 2020년에는 한국군의 주요 전투력이 2006년에 비해 1.7배 증가할 것이라고 전망한다. 그것은 국방비 구성 비율상의 우선순위가 병력운영에서 방위력 개선으로 바뀌기 때문이라고 말하면서, 2008년도 국방예산안을 포함해 2010년까지 국방예산을 매년 9.9% 인상하겠다고 밝히고 있다. 또 그 과정에서 병력을 50만 명 선으로 감축하겠다고 밝히고 있다. 국방당국의 국방비 증강을 통한 전력 현대화 계획은 북한과의 군사적 대치 상황의 지속과 동북아의 안보불안 요인의 증대를 반영하고 있다. 그러나 정부의 이같은 중기 국방정책에서 냉전시대의 군사안보관과 절대적 억지전략에 바탕을 둔 시대착오적인 측면을 도처에서 발견할 수 있다.[418] '국방개혁 2020'은 북한위협을 상수로 놓고 다양한 지역 안보불안 요소를 과장하여 그것을 군사비 증액의 근거로 이용하지만, 그에 반해 한반도 평화체제 구축에 상응하는 군비통제 계획과 초국가적·비군사적 안보위협에 공동 대처하는 다자안보협력 및 군사외교는 제시하지 못하고 있다.

　　문재인 정부 들어 국방개혁은 '국방개혁 2.0'이라는 이름으로 국민들과의 소통을 확대하면서 그 방안을 마련해갈 것이라고 밝혔다. 국방부는 국방개혁 목표를 "싸워서 이기는 군대 육성, 스스로를 책임지는 국방태세 구축, 국민이 신뢰하는 군으로 체질 개선" 등 세 가지로 제시하였다. 이를 달성하기 위해 4가지 기본원칙과 5가지 추진방향을 제시하고 있다.[419] 기본원칙 중에는 '한국형 3축체계' 구축 및 첨단 전략자산 획득에 우선 집행이 포함된 적정 국방예산 확보 및 범정부 협조체제 유지가 두 번째로 언급되었다. 한국형 3축체계 전력 조기 확보는 첫 번째 추진 방향인 '북핵 위협 억제 및 대응능력 확보'의 주요 방안으로 다시

418) 참여연대 평화군축센터, "국방개혁 2020에 대한 6가지 비판적 문제제기," 참여연대, 2005년 9월 22일.

419) 자세한 내용은 국방개혁2.0 홈페이지 참조; <https://reform.mnd.go.kr/> (검색일: 2018년 7월 24일).

거론될 정도로 중대한 의미를 갖는다. 실제 2018년 7월 27일 발표된 정부의 '국방개혁 2.0' 추진 계획에는 한국형 3축 체계의 전력화 방침을 재확인하고 있고 첨단전력 확보를 이유로 한 방위력 개선비 점유율을 2018년 31.3%에서 2023년 36.5%로 상향이 포함되었다.[420] 한국형 3축 체계의 전력화는 구상 단계부터 과도한 대북 위협인식에 기초한 위험한 방침으로 비판받았던 터였다. 국방개혁 2.0은 경제성장률, 복지 예산, 그리고 한반도 안보 상황 변화를 무시하고 절대적 억지전략에 입각한 무한 군비경쟁을 천명한 것으로 해석할 여지가 있다.

근본적으로 한국의 적정 군사력은 방어적 충분성에 입각하여 합리적으로 재조정할 필요가 있다. 강대국간 군비 경쟁이 가장 심각한 동북아에서 그것에 편승하는 국방비 증액은 한국의 국력에서는 현실성이 없을 뿐만 아니라, 휘발성 높은 역내 패권경쟁의 소용돌이에 휘말려 안보 불안을 초래할 위험마저 있다. 중견국의 국방정책은 국가 존립을 위한 목표 이상을 추구해서는 곤란하고, 특히 한국의 경우는 외교·대북통일정책과 관련지어 종합적으로 추진할 바이다. 다만, 국가 존립을 위한 합리적 수준의 군사력의 실제 양과 질에 관해서는 지속적인 공론화가 필요하다.

7. 외교정책 과제

1) 미래지향적 균형외교의 전개

한국의 입장에서 미국, 중국, 일본, 러시아 등 4대 강대국들과의 외교관계가 갖는 막중한 의미와, 그와 달리 대미 일변도의 외교관계에 치중해 온 현실은 이미 앞에서 지적하였다. 이들 4개국에 대한 균형적인 선린외교는 양국간 우호관계 유지 및 공동이익 증진에 머무르지 않고 동북아 차원의 평화·발전을 향한 지역적 신뢰기반을 조성하는 의미를

---

420) 국방부, "보도자료: 문재인정부의 '국방개혁 2.0'" 2018년 7월 27일.

갖는다. 현재 한국은 북핵문제의 평화적 해결을 위해 이들 4개국과 긴밀한 접촉을 유지하고 있다. 그러나 이제는 한반도의 미래와 지역 평화·발전의 잠재력을 내다보며 이들 국가들과 미래지향적인 외교관계를 강화할 단계에 이르렀다.

중국과 러시아는 시장 개척, 자원 접근, 한인동포와의 네트워크 확대 등 한국의 국가이익은 물론 북한의 개혁개방 지원, 철도 등을 이용한 동북아 평화협력의 동반자이기도 하다. 남북관계의 발전, 북한의 개혁개방, 동북아 안보협력 등 모든 측면에서 중국과 러시아의 비중과 역할은 대단히 높다. 이런 점에서 한국은 중국, 러시아와의 외교관계를 강화하는데 역점을 두어야 할 것이다. 또 남북한 군비통제를 포함한 한반도 평화체제 구축에 있어 이들 국가의 지지와 협력은 필수적이다. 특히, 한국은 중국과는 북한의 경제발전, 러시아와는 한반도 및 동북아 철도연결에 주안점을 두고 외교력을 경주할 필요가 있다.

미국과 일본이 한국의 국가이익에 차지하는 비중은 재론할 필요가 없을 정도로 지대하다. 한반도 평화체제 구축과정에서 미국과 일본의 분명한 역할은 북한과의 수교를 통하여 안정적인 평화체제를 형성하고 북한의 개혁개방을 지원하는 것이다. 한국은 북한의 완전한 핵포기를 위해서라도 이점을 대미, 대일 외교의 최우선순위에 두어야 할 것이다. 영토, 역사인식, 대북정책 등에서 갈등을 벌여온 한일관계는 미래지향적인 관점에서 가능한 조기에 수정되어야 한다. 한국은 북일관계 정상화, 한반도 평화체제, 동북아 안보협력이 일본의 국익에도 부합함을 이해시켜야 한다. 재일동포의 차별해소를 위해서도 양국은 획기적인 방안을 강구해야 할 것이다.

2) 글로벌 기여외교 확대

중견국가로서 한국의 평화외교는 유엔 안팎의 국제협력에 보다 많은 관심과 자원 투입이 필요하고, 또 가능하다. 한국의 산업화와 민주화 경험을 세계와 공유하고 한반도 평화공동체 실현을 위한 국제적 지지 획득과 같은 쌍방향의 의미에서 그렇다. 글로벌 기여외교 정책수단으로는 이외에도 지식공유, 인도적 지원, 기술협력, 인적 교류 등이 있지만, 여기서는 주로 평화유지활동(PKO)과 공적개발원조(ODA)로 생각해볼 수 있다.

한국은 평화유지활동이 인간안보에 기여하고, 유엔 안전보장이사회의 결의에 근거하고, 국민적 합의에 바탕을 두고 있어야 한다는 원칙을 수립한 상태에서 국제사회의 평화유지활동에 적극 임해야 할 것이다. 미국과의 동맹 강화 혹은 재난구호, 자원외교 등을 명분으로 헌법을 위반하거나 국회 동의를 받지 없는 파병을 추진하거나, 유엔 안전보장이사회의 결의 없는 파병은 경계할 바이다.[421]

해외 공적개발원조도 한국의 평화외교 수행에서 유용한 정책수단이다. 공적개발원조는 빈곤 퇴치와 해당 지역 및 국가 주민의 자활능력 향상을 통해 인류 사회의 지속가능한 발전에 기여하는 유력한 방법 중 하나이다. 한국은 그동안 ODA 예산을 계속 확대되어 왔지만 2016년도 2016년도에 총 19.65억불을 제공하였다. 구체적으로 양자원조가 15.38억불(78.3%), 국제기구를 통한 다자원조가 4.27억불(21.7%)을 기록하였다. 이 규모는 국민총소득(GNI) 대비 0.14%로 경제협력개발기구(OECD) 산하 개발지원위원회(DAC) 회원국 평균인 0.32%에 크게 못 미치는 수준이다. 정부는 중기 ODA 계획에 따라 우리나라의 국제적 위상에 맞도록 ODA 규모를 점진적으로 확대해 나갈 계획이라고 밝히고 있다.[422] 정부는 ODA 확대를 위한 중장기 계획을 수립하고 사업의 주체를 민간기구에 대폭 이양하고, 정부와 관련 민간단체 및 전문가들 사이의 폭넓은 협의를 통해 이 사업의 효율성을 제고하도록 해야 할 것이다. 한국

---

421) 한국의 파병정책에 관한 평가와 방향에 관해서는 서보혁, 『배반당한 평화: 한국의 베트남·이라크 파병과 그 이후』(서울: 진인진, 2017), pp. 277-310.

422) 외교부 홈페이지 ODA 코너; <http://www.mofa.go.kr/www/wpge/m_3840/contents. do> (검색일: 2018년 7월 24일).

의 경제 발전과 국제 지위 상승에 걸맞게 국민들의 공적개발원조에 대한 관심과 참여를 높이는 교육·홍보활동을 강화하는 노력도 필요하다.

국제사회의 관심사에 대한 민간진영의 관심이 높아지면서 이들의 역량을 한국의 평화외교에 결합시키는 것도 중요한 과제이다. 한국의 민간단체들은 평화, 개발, 인권, 법치 등 다방면에 걸쳐 국제 활동을 전개하고 있다. 정부는 이들의 자율적 활동을 지원하고 관련 단체들과 긴밀한 협의를 통해 공공외교와 민간외교를 확대하는 방향으로 민관 협력을 확대해나가야 할 것이다.

3) 평화외교의 민주적 기반 확립

이상과 같은 평화외교의 과제를 효율적이고 효과적으로 수행해 나가기 위해서는 평화주의 국가 정체성을 정립하는 일이 요청된다. 평화외교가 단지 한국의 국가이익을 증대시키기 위한 일개 수단으로 전락하지 않으려면 평화교육을 확대하고 평화문화를 확립하는 노력이 필요하다. 이는 일시에 특정 방법으로 이루어지는 것도 아니요, 정부가 일방적으로 추진한다고 가능한 것도 아니다. 시민의 필요와 관심을 장려하는 여론조성과 정책 지원이 이루어져야 할 것이다. 전쟁을 겪고 전쟁 위험을 안고 사는 한반도 거주민들은 평화주의에 친숙하고 옹호하는 자세를 갖고 있다. 다만, 분단을 배경(혹은 이유)으로 평화주의를 배척하는 이분법적 사고와 적대의식이 정치적으로 재생산되는 메커니즘이 문제였던 것이다. 그 한 가운데 국가폭력이 있었고 그 핵심이 민주주의를 평화와 대립시키는 군사주의 문화였던 것이다.

결국 평화를 이루고 평화롭게 살고, 평화로운 한반도와 세계를 만들어내려면 자신의 존립을 지키는 것 외에는 폭력을 거부하고 이해와 협력을 증진하는 '더불어' 정신을 꽃피워야 한다. 이것은 가정과 학교, 사회와 국가 등 행동이 일어나는 영역을 불문한다. 그럴 때 국가의 폭력성은 지양되고 민주적 평화국가로서의 정체성을 만들어갈 수 있을 것이다. 그런 방향성 하에서 평화외교가 확대되도록 다방면에서 제도적 기반을 구축해야 한다. 이는 군사비 증강, 군부의 정치 개입, 냉전문화를 기반으로 한 군사주의적 정치문화를 청산하고 군비 축소, 국방정책의 문민통제, 평화문화를 기반으로 한 평화주의적 정치문화를 수립하는 것을 말한다.

그러나 평화국가는 마음과 지향으로만 이루어지지 않는다. 평화국가가 사회경제적으로 확립되기 위해서는 평화지향적 안보전략의 채택에 따른 국방비 절감과 군 구조조정의 성과를 시민들의 삶의 질과 평화외교를 증진시키는 데 선용해야 한다. 평화배당금을 복지, 교육 부문에 효과적으로 사용할 때 평화국가와 평화외교에 대한 시민들의 지지는 높아질 것이다. 평화국가는 복지국가와 함께 갈 때 존립할 수 있다.[423]

한편, 잠재적 위협을 과장하고 새로운 위협을 조장하여 군비경쟁을 계속하고 국방조직을 비대화하는 일은 지양되어야 하고, 이를 감시하고 통제하는 제도적 장치가 확충되어야 할 것이다. 대외정책에 대한 통합 조정 및 문민통제를 강화하기 위해서는 국가안전보장회의(NSC)를 법제화하고 여기에 민간 전문가의 참여와 적정 수준에서 투명성 있는 운영을 보장해야 한다. 무엇보다도 시민의 여론을 수렴하는 참여 시스템을 갖출 필요가 있다. 또 정부와 국회가 긴밀한 협력관계를 가짐으로써 대외정책의 효율성 및 효과 극대화를 기해야 할 것이다. 이를 위해 정책 청문회의 활성화와 국회의 관련 상임위원회의 역할 조정을 검토할 필요가 있다.

평화외교에 대한 국민적 지지와 정책 효과를 제고하고 사회의 민주주의 공고화와 연결 짓기 위해서는 국가보안법 개폐가 필요하다. 징병제 운영의 투명성 강화 및 복무기간 단축 등 실현가능한 병역제도 개선 노력과 함께 경제성장과 한반도 평화체제 구축 과정에 조응하여 모병제

---

423) 윤홍식 엮음, 참여사회연구소 기획, 『평화복지국가: 분단과 전쟁을 넘어 새로운 복지국가를 상상하다』 (서울: 이매진, 2013).

로의 전환에도 대비하여야 할 것이다. 정부와 민간진영 사이의 다양한 소통 노력, 갈등해결 전문인력의 양성도 우리 사회의 갈등을 평화적으로 해결하고 평화문화를 진작하기 위해서 필요한 과제이다.

8. 맺음말

중견국가로서의 한국의 대외정책은 평화주의를 기본 노선으로 하고 그 힘과 원천은 민주주의와 시장경제의 병행 발전에 있다. 평화외교노선을 정립하는 것은 이론이나 이상으로는 불가능하고 시민의 평화의식 함양과 사회의 평화문화 확립으로 가능하다. 그동안 한국은 산업화와 민주화를 바탕으로 중견국가의 위상과 역할을 수행할 필요조건을 구비했다. 그럼에도 불구하고 평화주의적 대외정책을 수행하지 못하였고 그에 앞서 민주적 평화국가로서의 정체성도 정립하지 못하였다. 그 원인은 크게 북한과의 적대관계 유지와 그와 연관된 냉전적 군사주의 문화를 꼽을 수 있다. 물론 통일이 되기까지 적정 수준의 대북 억지가 필요하겠지만 비핵평화체제 수립과 남북·북미관계 정상화를 추진해 평화복지국가로의 전환을 전개해나가야 한다. 다른 한편 동아시아에서 군비경쟁과 국가주의 발호, 특히 미중관계의 불확실성으로 국방정책과 외교정책에서 동맹과 다자안보협력, 안보와 경제 사이에 긴장이 나타나고 있다. 이런 상황에서 한국은 분쟁에 연루되지 않도록 능동적인 예방외교에 나서는 한편, 평화통일을 넘어 통일평화를 흔들림 없이 추진해나가야 한다. 이런 문제의식에서 본문에서는 중견국가로서의 정체성과 평화주의 대외정책 노선을 제안하고 통일·안보·외교정책에 걸쳐 대안적인 정책 방향을 검토하였다. 이와 같은 중장기 정책 방향은 현안이나 단기적인 정책 방향과 다를 수도 있지만 일관성 있는 행동지침과 그 목표를 제시해준다는 점에 의의가 있다.

에필로그
이 책의 한계와 한국 평화학의 과제

이 책을 탈고하고 난 후 두 가지 감정이 일어났는데 그 둘이 똑같은 비중은 아니었다. 하나의 감정은 이 책이 한국 평화학을 본격 전개하는데 작은 디딤돌이 될 수 있을 것이라는 소망이다. 성과라기보다는 하나의 기대이다. 평화가 가장 절실한 곳에서 평화학이 걸음마 단계에 있다는 사실, 그렇게 된 거대 배경으로서 분단정전체제의 극복을 평화주의 시각에서 제기하고 일정한 학술적·정책적 대안을 모색한 것은 그 자체로 의의가 있고 후속 연구를 자극할 것이라 믿는 것이다.

그렇지만 이 책은 적어도 다음 세 가지 측면에서 한계를 갖고 있다는 사실을 탈고한 이후 뚜렷하게 깨닫게 되었다. 그것은 한국 평화학의 정립을 위한 연구과제에 다름 아니다.

그 하나는 이 연구가 녹색평화를 적극 다루지 못하고 있다는 사실이다. 유엔과 같은 국제기구는 오늘날 국제사회가 추구하는 보편가치를 크게 보아 평화와 안보, 인권, 지속가능한 발전으로 분류하고 있고 그 과정에서 법치, 민주주의 원리를 적용하고자 한다. 지구촌이 기후변화의 위기에 직면하고 있고, 그것은 평화가 인간들 사이의 문제만이 아니라 인간과 자연, 인간과 지구의 관계를 포함하고 있음을 의미한다. 최근 들어 언론과 전문가들은 지속가능한 발전, 곧 녹색평화가 인류에게 잠재적으로 가장 큰 영향력을 미칠 것임을 자신 있게 예측하고 있다. 녹색평화는 녹색성장과 동전의 양면을 이룬다는 점도 유의할 대목이다. 한반도 평화를 논함에 있어서 그동안 정책연구집단과 학계를 막론하고 이 문제를 소홀히 다루어 왔는데 앞으로는 녹색평화 구축을 활발하게 연구해야 할 것이다. 그렇지 않으면 한반도 평화프로세스가 '평화로운 성장지상주의'를 열어줄지도 모른다.

두 번째 이 책의 한계는 페미니즘의 시각에서 평화학을 본격 전개하지 못하고 있다는 점이다. 이점은 필자의 존재론적 한계와 연구 범위의 제한성을 잘 보여주고 있다. 평화학에서 페미니즘은 성평등의 문제로 한정되지 않고 생명, 살림, 관용의 원리를 어떻게 평화구축에 적용해 분쟁 및 폭력문제의 대안을 제시하느냐의 문제이다. 앞으로 한국 평화학의 정립과정에서 학제간 융합연구, 그리고 현장과 이론의 상호작용을 활발하게 전개할 때 이 과제에 응답할 수 있을 것이다.

세 번째 이 연구가 남긴 과제는 평화학에서 지역성(locality)의 문제를 적극 끌어안아야 한다는 점이다. 전쟁이든 평화이든 그 영역과 주체에서 지역성은 매우 중요한 연구 영역이자 차원이지만 냉전 해체시기까지 학계에서 크게 주목을 받지 못하였다. 전통 국제정치학은 물론 평화학 진영에서도 이념, 종교, 자원, 종족 등의 문제를 국－제(inter－national)관계의 맥락에서 파악하다보니 해당 사례에서 민중이 숨쉬고 절규하고 꿈꾸는 현장으로서의 지역, 고장, 마을이 크게 부각되지 못하였다. 그렇지만 르완다, 보스니아, 동티모르 사태 등 대규모 내전을 목도하면서 평화학에서 지역성을 주목하기 시작하였다. 한국에서는 2010년대 들어서야 접경지역 주민의 생존과 안전이 학계의 관심을 받기 시작하였다. 전쟁에서 평화로 전환해가는 시기에, 또 지속가능한 평화가 가능하려면 분쟁의 직접적인 피해자와 그들이 응집되어 있는 지역사회에 관심을 두어야 할 것이다. 그럴 때 평화학의 존재이유가 더 뚜렷해질 것이다.

이상과 같은 연구과제는 각각 평화학의 연구과제이지만 이들이 상호 연관을 맺으며 주고받는 영향과 그 동학도 연구 관심사이다. 평화학이 융합학문이자 실천적 성격을 갖고 있다면 이들 연구과제는 다양한 분야의 연구자들이 협력할 때 소기의 성과를 거둘 수 있고, 평화학의 발전에도 기여할 것이다.

지난 70여년 간 한반도는 전쟁의 휘발성을 유지한 채 불안한 평화를 유지해왔다. 평화가 회복되지 않은 가운데 평화를 유지해온 듯한 착각을 분단정전체제가 은폐해온 것이다. 2017년 전쟁위기는 그 환각상태에 빠져 있던 한반도 거주민들을 깨웠고, 2018년은 전쟁위기에서 평화국면으로 전환했으니 2019년 평화정착을 본격화 할 때라 기대하는 것이다. 2차 북미정상회담을 기대하면서 우리는 우선 비핵평화 프로세스의 완성을 향해 달려갈 것이다. 그러나 그 길이 순탄하지 않음을 잘 알고 있다. 상호주의 원칙과 유연하고 창의적인 협상력, 그리고 관련국 (정상들) 간의 신뢰가 관건이다. 비핵평화를 통과해야 지속가능한 평화체제와 통일 코리아를 꿈꿀 수 있다. 한국 평화학은 독특한 지적 관심사가 아니라 그 길을 예비하는데 기여할 때 그 존재의의가 있는 것이다.

부록

1. 정전협정(1953. 7. 27)

국제연합군사령관을 일방으로 하고 조선인민군 최고사령관 및 중국인민지원군
사령원을 다른 일방으로 하는 한국 군사정전에 관한 협정

서 언

국제연합군사령관을 일방으로 하고 조선인민군 최고사령관 및 중국 인민지원군
사령원을 다른 일방으로 하는 하기의 서명자들은 쌍방에 막대한 고통과 유혈을 초래
한 한국 충돌을 정지시키기 위하여, 최후적인 평화적 해결이 달성될 때까지 한국에
서의 적대 행위와 일체 무력 행위의 완전한 정지를 보장하는 정전을 확립할 목적으
로 하기 조항에 기재된 정전 조건과 규정을 접수하며 또 그 제약과 통제를 받는데
개별적으로나 공동으로나 또는 상호간에 동의한다. 이 조건과 규정의 의도는 순전히
군사적 성질에 속하는 것이며 이는 오직 한국에서의 교전쌍방에만 적용한다.

제 1 조 군사분계선과 비무장지대

제1항. 한 개의 군사분계선을 확정하고 쌍방이 이 선으로 부터 각기 2km씩 후
퇴함으로써 적대군대간에 한 개의 비무장지대를 설정한다. 한 개의 비무장지대를 설
정하여 이를 완충 지대로 함으로써 적대행위의 재발을 초래할 수 있는 사건의 발생
을 방지한다.

제2항. 군사분계선의 위치는 첨부한 지도에 표시한 바와 같다.(지도 생략)

제3항. 비무장지대는 첨부한 지도에 표시한 북방경계선 및 남방경계선으로써 이
를 확정한다.(지도 생략)

제4항. 군사분계선은 하기와 같이 설립한 군사 정전위원회의 지시에 따라 이를
명백히 표지한다. 적대 쌍방사령관들은 비무장지대와 각자의 지역간의 경계선에 따
라 적당한 표지물을 세운다. 군사정전위원회는 군사분계선과 비무장지대의 양 경계
선에 따라 설치한 일체 표지물의 건립을 감독한다.

제5항. 한강 하구의 수역으로 그 한쪽 강안이 일방의 통제하에 있고 그 다른 한
쪽 강안이 다른 일방의 통제하에 있는 곳은 쌍방의 민간선박의 항행에 이를 개방한
다. 첨부한 지도(지도생략)에 표시한 부분의 한강하구의 항행규칙은 군사정전위원회

가 이를 규정한다. 쌍방 민간선박이 항행함에 있어 자기측의 군사통제하에 있는 육지에 배를 대는 것은 제한받지 않는다.

제6항. 쌍방은 모두 비무장지대내에서 또는 비무장지대로부터 또는 비무장지대로 향하여 어떠한 적대행위도 강행하지 못한다.

제7항. 군사정전위원회의 특정한 허가 없이 어떠한 군인이나 민간인이나 군사분계선을 통과함을 허가하지 않는다.

제8항. 비무장지대내의 어떠한 군인이나 민간인이거나 그가 들어가려고 요구하는 지역의 사령관의 특정한 허가 없이는 어느 일방의 군사 통제하에 있는 지역에도 들어감을 허가하지 않는다.

제9항. 민사행정 및 구제사업의 집행에 관계되는 인원과 군사정전위원회의 특정한 허가를 얻고 들어가는 인원을 제외하고는 어떠한 군인이나 민간인이거나 비무장지대에 들어감을 허가하지 않는다.

제10항. 비무장지대내의 군사분계선 이남의 부분에 있어서의 민사행정 및 구제사업은 국제연합군사령관이 책임진다. 비무장지대내의 군사분계선 이북의 부분에 있어서의 민사행정 및 구제사업은 조선인민군 최고사령관과 중국인민지원군사령원이 공동으로 책임진다. 민사 행정 및 구제 사업을 집행하기 위하여 비무장지대에 들어갈 것을 허가받은 군인 또는 민간인 인원수는 쌍방사령관이 각각 이를 결정한다. 단 어느 일방이 허가한 인원의 총수는 언제나 1,000명을 초과하지 못한다. 민사행정 경찰의 인원수 및 그가 휴대하는 무기는 군사정전위원회가 이를 규정한다. 기타 인원은 군사정전위원회의 특정한 허가 없이는 무기를 휴대하지 못한다.

제11항. 본조의 어떠한 규정이든지 모두 군사정전위원회, 그의 보조인원, 그의 공동감시소조 및 그 보조인원, 그리고 하기와 같이 설립한 중립국감독위원회, 그의 보조인원, 그의 중립국 감시소조 및 그 보조인원과 군사정전위원회로부터 비무장지대로 들어갈 것을 특히 허가받은 기타의 모든 인원, 물자 및 장비의 비무장지대 출입과 비무장지대내에서의 이동의 완전한 자유를 방해하는 것으로 해석하여서는 안된다. 비무장지대내의 두 지점이 동 지대 내에 전부 들어 있는 통로로서 연결되지 않는 경우 반드시 경과하여야 할 이 두 지점간의 통로를 왕래하기 위하여 어느 일방의 군사 통제하에 있는 지역을 통과하는 이동의 편리를 허용한다.

제 2 조 정화(停火) 및 정전의 구체적 조치
가. 총 칙
제12항. 적대쌍방사령관들은 육·해·공군의 모든 부대와 인원을 포함한 그들의 통

제하에 있는 모든 군사력이 한국에 있어서의 일체 적대행위를 완전히 정지할 것을 명령하고 또 이를 보장한다.

본항의 적대행위의 완전정지는 본 휴전협정이 조인된 지 12시간 후부터 효력을 발생한다.(본 휴전협정의 기타 각항의 규정이 효력을 발생하는 날짜와 시간에 대하여서는 본 휴전협정 제 63항을 보라.)

제13항. 군사정전의 확고성을 보장함으로써 쌍방의 최고위 정치회담을 진행하여 평화적 해결을 달성하는 것을 이롭게 하기 위하여 적대 쌍방 사령관들은

(ㄱ) 본 휴전협정내에 따로 규정한 것을 제외하고 본 휴전협정이 효력을 발생한 후 72시간내에 그들의 일체의 군사력, 보급 및 장비를 비무장지대로부터 철거한다. 군사력을 비무장지대로부터 철거한 후 비무장지대내에 존재한다고 알려져 있는 모든 폭발물, 지뢰원, 철조망 및 기타 군사 정전위원회 또는 공동감시소조 인원의 통행 안전에 위험이 미치는 위험물들은 이러한 위험물이 없다고 알려져 있는 모든 통로와 함께 이러한 위험물을 설치한 군대의 사령관이 반드시 군사 정전 위원회에 이를 보고한다.

그 다음에 더 많은 통로를 청소하여 안전하게 만들며 결국에 가서는 72시간의 기간이 끝난 후 45일내에 모든 이러한 위험물은 반드시 군사정전위원회 지시에 따라 또는 그 감독 하에 비무장지대 내로부터 이를 제거한다. 72시간의 기간이 끝난 후 군사정전위원회의 감독 하에서 45일의 기간 내에 제거 작업을 완수할 권한을 가진 비무장지대와 군사정전위원회가 특히 요청하였으며 또 적대 쌍방사령관들이 동의한 경찰의 성질을 가진 부대 및 본 휴전 협정 제10항과 제11항에서 허가한 인원 이외에는 쌍방의 어떠한 인원이라든지 비무장지대에 들어가는 것을 허가하지 않는다.

(ㄴ) 본 휴전 협정이 효력을 발생한 후 10일 이내에 상대방의 한국에 있어서의 후방과 연해제도(沿海諸島) 및 해면으로부터 그들의 모든 군사력, 보급 물자 및 장비를 철거한다. 만일 쌍방의 동의없이 또한 철거를 연기할 합당한 이유 없이 기한이 넘어도 이러한 군사력을 철거하지 않을 때에는 상대방은 치안을 유지하기 위하여 그가 필요하다고 인정하는 어떠한 조치라도 취할 권리를 가진다.

상기한 연해제도라는 용어는 본 휴전협정이 효력이 발생할 때에 비록 일방이 점령하고 있더라도 1950년 6월 24일에 상대방이 통제하고 있던 섬들을 말하는 것이다. 단 황해도(黃海道)와 경기도(京畿道)의 도계선(道界線) 북쪽과 서쪽에 있는 모든 섬 중에서 백령도(白翎島 : 북위 37° 58′. 동경 124° 40′), 대청도(大靑島 : 북위37° 50′. 동경 124° 42′), 소청도(小靑島 : 북위 37° 46′. 동경 124° 46′), 연평도(延坪島 : 북위 37° 38′. 동경 125° 40′) 및 우도(牛島지 : 북위 37° 36′. 동경 125° 58′)의 국제연합

군사령관의 군사통제하에 남겨두는 도서군(島嶼群)들을 제외한 기타 모든 섬은 조선인민군최고사령관과 중국인민지원군사령원의 군사통제하에 둔다. 한국 서해안에 있어서 상기 경계선 이남에 있는 모든 섬들은 국제연합군사령관의 군사통제하에 남겨둔다.(지도 생략)

(ㄷ) 한국 국경외로부터 증원하는 군사인원을 들여오는 것을 정지한다. 단 아래에 규정한 범위내에서 부대와 병력의 교체, 임시임무를 담당한 인원의 한국에 도착 및 한국 국경 외에서 단기휴가(短期休暇)를 하였거나 혹은 임시임무를 담당하였던 병력의 한국에 귀환(歸還)은 이를 허가한다. 상기 교체의 정의는 부대 혹은 인원이 한국에서 복무를 개시하는 다른 부대 혹은 병력과 교체하는 것을 말하는 것이다. 교체인원은 오직 본 휴전협정 제43항에 열거한 출입항을 경유하여서만 한국에 들어오며 또 한국으로부터 내어 갈 수 있다. 교체는 1인대 1인의 교환기초 위에서 진행한다. 단 어느 일방이든지 1역월내(曆月內)에 교체정책하에서 한국 국경외로부터 35,000명 이상의 군사병력을 들여오지는 못한다.

만일 일방의 군사병력을 들여오는 것이 해당측이 본 휴전협정 효력 발생일로부터 한국으로 들어온 군사병력의 총수로 하여금 같은 날짜로부터 한국을 떠난 해당측의 군사병력의 누계총수를 초과하게 할 때는 해당측의 어떠한 군사병력도 들어올 수 없다. 군사인원의 한국에의 도착 및 한국으로부터의 이거(離去)에 관하여 매일 군사정전위원회와 중립국감독위원회에 보고한다. 이 보고는 입국과 출국의 지점 및 매개 지점(每個地點)에서 입국하는 인원과 출국하는 인원의 숫자를 포함한다. 중립국감독위원회는 그의 중립국감시소조를 통하여 본 휴전협정 제43항에 열거한 출입항에서 상기의 허가된 부대 및 인원의 교체를 감시하며 시찰한다.

(ㄹ) 한국 국경 외로부터 증강하는 작전비행기, 장갑차량, 무기 및 탄약의 반입을 정지한다. 단 정전기간에 파괴, 파손, 손모(損耗) 또는 소모된 작전비행기, 장갑차량, 무기 및 탄약은 같은 성능과 같은 유형의 물건을 1대1로 교환하는 기초 위에서 교체할 수 있다. 이러한 작전비행기, 장갑차량, 무기 및 탄약은 오직 본 휴전협정 제43항에 열거한 출입항을 경유하여서만 한국으로 반입할 수 있다. 교체의 목적으로 작전비행기, 장갑차량, 무기 및 탄약을 한국으로 반입할 필요를 확증하기 위하여 이러한 물건의 매차(每次) 반입을 위하여 군사정전위원회와 중립국감독위원회에 보고한다. 이 보고는 교체되는 물건의 처리에 관한 설명을 포함하여야 한다. 교체되어 한국으로부터 반출되는 물건은 오직 본 휴전협정 제43항에 열거한 출입항을 경유하여서만 반출될 수 있다. 중립국감독위원회는 그의 중립국감시소조를 통하여 본 휴전협정 제43항에 열거한 출입항에서 상기의 허가된 작전비행기, 장갑차량, 무기 및 탄약

의 교체를 감시하며 시찰한다.

(ㅁ) 본 휴전협정중의 어떠한 규정이든지 위반하는 각자의 지휘하에 있는 인원을 적당히 처벌할 것을 보장한다.

(ㅂ) 매장지점(埋藏地點)이 기록에 있고 분묘(墳墓)가 확실히 존재하고 있다는 것이 판명된 경우에는 본 휴전협정이 효력을 발생한 후 일정한 기한내에 그의 군사적 통제하에 있는 한국지역에 상대방의 분묘등록인원이 들어오는 것을 허가하여 이러한 분묘소재지에 가서 해당측의 이미 죽은 전쟁포로를 포함한 죽은 군사인원의 시체(屍體)를 발굴(發掘)하고 또 반출(搬出)하여 가도록 한다.

상기 사업을 진행하는 구체적 방법과 기한은 군사정전위원회가 이를 결정한다. 적대雙方사령관들은 상대방의 죽은 군사인원의 매장지점에 관계되는 일체 가능한 정보를 상대방에 제공한다.

(ㅅ) 군사정전위원회와 그의 공동감시소조 및 중립국감독위원회와 그의 중립국 감시소조가 하기와 같이 지정한 그들의 직책과 업무를 집행할 때에 충분한 보호 및 일체의 가능한 방조(幇助)와 협력을 한다. 중립국감독위원회 및 그의 중립국 감시소조가 쌍방이 합의한 주요 병참선을 경유하여 중립국감독위원회본부와 본 휴전협정 제 43항에 열거한 출입항간을 왕래할 때와 또 중립국감독위원회 본부와 본 휴전협정 위반사건이 발생하였다고 보고된 지점간을 왕래할 때에 충분한 통행상의 편리를 준다. 불필요한 지연을 방지하기 위하여 주요교통선이 막히든지 통행할 수 없는 경우에는 다른 통로와 모든 수송소단을 이용할 것을 허가한다.

(ㅇ) 군사정전위원회 및 중립국감독위원회와 그들 각자에 속하는 소조에 요구되는 통신 및 운수상(運輸上) 편리를 포함한 보급상의 원조를 제공한다.

(ㅈ) 군사정전위원회본부 부근(附近) 비무장지대내의 자기측 지역에 각각 한계의 적당한 비행장을 건설, 관리 및 유지한다. 그 용도(用途)는 군사정전위원회가 결정한다.

(ㅊ) 중립국감독위원회와 하기와 같이 설립한 중립국송환위원회의 전체위원 및 기타 인원이 모두 자기의 직책을 적당히 집행함에 필요한 자유와 편리를 가지도록 보장한다. 이에는 인가된 외교인원이 국제관례에 따라 통상적으로 향유하는 바와 동등한 특권 대우 및 면제권을 포함한다.

제14항. 본 휴전협정은 쌍방의 군사 통제하에 있는 적대중(敵對中)의 일체지상 군사력에 적용되며 이러한 지상 군사력은 비무장지대와 상대방의 군사 통제하에 있는 한국지역을 존중한다.

제15항. 본 휴전협정은 적대중의 일체 해상 군사력에 적용되며 이러한 해상 군

사력은 비무장지대와 상대방의 순사 통제하에 있는 한국육지에 인접한 해면을 존중하여 한국에 대하여 어떠한 종류의 봉쇄(封鎖)도 하지 못한다.

제16항. 본 휴전협정은 적대중의 일체 공중 군사력에 적용되며 이러한 공중 군사력은 비무장지대와 상대방의 군사 통제하에 있는 한국지역 및 이 양 지역에 인접한 해면의 상공을 존중한다.

제17항. 본 휴전협정의 조항과 규정을 준수하며 집행하는 책임은 본 휴전협정에 조인(調印)한 자와 그의 후임 사령관에게 속한다. 적대 쌍방사령관들은 각각 그들의 지휘하에 있는 군대내에서 일체의 필요한 조치와 방법을 취함으로써 그 모든 소속부대 및 인원이 본 휴전협정의 전(全) 규정을 철저히 준수하는 것을 보장한다. 적대 쌍방 사령관들은 상호 적극 협력하며 군사정전위원회 및 중립국감독위원회와 적극 협력함으로써 본 휴전협정 규정의 문구와 정신을 준수하도록 한다.

제18항. 군사정전위원회와 중립국감독위원회 및 그 각자에 속하는 소조의 사업비용은 적대쌍방이 균등하게 부담한다.

나. 군사정전위원회
(1) 구 성
제19항. 군사정전위원회를 설립한다.

제20항. 군사정전위원회는 10명의 고급장교로 구성하며 그 중의 5명은 국제연합군사령관이 이를 임명하며 그 외의 5명은 조선인민군 최고사령관과 중국인민지원군 사령원이 공동으로 이를 임명한다. 위원 10명중에서 쌍방의 3명은 장군 또는 제독급에 속하여야 하며 각방의 나머지 2명은 소장, 준장, 대령 혹은 그와 동급인 자로 할 수 있다.

제21항. 군사정전위원회의 위원은 그 필요에 따라 참모보조위원을 사용할 수 있다.

제22항. 군사정전위원회는 필요한 행정인원을 배치하여 비서처를 설치하되 그 임무는 동 위원회의 기록, 서기, 통역 및 동 위원회가 지정하는 기타직책의 집행을 협조하는 것이다. 쌍방은 각기 비서처에 비서장 1명, 보조비서장 1명 및 비서처에 필요한 서기 및 전문 기술인원을 임명한다. 기록은 영문, 한국문 및 중국문으로 작성하되 세 가지 글은 동등한 효력을 가진다.

제23항. (ㄱ) 군사정전위원회는 처음에 10개의 공동감시소조를 두어 그 협조를 받는다. 소조의 수는 군사정전위원회의 쌍방 수석위원의 합의를 거쳐 감소할 수 있다.

(ㄴ) 매개(每個)의 공동감시소조는 4명 내지 6명의 영관급(領官級) 장교로 구성하되 그 중의 반수는 국제연합군 사령관이 이를 임명하며 나머지 반수는 조선인민군 최고사령관과 중국인민지원군사령원이 공동으로 이를 임명한다. 공동감시소조의 사업상 필요한 운전수, 서기, 통역 등의 부속인원은 쌍방이 이를 제공한다.

(2) 기능과 권한

제24항. 군사정전위원회의 전반적 임무는 본 휴전협정의 실시를 감시하며 본 휴전협정의 어떠한 위반사건이든지 협의하여 처리하는 것이다.

제25항. 군사정전위원회는

(ㄱ) 본부를 판문점(북위 37° 57′ 29″, 동경 126° 40′ 00″) 부근에 설치한다. 군사정전위원회는 동위원회의 쌍방 수석위원의 합의를 거쳐 그 본부를 비무장지대내의 다른 한 지점에 이설(移設)할 수 있다.

(ㄴ) 공동기구로서 사업을 진행하며 의장을 두지 않는다.

(ㄷ) 동 기구가 수시로 필요하다고 인정하는 절차 규정을 채택한다.

(ㄹ) 본 휴전협정중 비무장지대와 한강하구에 관한 각 규정의 집행을 감독한다.

(ㅁ) 공동감시소조의 사업을 지도한다.

(ㅂ) 본 휴전협정의 어떠한 위반사건이든지 협의하여 처리한다.

(ㅅ) 중립국감독위원회로부터 받은 본 휴전협정 위반사건에 관한 일체 조사 보고 및 일체 기타 보고와 회의기록은 즉시로 적대 쌍방사령관들에게 이를 전달한다.

(ㅇ) 하기(下記)한 바와 같이 설립한 전쟁포로송환위원회와 실향사민(失鄕私民) 귀향협조위원회의 사업을 전반적으로 감독하며 지도한다.

(ㅈ) 적대 쌍방사령관간에 통신을 전달하는 중개역할(仲介役割)을 담당한다. 단 상기의 규정은 쌍방 사령관들이 사용하고자 하는 어떠한 다른 방법을 사용하여 상호 통신을 전달하는 것을 배제하는 것으로 해석할 수 없다.

(ㅊ) 그의 실무직원과 그의 공동감시소조의 증명문서 및 휘장 또 그 임무 집행시에 사용하는 일체의 차량, 비행기 및 선박의 식별표지를 발급한다.

제26항. 공동감시소조의 임무는 군사정전위원회가 본 휴전협정 중의 비무장지대 및 한강 하구에 관한 각 규정의 집행을 감독함을 협조하는 것이다.

제27항. 군사정전위원회 또는 그 중의 어느 일방의 수석위원은 공동감시소조를 파견하여 비무장지대나 한강 하구에서 발생하였다고 보고된 본 휴전협정 위반사건을 조사할 권한을 가진다. 단 위원회의 어느 일방의 수석위원이든지 언제나 군사정전위원회가 아직 파견하지 않은 공동감시소조의 반수이상(半數以上)을 파견할 수 없다.

제28항. 군사정전위원회 또는 동 위원회의 어느 일방의 수석위원은 중립국감독위원회에 요청하여 본 휴전협정 위반사건이 발생하였다고 보고된 비무장지대 이외의 지점에 가서 특별한 감시와 시찰을 행할 권한을 가진다.

제29항. 군사정전위원회가 본 휴전협정 위반사건이 발생하였다고 확정한 때에는 즉시로 그 위반사건을 적대 쌍방사령관들에게 보고한다.

제30항. 군사정전위원회가 본 휴전협정의 어떠한 위반사건이 만족하게 시정되었다고 확정한 때에는 이를 적대 쌍방사령관들에게 보고한다.

(3) 총 칙

제31항. 군사정전위원회는 매일 회의를 연다. 쌍방의 수석위원은 합의하여 7일을 넘지 않는 휴회를 할 수 있다. 단 어느 일방의 수석위원이든지 24시간 전의 통고로써 이 휴회를 끝낼 수 있다.

제32항. 군사정전위원회의 일체 회의기록의 부본(副本)은 매번 회의 후 될 수 있는 대로 속히 적대 쌍방사령관들에게 송부한다.

제33항. 공동감시소조는 군사정전위원회에 동 위원회가 요구하는 정기보고를 제출하며 또 이 소조들이 필요하다고 인정하거나 또는 동위원회가 요구하는 특별 보고를 제출한다.

제34항. 군사정전위원회는 본 휴전협정에 규정한 보고 및 회의기록의 문건철 두벌을 보관한다. 동 위원회는 그 사업진행에 필요한 기타의 보고기록등의 문건철 두벌을 보관할 권한을 가진다. 동 위원회의 최후 해산시에는 상기 문건철을 쌍방에 각한 벌씩 나누어 준다.

제35항. 군사정전위원회는 적대 쌍방사령관들에게 본 휴전협정의 수정 또는 증보에 대한 건의를 제출할 수 있다. 이러한 개정건의(改正建議)는 일반적으로 더 유효한 휴전을 보장할 것을 목적으로 하는 것이어야 한다.

다. 중립국감독위원회

(1) 구 성

제36항. 중립국감독위원회를 설립한다.

제37항. 중립국감독위원회는 4명의 고급장교로 구성하되 그 중의 2명은 국제연합군 사령관이 지명한 중립국 즉 스웨덴 및 스위스가 이를 임명하며 나머지 2명은 조선인민군 최고사령관과 중국인민지원군사령원이 공동으로 지명한 중립국 즉 폴란드 및 체코슬로바키아가 이를 임명한다. 본 휴전협정에서 쓴 중립국이라는 용어의

정의는 그 전투부대가 한국에서의 적대행위에 참가하지 않은 국가를 말하는 것이다. 동 위원회에 임명되는 위원은 임명하는 국가의 군대로부터 파견될 수 있다. 매개(每個)위원은 후보위원 1명을 지정하여 그 정위원이 어떤 이유로 출석할 수 없게 되는 회의에 출석하게 된다. 이러한 후보위원은 그 정위원과 동일한 국적에 속한다. 일방이 지명한 중립국위원의 출석자 수와 다른 일방이 지명한 중립국위원회의 출석자 수가 같을 때에는 중립국감독위원회는 곧 행동을 취할 수 있다.

제38항. 중립국감독위원회의 위원은 그 필요에 따라 각기 해당 중립국가가 지원한 참모 보조인원을 사용할 수 있다. 이러한 참모 보조인원은 본 위원회의 후보위원으로 임명될 수 있다.

제39항. 중립국감독위원회에 필요한 행정인원을 제공하도록 중립국에 요청하여 비서처를 설치하되 그 임무는 동 위원회에 필요한 기록, 서기, 통역 및 동 위원회가 지정하는 기타 직책의 집행을 협조하는 것이다.

제40항. (ㄱ) 중립국감독위원회는 처음에는 20개의 중립국감시소조를 두어 그 협조를 받는다. 소조의 수는 군사정전위원회의 쌍방 수석위원의 합의를 거쳐 감소할 수 있다. 중립국 감시소조는 오직 중립국감독위원회에 대하여서만 책임을 지며 그에 보고하며 또 그 지도를 받는다.

(ㄴ) 매개 중립국 감시소조는 최대한 4명의 장교로 구성하되 이 장교는 영관으로 하는 것이 적당하며 그 중의 반수는 국제연합군사령관이 지명한 중립국에서 내고 그중의 반수는 조선인민군 최고사령관과 중국인민지원군사령원이 공동으로 지명한 중립국에서 낸다. 중립국 감시소조에 임명되는 조원은 임명하는 국가의 군대에서 이를 낼 수 있다. 각 조의 직책 집행을 편리하게 하기 위하여 정황의 요구에 따라 최소 2명의 조원으로 구성하는 분조를 설치할 수 있다. 그 두 조원 중의 1명은 국제연합군사령관이 지명한 중립국에서 내며 1명은 조선인민군 최고사령관과 중국인민지원군사령원이 공동으로 지명한 중립국에서 낸다. 운전수, 서기, 통역, 통신원과 같은 부속인원 및 각조의 임무집행에 필요한 비품은 쌍방사령관이 비무장지대내 및 자기측 군사통제지역내에서 수요에 따라 이를 공급한다.

중립국감독위원회는 동 위원회 자체와 중립국 감시소조들에 그가 요망하는 상기의 인원 및 비품을 제공할 수 있다. 단 이러한 인원은 중립국감독위원회를 구성한 중립국의 인원이어야 한다.

(2) 기능과 권한

제41항. 중립국감독위원회의 임무는 본 휴전협정 제 13항(ㄷ)목, 제13항(ㄹ)목

및 제28항에 규정한 감독, 감시, 조사 및 시찰의 기능을 집행하며 이러한 감독, 감시, 조사 및 시찰의 결과를 군사정전위원회에 보고하는 것이다.

제42항. 중립국감독위원회는

(ㄱ) 본부를 군사정전위원회 본부의 부근에 설치한다.

(ㄴ) 그가 수시로 필요하다고 인정하는 절차규정을 채택한다.

(ㄷ) 그 위원 및 그 중립국 감시소조를 통하여 본 휴전협정 제43항에 열거한 출입항에서 본 휴전협정 제 13항(ㄷ)목, 제 13항(ㄹ)목에 규정한 감독과 시찰을 진행하며 또 본 휴전협정 위반사건이 발생하였다고 보고된 지점에서 본 휴전협정 제 28항에 규정한 특별 감시와 시찰을 진행한다. 작전비행기, 장갑차량, 무기 및 탄약에 대한 중립국 감시소조의 시찰은 소조로 하여금 증원하는 작전비행기, 장갑차량, 무기 또는 탄약의 어떠한 비밀설계 또는 특점을 시찰 혹은 검사할 권한을 주는 것으로 해설할 수 없다.

(ㄹ) 중립국 감시소조의 사업을 지도하며 감독한다.

(ㅁ) 국제연합군사령관의 군사 통제지역 내에 있는 본 휴전협정 제43항에 열거한 출입항에 5개의 중립국 감시소조를 주재시키며 조선인민군최고사령관과 중국인민지원군사령원의 군사통제지역 내에 있는 본 휴전협정 제43항에 열거한 출입항에 5개의 중립국 감시소조를 주재시킨다. 처음에는 따로 10개의 중립국 이동감시소조를 후비(後備)로 설치하되 중립국감독위원회 본부 부근에 주재시킨다. 그 수는 군사정전위원회의 쌍방 수석위원의 합의를 거쳐 감소할 수 있다.

중립국 이동감시소종중 군사정전위원회의 어느 일방 수석위원의 요청에 응하여 파견하는 소조는 언제나 그 반수를 초과할 수 없다.

(ㅂ) 보고된 본 휴전협정 위반사건을 전목(前目)규정의 범위내에서 지체없이 조사한다. 이에는 군사정전위원회 또는 동위원회 중의 어느 일방 수석위원이 요청하는 보고된 본 휴전협정 위반사건에 대한 조사를 포함한다.

(ㅅ) 그의 실무요원과 그의 중립국 감시소조의 증명문건 및 휘장 또는 임무집행시에 사용하는 일체 차량, 비행기 및 선박의 식별표지를 발급하도록 한다.

제43항. 중립국 감시소조는 하기한 각 출입항에 주재한다.

[국제연합군의 군사통제 지역]

○ 인천…………(북위 37° 28′, 동경 126° 38′)

○ 대구…………(북위 35° 52′, 동경 128° 36′)

○ 부산…………(북위 35° 06′, 동경 129° 02′)

○ 강릉··········(북위 37° 45′, 동경 128° 54′)

○ 군산··········(북위 35° 59′, 동경 126° 43′)

[조선인민군과 중국인민지원군의 군사통제 지역]

○ 신의주··········(북위 40° 06′, 동경 124° 24′)

○ 청 진··········(북위 41° 46′, 동경 129° 49′)

○ 흥 남··········(북위 39° 50′, 동경 127° 37′)

○ 만 포··········(북위 41° 09′, 동경 126° 18′)

○ 신안주··········(북위 39° 36′, 동경 125° 36′)

이 중립국 감시소조들은 첨부한 지도에 표시한 지역내와 교통선에서 통행상 충분한 편리를 받는다.(지도생략)

(3) 총 칙

제44항. 중립국감독위원회는 매일 회의를 연다. 중립국감독위원회 위원은 합의하여 7일을 초과하지 않는 휴회를 할 수 있다. 단 어느 위원이든지 24시간 전의 통고로써 이 휴회를 끝낼 수 있다.

제45항. 중립국감독위원회 일체 회의기록의 부본(副本)은 매번 회의 후 될 수 있는 대로 속히 군사정전위원회에 송부한다. 기록은 영문, 한국문 및 중국문으로 작성한다.

제46항. 중립국 감시소조는 그의 감독, 감시, 조사 및 시찰의 결과에 관하여 중립국감독위원회가 요구하는 정기 보고를 동위원회에 제출하며 또 이 소조들이 필요하다고 인정하거나 동위원회가 요구하는 특별보고를 제출한다. 보고는 소조 자체가 이를 제출한다. 단 그 소조의 개별적 소조원 1명 또는 수명이 이를 제출할 수 있다. 단 개별적 소조원 1명 또는 수명이 제출한 보고는 다만 참고적 보고로 간주한다.

제47항. 중립국감독위원회는 중립국 감시소조가 제출한 보고의 부본을 그가 접수한 보고에 사용된 글로써 지체없이 군사정전위원회에 송부한다. 이러한 보고는 번역 또는 심의, 결정, 수속 때문에 지체시킬 수 없다. 중립국감독위원회는 실제 가능한 한 속히 이러한 보고를 심의결정하며 그의 판정서를 우선적으로 군사정전위원회에 송부한다. 중립국감독위원회가 해당 심의결정을 접수하기 전에는 군사정전위원회는 이런 어떠한 보고에 대하여서도 최종적 행동을 취하지 못한다. 군사정전위원회의 어느 일방 수석위원의 요청이 있을 때에는 중립국감독위원회의 위원과 그 소조의 소조원은 곧 군사정전위원회에 출두하여 제출된 어떠한 보고에 대하여서든지 설명

한다.

　제48항. 중립국감독위원회는 본 휴전협정이 규정하는 보고 및 회의기록의 문서철 두 벌을 보관한다. 동위원회는 그 사업진행에 필요한 기타의 보고, 기록 등의 문건철 두 벌을 보관할 권한을 가진다. 동 위원회의 최후 해산시에는 상기 문건철을 쌍방에 각 한 벌씩 나누어 준다.

　제49항. 중립국감독위원회는 군사정전위원회에 본 휴전협정의 수정 또는 증보에 대한 건의를 제출할 수 있다. 이러한 개정 건의는 일반적으로 더 유효한 정전을 보장할 것을 목적으로 하는 것이어야 한다.

　제50항. 중립국감독위원회 또는 동위원회의 매개 위원은 군사정전위원회의 임의의 위원과 통신 연락을 취할 권한을 가진다.

제 3 조 전쟁포로에 관한 조치

　제51항. 본 휴전협정이 효력을 발생하는 당시에 쌍방이 수용하고 있는 모든 전쟁포로의 석방과 송환은 본 휴전협정 조인전에 쌍방이 합의한 하기 규정에 따라 집행된다.

　(ㄱ) 본 휴전협정이 효력을 발생한 후 60일 이내에 쌍방은 그 수용하에 있는 송환을 주장하는 모든 전쟁포로를 포로된 당시에 그들이 속한 일방에 집단적으로 나누어 직접 송환 인도하며 어떠한 방해도 가하지 못한다. 송환은 본조의 각항 관계 규정에 의하여 완수한다. 이러한 인원의 송환수속을 촉진시키기 위하여 쌍방은 휴전협정 조인전에 직접 송환될 인원의 국적별로 분류한 총수를 교환한다. 상대방에 인도되는 전쟁포로의 각 집단은 국적별로 작성한 명부를 휴대하되 이에는 성명, 계급(계급이 있으면) 및 수용번호 또는 군번을 포함한다.

　(ㄴ) 쌍방은 직접 송환하지 않은 나머지 전쟁포로를 그 군사통제와 수용으로부터 석방하여 모두 중립국 송환위원회에 넘겨 본 휴전협정 부록 '중립국 송환위원회 직권의 범위'의 각 조의 규정에 의하여 처리케 한다.

　(ㄷ) 세가지 글을 병용함으로 인하여 발생할 수 있는 오해를 피하기 위하여 본 휴전협정의 용어로서 일방이 전쟁포로를 상대방에 인도하는 행동을 그 전쟁포로의 국적과 거주지의 여하를 불문하고 영문중에는 'Repatriation' 한국문에서는 '송환', 중국문에서는 '첸반'(遺返)이라고 규정한다.

　제52항. 쌍방은 본 휴전협정의 효력 발생에 의하여 석방되며 송환되는 어떠한 전쟁포로든지 한국전쟁 중의 전쟁행동에 사용하지 않을 것을 보장한다.

　제53항. 송환을 원하는 모든 병상포로(病傷捕虜)는 우선적으로 송환한다. 가능

한 범위 내에서 포로된 의무인원을 병상포로와 동시에 송환하여 도중에서 의료와 간호를 제공하도록 한다.

제54항. 본 휴전협정 제51항 (ㄱ)목에 규정한 모든 전쟁포로의 송환은 본 휴전협정이 효력을 발생한 후 60일의 기한내에 완료한다. 이 기한내에 쌍방은 그가 수용하고 있는 상기 전쟁포로의 송환을 가능한 한 속히 완료한다.

제55항. 판문점을 쌍방의 전쟁포로의 인도, 인수지점으로 정한다. 필요한 때에는 전쟁포로 송환위원회는 기타의 전쟁포로 인도, 인수지점(들)을 비무장지대내에 증설할 수 있다.

제56항. (ㄱ) 전쟁포로 송환위원회를 설립한다. 동 위원회는 영관급 장교 6명으로 구성하되 그중 3명은 국제연합군사령관이 이를 임명하며 그중 3명은 조선인민군 최고사령관과 중국인민지원군사령원이 공동으로 이를 임명한다. 동 위원회는 군사정전위원회의 전반적 감독과 지도하에 책임지고 쌍방의 전쟁포로 송환에 관계되는 구체적 계획을 조절하며 쌍방이 본 휴전협정 중의 전쟁포로 송환에 관계되는 일체의 규정을 실시하는 것을 감독한다.

동 위원회의 임무는 전쟁포로들이 쌍방 전쟁포로 수용소로부터 전쟁포로 인도, 인수 지점(들)에 도달하는 시간을 조절하며 필요할 때에는 병상 전쟁포로의 수송 및 후생에 요구되는 특별한 조치를 취하며 본 휴전협정 제57항에서 설립된 공동적십자 소조의 전쟁포로송환협조사업을 조절하며 본 휴전협정 제53항과 제54항에 규정한 전쟁포로 실제 송환 조치의 실시를 감독하며 필요할 때에는 추가적 전쟁포로 인도 인수 지점(들)을 선정하여 전쟁포로의 인도, 인수지점(들)의 안전조치를 취하며 전쟁포로 송환에 필요한 기타 관계 임무를 집행하는 것이다.

(ㄴ) 전쟁포로 송환위원회는 그 임무에 관계되는 어떠한 사항에 대하여 합의에 도달하지 못할 때에는 이러한 사항을 즉시로 군사정전위원회에 제기하여 결정하도록 한다. 전쟁포로 송환위원회는 군사정전위원회 본부 부근에 그 본부를 설치한다.

(ㄷ) 전쟁포로 송환위원회가 전쟁포로 송환계획을 완수한 때에는 군사정전위원회가 즉시로 이를 해산시킨다.

제57항. (ㄱ) 본 휴전협정이 효력을 발생한 후 즉시로 국제연합군에 군대를 제공하고 있는 각국의 적십자사대표를 일방으로 하고 조선 민주주의 인민공화국 적십자사대표와 중화인민공화국 적십자사대표를 다른 일방으로하여 조직하는 공동적십자소조를 설립한다. 공동적십자소조는 전쟁포로의 복리에 요망되는 인도주의적 봉사로써 쌍방이 본 휴전협정 제51항 (ㄱ)목에 규정한 송환을 주장하는 모든 전쟁포로의 송환에 관계되는 규정을 집행하는 것을 협조한다. 이 임무를 완수하기 위하여 공

동적십자소조는 전쟁포로 인도, 인수 지점(들)에서 쌍방의 전쟁포로 인도, 인수 사업을 협조하며 쌍방의 전쟁포로 수용소를 방문하여 위문하며 전쟁포로의 위문과 전쟁포로의 복리를 위한 선물을 가지고 가서 분배한다. 공동적십자소조는 전쟁포로 수용소에서 전쟁포로 인도, 인수 지점(들)으로 가는 도중에 있는 전쟁포로에게 봉사를 제공할 수 있다.

(ㄴ) 공동적십자소조는 다음과 같은 규정에 의하여 조직한다.

1) 한 소조는 쌍방의 본국 적십자사로부터 각기 대표 10명씩을 내어 쌍방 합하여 20명으로 구성하며 전쟁포로 인도, 인수지점(들)에서 쌍방의 전쟁포로의 인도, 인수를 협조한다. 동 소조의 의장은 쌍방 적십자사 대표가 매일 윤번으로 담당한다. 동 소조의 사업과 봉사는 전쟁포로 송환위원회가 이를 조절한다.

2) 한 소조는 쌍방의 본국 적십자사로부터 각기 대표 30명씩을 내어 쌍방 합하여 60명으로 구성하며 조선 인민군 및 중국인민지원군 관리하의 전쟁포로 수용소를 방문하며 또 전쟁포로 수용소에서 전쟁포로 인도, 인수 지점(들)으로 가는 도중에 있는 전쟁포로에게 봉사를 제공할 수 있다. 조선민주주의 인민공화국 적십자사 또는 중화인민공화국 적십자사의 대표가 동 소조의 의장을 담당한다.

3) 한 소조는 쌍방의 본국 적십자사로부터 각기 대표 30명씩을 내어 쌍방 합하여 60명으로 구성하며 국제연합군 관리하의 전쟁포로 수용소를 방문하며 또 전쟁포로 수용소에서 전쟁포로 인도, 인수지점(들)으로 가는 도중에 있는 전쟁포로에게 봉사를 제공할 수 있다. 국제연합군에 군대를 제공하고 있는 한 나라의 적십자사 대표가 동 소조의 의장을 담당한다.

4) 각 공동 적십자소조의 임무 집행의 편의를 위하여 정황(情況)이 필요로 할 때에는 최소 2명의 소조원으로 구성하는 분조를 구성할 수 있다. 분조내에서 쌍방은 동등한 수의 대표를 가진다.

5) 쌍방 사령관은 그의 군사통제 지역내에서 사업하는 공동적십자소조의 운전수, 서기 및 통역과 같은 부속인원 및 각 소조가 그 임무 집행상 필요로 하는 장비를 공급한다.

6) 어떠한 공동적십자 소조든지 동 소조의 쌍방 대표가 동의하는 때에는 그 인원수를 증감할 수 있다. 단 이는 전쟁포로 송환위원회의 인가를 거쳐야 한다.

(ㄷ) 쌍방 사령관은 공동적십자소조가 그의 임무를 집행하는데 충분한 협조를 주며 또 그의 군사통제 지역내에서 택임지고 공동적십자소조 인원들의 안전을 보장한다. 쌍방사령관은 그의 군사통제 지역내에서 사업하는 이러한 소조에 요구되는 보급행정 및 통신상의 편의를 준다.

(ㄹ) 공동적십자소조는 본 휴전협정 제51항 (ㄱ)목에 규정한 송환을 주장하는 모든 전쟁포로의 송환계획이 완수되었을 때에는 즉시로 해산한다.

제58항. (ㄱ) 쌍방 사령관은 가능한 범위내에서 속히 그러나 본 휴전협정이 효력을 발생한 후 10일 이내에 상대방 사령관에게 다음과 같은 전쟁포로에 관한 자료를 제공한다.

1) 제일 마지막번에 교환한 자료의 마감한 일자 이후에 탈영한 전쟁포로에 관한 완전한 자료.

2) 실제로 실행할 수 있는 범위내에서 수용기간중에 사망한 전쟁포로의 성명, 국적, 계급별 및 기타의 식별자료 또한 사망일자, 사망원인 및 매장지점에 관한 자료.

(ㄴ) 만일 위에 규정한 보충자료의 마감한 일자 이후에 탈영하였거나 또는 사망한 어떠한 전쟁포로가 있으면 수용한 일방은 본조 제58항 (ㄱ)목의 규정에 의하여 관계자료를 전쟁포로 송환위원회를 거쳐 상대방에 제공한다. 이러한 자료는 전쟁포로 인도, 인수 계획을 완수할 때까지 10일에 한번씩 제공한다.

(ㄷ) 전쟁포로 인도, 인수계획을 완수한 후에 본래 수용하고 있던 일방에 다시 돌아온 탈영하였던 어떠한 전쟁포로도 이를 군사정전위원회에 넘기어 처리한다.

제59항. (ㄱ) 본 휴전협정이 효력을 발생하는 당시에 국제연합군사령관의 군사통제지역에 있는 자로서 1950년 6월 24일에 본 휴전협정에 확정된 군사분계선 이북에 거주한 모든 민간인에 대하여서는 그들이 귀향하기를 원한다면 국제연합군사령관은 그들이 군사분계선 이북지역에 들어가는 것을 허용하며 협조하여야 한다. 본 휴전협정이 효력을 발생하는 당시에 조선인민군최고사령관과 중국인민지원군사령원의 군사통제지역에 있는 자로서 1950년 6월 24일에 본 휴전협정에 확정된 군사분계선 이남에 거주한 모든 민간인에 대해서는 그들이 귀향하기를 원한다면 조선인민군최고사령관과 중국인민지원군사령원은 그들이 군사분계선 이남지역에 들어가는 것을 허용하며 협조한다. 쌍방 사령관은 책임지고 본목 규정의 내용을 그의 군사통제지역에 광범히 선포하며 또 적당한 민정당국을 시켜 귀향하기를 원하는 이러한 모든 민간인에게 필요한 지도와 협조를 주도록 한다.

(ㄴ) 본 휴전협정이 효력을 발생하는 당시에 조선인민군최고사령관과 중국인민지원군 사령원의 군사 통제지역에 있는 모든 외국적(外國籍)의 민간인 중 국제연합군사령관의 군사 통제지역으로 가기를 원하는 자에게는 그가 국제연합군사령관의 군사통제지역으로 가는 것을 허용하며 협조한다. 본 휴전협정이 효력을 발생하는 당시에 국제연합군사령관의 군사통제지역에 있는 모든 외국적의 민간인중 조선인민군 최고사령관과 중국인민지원군사령원의 군사 통제지역으로 가기를 원하는 자에게는 그가

조선인민군 최고사령관과 중국인민지원군사령원의 군사통제지역으로 가는 것을 허용하며 협조한다. 쌍방 사령관은 책임지고 본목 규정의 내용을 그의 군사 통제지역에 광범히 선포하며 또 적당한 민정당국을 시켜 상대방 사령관의 군사 통제지역으로 가기를 원하는 이러한 모든 외국적의 민간인에게 필요한 지도와 협조를 주도록 한다.

(ㄷ) 쌍방의 본조 제59항 (ㄱ)목에 규정한 민간인의 귀향 및 본조 제59항 (ㄴ)목에 규정한 민간인의 이동을 협조하는 조치는 본 휴전협정이 효력을 발생한 후 될 수 있는 한 속히 개시한다.

(ㄹ) 1) 실향민 귀향협조위원회를 설립한다. 동 위원회는 영관급 장교 4명으로 구성하되 그중 2명은 국제연합군사령관이 이를 임명하며 그중 2명은 조선인민군최고사령관과 중국인민지원군사령원이 공동으로 이를 임명한다. 동 위원회는 군사정전위원회의 전반적 감독과 지도 밑에서 책임지고 상기 민간인의 귀향을 협조하는데 관계되는 쌍방의 구체적 계획을 조절하며 또 상기 민간인의 귀향에 관계되는 본 휴전협정 중의 일체 규정을 쌍방이 집행하는 것을 감독한다. 동 위원회의 임무는 운송조치를 포함한 필요한 조치를 취함으로써 상기 민간인의 이동을 촉진 및 조절하며 상기 민간인이 군사분계선을 통과하는 월경지점(越境地點) (들)을 선정하며 월경지점(들)의 안전조치를 취하며 또 상기 민간인의 귀향을 완수하기 위하여 필요한 기타 임무를 집행하는 것이다.

2) 실향민 귀향협조위원회는 그의 임무에 관계되는 어떠한 사항이든지 합의에 도달할 수 없는 때에는 이를 곧 군사정전위원회에 제출하여 결정하게 한다. 실향민 귀향협조위원회는 그의 본부를 군사정전위원회의 본부 부근에 설치한다.

3) 실향민 귀향협조위원회가 그의 임무를 완수한 때에는 군사정전위원회가 즉시로 이를 해산시킨다.

제 4 조 쌍방 관계 정부들에의 건의

제60항. 한국문제의 평화적 해결을 보장하기 위하여 쌍방 사령관은 쌍방의 관계 제국 정부에 휴전협정이 조인되고 효력을 발생한 후 3개월 내에 각기 대표를 파견하여 쌍방의 한급 높은 정치회담을 소집하고 한국으로부터의 모든 외국군대의 철수 및 한국문제의 평화적 해결 등의 문제들을 협의할 것을 이에 건의한다.

제 5 조 부칙

제61항. 본 휴전협정에 대한 수정과 증보는 반드시 적대쌍방사령관들의 상호합의를 거쳐야 한다.

제62항. 본 휴전협정의 각 조항은 쌍방이 고동으로 접수하는 수정 및 증보 또는 쌍방의 정치적 수준에서의 평화적 해결을 위한 적당한 협정중의 규정에 의하여 명확히 대체될때까지는 계속 효력을 가진다.

제63항. 제12항을 제외한 본 휴전협정의 일체 규정은 1953년 7월 27일 22:00부터 효력을 발생한다.

1953년 7월 27일 10:00시에 한국 판문점에서 영문 한국문 및 중국문으로써 작성한다. 이 3개 국어의 각 협정본문은 동등한 효력을 가진다.

국제연합군사령관   미국 육군대장 마크 W. 클라크
조선인민군최고사령관 조선민주주의 인민공화국 원수 김일성
중국인민지원군사령원   팽덕회

[참석자]
국제연합군대표단 수석대표   미국육군 중장 윌리암 K. 해리슨 2세
조선인민군 및 중국인민지원군 대표단 수석대표   조선인민군 대장 남일

2. 한미상호방위조약(1953. 10. 1)

본 조약의 당사국은,

모든 국민과 모든 정부가 평화적으로 생활하고자 하는 희망을 재확인하며 또한 태평양 지역에 있어서의 평화기구를 공고히 할 것을 희망하고,

당사국중 어느 1국이 태평양 지역에 있어서 고립하여 있다는 환각을 어떠한 잠재적 침략자도 가지지 않도록 외부로부터의 무력공격에 대하여 자신을 방위하고자 하는 공통의 결의를 공공연히 또한 정식으로 선언할 것을 희망하고,

또한 태평양 지역에 있어서 더욱 포괄적이고 효과적인 지역적 안전보장조직이 발달될 때까지 평화와 안전을 유지하고저 집단적 방위를 위한 노력을 공고히 할 것을 희망하여 다음과 같이 동의한다.

제 1 조
당사국은 관련될지도 모르는 어떠한 국제적 분쟁이라도 국제적 평화와 안전과 정의를 위태롭게 하지 않는 방법으로 평화적 수단에 의하여 해결하고 또한 국제관계에 있어서 국제연합의 목적이나 당사국이 국제연합에 대하여 부담한 의무에 배타되는 방법으로 무력으로 위협하거나 무력을 행사함을 삼가할 것을 약속한다.

제 2 조
당사국중 어느 1국의 정치적 독립 또는 안전이 외부로부터의 무력공격에 의하여 위협을 받고 있다고 어느 당사국이든지 인정할 때에는 언제든지 당사국은 서로 협의한다.
당사국은 단독적으로나 공동으로나 자조와 상호원조에 의하여 무력공격을 저지하기 위한 적절한 수단을 지속하며 강화시킬 것이며 본 조약을 이행하고 그 목적을 추진할 적절한 조치를 협의와 합의하에 취할 것이다.

제 3 조

각 당사국은 타 당사국의 행정 지배하에 있는 영토와 각 당사국이 타 당사국의 행정 지배하에 합법적으로 들어갔다고 인정하는 금후의 영토에 있어서 타 당사국에 대한 태평양 지역에 있어서의 무력공격을 자국의 평화와 안전을 위태롭게 하는 것이라고 인정하고 공통한 위험에 대처하기 위하여 각자의 헌법상의 수속에 따라 행동할 것을 선언한다.

제 4 조

상호적 합의에 의하여 미합중국의 육군해군과 공군을 대한민국의 영토 내와 그 부근에 배치하는 권리를 대한민국은 이를 허여하고 미합중국은 이를 수락한다.

제 5 조

본 조약은 대한민국과 미합중국에 의하여 각자의 헌법상의 수속에 따라 비준되어야 하며 그 비준서가 양국에 의하여 「와싱톤」에서 교환되었을 때에 효력을 발생한다.

제 6 조

본 조약은 무기한으로 유효하다. 어느 당사국이든지 타 당사국에 통고한 후 1년 후에 본 조약을 종지시킬 수 있다.

이상의 증거로서 하기전권위원은 본 조약에 서명한다.

본 조약은 1953年 10월 1일에 「와싱톤」에서 한국문과 영문으로 두벌로 작성됨

대한민국을 위해서 변 영 태
미합중국을 위해서 존 포스터 덜레스

3. 7 · 4 남북공동성명(1972. 7. 4)

최근 평양과 서울에서 남북 관계를 개선하며 갈라진 조국을 통일하는 문제를 협의하기 위한 회담이 있었다.

서울의 이후락 중앙정보부장이 1972년 5월 2일부터 5월 5일까지 평양을 방문하여 평양의 김영주 조직지도부장과 회담을 진행하였으며, 김영주 부장을 대신한 박성철 제 2부수상이 1972년 5월 29일부터 6월 1일까지 서울을 방문하여 이후락 부장과 회담을 진행하였다.

이 회담들에서 쌍방은 조국의 평화적 통일을 하루빨리 이룩해야 한다는 공통된 염원을 안고 허심탄회하게 의견을 교환하였으며, 서로의 이해를 증진시키는 데서 큰 성과를 거두었다.

이 과정에서 쌍방은 오랫동안 서로 만나 보지 못한 결과로 생긴 남북 사이의 오해와 불신을 풀고 긴장의 고조를 완화시키며 나아가서 조국 통일을 촉진시키기 위하여 다음과 같은 문제들에 완전한 견해의 일치를 보았다.

쌍방은 다음과 같은 조국 통일 원칙들에 합의를 보았다.

첫째, 통일은 외세에 의존하거나 외세의 간섭을 받음이 없이 자주적으로 해결되어야 한다.

둘째, 통일은 서로 상대방을 반대하는 무력 행사에 의하지 않고 평화적 방법으로 실현되어야 한다.

셋째, 사상과 이념, 제도의 차이를 초월하여 우선 하나의 민족으로서 민족적 대단결을 도모하여야 한다.

쌍방은 남북 사이의 긴장 상태를 완화하고 신뢰의 분위기를 조성하기 위하여 서로 상대방을 중상, 비방하지 않으며, 크고 작은 것을 막론하고 무장도발을 하지 않으며, 불의의 군사적 충돌 사고를 방지하기 위한 적극적인 조치를 취하기로 합의하였다.

쌍방은 끊어졌던 민족적 연계를 회복하며 서로의 이해를 증진시키고 자주적 평화통일을 촉진시키기 위하여 남북 사이에 다방면적인 제반 교류를 실시하기로 합의하였다.

쌍방은 지금 온 민족의 거대한 기대 속에 진행되고 있는 남북 적십자 회담이 하루 빨리 성사되도록 적극 협조하는데 합의하였다.

쌍방은 돌발적 군사 사고를 방지하고 남북 사이에 제기되는 문제들을 직접, 신속 정확히 처리하기 위하여 서울과 평양 사이에 상설 직통 전화를 놓기로 합의하였다.

쌍방은 이러한 합의 사항을 추진시킴과 함께 남북 사이의 제반 문제를 개선, 해결하며 또 합의된 조국 통일 원칙에 기초하여 나라의 통일 문제를 해결할 목적으로, 이후락 부장과 김영주 부장을 공동 위원장으로 하는 남북 조절 위원회를 구성, 운영하기로 합의하였다.

쌍방은 이상의 합의 사항이 조국 통일을 일일 천추로 갈망하여 온 겨레의 한결같은 염원에 부합된다고 확신하면서 이 합의 사항을 성실히 이행할 것을 온 민족 앞에 엄숙히 약속한다.

4. 남북기본합의서(1991. 12. 13)

남과 북은 분단된 조국의 평화적 통일을 염원하는 온 겨레의 뜻에 따라, 7·4남북 공동성명에서 천명된 조국통일 3대원칙을 재확인하고, 정치 군사적 대결상태를 해소 하여 민족적 화해를 이룩하고, 무력에 의한 침략과 충돌을 막고 긴장완화와 평화를 보장하며, 다각적인 교류·협력을 실현하여 민족공동의 이익과 번영을 도모하며, 쌍방 사이의 관계가 나라와 나라 사이의 관계가 아닌 통일을 지향하는 과정에서 잠정적으로 형성되는 특수관계라는 것을 인정하고, 평화통일을 성취하기 위한 공동의 노력을 경주할 것을 다짐하면서, 다음과 같이 합의하였다.

제 1 장 남북화해

제1조 남과 북은 서로 상대방의 체제를 인정하고 존중한다.
제2조 남과 북은 상대방의 내부문제에 간섭하지 아니한다.
제3조 남과 북은 상대방에 대한 비방 중상을 하지 아니한다.
제4조 남과 북은 상대방을 파괴 전복하려는 일체 행위를 하지 아니한다.
제5조 남과 북은 현 정전상태를 남북사이의 공고한 평화상태로 전환시키기 위하여 공동으로 노력하며 이러한 평화상태가 이룩될 때까지 현 군사정전협정을 준수한다.
제6조 남과 북은 국제무대에서 대결과 경쟁을 중지하고 서로 협력하며 민족의 존엄과 이익을 위하여 공동으로 노력한다.
제7조 남과 북은 서로의 긴밀한 연락과 협의를 위하여 이 합의서 발효 후 3개월 안에 판문점에 남북연락사무소를 설치 운영한다.
제8조 남과 북은 이 합의서 발효 후 1개월 안에 본회담 테두리 안에서 남북정치 분과 위원회를 구성하여 남북화해에 관한 합의의 이행과 준수를 위한 구체적 대책을 협의한다.

제 2 장 남북불가침

제9조 남과 북은 상대방에 대하여 무력을 사용하지 않으며 상대방을 무력으로 침략하지 아니한다.

제10조 남과 북은 의견대립과 분쟁문제들을 대화와 협상을 통하여 평화적으로 해결한다.

제11조 남과 북의 불가침 경계선과 구역은 1953년 7월 27일자 군사정전에 관한 협정에 규정된 군사분계선과 지금까지 쌍방이 관할하여 온 구역으로 한다.

제12조 남과 북은 불가침의 이행과 보장을 위하여 이 합의서 발효 후 3개월 안에 남북군사공동위원회를 구성 운영한다. 남북군사공동위원회에서는 대규모 부대이동과 군사연습의 통보 및 통제문제, 비무장지대의 평화적 이용문제, 군인사교류 및 정보교환 문제, 대량살상무기와 공격능력의 제거를 비롯한 단계적 군축실현 문제, 검증문제 등 군사적 신뢰조성과 군축을 실현하기 위한 문제를 협의 추진한다.

제13조 남과 북은 우발적인 무력충돌과 그 확대를 방지하기 위하여 쌍방 군사당국자 사이에 직통전화를 설치 운영한다.

제14조 남과 북은 이 합의서 발효 후 1개월 안에 본회담 테두리 안에서 남북군사분과 위원회를 구성하여 불가침에 관한 합의의 이행과 준수 및 군사적 대결상태를 해소하기 위한 구체적 대책을 협의한다.

제 3 장 남북교류협력

제15조 남과 북은 민족경제의 통일적이며 균형적인 발전과 민족전체의 복리향상을 도모하기 위하여 자원의 공동개발, 민족내부교류로서의 물자교류, 합작투자 등 경제교류와 협력을 실시한다.

제16조 남과 북은 과학 기술, 교육, 문학 예술, 보건, 체육, 환경과 신문, 라디오, 텔레비전 및 출판물을 비롯한 출판 보도 등 여러 분야에서 교류와 협력을 실시한다.

제17조 남과 북은 민족구성원들의 자유로운 왕래와 접촉을 실현한다.

제18조 남과 북은 흩어진 가족 친척들의 자유로운 서신거래와 왕래와 상봉 및 방문을 실시하고 자유의사에 의한 재결합을 실현하며, 기타 인도적으로 해결할 문제에 대한 대책을 강구한다.

제19조 남과 북은 끊어진 철도와 도로를 연결하고 해로, 항로를 개설한다.

제20조 남과 북은 우편과 전기통신교류에 필요한 시설을 설치 연결하며, 우편

전기통신 교류의 비밀을 보장한다.

제21조 남과 북은 국제무대에서 경제와 문화 등 여러 분야에서 서로 협력하며 대외에 공동으로 진출한다.

제22조 남과 북은 경제와 문화 등 각 분야의 교류와 협력을 실현하기 위한 합의의 이행을 위하여 이 합의서 발효 후 3개월 안에 남북경제교류 협력공동위원회를 비롯한 부문별 공동위원회들을 구성 운영한다.

제23조 남과 북은 이 합의서 발효 후 1개월 안에 본회담 테두리 안에서 남북교류 협력분과위원회를 구성하여 남북교류 협력에 관한 합의의 이행과 준수를 위한 구체적 대책을 협의한다.

제 4 장 수정 및 발효

제24조 이 합의서는 쌍방의 합의에 의하여 수정 보충할 수 있다.

제25조 이 합의서는 남과 북이 각기 발효에 필요한 절차를 거쳐 그 문본을 서로 교환한 날부터 효력을 발생한다.

1991년 12월 13일

남북고위급회담 남한대표단수석대표 대한민국국무총리　정원식
북남고위급회담 북한대표단단장 조선민주주의인민공화국 정무원총리　연형묵

5. 한반도 비핵화 공동선언(1992. 1. 20)

남과 북은 한반도를 비핵화함으로써 핵전쟁 위험을 제거하고 우리나라의 평화와 평화통일에 유리한 조건과 환경을 조성하며 아시아와 세계의 평화와 안전에 이바지하기 위하여 다음과 같이 선언한다.

1. 남과 북은 핵무기의 시험, 제조, 생산, 접수, 보유, 저장, 배비, 사용을 하지 아니한다.

2. 남과 북은 핵에너지를 오직 평화적 목적에만 이용한다.

3. 남과 북은 핵재처리시설과 우라늄 농축시설을 보유하지 아니한다.

4. 남과 북은 한반도의 비핵화를 검증하기 위하여 상대 측이 선정하고 쌍방이 합의하는 대상들에 대하여 남북핵통제공동위원회가 규정하는 절차와 방법으로 사찰을 실시한다.

5. 남과 북은 이 공동선언의 이행을 위하여 공동선언이 발효된 후 1개월 안에 남북핵통제공동위원회를 구성·운영한다.

6. 이 공동선언은 남과 북이 각기 발효에 필요한 절차를 거쳐 그 문본을 교환한 날부터 효력을 발생한다.

1992년 1월 20일

남북고위급회담 남한대표단수석대표 대한민국 국무총리   정원식
북남고위급회담북한대표단단장 조선민주주의인민공화국 정무원총리   연형묵

6. 북미 기본합의(1994. 10. 21)

조선민주주의인민공화국 정부 대표단과 미합중국 정부 대표단은 1994년 9월 23일부터 10월 21일까지 제네바에서 조선반도핵문제의 전면적 해결에 관한 회담을 진행하였다.

쌍방은 조선반도의 비핵화, 평화와 안전을 이룩하기 위하여 1994년 8월12일부 조미 합의성명에 명기된 목표들을 달성하며 1993년 6월 11일부 조미공동성명의 원칙들을 견지하는것이 가지는 중요성을 재확인하였다.

조선민주주의인민공화국과 미합중국은 핵문제의 해결을 위하여 다음과 같은 행동 조치들을 취하기로 결정하였다.

1. 쌍방은 조선민주주의인민공화국의 흑연감속로와 련관시설들을 경수로발전소들로 교체하기 위하여 협조한다.

1) 미합중국은 1994년 10월 20일부 미합중국 대통령의 담보서한에 따라 2003년까지 총 200만키로와트발전능력의 경수로발전소들을 조선민주주의인민공화국에 제공 하기 위한 조치들을 책임지고 취한다.

－미합중국은 자기의 주도하에 조선민주주의인민공화국에 제공할 경수로발전소 자금과 설비들을 보장하기 위한 국제련합체를 조직한다. 이 국제련합체를 대표하는 미합중국은 경수로제공사업에서 조선민주주의인민공화국의 기본상대자로 된다.

－미합중국은 련합체를 대표하여 이 합의문이 서명된 날부터 6개월안에 조선민주주의 인민공화국과 경수로제공계약을 체결하기 위하여 최선을 다한다. 계약을 체결하기 위한 협상은 이 합의문이 서명된후 될수록 빠른 시일안에 시작된다.

－조선민주주의인민공화국과 미합중국은 필요에 따라 핵에네르기의 평화적 리용분야 에서의 쌍무적협조를 위한 협정을 체결한다.

2) 미합중국은 1994년 10월 20일부 미합중국 대통령의 담보서한에 따라 련합체를 대표하여 1호경수로발전소가 완공될때까지 조선민주주의인민공화국의 흑연감속로와 련관시설들의 동결에 따르는 에네르기손실을 보상하기 위한 조치들을 취한다.

- 대용에네르기는 열 및 전기 생산용 중유로 제공한다.
- 중유납입은 이 합의문이 서명된 날부터 3개월안에 시작하며 납입량은 합의된 계획에 따라 매해 50만톤 수준에 이르게 된다.

3) 경수로제공과 대용에네르기보장에 대한 미합중국의 담보들을 받은데 따라 조선민주주의 인민공화국은 흑연감속로와 련관시설들을 동결하며 궁극적으로 해체한다.
- 조선민주주의인민공화국의 흑연감속로와 련관시설들에 대한 동결은 이 합의문이 서명된 날부터 1개월안에 완전히 실시된다. 이 1개월간과 그 이후의 동결기간에 조선 민주주의인민공화국은 국제원자력기구가 동결상태를 감시하도록 허용하며 기구에 이를 위한 협조를 충분히 제공한다.
- 경수로대상이 완전히 실현되는 때에 조선민주주의 인민공화국의 흑연감속로와 련관 시설들은 완전히 해체된다.
- 경수로대상건설기간 조선민주주의인민공화국과 미합중국은 5메가와트시험원자로에서 나온 폐연료의 안전한 보관방도와 조선민주주의인민공화국에서 재처리를 하지 않고 다른 안전한 방법으로 폐연료를 처분하기 위한 방도를 탐구하기 위하여 협조한다.

4) 조선민주주의 인민공화국과 미합중국은 이 합의문이 서명된후 될수록 빠른시일 안에 두 갈래의 전문가협상을 진행한다.
- 한 전문가협상에서는 대용에네르기와 관련한 련관문제들과 그리고 흑연감속로계획을 경수로대상으로 교체하는데서 제기되는 련관문제들을 토의한다.
- 다른 전문가협상에서는 폐연료의 보관 및 최종처분을 위한 구체적인 조치들을 토의 한다.

2. 쌍방은 정치 및 경제 관계를 완전히 정상화하는데로 나아간다.

1) 쌍방은 이 합의문이 서명된 후 3개월안에 통신봉사와 금융결제에 대한 제한조치들의 해소를 포함하여 무역과 투자의 장벽을 완화한다.

2) 쌍방은 전문가협상에서 령사 및 기타 실무적문제들이 해결되는데 따라 서로 상대방의 수도에 련락사무소들을 개설한다.

3) 조선민주주의 인민공화국과 미합중국은 호상관심사로 되는 문제들의 해결에

서 진전이 이루어지는데 따라 쌍무관계를 대사급으로 승격시킨다.

3. 쌍방은 조선반도의 비핵화. 평화와 안전을 위하여 공동으로 노력한다.

1) 미합중국은 핵무기를 사용하지 않으며 핵무기로 위협하지도 않는다는 공식담보를 조선민주주의인민공화국에 제공한다.

2) 조선민주주의인민공화국은 시종일관하게 조선반도의 비핵화에 관한 북남공동 선언을 리행하기 위한 조치들을 취한다.

3) 조선민주주의인민공화국은 이 기본합의문에 의하여 대화를 도모하는 분위기가 조성되는데 따라 북남대화를 진행할것이다.

4. 쌍방은 국제적인 핵전파방지체계를 강화하기 위하여 공동으로 노력한다.

1) 조선민주주의인민공화국은 핵무기전파방지조약의 성원국으로 남아 조약에 따르는 담보협정의 리행을 허용할것이다.

2) 경수로 제공계약이 체결되면 동결되지 않는 시설들에 대한 조선민주주의 인민공화국과 국제원자력기구 사이의 담보협정에 따르는 정기 및 비정기사찰이 재개된다.
계약이 체결될 때까지는 동결되지 않는 시설들에 대한 담보의 련속성을 보장하기 위한 국제원자력기구의 사찰이 계속된다.

3) 경수로대상의 상당한 부분이 실현된 다음 그리고 주요핵관련부분품들이 납입되기 전에 조선민주주의인민공화국은 국제원자력기구와 자기의 핵물질초기보고서의 정확성 및 완전성검증과 관련한 협상을 진행하고 그에 따라 기구가 필요하다고 간주할수있는 모든 조치들을 취하는 것을 포함하여 기구와의 담보협정(회람통보/403)을 완전히 리행한다.

조선민주주의인민공화국 대표단 단장 조선민주주의인민공화국 외교부 제1부부장
강석주
미합중국 대표단 단장 미합중국 순회대사   로버트 L. 갈루치

7. 6·15 남북공동선언(2000. 6. 15)

조국의 평화적 통일을 염원하는 온 겨레의 숭고한 뜻에 따라 대한민국 김대중 대통령과 조선민주주의인민공화국 김정일 국방위원장은 2000년 6월13일부터 6월15일까지 평양에서 역사적인 상봉을 하였으며 정상회담을 가졌다.

남북 정상들은 분단 역사상 처음으로 열린 이번 상봉과 회담이 서로 이해를 증진시키고 남북관계를 발전시키며 평화통일을 실현하는데 중대한 의의를 가진다고 평가하고 다음과 같이 선언한다.

1. 남과 북은 나라의 통일문제를 그 주인인 우리 민족끼리 서로 힘을 합쳐 자주적으로 해결해 나가기로 하였다.

2. 남과 북은 나라의 통일을 위한 남한의 연합제안과 북한의 낮은 단계의 연방제안이 서로 공통성이 있다고 인정하고 앞으로 이 방향에서 통일을 지향시켜 나가기로 하였다.

3. 남과 북은 올해 8.15에 즈음하여 흩어진 가족, 친척 방문단을 교환하며 비전향 장기수 문제를 해결하는 등 인도적 문제를 조속히 풀어 나가기로 하였다.

4. 남과 북은 경제협력을 통하여 민족경제를 균형적으로 발전시키고 사회, 문화, 체육, 보건, 환경 등 제반 분야의 협력과 교류를 활성화하여 서로의 신뢰를 다져 나가기로 하였다.

5. 남과 북은 이상과 같은 합의사항을 조속히 실천에 옮기기 위하여 빠른 시일 안에 당국 사이의 대화를 개최하기로 하였다.

김대중 대통령은 김정일 국방위원장이 서울을 방문하도록 정중히 초청하였으며 김정일 국방위원장은 앞으로 적절한 시기에 서울을 방문하기로 하였다.

2000년 6월 15일

대한민국 대통령 김대중
조선민주주의인민공화국 국방위원장 김정일

8. 북미 공동코뮤니케(2000. 10. 12)

조선민주주의인민공화국 국방위원회 김정일 위원장의 특사인 국방위원회 제1부 위원장 조명록 차수가 2000년 10월9일부터 12일까지 미합중국을 방문하였다.

방문기간 국방위원회 김정일 위원장께서 보내시는 친서와 조－미관계에 대한 그이의 의사를 조명록 특사가 미합중국 빌 클린턴 대통령에게 직접 전달하였다.

조명록 특사와 일행은 매들린 올브라이트 국무장관과 윌리엄 코언 국방장관을 비롯한 미 행정부의 고위관리들을 만나 공동의 관심사로 되는 문제들에 대하여 폭넓은 의견교환을 진행하였다.

쌍방은 조선민주주의인민공화국과 미합중국 사이의 관계를 전면적으로 개선시킬 수 있는 새로운 기회들이 조성된 데 대하여 심도 있게 검토하였다. 회담들은 진지하고 건설적이며 실무적인 분위기 속에서 진행되었으며 이 과정을 통하여 서로의 관심사들에 대하여 더 잘 이해할 수 있게 되었다.

조선민주주의인민공화국과 미합중국은 역사적인 북남 최고위급 상봉에 의하여 한반도의 환경이 변화되었다는 것을 인정하면서 아시아－태평양지역의 평화와 안정을 강화하는 데 이롭게 두 나라 사이의 쌍무관계를 근본적으로 개선하는 조치들을 취하기로 결정하였다.

이와 관련하여 쌍방은 한반도에서 긴장상태를 완화하고 1953년의 정전협정을 공고한 평화보장체계로 바꾸어 한국전쟁을 공식 종식시키는 데서 4자회담 등 여러 가지 방도들이 있다는 데 대하여 견해를 같이하였다.

조선민주주의인민공화국 측과 미합중국 측은 관계를 개선하는 것이 국가들 사이의 관계에서 자연스러운 목표로 되며 관계개선이 21세기에 두 나라 인민들에게 다같이 이익으로 되는 동시에 한반도와아시아－태평양지역의 평화와 안전도 보장하게 될 것이라고 인정하면서 쌍무관계에서 새로운 방약을 취할 용의가 있다고 선언하였다.

첫 중대조치로서 쌍방은 그 어느 정부도 타방에 대하여 적대적 의사를 가지지 않을 것이라고 선언하고 앞으로 과거의 적대감에서 벗어난 새로운 관계를 수립하기 위하여 모든 노력을 다할 것이라는 공약을 확언하였다.

쌍방은 1993년 6월11일부 조－미 공동성명에 지적되고 1994년 10월21일부 기본합의문에서 재확인된 원칙들에 기초하여 불신을 해소하고 호상신뢰를 이룩하며 주의 관심사들을 건설적으로 다루어 나갈 수 있는 분위기를 유지하기 위하여 노력하기로 합의하였다.

이와 관련하여 雙方은 두 나라 사이의 관계가 자주권에 대한 호상존중과 내정불간섭의 원칙에 기초하여야 한다는 것을 재확인하면서 쌍무적 및 다무적 공간을 통한 외교적 접촉을 정상적으로 유지하는 것이 유익하다는 데 대하여 유의하였다.

雙方은 호혜적인 경제협조와 교류를 발전시키기 위하여 협력하기로 합의하였다.

雙方은 두 나라 인민들에게 유익하고 동북아시아 전반에서의 경제적 협조를 확대하는 데 유리한 환경을 마련하는 데 기여하게 될 무역 및 상업 가능성들을 담보하기 위하여 가까운 시일 안에 경제무역 전문가들의 호상방문을 실현하는 문제를 토의하였다.

雙方은 미사일 문제의 해결이 조-미 관계에 근본적인 개선과 아시아-태평양 지역에서의 평화와 안정에 중요한 기여를 할 것이라는 데 대하여 견해를 같이하였다. 조선민주주의인민공화국 측은 새로운 관계 구축을 위한 또 하나의 노력으로 미사일 문제와 관련한 회담이 계속되는 동안에는 모든 장거리 미사일을 발사하지 않을 것이라는 데 대하여 미국측에 통보하였다.

조선민주주의인민공화국과미합중국은기본합의문에따르는자기들의의무를완전히 이행하기위한공약과노력을배가할것을확약하면서이렇게하는것이한반도의비핵평화와 안정을이룩하는 데 중요하다는 것을 굳게 확언하였다.

이를 위하여 雙方은 기본합의문에 따르는 의무이행을 보다 명백히 하는 데 관하여 견해를 같이하였다.

이와 관련하여 雙方은 금창리 지하시설에 대한 접근이 미국의 우려를 해소하는 데 유익하였다는 데 대하여 유의하였다.

雙方은 최근년 간 공동의 관심사로 되는 인도주의 분야에서 협조사업이 시작되었다는 데 대하여 유의하였다.

조선민주주의인민공화국 측은 미합중국이 식량 및 의약품 지원 분야에서 조선민주주의인민공화국에 인도주의적 수요를 충족시키는 데 의의 있는 기여를 한 데 대하여 사의를 표하였다.

미합중국 측은 조선민주주의인민공화국이 한국전쟁시기 실종된 미군병사들의 유골을 발굴하는 데 협조하여 준 데 대하여 사의를 표하였으며 雙方은 실종자들의 행처를 가능한 최대로 조사 확인하는 사업을 신속히 전진시키기 위하여 노력하기로 합의하였다.

雙方은 이상 문제들과 기타 인도주의 문제들을 토의하기 위한 접촉을 계속하기로 합의하였다.

쌍방은 2000년 10월 6일 공동성명에 지적된 바와 같이 테러를 반대하는 국제적 노력을 고무하기로 합의하였다.

조명록 특사는 역사적인 북남 최고급 상봉결과를 비롯하여 최근 몇개월 사이에 북남 대화 상황에 대하여 미국측에 통보하였다. 미합중국 측은 현행 북남 대화의 계속적인 전진과 성과 그리고 안보대화의 강화를 포함한 북남 사이의 화해와 협조를 강화하기 위한 발기들의 실현을 위하여 모든 적절한 방법으로 협조할 자기의 확고한 공약을 표명하였다. 조명록 특사는 클린턴 대통령과 미국 인민이 방문기간 따뜻한 환대를 베풀어 준 데 대하여 사의를 표하였다.

조선민주주의인민공화국 국방위원회 김정일 위원장께 윌리엄 클린턴 대통령의 의사를 직접 전달하며 미합중국 대통령의 방문을 준비하기 위하여 매들린 올브라이트 국무장관이 가까운 시일에 조선민주주의인민공화국을 방문하기로 합의하였다

2000년 10월 12일 워싱턴

9. 9 · 19 공동성명(2005. 9. 19)

제4차 6자회담 공동성명

제4차 6자회담이 베이징에서 중화인민공화국, 조선민주주의인민공화국, 일본, 대한민국, 러시아연방, 미합중국이 참석한 가운데 2005년 7월 26일부터 8월 7일까지 그리고 9월 13일부터 19일까지 개최되었다.

우다웨이 중화인민공화국 외교부 부부장, 김계관 조선민주주의인민공화국 외무성 부상, 사사에 켄이치로 일본 외무성 아시아대양주 국장, 송민순 대한민국 외교통상부 차관보, 알렉세예프 러시아 외무부 차관, 그리고 크리스토퍼 힐 미합중국 국무부 동아태 차관보가 각 대표단의 수석대표로 동 회담에 참석하였다.

우다웨이 부부장은 동 회담의 의장을 맡았다.

한반도와 동북아시아 전반의 평화와 안정이라는 대의를 위해, 6자는 상호 존중과 평등의 정신하에, 지난 3회에 걸친 회담에서 이루어진 공동의 이해를 기반으로, 한반도의 비핵화에 대해 진지하면서도 실질적인 회담을 가졌으며, 이러한 맥락에서 다음과 같이 합의하였다.

1. 6자는 6자회담의 목표가 한반도의 검증가능한 비핵화를 평화적인 방법으로 달성하는 것임을 만장일치로 재확인하였다.

조선민주주의인민공화국은 모든 핵무기와 현존하는 핵계획을 포기할 것과, 조속한 시일 내에 핵확산금지조약(NPT)과 국제원자력기구(IAEA)의 안전조치에 복귀할 것을 공약하였다.

미합중국은 한반도에 핵무기를 갖고 있지 않으며, 핵무기 또는 재래식 무기로 조선민주주의인민공화국을 공격 또는 침공할 의사가 없다는 것을 확인하였다.

대한민국은 자국 영토 내에 핵무기가 존재하지 않는다는 것을 확인하면서, 1992년도 「한반도의 비핵화에 관한 남북 공동선언」에 따라, 핵무기를 접수 또는 배비하지 않겠다는 공약을 재확인하였다.

1992년도 「한반도의 비핵화에 관한 남북 공동선언」은 준수, 이행되어야 한다.

조선민주주의인민공화국은 핵에너지의 평화적 이용에 관한 권리를 가지고 있다고 밝혔다. 여타 당사국들은 이에 대한 존중을 표명하였고, 적절한 시기에 조선민주주의인민공화국에 대한 경수로 제공 문제에 대해 논의하는데 동의하였다.

2. 6자는 상호 관계에 있어 국제연합헌장의 목적과 원칙 및 국제관계에서 인정된 규범을 준수할 것을 약속하였다.

조선민주주의인민공화국과 미합중국은 상호 주권을 존중하고, 평화적으로 공존하며, 각자의 정책에 따라 관계정상화를 위한 조치를 취할 것을 약속하였다.

조선민주주의인민공화국과 일본은 평양선언에 따라, 불행했던 과거와 현안사항의 해결을 기초로 하여 관계 정상화를 위한 조치를 취할 것을 약속하였다.

3. 6자는 에너지, 교역 및 투자 분야에서의 경제협력을 양자 및 다자적으로 증진시킬 것을 약속하였다.

중화인민공화국, 일본, 대한민국, 러시아연방 및 미합중국은 조선민주주의인민공화국에 대해 에너지 지원을 제공할 용의를 표명하였다.

대한민국은 조선민주주의인민공화국에 대한 2백만 킬로와트의 전력공급에 관한 2005.7.12자 제안을 재확인하였다.

4. 6자는 동북아시아의 항구적인 평화와 안정을 위해 공동 노력할 것을 공약하였다.

직접 관련 당사국들은 적절한 별도 포럼에서 한반도의 항구적 평화체제에 관한 협상을 가질 것이다.

6자는 동북아시아에서의 안보협력 증진을 위한 방안과 수단을 모색하기로 합의하였다.

5. 6자는 '공약 대 공약', '행동 대 행동' 원칙에 입각하여 단계적 방식으로 상기 합의의 이행을 위해 상호조율된 조치를 취할 것을 합의하였다.

6. 6자는 제5차 6자회담을 11월초 북경에서 협의를 통해 결정되는 일자에 개최하기로 합의하였다.

10. 10·4 남북정상선언(2007. 10. 4)

대한민국 노무현 대통령과 조선민주주의인민공화국 김정일 국방위원장 사이의 합의에 따라 노무현 대통령이 2007년 10월 2일부터 4일까지 평양을 방문하였다.

방문기간 중 역사적인 상봉과 회담들이 있었다.

상봉과 회담에서는 6·15 공동선언의 정신을 재확인하고 남북관계발전과 한반도 평화, 민족공동의 번영과 통일을 실현하는데 따른 제반 문제들을 허심탄회하게 협의하였다.

쌍방은 우리민족끼리 뜻과 힘을 합치면 민족번영의 시대, 자주통일의 새 시대를 열어 나갈 수 있다는 확신을 표명하면서 6·15 공동선언에 기초하여 남북관계를 확대.발전시켜 나가기 위하여 다음과 같이 선언한다.

1. 남과 북은 6·15 공동선언을 고수하고 적극 구현해 나간다.

남과 북은 우리민족끼리 정신에 따라 통일문제를 자주적으로 해결해 나가며 민족의 존엄과 이익을 중시하고 모든 것을 이에 지향시켜 나가기로 하였다.

남과 북은 6·15 공동선언을 변함없이 이행해 나가려는 의지를 반영하여 6월 15일을 기념하는 방안을 강구하기로 하였다.

2. 남과 북은 사상과 제도의 차이를 초월하여 남북관계를 상호존중과 신뢰 관계로 확고히 전환시켜 나가기로 하였다.

남과 북은 내부문제에 간섭하지 않으며 남북관계 문제들을 화해와 협력, 통일에 부합되게 해결해 나가기로 하였다.

남과 북은 남북관계를 통일 지향적으로 발전시켜 나가기 위하여 각기 법률적·제도적 장치들을 정비해 나가기로 하였다.

남과 북은 남북관계 확대와 발전을 위한 문제들을 민족의 염원에 맞게 해결하기 위해 양측 의회 등 각 분야의 대화와 접촉을 적극 추진해 나가기로 하였다.

3. 남과 북은 군사적 적대관계를 종식시키고 한반도에서 긴장완화와 평화를 보장하기 위해 긴밀히 협력하기로 하였다.

남과 북은 서로 적대시하지 않고 군사적 긴장을 완화하며 분쟁문제들을 대화와 협상을 통하여 해결하기로 하였다.

남과 북은 한반도에서 어떤 전쟁도 반대하며 불가침의무를 확고히 준수하기로 하였다.

남과 북은 서해에서의 우발적 충돌방지를 위해 공동어로수역을 지정하고 이 수역을 평화수역으로 만들기 위한 방안과 각종 협력사업에 대한 군사적 보장조치 문제 등 군사적 신뢰구축조치를 협의하기 위하여 남한 국방부 장관과 북한 인민무력부 부장간 회담을 금년 11월중에 평양에서 개최하기로 하였다.

4. 남과 북은 현 정전체제를 종식시키고 항구적인 평화체제를 구축해 나가야 한다는데 인식을 같이하고 직접 관련된 3자 또는 4자 정상들이 한반도지역에서 만나 종전을 선언하는 문제를 추진하기 위해 협력해 나가기로 하였다.

남과 북은 한반도 핵문제 해결을 위해 6자회담 9·19 공동성명과 2·13 합의가 순조롭게 이행되도록 공동으로 노력하기로 하였다.

5. 남과 북은 민족경제의 균형적 발전과 공동의 번영을 위해 경제협력사업을 공리공영과 유무상통의 원칙에서 적극 활성화하고 지속적으로 확대 발전시켜 나가기로 하였다.

남과 북은 경제협력을 위한 투자를 장려하고 기반시설 확충과 자원개발을 적극 추진하며 민족내부협력사업의 특수성에 맞게 각종 우대조건과 특혜를 우선적으로 부여하기로 하였다.

남과 북은 해주지역과 주변해역을 포괄하는 서해평화협력특별지대를 설치하고 공동어로구역과 평화수역 설정, 경제특구건설과 해주항 활용, 민간선박의 해주직항로 통과, 한강하구 공동이용 등을 적극 추진해 나가기로 하였다.

남과 북은 개성공업지구 1단계 건설을 빠른 시일안에 완공하고 2단계 개발에 착수하며 문산-봉동간 철도화물수송을 시작하고, 통행·통신·통관 문제를 비롯한 제반 제도적 보장조치들을 조속히 완비해 나가기로 하였다.

남과 북은 개성-신의주 철도와 개성-평양 고속도로를 공동으로 이용하기 위해 개보수 문제를 협의·추진해 가기로 하였다.

남과 북은 안변과 남포에 조선협력단지를 건설하며 농업, 보건의료, 환경보호 등 여러 분야에서의 협력사업을 진행해 나가기로 하였다.

남과 북은 남북 경제협력사업의 원활한 추진을 위해 현재의 남북경제협력추진위원회를 부총리급 남북경제협력공동위원회로 격상하기로 하였다.

6. 남과 북은 민족의 유구한 역사와 우수한 문화를 빛내기 위해 역사, 언어, 교육, 과학기술, 문화예술, 체육 등 사회문화 분야의 교류와 협력을 발전시켜 나가기로 하였다.

남과 북은 백두산관광을 실시하며 이를 위해 백두산－서울 직항로를 개설하기로 하였다.

남과 북은 2008년 북경 올림픽경기대회에 남북응원단이 경의선 열차를 처음으로 이용하여 참가하기로 하였다.

7. 남과 북은 인도주의 협력사업을 적극 추진해 나가기로 하였다.

남과 북은 흩어진 가족과 친척들의 상봉을 확대하며 영상 편지 교환사업을 추진하기로 하였다.

이를 위해 금강산면회소가 완공되는데 따라 쌍방 대표를 상주시키고 흩어진 가족과 친척의 상봉을 상시적으로 진행 하기로 하였다.

남과 북은 자연재해를 비롯하여 재난이 발생하는 경우 동포애와 인도주의, 상부상조의 원칙에 따라 적극 협력해 나가기로 하였다.

8. 남과 북은 국제무대에서 민족의 이익과 해외 동포들의 권리와 이익을 위한 협력을 강화해 나가기로 하였다

남과 북은 이 선언의 이행을 위하여 남북총리회담을 개최하기로 하고, 제 1차회의를 금년 11월중 서울에서 갖기로 하였다.

남과 북은 남북관계 발전을 위해 정상들이 수시로 만나 현안 문제들을 협의하기로 하였다.

2007년 10월 4일 평양

대한민국 대통령 노무현
조선민주주의인민공화국 국방위원장 김정일

11. 한반도의 평화와 번영, 통일을 위한 판문점선언(2018. 4. 27)

　　대한민국 문재인 대통령과 조선민주주의인민공화국 김정은 국무위원장은 평화와 번영, 통일을 염원하는 온 겨레의 한결같은 지향을 담아 한반도에서 역사적인 전환이 일어나고 있는 뜻 깊은 시기에 2018년 4월 27일 판문점 「평화의 집」에서 남북정상회담을 진행하였다.

　　양 정상은 한반도에 더 이상 전쟁은 없을 것이며 새로운 평화의 시대가 열리었음을 8천만 우리 겨레와 전 세계에 엄숙히 천명하였다.

　　양 정상은 냉전의 산물인 오랜 분단과 대결을 하루 빨리 종식시키고 민족적 화해와 평화번영의 새로운 시대를 과감하게 열어나가며 남북관계를 보다 적극적으로 개선하고 발전시켜 나가야 한다는 확고한 의지를 담아 역사의 땅 판문점에서 다음과 같이 선언하였다.

　　1. 남과 북은 남북관계의 전면적이며 획기적인 개선과 발전을 이룩함으로써 끊어진 민족의 혈맥을 잇고 공동번영과 자주통일의 미래를 앞당겨나갈 것이다.

　　남북관계를 개선하고 발전시키는 것은 온 겨레의 한결같은 소망이며 더 이상 미룰 수 없는 시대의 절박한 요구이다.

　　① 남과 북은 우리 민족의 운명은 우리 스스로 결정한다는 민족자주의 원칙을 확인하였으며 이미 채택된 남북 선언들과 모든 합의들을 철저히 이행함으로써 관계개선과 발전의 전환적 국면을 열어나가기로 하였다.

　　② 남과 북은 고위급회담을 비롯한 각 분야의 대화와 협상을 빠른 시일안에 개최하여 정상회담에서 합의된 문제들을 실천하기 위한 적극적인 대책을 세워나가기로 하였다.

　　③ 남과 북은 당국간 협의를 긴밀히 하고 민간교류와 협력을 원만히 보장하기 위하여 쌍방 당국자가 상주하는 남북공동연락사무소를 개성지역에 설치하기로 하였다.

　　④ 남과 북은 민족적 화해와 단합의 분위기를 고조시켜 나가기 위하여 각계각층의 다방면적인 협력과 교류, 왕래와 접촉을 활성화하기로 하였다.

　　안으로는 6.15를 비롯하여 남과 북에 다같이 의의가 있는 날들을 계기로 당국과 국회, 정당, 지방자치단체, 민간단체 등 각계각층이 참가하는 민족공동행사를 적극 추진하여 화해와 협력의 분위기를 고조시키며, 밖으로는 2018년 아시아경기대회를 비롯한 국제경기들에 공동으로 진출하여 민족의 슬기와 재능, 단합된 모습을 전 세계에 과시하기로 하였다.

⑤ 남과 북은 민족 분단으로 발생된 인도적 문제를 시급히 해결하기 위하여 노력하며, 남북적십자회담을 개최하여 이산가족·친척 상봉을 비롯한 제반 문제들을 협의 해결해나가기로 하였다.

당면하여 오는 8.15를 계기로 이산가족·친척 상봉을 진행하기로 하였다.

⑥ 남과 북은 민족경제의 균형적 발전과 공동번영을 이룩하기 위하여 10.4 선언에서 합의된 사업들을 적극 추진해나가며, 1차적으로 동해선 및 경의선 철도와 도로들을 연결하고 현대화하여 활용하기 위한 실천적 대책들을 취해 나가기로 하였다.

2. 남과 북은 한반도에서 첨예한 군사적 긴장상태를 완화하고 전쟁 위험을 실질적으로 해소하기 위하여 공동으로 노력해나갈 것이다.

한반도의 군사적 긴장상태를 완화하고 전쟁위험을 해소하는 것은 민족의 운명과 관련되는 매우 중대한 문제이며 우리 겨레의 평화롭고 안정된 삶을 보장하기 위한 관건적인 문제이다.

① 남과 북은 지상과 해상, 공중을 비롯한 모든 공간에서 군사적 긴장과 충돌의 근원으로 되는 상대방에 대한 일체의 적대행위를 전면 중지하기로 하였다.

당면하여 5월 1일부터 군사분계선 일대에서 확성기 방송과 전단살포를 비롯한 모든 적대행위들을 중지하고 그 수단을 철폐하며, 앞으로 비무장지대를 실질적인 평화지대로 만들어 나가기로 하였다.

② 남과 북은 서해 북방한계선 일대를 평화수역으로 만들어 우발적인 군사적 충돌을 방지하고 안전한 어로활동을 보장하기 위한 실제적인 대책을 세워나가기로 하였다.

③ 남과 북은 상호 협력과 교류, 왕래와 접촉이 활성화되는 데 따른 여러 가지 군사적 보장대책을 취하기로 하였다.

남과 북은 쌍방 사이에 제기되는 군사적 문제를 지체없이 협의 해결하기 위하여 국방부장관회담을 비롯한 군사당국자회담을 자주 개최하며 5월중에 먼저 장성급 군사회담을 열기로 하였다.

3. 남과 북은 한반도의 항구적이며 공고한 평화체제 구축을 위하여 적극 협력해나갈 것이다.

한반도에서 비정상적인 현재의 정전상태를 종식시키고 확고한 평화체제를 수립하는 것은 더 이상 미룰 수 없는 역사적 과제이다.

① 남과 북은 그 어떤 형태의 무력도 서로 사용하지 않을 데 대한 불가침 합의를 재확인하고 엄격히 준수해 나가기로 하였다.

② 남과 북은 군사적 긴장이 해소되고 서로의 군사적 신뢰가 실질적으로 구축되는 데 따라 단계적으로 군축을 실현해 나가기로 하였다.

③ 남과 북은 정전협정체결 65년이 되는 올해에 종전을 선언하고 정전협정을 평화협정으로 전환하며 항구적이고 공고한 평화체제 구축을 위한 남·북·미 3자 또는 남·북·미·중 4자회담 개최를 적극 추진해 나가기로 하였다.

④ 남과 북은 완전한 비핵화를 통해 핵 없는 한반도를 실현한다는 공동의 목표를 확인하였다.

남과 북은 북측이 취하고 있는 주동적인 조치들이 한반도 비핵화를 위해 대단히 의의 있고 중대한 조치라는데 인식을 같이하고 앞으로 각기 자기의 책임과 역할을 다하기로 하였다.

남과 북은 한반도 비핵화를 위한 국제사회의 지지와 협력을 위해 적극 노력해나가기로 하였다.

양 정상은 정기적인 회담과 직통전화를 통하여 민족의 중대사를 수시로 진지하게 논의하고 신뢰를 굳건히 하며, 남북관계의 지속적인 발전과 한반도의 평화와 번영, 통일을 향한 좋은 흐름을 더욱 확대해 나가기 위하여 함께 노력하기로 하였다.

당면하여 문재인 대통령은 올해 가을 평양을 방문하기로 하였다.

2018년 4월 27일
판문점

대 한 민 국	조선민주주의인민공화국
대 통 령	국무위원회 위원장
문 재 인	김 정 은

12. 싱가포르 북미정상회담 공동성명(2018. 6. 12)

도널드 트럼프 미합중국 대통령과 김정은 조선민주주의인민공화국 국무위원장의
싱가포르 정상회담 공동성명

트럼프 대통령과 김정은 위원장은 미국과 조선민주주의인민공화국의 새로운 관계 수립과 한반도의 지속적이고 견고한 평화체제 구축과 관련한 사안들을 주제로 포괄적이고 심층적이며 진지한 방식으로 의견을 교환했다. 트럼프 대통령은 조선민주주의인민공화국의 안전보장을 제공하기로 약속했고, 김정은 위원장은 한반도의 완전한 비핵화를 향한 흔들리지 않는 확고한 약속을 재확인했다.

새로운 북미관계를 수립하는 것이 한반도와 세계의 평화, 번영에 이바지할 것이라는 점을 확신하고, 상호신뢰를 구축하는 것이 한반도 비핵화를 증진할 수 있다고 인정하면서 트럼프 대통령과 김 위원장은 아래와 같은 합의사항을 선언한다.

1. 미국과 조선민주주의인민공화국은 평화와 번영을 위한 양국 국민의 바람에 맞춰 미국과 조선민주주의인민공화국의 새로운 관계를 수립하기로 약속한다.

2. 양국은 한반도의 지속적이고 안정적인 평화체제를 구축하기 위해 함께 노력한다.

3. 2018년 4월 27일 판문점 선언을 재확인하며, 조선민주주의인민공화국은 한반도의 완전한 비핵화를 향해 노력할 것을 약속한다.

4. 미국과 조선민주주의인민공화국은 신원이 이미 확인된 전쟁포로, 전쟁 실종자들의 유해를 즉각 송환하는 것을 포함해 전쟁포로, 전쟁실종자들의 유해 수습을 약속한다.

역사상 처음으로 이뤄진 북미 정상회담이 거대한 중요성을 지닌 획기적인 사건이라는 점을 확인하고, 북미 간 수십 년의 긴장과 적대행위를 극복하면서 새로운 미래를 열어나가기 위해 트럼프 대통령과 김 위원장은 공동성명에 적시된 사항들을 완전하고 신속하게 이행할 것을 약속한다. 미국과 조선민주주의인민공화국은 북미정상회담의 결과를 이행하기 위해 마이크 폼페이오 미국 국무장관, 관련한 조선민주주의인민공화국 고위급 관리가 주도하는 후속 협상을 가능한 한 가장 이른 시일에 개최하기로 약속한다.

도널드 트럼프 미합중국 대통령과 김정은 조선민주주의인민공화국 국무위원장은 북미관계의 발전, 한반도와 세계의 평화, 번영, 안전을 위해 협력할 것을 약속했다.

2018년 6월 12일

싱가포르 센토사 섬에서

13. 평양공동선언(2018. 9. 19)

　대한민국 문재인 대통령과 조선민주주의인민공화국 김정은 국무위원장은 2018년 9월 18일부터 20일까지 평양에서 남북정상회담을 진행하였다.

　양 정상은 역사적인 판문점선언 이후 남북 당국간 긴밀한 대화와 소통, 다방면적 민간교류와 협력이 진행되고, 군사적 긴장완화를 위한 획기적인 조치들이 취해지는 등 훌륭한 성과들이 있었다고 평가하였다.

　양 정상은 민족자주와 민족자결의 원칙을 재확인하고, 남북관계를 민족적 화해와 협력, 확고한 평화와 공동번영을 위해 일관되고 지속적으로 발전시켜 나가기로 하였으며, 현재의 남북관계 발전을 통일로 이어갈 것을 바라는 온 겨레의 지향과 여망을 정책적으로 실현하기 위하여 노력해 나가기로 하였다.

　양 정상은 판문점선언을 철저히 이행하여 남북관계를 새로운 높은 단계로 진전시켜 나가기 위한 제반 문제들과 실천적 대책들을 허심탄회하고 심도있게 논의하였으며, 이번 평양정상회담이 중요한 역사적 전기가 될 것이라는 데 인식을 같이 하고 다음과 같이 선언하였다.

　1. 남과 북은 비무장지대를 비롯한 대치지역에서의 군사적 적대관계 종식을 한반도 전 지역에서의 실질적인 전쟁위험 제거와 근본적인 적대관계 해소로 이어나가기로 하였다.

　① 남과 북은 이번 평양정상회담을 계기로 체결한 '판문점선언 군사분야 이행합의서'를 평양공동선언의 부속합의서로 채택하고 이를 철저히 준수하고 성실히 이행하며, 한반도를 항구적인 평화지대로 만들기 위한 실천적 조치들을 적극 취해나가기로 하였다.

　② 남과 북은 남북군사공동위원회를 조속히 가동하여 군사분야 합의서의 이행

실태를 점검하고 우발적 무력충돌 방지를 위한 상시적 소통과 긴밀한 협의를 진행하기로 하였다.

2. 남과 북은 상호호혜와 공리공영의 바탕위에서 교류와 협력을 더욱 증대시키고, 민족경제를 균형적으로 발전시키기 위한 실질적인 대책들을 강구해나가기로 하였다.

① 남과 북은 금년내 동, 서해선 철도 및 도로 연결을 위한 착공식을 갖기로 하였다.

② 남과 북은 조건이 마련되는 데 따라 개성공단과 금강산관광 사업을 우선 정상화하고, 서해경제공동특구 및 동해관광공동특구를 조성하는 문제를 협의해나가기로 하였다.

③ 남과 북은 자연생태계의 보호 및 복원을 위한 남북 환경협력을 적극 추진하기로 하였으며, 우선적으로 현재 진행 중인 산림분야 협력의 실천적 성과를 위해 노력하기로 하였다.

④ 남과 북은 전염성 질병의 유입 및 확산 방지를 위한 긴급조치를 비롯한 방역 및 보건·의료 분야의 협력을 강화하기로 하였다.

3. 남과 북은 이산가족 문제를 근본적으로 해결하기 위한 인도적 협력을 더욱 강화해나가기로 하였다.

① 남과 북은 금강산 지역의 이산가족 상설면회소를 빠른 시일내 개소하기로 하였으며, 이를 위해 면회소 시설을 조속히 복구하기로 하였다.

② 남과 북은 적십자 회담을 통해 이산가족의 화상상봉과 영상편지 교환 문제를 우선적으로 해결해나가기로 하였다.

4. 남과 북은 화해와 단합의 분위기를 고조시키고 우리 민족의 기개를 내외에 과시하기 위해 다양한 분야의 협력과 교류를 적극 추진하기로 하였다.

① 남과 북은 문화 및 예술분야의 교류를 더욱 증진시켜 나가기로 하였으며, 우선적으로 10월 중에 평양예술단의 서울공연을 진행하기로 하였다.

② 남과 북은 2020년 하계올림픽경기대회를 비롯한 국제경기들에 공동으로 적극 진출하며, 2032년 하계올림픽의 남북공동개최를 유치하는 데 협력하기로 하였다.

③ 남과 북은 10.4 선언 11주년을 뜻깊게 기념하기 위한 행사들을 의의있게 개최하며, 3.1운동 100주년을 남북이 공동으로 기념하기로 하고, 그를 위한 실무적인 방안을 협의해나가기로 하였다.

5. 남과 북은 한반도를 핵무기와 핵위협이 없는 평화의 터전으로 만들어나가야 하며 이를 위해 필요한 실질적인 진전을 조속히 이루어나가야 한다는 데 인식을 같이 하였다.

① 북측은 동창리 엔진시험장과 미사일 발사대를 유관국 전문가들의 참관 하에 우선 영구적으로 폐기하기로 하였다.

② 북측은 미국이 6.12 북미공동성명의 정신에 따라 상응조치를 취하면 영변 핵시설의 영구적 폐기와 같은 추가적인 조치를 계속 취해나갈 용의가 있음을 표명하였다.

③ 남과 북은 한반도의 완전한 비핵화를 추진해나가는 과정에서 함께 긴밀히 협력해나가기로 하였다.

6. 김정은 국무위원장은 문재인 대통령의 초청에 따라 가까운 시일 내로 서울을 방문하기로 하였다.

2018년 9월 19일

대한민국 대통령 문재인
조선민주주의인민공화국 국무위원장 김정은

13-1. 역사적인 「판문점선언」 이행을 위한 군사분야 합의서
(2018. 9. 19)

남과 북은 한반도에서 군사적 긴장 상태를 완화하고 신뢰를 구축하는 것이 항구적이며 공고한 평화를 보장하는 데 필수적이라는 공통된 인식으로부터 한반도의 평화와 번영, 통일을 위한 판문점선언 을 군사적으로 철저히 이행하기 위하여 다음과 같이 포괄적으로 합의하였다.

1. 남과 북은 지상과 해상, 공중을 비롯한 모든 공간에서 군사적 긴장과 충돌의 근원으로 되는 상대방에 대한 일체의 적대행위를 전면 중지하기로 하였다.

① 쌍방은 지상과 해상, 공중을 비롯한 모든 공간에서 무력 충돌을 방지하기 위해 다양한 대책을 강구하였다.

쌍방은 군사적 충돌을 야기할 수 있는 모든 문제를 평화적 방법으로 협의·해결하며, 어떤 경우에도 무력을 사용하지 않기로 하였다.

쌍방은 어떠한 수단과 방법으로도 상대방의 관할구역을 침입 또는 공격하거나 점령하는 행위를 하지 않기로 하였다.

쌍방은 상대방을 겨냥한 대규모 군사훈련 및 무력증강 문제, 다양한 형태의 봉쇄 차단 및 항행방해 문제, 상대방에 대한 정찰행위 중지 문제 등에 대해 '남북군사 공동위원회'를 가동하여 협의해 나가기로 하였다.

쌍방은 군사적 긴장 해소 및 신뢰구축에 따라 단계적 군축을 실현해 나가기로 합의한 판문점선언 을 구현하기 위해 이와 관련된 다양한 실행 대책들을 계속 협의하기로 하였다.

② 쌍방은 2018년 11월 1일부터 군사분계선 일대에서 상대방을 겨냥한 각종 군사연습을 중지하기로 하였다.

지상에서는 군사분계선으로부터 5km 안에서 포병 사격훈련 및 연대급 이상 야외기동훈련을 전면 중지하기로 하였다.

해상에서는 서해 남측 덕적도 이북으로부터 북측 초도 이남까지의 수역, 동해 남측 속초 이북으로부터 북측 통천 이남까지의 수역에서 포사격 및 해상 기동훈련을 중지하고 해안포와 함포의 포구 포신 덮개 설치 및 포문폐쇄 조치를 취하기로 하였다.

공중에서는 군사분계선 동 서부 지역 상공에 설정된 비행금지구역 내에서 고정익 항공기의 공대지유도무기사격 등 실탄사격을 동반한 전술훈련을 금지하기로 하였다.

③ 쌍방은 2018년 11월 1일부터 군사분계선 상공에서 모든 기종들의 비행금지 구역을 다음과 같이 설정하기로 하였다.

고정익항공기는 군사분계선으로부터 동부지역(군사분계선표식물 제0646호부터 제1292호 까지의 구간)은 40km, 서부지역(군사분계선표식물 제0001호부터 제0646 호까지의 구간)은 20km를 적용하여 비행금지구역을 설정한다.

회전익항공기는 군사분계선으로부터 10km로, 무인기는 동부지역에서 15km, 서부지역에서 10km로, 기구는 25km로 적용한다.

다만, 산불 진화, 지 해상 조난 구조, 환자 후송, 기상 관측, 영농지원 등으로 비행기 운용이 필요한 경우에는 상대측에 사전 통보하고 비행할 수 있도록 한다. 민간 여객기(화물기 포함)에 대해서는 상기 비행금지구역을 적용하지 않는다.

④ 쌍방은 지상과 해상, 공중을 비롯한 모든 공간에서 어떠한 경우에도 우발적인 무력충돌 상황이 발생하지 않도록 대책을 취하기로 하였다.

이를 위해 지상과 해상에서는 경고방송 → 2차 경고방송 → 경고사격 → 2차 경고사격 → 군사적 조치의 5개 단계로, 공중에서는 경고교신 및 신호 → 차단비행 → 경고사격 → 군사적 조치의 4개 단계의 절차를 적용하기로 하였다.

쌍방은 수정된 절차를 2018년 11월 1일부터 시행하기로 하였다.

⑤ 쌍방은 지상과 해상, 공중을 비롯한 모든 공간에서 어떠한 경우에도 우발적 충돌이 발생하지 않도록 상시 연락체계를 가동하며, 비정상적인 상황이 발생하는 경우 즉시 통보하는 등 모든 군사적 문제를 평화적으로 협의하여 해결하기로 하였다.

2. 남과 북은 비무장지대를 평화지대로 만들어 나가기 위한 실질적인 군사적 대책을 강구하기로 하였다.

① 쌍방은 비무장지대 안에 감시초소(GP)를 전부 철수하기 위한 시범적 조치로

상호 1km 이내 근접해 있는 남북 감시초소들을 완전히 철수하기로 하였다.

② 쌍방은 판문점 공동경비구역을 비무장화하기로 하였다.

③ 쌍방은 비무장지대내에서 시범적 남북공동유해발굴을 진행하기로 하였다.

④ 쌍방은 비무장지대 안의 역사유적에 대한 공동조사 및 발굴과 관련한 군사적 보장대책을 계속 협의하기로 하였다.

3. 남과 북은 서해 북방한계선 일대를 평화수역으로 만들어 우발적인 군사적 충돌을 방지하고 안전한 어로활동을 보장하기 위한 군사적 대책을 취해 나가기로 하였다.

① 쌍방은 2004년 6월 4일 제2차 남북장성급군사회담에서 서명한 '서해 해상에서의 우발적 충돌 방지' 관련 합의를 재확인하고, 전면적으로 복원 이행해 나가기로 하였다.

② 쌍방은 서해 해상에서 평화수역과 시범적 공동어로구역을 설정하기로 하였다.

③ 쌍방은 평화수역과 시범적 공동어로구역에 출입하는 인원 및 선박에 대한 안전을 철저히 보장하기로 하였다.

④ 쌍방은 평화수역과 시범적 공동어로구역 내에서 불법어로 차단 및 남북 어민들의 안전한 어로활동 보장을 위하여 남북 공동순찰 방안을 마련하여 시행하기로 하였다.

4. 남과 북은 교류협력 및 접촉 왕래 활성화에 필요한 군사적 보장대책을 강구하기로 하였다.

① 쌍방은 남북관리구역에서의 통행 통신 통관(3통)을 군사적으로 보장하기 위한 대책을 마련하기로 하였다.

② 쌍방은 동 서해선 철도 도로 연결과 현대화를 위한 군사적 보장대책을 강구하기로 하였다.

③ 쌍방은 북측 선박들의 해주직항로 이용과 제주해협 통과 문제 등을 남북군사공동위에서 협의하여 대책을 마련하기로 하였다.

④ 쌍방은 한강(임진강) 하구 공동이용을 위한 군사적 보장 대책을 강구하기로 하였다.

5. 남과 북은 상호 군사적 신뢰구축을 위한 다양한 조치들을 강구해 나가기로 하였다.

① 쌍방은 남북군사당국자사이에 직통전화 설치 및 운영 문제를 계속 협의해 나가기로 하였다.

② 쌍방은 남북군사공동위원회 구성 및 운영과 관련한 문제를 구체적으로 협의·해결해 나가기로 하였다.

③ 쌍방은 남북군사당국간 채택한 모든 합의들을 철저히 이행하며, 그 이행상태를 정기적으로 점검 평가해 나가기로 하였다.

6. 이 합의서는 쌍방이 서명하고 각기 발효에 필요한 절차를 거쳐 그 문본을 교환한 날부터 효력을 발생한다.

① 합의서는 쌍방의 합의에 따라 수정 및 보충할 수 있다.

② 합의서는 2부 작성되었으며, 같은 효력을 가진다.

2018년 9월 19일

대 한 민 국   조선민주주의인민공화국
국방부장관   인 민 무 력 상
송 영 무   조선인민군 대장 노광철

1장. 『평화학과 평화운동』. 정욱식과 공저. 모시는사람들: 2016. pp. 16 –
   20, 29 – 36, 48 – 61.

3장. "한국 평화연구의 현황과 과제." 『한국과국제정치』. 제31권 2호 (2015).
   pp. 115 – 148.

4장. "리영희의 반전반핵 평화사상." 『통일과평화』. 9집 2호 (2017). pp.
   121 – 155.

5장. "서평: 요한 갈퉁의 평화 · 인권론." 『통일과평화』. 4집 2호 (2012). pp.
   185 – 196.

6장. "콕스가 휴전선에 간 까닭: 한반도 비평화 구조와 그 작동양식." 『한국
   과국제정치』. 제28권 제3호 (2012). pp. 31 – 60.

7장. "이익균형론을 이용한 한반도 평화체제 재론." 『통일정책연구』. 제19
   권 1호 (2010). pp. 1 – 22.

8장. "인간안보에 있어서 국가의 역할 연구: 남북관계에의 적용 가능성."
   『동북아연구』. 제27권 2호 (2012). pp. 73 – 100.

9장. "현실주의 평화운동의 실험: 한국의 이라크 파병반대운동 재평가." 『시
   민사회와NGO』. 제12권 1호 (2014). pp. 105 – 132.

10장. "분단체제와 인권문제: 북한인권 논의의 재설정." 『통일인문학논총』.
   제61집 (2015). pp. 471 – 500.

11장. "남북한 인권에서 코리아 인권으로." 『역사비평』. 88호 (2009). pp.
   160 – 171.

12장. "고양시 인권기본계획 수립 연구용역." 2015년 11월 30일. 제2 – 3장.

13장. "통일문제의 평화학적 재구성." 『한국민족문화』. 제63집 (2017). pp.
   33 – 64.

14장. "보편주의 통일론과 인권·민주주의 친화형 남북관계의 탐색." 『세계
　　지역연구논총』. 제32집 제1호 (2014). pp. 7－32.
15장. "중간국가의 평화외교 구상: 한국 통일·외교·안보정책의 전환과 과
　　제." 박순성과 공저. 『동향과전망』. 통권 71호 (2007). pp. 153－189.

본 QR코드를 스캔하시면, '한국 평화학의 탐구'의
참고문헌을 열람하실 수 있습니다.

찾아보기

저자 소개

서보혁(徐輔赫, Bo−hyuk Suh)은 성균관대학교에서 언론학, 한국외국어대학교에서 정치학을 공부하였다. 북한의 연방제 통일정책, 미국과 북한의 관계에 관한 구성주의적 접근이라는 논문을 써 석·박사 학위를 받았다. 이후 국가인권위원회 전문위원(북한인권 담당), 이화여자대학교 평화학연구소 연구교수, 서울대학교 통일평화연구원 HK연구교수를 거쳐 현재 통일연구원 연구위원으로 근무하고 있다.

국제정치학의 시각에서 남북관계, 북한의 외교안보·인권, 한반도 평화체제, 지역안보협력, 인간안보 등을 연구해오면서 평화학에 관심을 갖고 답사와 연구를 진행해오고 있다. 금번 출간한 『한국 평화학의 탐구』는 평화학과 한반도 평화·통일문제를 결합시켜 그동안 연구해온 결실이다. 향후에는 세계 분쟁 및 평화구축 사례를 비교 연구하며 한반도 평화에 주는 시사점을 찾는 방향으로 연구해나갈 예정이고 그런 문제의식에서 2018년 10월 5일, 비교평화연구회를 창립해 회장을 맡고 있다.

그동안 한국국제정치학회 이사·북한통일분과위원장, 북한연구학회 부회장·연구위원장·이사, 현대북한연구회 회장, 한국정치연구회 부회장 등을 역임했다. 통일부 정책자문위원, 외교부 정책자문위원, 민주평화통일자문회의 기획위원 및 편집위원으로 봉사해오고 있다. 시민사회에서는 한국기독교교회협의회(NCCK), 민족화해협력범국민협의회, 참여연대, 평화네트워크, 경실련, 흥사단 등에서 자문해왔다.

주요 저서로 『탈냉전기 북미관계사』, 『북한 인권: 이론·실제·정책』, 『배반당한 평화: 한국의 베트남·이라크 파병과 그 이후』, 『코리아 인권: 북한인권과 한반도 평화』, 『북한 정체성의 두 얼굴』, 『유럽의 평화와 헬싱키 프로세스』, 『유엔의 평화정책과 안전보장이사회』, 『인간안보와 남북한 협력』(엮음), 『분단폭력: 한반도 군사화에 관한 평화학적 성찰』(공편), 『한국인의 평화사상 I·II』(공편), 『남북한 관계와 국제정치이론』(공편), 『헬싱키 프로세스와 동북아 안보협력』(공편), 『오래된 미래? 1970년대 북한의 재조명』(공편), 『김정은에게 북한의 미래를 묻다』(공편), 『평화학과 평화운동』(공저), 『평화운동: 이론·역사·영역』(공저), 『평화인문학이란 무엇인가』(공저), 『통일논의의 쟁점과 통일운동의 과제』(공저), *North Korean Human Rights: Crafting a More Effective Framework*, *Asia−Pacific between Conflict and Reconciliation*(공저) 등이 있고, 50여 편의 논문을 국내외 학술지에 게재하였다.

* suhbh21@gmail.com

한국 평화학의 탐구

초판발행	2019년 1월 5일
중판발행	2021년 6월 10일
지은이	서보혁
펴낸이	안종만·안상준
편 집	한두희
기획/마케팅	이영조
표지디자인	김연서
제 작	고철민·조영환
펴낸곳	(주) **박영사**
	서울특별시 금천구 가산디지털2로 53, 210호(가산동, 한라시그마밸리)
	등록 1959. 3. 11. 제300-1959-1호(倫)
전 화	02)733-6771
f a x	02)736-4818
e-mail	pys@pybook.co.kr
homepage	www.pybook.co.kr
ISBN	979-11-303-0655-1 93340

정 가   28,000원